Francesca Weil

Uns geht es scheinbar wie dem Führer …

Zur späten sächsischen Kriegsgesellschaft (1943–1945)

Berichte und Studien
Nr. 80

herausgegeben von
Thomas Lindenberger und Clemens Vollnhals
im Auftrag vom
Hannah-Arendt-Institut
für Totalitarismusforschung e.V.

Francesca Weil

Uns geht es scheinbar wie dem Führer …

Zur späten sächsischen Kriegsgesellschaft (1943–1945)

V&R unipress

Sächsische Landeszentrale
für politische Bildung

Bibliografische Information der Deutschen Nationalbibliothek
Die Deutsche Nationalbibliothek verzeichnet diese Publikation in der Deutschen Nationalbibliografie; detaillierte bibliografische Daten sind im Internet über https://dnb.de abrufbar.

Diese Sonderausgabe ist inhaltsgleich zur Verlagsausgabe mit folgenden bibliografischen Angaben:
Uns geht es scheinbar wie dem Führer … : Zur späten sächsischen Kriegsgesellschaft (1943–1945) / Francesca Weil / 1. Aufl. – Göttingen : Vandenhoeck & Ruprecht, 2020. (Berichte und Studien ; 80)

Umschlagabbildung: Collage von Linda Kontny, Leipzig
Satz: Hannah-Arendt-Institut für Totalitarismusforschung, Dresden
Druck und Bindung: CPI books GmbH, Birkstraße 10, D-25917 Leck
Printed in the EU.

Vandenhoeck & Ruprecht Verlage | www.vandenhoeck-ruprecht-verlage.com

ISSN 2366-0422
ISBN 978-3-8471-0993-8

Inhaltsverzeichnis

Statt eines Vorwortes

An dieser Stelle möchte ich allen danken, die mir nach meinem sachsenweiten Aufruf ihre privaten Unterlagen aus der Zeit des Zweiten Weltkrieges zur Verfügung gestellt oder mit mir über ihre persönlichen Erlebnisse während der Jahre 1943 bis 1945 gesprochen haben. Die zahlreichen Begegnungen waren intensiv, berührend und hochinteressant, die Tagebücher, Briefe und Interviews bemerkenswert, bewegend und mannigfaltig. Ohne diese zeitgenössischen Dokumente und die zu Papier gebrachten, vielfältigen Erinnerungen wäre dieses Buch nicht zustande gekommen. Ich möchte aber auch um Verständnis dafür bitten, dass ich wegen der großen Fülle an Schriftstücken eine Auswahl treffen musste und nicht alle Unterlagen von allen Personen berücksichtigen konnte.

In besonderem Maße gilt mein Dank Dr. Andreas Kötzing. Er hat nicht nur das Manuskript akribisch wie kritisch lektoriert, sondern mich in unseren Gesprächen über die Thematik auch inspiriert und motiviert. Ich danke ebenfalls Prof. Dr. Sybille Steinbacher, Armin Nolzen M. A. und Ute Terletzki M. A. vielmals für ihre sorgfältige, konstruktiv-kritische Durchsicht der endgültigen Textfassung.

Danken möchte ich ebenso Shamshad Muhammadi mit Sajad, Chawarwan Abdullah Shakhsa und Danial Khorshid Rashid, Habiba Mirzai und Ali Jan Mohammadi, Aziza und Nasir Haidari, Soliman Mohamadi und Sunita Rezai, Zahra Ibrahimi, Jenan Alsamarae, Fatema und Riza Mobarakzada, Yalda Habibi und nicht zuletzt Katja Berngruber. Ich habe in den letzten Jahren viel von ihnen gelernt, auch über die Folgen von Krieg, Gewalt, Verfolgung, Flucht und damit verbundene Gefühle.

Prof. Dr. Günther Heydemann hat mich über viele Jahre hinweg mit Anspruch gefordert und mit Empathie gefördert. Ihm möchte ich das Buch widmen.

Dresden, Frühjahr 2020 Francesca Weil

I. Einleitung

»Wer hätte je geglaubt, dass dieser furchtbare Krieg sich auch in unserem Sachsen so austoben würde. Wir sind ein armes, belogenes, betrogenes Volk geworden, von einer verantwortungslosen Regierung an den Abgrund gehetzt. Mich persönlich ergreift immer wieder ein großer Schmerz, dass mein deutsches Vaterland und seine Wehrmacht so in den Dreck getreten wird.«[1]

Diese Meinung, formuliert von einer Dresdnerin in einem Brief vom Juni 1945 an ihre 15-jährige Enkelin, stellte im damaligen Nachkriegsdeutschland keineswegs eine Ausnahme dar, sondern war durchaus weit verbreitet. Viele Deutsche wiesen die Schuld am Zweiten Weltkrieg und an den in dieser Zeit begangenen Menschheitsverbrechen ausschließlich der nationalsozialistischen Führung zu; sich selbst und die deutsche Gesellschaft insgesamt betrachteten sie hingegen als Opfer des NS-Regimes, eines verheerenden Krieges und der darauf folgenden alliierten Besatzung. In Teilen hatte es diese kollektive Opferhaltung bereits seit 1942/43 gegeben. Infolge der nationalsozialistischen Propaganda, die Angst vor einer angeblich bevorstehenden »bolschewistisch-jüdischen« Rache schürte, um den Durchhaltewillen der Bevölkerung zu aktivieren, und angesichts der alliierten Flächenbombardements begannen damals viele Deutsche, ihr Schuldbekenntnis und die Angst vor Vergeltung damit zu verknüpfen, sich selbst als Opfer zu empfinden.[2]

Doch die deutsche Bevölkerung war nicht nur Opfer. Um einen Weltkrieg dieses Ausmaßes führen zu können, mussten die Nationalsozialisten die ganze Gesellschaft mobilisieren und möglichst jeden Einzelnen einbinden.[3] Dabei wurden die gesamten moralischen und physischen Reserven der deutschen Gesellschaft ausgeschöpft; das »Dritte Reich« betrieb seine eigene totale Niederlage[4] und zerstörte sich letztendlich selbst: Der Kampf wurde, auch nach der endgültigen

1 Brief von Johanna B. an Barbara L. vom 10.6.1945 (Privatarchiv Barbara B., unpag.).
2 Vgl. Nicholas Stargardt, Der deutsche Krieg 1939–1945, Frankfurt a. M. 2015, S. 20.
3 Vgl. ebd., S. 14.
4 Vgl. ebd.

Kriegswende im Sommer 1943, bis zum Letzten fortgesetzt; einer Kapitulation vor dem 9. Mai 1945 verweigerte sich das Regime. Auf die katastrophale Verwüstung folgte die vollständige Besetzung durch die Alliierten.[5] Die große Mehrheit der deutschen Bevölkerung setzte dieser »Selbstzerstörung« nichts entgegen; im Gegenteil, sie ließ sie zu und hatte daran vor allem, wenn auch in unterschiedlichem Ausmaß, Anteil.

In Anbetracht dessen geht es im Folgenden um die (unterschiedliche) Teilhabe und die (verschiedenen) Teilhabemöglichkeiten sowohl der Vielen als auch jedes Einzelnen am NS-Regime in Sachsen und damit verbunden an den verheerenden Auswirkungen des Krieges.[6] Ausgehend von den weitreichenden Anforderungen, welche die Führung der Nationalsozialistischen Arbeiterpartei Deutschlands (NSDAP) und damit auch die Gauleitung mit Martin Mutschmann[7] an der Spitze während des »totalen Krieges« an die Bevölkerung stellte, sollen ausgewählte Personen aus Sachsen in den Blick genommen und ihr Handeln und ihre Reflexionen vor dem Hintergrund des Holocausts sowie politischer, wirtschaftlicher, kultureller und militärischer Entwicklungsprozesse erläutert werden.

Die vorliegende Studie in Form einer dichten Beschreibung ist chronologisch aufgebaut und erhebt nicht den Anspruch auf Vollständigkeit, sondern setzt analytische und systematische Schwerpunkte. NS-Herrschaftsträger und Gesellschaft werden dabei bewusst nicht gegenübergestellt, da diese Zweiteilung für die Beschreibung der sozialen und politischen Realität nicht hilfreich ist. Es ist gewinnbringender, alle Personen und Personengruppen als gesellschaftliche Akteure mit eigenen Motivationen, Initiativen, sozialen Interaktionen und Handlungsspielräumen zu begreifen. Es soll der Frage nachgegangen werden, wie die verschiedenen Formen zu leben, aber auch zu überleben während des »totalen Krieges« in Sachsen aussahen. Wie reagierten Menschen in ihrem persönlichen Leben sowie in ihren politischen, beruflichen und institutionellen Zusammenhängen auf die propagandistischen Aufrufe der NS-Führung zum »totalen Einsatz«? Welche Veränderungen brachten die damit verbundenen Anforderungen für die jeweiligen Personen und Personengruppen mit sich? Wie weit reichten die Versuche,

---

5 Den Begriff der »Selbstzerstörung« verwendet Ian Kershaw. Vgl. Ian Kershaw, Das Ende. Kampf in den Untergang. NS-Deutschland 1944/45, München 2011, S. 11.

6 Vgl. beispielsweise Frank Bajohr/Michael Wildt, Einleitung. In: dies. (Hg.), Volksgemeinschaft. Neuere Forschungen zur Gesellschaft des Nationalsozialismus, Frankfurt a.M. 2009, S. 7–23; Michael Wildt, Von Apparaten zu Akteuren. Zur Entwicklung der NS-Täterforschung. In: Angelika Benz/Marija Vulesica (Hg.), Bewachung und Ausführung. Alltag der Täter in nationalsozialistischen Lagern, Berlin 2011, S. 11–22; Günther Heydemann/Jan Erik Schulte/Francesca Weil, Einleitung. In: Dies. (Hg.), Sachsen und der Nationalsozialismus, Göttingen 2014, S. 9–19, hier insbesondere 15 f.

7 Vgl. ausführlich dazu Mike Schmeitzner, Der Fall Mutschmann, Sachsens Gauleiter vor Stalins Tribunal, Beucha 2011.

»Normalität« zu leben, zumal in einer Region, in der bis Anfang des Jahres 1945 weniger unmittelbare Auswirkungen des Krieges als in anderen Gebieten des »Dritten Reiches« zu spüren waren? Gab es tatsächlich eine fest geschlossene, festgefügte Gemeinschaft und eine funktionierende »Heimatfront«[8]? Wie dachten die Menschen zu diesem Zeitpunkt darüber? Welche Gemeinsamkeiten und Unterschiede im Reflektieren und Handeln der Menschen sind feststellbar?

Die Untersuchung umfasst den Zeitraum vom 1. Januar 1943 bis zum 1./2. Juli 1945. Eingeschlossen sind somit die Phase des »totalen Krieges« und der anschließende Zeitabschnitt von April bis einschließlich Juni 1945, während dessen Ostsachsen unter sowjetischer Besatzung und Westsachsen unter amerikanischer Besetzung stand und ein Territorium im Westerzgebirge unbesetzt blieb.[9] Die Untersuchung endet, als Sachsen komplett in die Sowjetische Besatzungszone eingegliedert wurde. Über die Zäsur vom 8./9. Mai 1945 hinaus soll der Frage nachgegangen werden, inwiefern sich Denken und Handeln der Menschen nach dem Zusammenbruch des »Dritten Reiches« (kurzfristig) änderten. Welche Kontinuitäten sind zu beobachten? Was kennzeichnet die sächsische Gesellschaft in dieser Phase?

Über die letzten Jahre und das Ende des Zweiten Weltkrieges wurde bereits vielfältig geforscht und publiziert, ebenso über die Ursachen der »Selbstzerstörung« Deutschlands. Zu den Veröffentlichungen zählen auch umfassende Analysen zur Kriegsgesellschaft und zum Kriegsalltag im »Dritten Reich«, die beides u.a. in Zusammenhänge mit den Aktivitäten der NSDAP, den Konzentrationslagern (KZ), dem Holocaust und dem Luftkrieg stellen.[10] Mitunter verweisen Arbeiten auch darauf, wie in dem zunehmenden Chaos versucht wurde, eine gewisse »Normalität« zu wahren. Die Bürokratie funktionierte trotz zahlloser praktischer Probleme weiter, die Verteilung der immer knapperen Lebensmittelrationen konnte ungeachtet wachsender Hindernisse mühevoll aufrechterhalten werden, und die Post musste zwar in zunehmenden Maße improvisieren, erreichte aber dennoch weitgehend ihre Ziele.[11] Darüber hinaus setzte das Regime Formen der Unterhaltung bewusst als Mittel ein, um die Moral

---

8 »Heimatfront«: »Eine auch unter moralischen Aspekten ständig propagierte ›Heimatfront‹ sollte Verbundenheit, Zuversicht und vor allem Treue der deutschen Bevölkerung – besonders auch der weiblichen – gegenüber den Frontsoldaten dokumentieren, […].« https://www.dhm.de/lemo/kapitel/der-zweite-weltkrieg/alltagsleben.html; 9.10.2018.

9 Vgl. Gareth Pritchard, Niemandsland. Das unbesetzte Territorium im Westerzgebirge April bis Juli 1945. In: Mike Schmeitzner/Clemens Vollnhals/Francesca Weil (Hg.), Von Stalingrad zur SBZ. Sachsen 1943 bis 1945, Göttingen 2016, S. 205–222.

10 Vgl. u.a. Jörg Echternkamp (Hg.), Die Deutsche Kriegsgesellschaft 1939 bis 1945. Das Deutsche Reich und der Zweite Weltkrieg. Hg. vom Militärgeschichtlichem Forschungsamt, Band 9/I und II, München 2004.

11 Vgl. Kershaw, Das Ende, S. 22f.

der Bevölkerung zu stabilisieren und sie kurzzeitig von dem sich anbahnenden Untergang des »Dritten Reiches« abzulenken.[12]

Auffällig an diesen Studien ist, dass die Ereignisse, Phänomene, Verhaltensweisen und anderes mehr, die für eine anschauliche Beschreibung und als Belege exemplarisch hinzugezogen wurden, nach wie vor fast ausschließlich Orte, Regionen und Personen bzw. Personengruppen im Westen Deutschlands betreffen.[13] Für den Osten finden neben den Ereignissen in und um die Hauptstadt Berlin häufig nur die katastrophalen Bombenangriffe auf Dresden vom 13. bis 15. Februar 1945 und zuweilen der Luftangriff auf Leipzig am 4. Dezember 1943 Erwähnung.[14] Dieses Manko ist jedoch nicht der einzige Grund, sich näher mit der späten sächsischen Kriegsgesellschaft zu beschäftigen. Hinzu kommt, dass die Entwicklung in Sachsen – Land und Gau waren territorial identisch – Besonderheiten aufweist. Die damalige sächsische Bevölkerung setzte sich zwar – das hat sie mit anderen Regionen gemeinsam – vor allem aus Frauen, Kindern und Jugendlichen, älteren Männern, tausenden ausländischen Zwangsarbeitern und Zwangsarbeiterinnen und immer mehr Flüchtlingen zusammen. Im Unterschied zu den beiden letztgenannten Personengruppen sah sich die sächsische Bevölkerung jedoch mit den unmittelbaren und extremen Auswirkungen des Krieges erst seit Ende des Jahres 1943 direkt konfrontiert – zuerst allmählich, dann aber immer rasanter.

Für die Untersuchung der späten sächsischen Kriegsgesellschaft wurde neben Akten aus den verschiedensten Archiven und der zahlreichen Literatur über ausgewählte Einzelthemen zum Untersuchungsgegenstand auch auf zeitgenössische autobiografische Texte bzw. Egodokumente wie selbst verfasste ausführliche Lebensläufe, Tagebücher und Briefe,[15] aber auch auf Zeitzeugen- bzw. Erinne-

12 Vgl. ebd.

13 Vgl. beispielsweise ebd. und Echternkamp (Hg.), Die Deutsche Kriegsgesellschaft, Band 9/I.

14 Vgl. ebd., S. 455 und Kershaw, Das Ende, S. 23.

15 Autobiografische Texte wie Briefe und Tagebücher sind persönliche Texte und müssen – wie andere Quellen auch – einer Quellenkritik unterzogen werden. Sie sind kein Abbild von Wirklichkeit, sondern ein »vieldeutiges Konstrukt wirklicher Erfahrungen«, das auf individuellen wie gesellschaftlichen Regeln bzw. Konventionen basiert. Nach Astrid Irrgang stellt sich als methodisches Problem die Herausforderung, wie sich Denken, Fühlen und Handeln erfassen und darstellen lassen, damit der Anspruch auf wissenschaftliche Relevanz erhoben werden kann. Eine Antwort liege im Bemühen um Schlüssigkeit in der Rekonstruktion jedes Einzelfalls. Vgl. Astrid Irrgang, Feldpost eines Frontsoldaten. In: Aus Politik und Zeitgeschichte, (2007) 14–15, S. 41–46, hier 43. Zum methodisch reflektierten Umgang speziell mit Tagebüchern vgl. Janosch Steuwer, »Ein Drittes Reich, wie ich es auffasse«. Politik, Gesellschaft und privates Leben in Tagebüchern 1933–1939, Göttingen 2017, S. 21–27. Hinzu kommt, dass vor allem Briefe, aus der Sorge heraus, sie könnten auch von anderen als den Adressaten gelesen werden, einer Selbstzensur unterliegen konnten. Das traf umso mehr auf die Zeit des Zweiten Weltkrieges zu, in der Feldpostbriefe und Briefe im grenzüberschreitenden Postverkehr, wenn auch nur stichprobenartig, überprüft wurden. Vgl. Klaus Latzel, Deutsche Soldaten – nationalsozialistischer Krieg? Kriegserlebnis – Kriegserfahrung 1939–1945, Paderborn 1998, S. 25–31.

rungsberichte[16] zurückgegriffen. Dadurch wird das Leben der sächsischen Bevölkerung konkret und in seiner Vielfalt deutlich.

Fast alle Verfasser der für diese Studie ausgewerteten Zeitzeugendokumente lebten in verschiedenen Regionen Sachsens; sie waren unterschiedlichen Alters und befanden sich in den verschiedensten persönlichen, beruflichen und politischen Lebenszusammenhängen. Ausnahmen sind zwei Personen, ein Soldat und ein in ein besetztes Gebiet abgeordneter Beamter, die zu dieser Zeit (vorrangig) nicht in Sachsen lebten. Sie korrespondierten jedoch rege mit ihren vor Ort gebliebenen Ehefrauen, äußerten sich auch zu Ereignissen in der unmittelbaren Heimat und ließen durchaus ihre hauptsächlich in Sachsen erworbenen Auffassungen zu Politik und Krieg erkennen. Alle Zeitzeugen schilderten nicht nur persönliche Erlebnisse, Erfahrungen, Wahrnehmungen und Reflexionen, sondern beschrieben auch das Verhalten anderer Menschen in ihrem Umfeld. Ihr Erleben und Überlegen kann auch Erkenntnisse über Gefühle und moralische Werte in einer Gesellschaft auf dem Weg in die »Selbstzerstörung« liefern.[17]

Zu den 31 Verfasserinnen und Verfassern der Dokumente zählen drei Personen in Führungspositionen, jeweils in einer politischen, einer staatlichen und einer wirtschaftlichen Stellung. Der überzeugte Nationalsozialist Hellmut Böhme (Jahrgang [Jg.] 1902), der als »alter Kämpfer« bereits seit 1923 der NSDAP angehörte, war von 1929 bis 1936 NSDAP-Kreisleiter in Freiberg und von 1937 bis 1945 in der gleichen Funktion in Meißen tätig. Seit 1926 verfasste er ein Tagebuch, das er als Familienchronik bezeichnete, an seine Nachkommen gerichtet war und vor nationalsozialistischer Gesinnung und entsprechendem Pathos strotzt. Freiherr Adolf von Wirsing (Jg. 1879), 1928 bis 1945 Amtshauptmann bzw. Landrat im erzgebirgischen Annaberg zählte zu den Staatsdienern, die der NSDAP auf Drängen des sächsischen Innenministers am 1. Mai 1937 beitraten[18] und im Amt und darüber hinaus versuchten, auch eigenständig zu handeln. Von Wirsing

16 Erinnerungsberichte sollten ebenfalls quellenkritisch analysiert werden, denn zum einen spiegeln sich in ihnen die unterschiedlichsten subjektiven Wahrnehmungen der politischen und persönlichen Verhältnisse der damaligen Zeit wider, zum anderen sind sie häufig durchsetzt mit Erklärungen und Interpretationen der gegenwärtigen (Lebens-)Zeit. Lebensgeschichtliche Erzählungen sind deshalb immer »Rekonstruktionen der Vergangenheit aus dem Heute, keine Abbilder; sie sind nicht das Sammelsurium dessen, was ein einzelner insgesamt objektiv durchlebt hat, sondern sie sind strukturierte Selbstbilder aus der Gegenwart«. Werner Fuchs-Heinritz, Biografische Forschung. Eine Einführung in die Praxis und Methoden, 3., überarbeitete Auflage, Wiesbaden 2005, S. 53.

17 Vgl. Stargardt, Der deutsche Krieg 1939–1945, S. 35.

18 Von Wirsing zählte zu den neun von 27 sächsischen Amtshauptleuten, die ihr Amt schon vor 1933 und bis 1943 bzw. darüber hinaus innehatten. Vgl. Francesca Weil, Unangepasst in zwei Diktaturen? In: Totalitarismus und Demokratie, 11 (2014) 2, S. 221–233; dies., Die »Zwickauer Konferenz«. Informelle Zusammenkünfte westsächsischer Amtshauptleute während der Jahre 1919 bis 1945 im Kontext ihrer Dienstberatungen. In: Heydemann/Schulte/Weil (Hg.), Sachsen und der Nationalsozialismus, S. 91–109.

ist jener etablierten Beamtenelite zuzuordnen, die sich in den 1930er-Jahren auf dem Höhepunkt ihrer Karriere und ihres professionellen Selbstbewusstseins befunden und als Repräsentant obrigkeitsstaatlicher, altnationaler Traditionen gegolten hatte.[19] Außerdem konnte auf persönliche und betriebliche Unterlagen von Wilhelm Niethammer (Jg. 1898) zurückgegriffen werden. Niethammer stammte aus einer großen nationalkonservativen, traditionsbewussten und religiösen Familie. Gemeinsam mit seinen zwei Brüdern hatte er 1931 die Firma Kübler & Niethammer, ein 1856 gegründetes Familienunternehmen mit Papier- und Zellstofffabriken sowie Holzschleifereien in Kriebstein und Gröditz, gut vorbereitet übernommen. Die drei Brüder Niethammer waren der NSDAP zum 1. Mai 1933 beigetreten, im Vergleich zu anderen Unternehmern sehr früh.[20]

Zu den ausgewählten Personen kommen sechs aus dem bürgerlichen bzw. Beamten-Milieu hinzu, darunter Artur Kühne (Jg. 1881), ehemaliger Schulleiter, engagierter wie publizistisch tätiger Heimatforscher, Vorsitzender des örtlichen »Heimatvereins« und Leiter des Heimatmuseums in Wilsdruff nahe Dresden. Vor 1933 für seine liberale Einstellung bekannt gewesen, war er jedoch im Mai 1937 der NSDAP beigetreten. Aktiv als Parteimitglied engagiert haben soll er sich jedoch kaum.[21] Kühne führte über die Jahre von 1939 bis 1949 ein immer detailreicher geschriebenes Tagebuch, u. a. über die Ereignisse in der Kleinstadt, dessen spätere Veröffentlichung er plante.[22] Seine Niederschriften, 1939 bis 1945 eine systemkonforme Kriegschronik, tragen mitunter potenziell denunziatorischen Charakter, da er auch Kritik an Hitler und Bemerkungen über die (anfangs noch vereinzelt) auftretende Sehnsucht nach Frieden, geäußert von Nachbarn und Bekannten, akribisch und mit Namen versehen notierte. Zu den Protagonisten zählt darüber hinaus der Lehrer und Kirchenkantor Max M. (Jg. 1892) aus dem erzgebirgischen Jahnsdorf, der 1944 52-jährig zur Wehrmacht eingezogen wurde und als Soldat in Sachsen stationiert war. Er führte einen regen Briefwechsel mit seiner Frau und seinen beiden Töchtern Regina und Irene. Erstere ging im westsächsischen Zwickau zur Oberschule, letztere absolvierte eine Lehrerausbildung in Lichtenstein. In den Briefen, aus denen hervorgeht, wie gebildet und kulturinteressiert die fünfköpfige Familie war, stand neben alltagsorganisatorischen Fragen anfänglich vor allem die Ausbildung der beiden älteren Kinder im Mittel-

19 Vgl. Michael Ruck, Korpsgeist und Staatsbewusstsein: Beamte im deutschen Südwesten 1928–1972, München 1996, S. 203 f.

20 Ausführlich vgl. Swen Steinberg, Unternehmenskultur im Industriedorf. Die Papierfabriken Kübler & Niethammer in Sachsen (1856–1956), Leipzig 2015, S. 134–161.

21 Vgl. Mario Lettau (Hg.), Arthur Kühne, Wilsdruffer Tagebuch 1939–1949, Wilsdruff 2015, S. 9–17.

22 Vgl. ebd. In der vorliegenden Studie werden die jeweiligen Textstellen noch mit den Angaben aus dem Manuskripttext zum Buch belegt, den Mario Lettau der Verfasserin vor der Buchveröffentlichung freundlicherweise zur Verfügung gestellt hatte.

punkt. Hinzu kommt Hanna Hausmann-Kohlmann (Jg. 1897), eine Malerin und Scherenschnittkünstlerin, die freischaffend in Dresden lebte und mit ihrer Kunst erst nach dem Krieg einen größeren regionalen Bekanntheitsgrad erlangte. Sie hat von 1938 bis 1946 ein Tagebuch geführt, dessen Inhalt auf den ersten Blick sehr unpolitisch wirkt. Ihre nur selten reflektierenden Aufzeichnungen befassen sich vor allem mit ihrem Alltag, ihrer künstlerischen Tätigkeit sowie ihren täglichen Kontakten und Besuchen. Das Tagebuch bricht am 13. Februar 1945, mit dem Beginn der verheerenden alliierten Luftangriffe auf Dresden, ab und setzt erst im Juni des Jahres wieder ein. Die Hausfrau Hildegard Menzel (Jg. 1901) lebte auf dem Land, in Dittelsdorf bei Zittau in der ostsächsischen Oberlausitz. 1934 war sie der NS-Frauenschaft beigetreten, ihr Mann Martin Menzel (Jg. 1901) 1933 der NSDAP. In den zahlreichen Briefen an ihren und von ihrem Mann, der als Justizbeamter ins polnische »Generalgouvernement«[23] abgeordnet worden war, ging es neben familiären Sorgen sehr viel um den Krieg, seinen Verlauf und – vor allem aus privaten Gründen – um die Sehnsucht nach Frieden. In den Briefen nahm Martin Menzel auch immer wieder kenntnisreich Bezug auf die Geschehnisse in seiner Heimat. Daraus geht hervor, dass das persönliche Zuhause und die besetzten polnischen Gebiete für ihn, wie für eine Reihe von deutschen Männern und Frauen auch, deren Familien nicht nachgezogen waren, zwei vollkommen voneinander getrennte Welten darstellten.[24] Der Briefwechsel wurde 2017 veröffentlicht.[25] Die Tagebuchaufzeichnungen von Friedrich Michael (Jg. 1892), Lektor und Assistent des Insel Verlages in Leipzig, und die einer namentlich unbekannten Person aus Chemnitz setzen erst zu Beginn des Jahres 1945 ein.

Zu den vier Arbeitern und Arbeiterinnen sowie Angestellten zählt neben Hilde L. aus Leipzig, die zahlreiche Briefe an ihre beiden Kinder im Erzgebirge schrieb, und Irmgard B. (Jg. 1922), eine Bahnangestellte aus Zwickau, deren Erinnerungen

23 Das »Generalgouvernement« war zu jenem Zeitpunkt Teil des deutsch-besetzten Polens. Im Oktober 1939 hatte die NS-Führung einen Teil der Gebiete Polens in das Deutsche Reich eingegliedert, einen anderen Teil in Zentral- und Südpolen zum »Generalgouvernement für die besetzten polnischen Gebiete«, wie es bis 1940 hieß, erklärt. Das »Generalgouvernement« war ein zentraler Ort nationalsozialistischer Massenverbrechen. Hier befanden sich die Vernichtungslager Sobibor, Treblinka, Belzec und Majdanek. Außerdem wurde das »Generalgouvernement« als Aufmarschgebiet für den Überfall auf die Sowjetunion genutzt. Und es diente sowohl der wirtschaftlichen Ausbeutung von Ressourcen und Arbeitskräften als auch als Experimentierfeld für die nationalsozialistische »Germanisierungspolitik«. Millionen von Juden, Jüdinnen, aber auch Polen und Polinnen, Sinti und Roma, Sintizas und Romnijas wurden hier ermordet; sie fielen der systematischen Vernichtung durch die Nationalsozialisten, dem Terror, der Ausbeutung durch Zwangsarbeit oder dem Hunger zum Opfer. Vgl. Barbara Manthe, Richter in der nationalsozialistischen Kriegsgesellschaft. Beruflicher und privater Alltag von Richtern des Oberlandesgerichtsbezirks Köln, 1939–1945, Tübingen 2013, S. 261.

24 Vgl. ebd., S. 120.

25 Wieland Menzel/Robin Reschke/Francesca Weil (Hg.), »Erbarmen kann es keines geben«. Ein Briefwechsel im Zweiten Weltkrieg, Halle (Saale) 2017.

allerdings nur das Jahr 1945 umfassen, auch Wally M., eine Bäuerin dazu, damals wohnhaft in Sachsenburg-Georgenthal im westsächsischen Vogtland. Von ihr sind viele Briefe an ihren im Lazarett liegenden Freund und späteren Verlobten erhalten, die einen sehr dörflich geprägten, aber auch unbedarften Blick auf das Leben während der Kriegsjahre widerspiegeln. Der Briefwechsel des Ehepaares Klara und Johannes Hähnlein aus dem Dresdner Arbeitermilieu während der Jahre 1943 bis 1945 wurde 2018 veröffentlicht. Die Arbeiterin Klara Hähnlein (Jg. 1906) war 1927 der Kommunistischen Partei Deutschlands (KPD) beigetreten. Als ihr Ehemann Johannes Hähnlein (Jg. 1907), ebenfalls ein ehemaliges KPD-Mitglied, 1943 zum Militärdienst beim Strafbataillon 999 einberufen wurde, arbeitete sie als Zeitungszustellerin.[26] Interessant an dem Briefwechsel der beiden Dresdner ist u. a., dass die Eheleute Codeworte verwendeten, wenn sie über Großbritannien, die USA und die Sowjetunion, über deren Streitkräfte und Radiosender sowie über Themen wie Überlaufen, Gefangennahme und Gefangenschaft schrieben.[27]

Zu den vier ausgewählten Jugendlichen zählen u. a. die Geschwister Nora (Jg. 1925) und Geert S. (Jg. 1928) aus Leipzig. In einem intellektuell anspruchsvollen Elternhaus aufgewachsen, verfasste Nora S., bis sie 1944 nach kurzer schwerer Krankheit während des Reichsarbeitsdienstes (RAD) starb, ein prosaisch anmutendes Tagebuch. Angesichts ihres jungen Alters enthält es ungewöhnlich anspruchsvolle Reflexionen und phantasievolle Texte. Ihr Bruder hielt im Jahr 2013 kurze Erinnerungen an die Jahre 1944/45 fest, als er in seiner Heimatstadt als Flakschutzhelfer eingesetzt worden war. Zu diesen Jugendlichen gehören auch die Leipzigerinnen Annerose N. (Jg. 1929) und Thea D. (Jg. 1927). Erstere hatte von 1928 bis 1953 eine Art Brieftagebuch verfasst; die Eintragungen schrieb sie als Briefe an ihre Eltern, mit denen sie zusammenlebte. Thea D. hatte ebenfalls ein Tagebuch mit zahlreichen Selbstreflexionen auf hohem Niveau geschrieben. Ihre Einträge setzten allerding erst 1944 ein.

Unter den sieben Aufzeichnungen von Kindern befinden sich Erinnerungen von Johanna Danne (Jg. 1933) aus dem Jahr 1995.[28] Sie floh am 26. Januar 1945 mit ihrer Familie in einem großen Treck von Lüben in Niederschlesien nach Freienorla in Thüringen, wo sie im September 1945 ankamen und bei einer Familie zwangseingewiesen wurden. Ihre Flucht führte sie wochenlang durch Sachsen. Die Annahme, ihren Heimatort wegen des Einmarschs der sowjetischen Truppen

26 Vgl. Christian Hermann (Hg.), Dresden 1943–1945. Ein Briefwechsel im Kriege, Leipzig 2018, S. 11–44.

27 Vgl. ebd., S. 15–24. Die Briefe aus der Zeit der Inhaftierung Johannes Hähnleins wegen »Vorbereitung des Hochverrats« 1934–1936 wurden ebenfalls veröffentlicht: Christian Hermann (Hg.), Dresden 1934–1936. Ein Briefwechsel in schwerer Zeit, Leipzig 2016.

28 Vgl. Johanna Danne, Nur 3 Tage? Mit 12 Jahren auf der Flucht von Niederschlesien über Sachsen nach Thüringen …, Dresden 1995.

nur für drei Tage verlassen zu müssen, erwies sich schnell als Illusion. Sie konnte nie wieder nach Niederschlesien heimkehren. Hinzugezogen wurde außerdem der umfangreiche Briefwechsel zwischen Hilde L. und ihren Kindern Barbara (Jg. 1931) und Valentin (Jg. 1933), die nach der Bombardierung Leipzigs im Dezember 1943 bis Mitte Mai 1946 zu Verwandten nach Obercarsdorf evakuiert wurden. Die Briefe dokumentieren weit über das Jahr 1943 hinaus friedensähnliche Verhältnisse in einem osterzgebirgischen Dorf. Für die Kinder spielte sich der Krieg vorerst (nur) in Leipzig ab, was ihre Reaktionen auf die dortigen Ereignisse und die bei ihnen hervorgerufenen Emotionen verdeutlichen. Neben der Schilderung von örtlichen Begebenheiten ging es in ihren Briefen viel um Organisatorisches: Lebensmittelkarten, Sonderzuteilungen, Paketsendungen oder Bescheinigungen für die Schulummeldungen. Darüber hinaus erinnerten sich die damaligen Schülerinnen, die aus Rochwitz stammende Sonja D. (Jg. 1931), die in Weißig bei Freital lebende Sonja R. (Jg. 1930) und die gebürtige Königsteinerin und in Dresden aufgewachsene Ingeborg B. (Jg. 1935), in 2013 durchgeführten Zeitzeugeninterviews an ihre Kindheit während der letzten drei Kriegsjahre. 1995 schrieb Eva Windsberg (Jg. 1937) ihre Erinnerungen an die letzten Kriegsjahre in Sachsen nieder. Sie wurde 1942 wegen der Bombenangriffe mit ihrer Familie aus Merdingen am Rhein nach Niedersedlitz nahe Dresden evakuiert und kehrte erst Ende des Jahres 1946 in ihre Heimatstadt zurück. In Niedersedlitz wohnte die Familie in einer Schuhfabrik.[29]

Einsicht genommen wurde auch in zwei Tagebücher und einen Erinnerungsbericht von drei Zwangsarbeiterinnen und Zwangsarbeitern. Das Tagebuch der polnischen Jüdin Felicja Bannet-Schäftler, Häftling im KZ-Außenlager der Leipziger Hugo Schneider AG (HASAG) in Leipzig-Schönefeld, ist in Hinblick auf die Zwangsarbeit, aber auch auf das Lagerleben sehr aufschlussreich.[30] Sie schrieb auf aus der Fabrik gestohlenen Formularen, mit einem Bleistift, den sie dem Meister heimlich entwendet hatte, an freien Sonntagen, während der Pausen oder nachts, in einer beleuchteten Ecke in der Fabrik oder im Keller während der Bombenangriffe.[31] Zu den zu Tausenden nach Sachsen verschleppten Zwangsarbeiterinnen und Zwangsarbeitern zählte auch Nina Petriwna L. (Jg. 1926), eine Ukrainerin und »Ostarbeiterin«. In ihrer 2005 verfassten, kurzen Retrospektive beschreibt sie ihre Jugendjahre, die sie in Leipzig verbrachte und »vom Krieg gezeichnet«

29 Vgl. Eva Windsberg, So erlebte ich das Kriegsende. In: Werner Rellecke (Hg.), Unauslöschlich. Erinnerungen an das Kriegsende. Ein Lesebuch, Dresden 1995, S. 276–279.

30 Teile dieses Tagebuchs wurden bereits veröffentlicht. Vgl. Felicja Karay, Wir lebten zwischen Granaten und Gedichten. Das Frauenlager der Rüstungsfabrik HASAG im Dritten Reich, Köln 2001.

31 Vgl. Tagebuch von Felicja Bannet-Schäftler (Archiv Yad Vashem Jerusalem, 0-33/4096, S. 13 f.). Zit. in ebd., S. 64.

waren.[32] Im Sommer 1942 kam auch Bedřich Procházka (Jg. 1921) mit ungefähr 1 200 anderen tschechischen Männern zur Zwangsarbeit nach Leipzig.[33] Sein Tagebuch über die Jahre 1942 bis 1944, in dem er Ereignisse wie auch Emotionen festhielt, wurde 2008 veröffentlicht.

Hinzu kommen die bereits publizierten Erinnerungen zweier Jüdinnen, die zwar nicht in einem Lager, sondern in der sächsischen Gesellschaft, aber von ihr ausgegrenzt, (über-)lebten. Die Dresdnerin und sogenannte Halbjüdin Henny Brenner (Jg. 1924) wurde ebenfalls als Zwangsarbeiterin ausgebeutet. Aus ihren 2001 veröffentlichten Memoiren geht hervor, dass sie und ihre Eltern der Deportation in ein Vernichtungslager nur entgingen, weil sie sich während des Chaos, das auf die verheerenden Luftangriffe vom 13. bis 15. Februar 1945 folgte, in der zerstörten Stadt erfolgreich vor der Geheimen Staatspolizei (Gestapo) verstecken konnten.[34] Susanne Glöckner (Jg. 1928), von 1938 bis 1945 wohnhaft in Leipzig, hatte ihren Vater bereits 1940 verloren. Er wurde im KZ Sachsenhausen ermordet, weil er – obwohl Christ – als Jude bzw. als »Mischling ersten Grades« galt.[35] Sie wurde von den Nationalsozialisten als »Mischling zweiten Grades« eingestuft. Ihre Erinnerungen erschienen 2005.

Der Versuch, ausschließlich Zeitzeugen zu Wort kommen zu lassen, deren zeitgenössische Dokumente oder Erinnerungsberichte den kompletten Untersuchungszeitraum erfassen, gelang nicht durchgängig.[36] Auf eine Reihe der Protagonisten trifft es zu, auf einige nicht. Ergänzt werden die Aussagen um Berichte und Reflexionen weiterer Zeitzeugen, die mitunter nur einen kurzen bzw. kürzeren Zeitraum umfassen oder bestimmte Ereignisse betreffen. Doch sie vergrößern das hier gezeichnete Gesamtbild um interessante Positionen. Zwar beansprucht die Auswertung dieser Zeitzeugendokumente nicht, ein repräsentatives Bild im engeren Sinne zu entwickeln, aber es öffnet sich ein Panorama, das die Vielfalt des (Über-)Lebens in der späten sächsischen Kriegsgesellschaft der Jahre 1943 bis 1945 und Reflexionen darüber in seiner Bandbreite widerspiegelt.

32 Erinnerungen an meinem Geburtstag oder eine Warnung an die kommenden Generationen. Schreiben von Nina Petriwna L. vom 3.10.2005 (Archiv Gedenkstätte Zwangsarbeit Leipzig, unpag.).

33 Vgl. Bedřich Procházka, Kommt die Arbeit nicht zu Dir, Geh' Du zu ihr. Meine Erlebnisse als tschechischer Zwangsarbeiter, Leipzig 2008.

34 Vgl. Henny Brenner, »Das Lied ist aus.« Ein jüdisches Schicksal in Dresden, Zürich 2001, S. 86–92.

35 Vgl. Ausgestoßen. In: Hilke Lorenz, Kriegskinder. Das Schicksal einer Generation, Berlin 2005, S. 283–289, hier 283.

36 Nach dieser Methode arbeiteten bereits andere Autoren. Vgl. beispielsweise Nicholas Stargardt, »Maikäfer flieg!« Hitlers Krieg und die Kinder, München 2006; ders., Der deutsche Krieg 1939–1945. Was die zahlreichen Kriegsgefangenen in Sachsen betrifft, konnten leider keine aussagekräftigen Egodokumente gefunden werden.

II. »Es gilt nur, alles zu verlieren oder alles zu gewinnen.« Vom Ruf nach dem »totalen Krieg« bis zum Luftangriff auf Leipzig (Januar bis November 1943)

1. »Totaler Einsatz erzwingt den Sieg.«

Mit seiner berüchtigten Rede im Berliner Sportpalast am 18. Februar 1943 beabsichtigte Reichspropagandaminister Joseph Goebbels, die Bevölkerung auf den »Endsieg« einzuschwören. Er schürte Furcht vor der »jüdischen Rache«, wies auf die drohende Gefahr einer »bolschewistisch-jüdischen Sklaverei« im Falle einer militärischen Niederlage hin und erhob die Forderung nach »vollkommener und radikalster Ausrott-, Ausschaltung des Judentums«.[1] Sein damit einhergegangener Aufruf zur totalen Mobilisierung aller personellen und materiellen Ressourcen für den »Endsieg« kulminierte in der Propagandaformel des »totalen Krieges«.

Dieser Rede war bereits am 13. Januar 1943 ein geheimer Führererlass über den umfassenden Einsatz von Männern und Frauen für Aufgaben der Reichsverteidigung vorausgegangen. Ihm folgte am 27. Januar die entsprechende Verordnung über die Meldung von Männern und Frauen für Aufgaben der Reichsverteidigung, um die totale Mobilisierung der »Volkskraft« einzuleiten.[2] Alle Männer im Alter von 16 bis 65 Jahren und alle Frauen zwischen 17 und 45 Jahren konnten seither zum Arbeitsdienst verpflichtet werden.[3] Den trotzdem weiterhin wachsenden Arbeitskräftemangel, der aus den kontinuierlichen zahlreichen Einberufungen der Männer zur Wehrmacht resultierte, musste das nationalsozialistische Regime dennoch durch die Ausbeutung von immer mehr Zwangsarbeitern und Zwangsarbeiterinnen kompensieren.[4]

1 Goebbels korrigierte den »Versprecher Ausrott-« umgehend in Ausschaltung. Vgl. Peter Longerich, »Davon haben wir nichts gewusst!« Die Deutschen und die Judenverfolgungen 1933–1945, München 2007, S. 263.

2 Vgl. Kershaw, Das Ende, S. 47.

3 Vgl. Verordnung über die Meldung von Männern und Frauen für Aufgaben der Reichsverteidigung vom 27.1.1943. In: Reichsgesetzblatt I (1943), S. 67.

4 Vgl. Ulrich Herbert (Hg.), Europa und der »Reichseinsatz«. Ausländische Zivilarbeiter, Kriegsgefangene und KZ-Häftlinge in Deutschland 1938–1945, Essen 1991; ders., Fremdarbeiter.

Nach Goebbels Aufruf reiste der sächsische NSDAP-Gauleiter Martin Mutschmann unermüdlich durch seinen Herrschaftsbereich und beschwor die Bevölkerung, vor allem die Beschäftigten in den Betrieben, ihren Beitrag zur Erfüllung der mit dem »totalen Krieg« verbundenen Forderungen an der »Heimatfront« zu leisten. Mutschmann, von 1925 bis 1945 NSDAP-Gauleiter in Sachsen und fanatischer Antisemit, zählte zu diesem Zeitpunkt schon lange zu den mächtigsten regionalen Parteiführern im »Dritten Reich«, denn er hatte wie nur wenige der 43 Gauleiter neben der politischen Leitung auch alle staatlichen Führungspositionen inne. Er war sächsischer Ministerpräsident, Reichsstatthalter und Reichsverteidigungskommissar.[5]

1943 gelang es Mutschmann, seine Machtfülle noch weiter auszubauen. Gegen alle Widerstände der Reichsleitung in Berlin bildete er eine sogenannte Gauregierung. Die bisherigen Ministerien wurden durch sieben Abteilungen ersetzt: Allgemeine und innere Verwaltung, Volkspflege, Technik, Wissenschaft-Erziehung-Volksbildung, Wirtschaft-Arbeit, Landesforstverwaltung und Finanzabteilung. Deren Führung lag in den Händen der sogenannten Zentralabteilung, bestehend aus Mutschmanns Büro und der Staatskanzlei. Diese »Gauregierung« war nicht nur ein Apparat für die »persönliche Diktatur« des Gauleiters, sondern brachte aufgrund von Mutschmanns wohlkalkulierter Personalpolitik eine noch stärkere Verschränkung von Partei und Staat mit sich.[6] Der sächsische Gauleiter verharrte einerseits – laut Wolfgang Hädicke –

> »im tiefen Gehorsam zum ›Führer‹, andererseits aber errichtete er eine sächsische Allein- und Gewaltherrschaft, eine Art hitlertreuen Staat im Staate, eine barbarische, selbstherrliche, die Zentrale ständig dreist und ungestraft unterlaufende Eigenregierung, mit allen ekelhaften Zügen einer solchen Regional-Tyrannei: mit Brutalität gegen die geringsten Widerstände auch in den eigenen Reihen, Brutalität, hinter der sich schamloses Versagen seiner Verantwortlichkeit für Sachsens Bevölkerung versteckt; mit Luxus-Sucht und Hamsterei wertvoller Nahrungsmittel und Getränke bei gleichzeitigen rigorosen Forderungen zu Verzicht, Opfermut, Entbehrungsbereitschaft der Untertanen«.[7]

Seinen Machtanspruch demonstrierte der Provinzdespot zudem durch seine ständige Präsenz in der ganzen Region; auf Veranstaltungen forderte er von jedem teils drohend, teils jovial Gefolgschaftstreue ein.[8] Die von Mutschmann 1930 gegründete Gauzeitung der NSDAP, »Der Freiheitskampf«, titelte in dieser Zeit die Artikel über seine Propagandareden u. a. wie folgt: »Unser Leistungswille ist

Politik und Praxis des »Ausländer-Einsatzes« in der Kriegswirtschaft des Dritten Reiches, Neuauflage Bonn 1999.

5 Ausführlich vgl. Schmeitzner, Der Fall Mutschmann.

6 Vgl. Mike Schmeitzner, »Lieber Blut schwitzen …«. Martin Mutschmann und die sächsische »Gauregierung« 1943 bis 1945. In: Schmeitzner/Vollnhals/Weil (Hg.), Von Stalingrad zur SBZ, S. 27–45, hier 36–38, 40 und 45.

7 Wolfgang Hädicke, Dresden. Eine Geschichte von Glanz, Katastrophe und Aufbruch, München 2006, S. 242 f.

8 Vgl. Schmeitzner, »Lieber Blut schwitzen …«, S. 45.

unerschütterlich«, »Härtester Wille meistert das deutsche Schicksal«, »Einsatz bis zum äußersten auch daheim« und nicht zuletzt »Totaler Sieg erfordert totalen Krieg« und »Totaler Einsatz erzwingt den Sieg«.[9] Am 30. Januar 1943, dem 10. Jahrestag der »Machtergreifung« der NSDAP, schrieb Mutschmann in propagandistischer Manier in der Gauzeitung: »In der Heimat setzt ein glaubensstarkes und opferbereites Volk seine ganze Kraft für den Sieg der deutschen Waffen ein. Sie alle, an der Front und in der Heimat, wissen, worum es in diesem gigantischen Krieg geht. [...] Jeder Deutsche muss sich heute über die Auswirkungen dieses Krieges im Klaren sein. Es gilt nur, alles zu verlieren oder alles zu gewinnen. Unser Volk kann die Freiheit nur gewinnen durch den totalen Sieg.«[10]

Letzterem schloss sich Hellmut Böhme, zu diesem Zeitpunkt NSDAP-Kreisleiter in Meißen, uneingeschränkt an. Aufgrund seiner Kindheit im Wilhelminischen Kaiserreich, seiner evangelisch-lutherischen und städtischen Prägung, seines frühen Parteieintritts und seiner uneingeschränkten Treue zur unmittelbaren Heimatregion entsprach er dem generellen Sozialprofil der sächsischen NSDAP-Kreisleiter.[11] In Meißen galt Böhme als erbarmungsloser Antisemit und als geeignet, den Parteiwillen rücksichtslos durchzusetzen.[12]

1943 zählte er zu den 129447 Politischen Leitern, welche die 449708 »Parteigenossen«[13] in Sachsen führen und anleiten sollten. Darüber hinaus steigerte Böhme – wie andere (sächsische) Parteifunktionäre auch – seine propagandistische Tätigkeit bis zum Äußersten. Im September des Jahres resümierte er: »Unzählige Versammlungen vor allem auch in den großen Betrieben unserer Rüstungsindustrie forderten mich als Redner.« Zudem reiste er jeden Freitag zur Gauschule Lößnitzburg, um in den Lehrgängen für NSDAP-Ortsgruppenleiter über den »totalen Krieg« und die damit verbundenen Anforderungen an die »Volksgenossen« zu sprechen. Für Böhme war es deshalb kein Wunder, »dass schließlich ein Erschöpfungszustand eintrat, der es dringend notwendig machte, einmal auszuspannen. Erst glaubte ich, es sei dies gar nicht möglich, aber schließlich forderte die Natur ihr Recht [... und zwang mich] zu einer Kur [...]. Nun stehe ich wieder mit alter Frische im Dienst der Bewegung.«[14] Zum einen

---

9 Vgl. Der Freiheitskampf. Die Gauzeitung der NSDAP vom 17.1.1943, vom 22.1.1943, vom 23.1.1943, vom 11.2.1943 und vom 12.3.1943.

10 Vgl. Martin Mutschmann, Unser Marsch in die Freiheit. In: Ebd. vom 30.1.1943.

11 Vgl. Stephan Dehn, Die Kreisleiter der sächsischen NSDAP in den Jahren 1937 bis 1942. Eine soziographische Annäherung. In: Heydemann/Schulte/Weil (Hg.), Sachsen und der Nationalsozialismus, S. 59–76, hier 76.

12 Vgl. Gerhard Steinecke, Unser Meißen – 1929–2004, Meißen 2004, S. 41.

13 Vgl. Armin Nolzen, Die sächsische NSDAP nach 1933. Sozialstrukturen und soziale Praktiken. In: Heydemann/Schulte/Weil (Hg.), Sachsen und der Nationalsozialismus, S. 43–58, hier 50.

14 Tagebuch des NSDAP-Kreisleiters Hellmut Böhme (Stadtarchiv Meißen), Transkriptionstext von Annekatrin Jahn, S. 40–42.

gehörte Böhme damit zu Tausenden von Sachsen, die sich im fünften Kriegsjahr auskurieren konnten. Bereits von Februar 1942 bis Februar 1943 waren in Sachsen 92 000 Kuren »zur Hebung der Volksgesundheit« durchgeführt worden, was laut eines Artikels in »Der Freiheitskampf« weit über dem Reichsdurchschnitt gelegen haben soll.[15] Zum anderen war der Meißner NSDAP-Kreisleiter mit Sicherheit nicht der einzige Parteifunktionär, der sich durch seine zahllosen propagandistischen Auftritte und die damit verbundenen Reisen an seine körperlichen Grenzen brachte. Schließlich mussten sie den großen Mangel an (fähigen) Propagandisten in Sachsen durch Mehrarbeit kompensieren.[16]

Hinzu kam, dass die Stimmung der sächsischen Bevölkerung, mit der das Berliner Propagandaministerium 1942 noch zufrieden war, im Sommer 1943 »ein außerordentliches Tief« erreichte. Walter Tießler, Leiter des Reichsringes für nationalsozialistische Volksaufklärung und Propaganda, erklärte diese Einschätzung mit der Sorge der Sachsen, »selbst in Kürze derartige Großangriffe, wie sie jetzt im Westen erfolgen, zu erleben«.[17] Wie im ganzen Reich zeichnete sich zu dieser Zeit auch in der sächsischen Region das Bild einer »allgemeinen schweren Depression« ab; es wurde nicht mehr von einem Stimmungs-, sondern von einem Haltungseinbruch in der Bevölkerung gesprochen.[18] Die seit Beginn des Jahres eingesetzte Propaganda, Furcht vor »jüdischer Vergeltung« durch die »bolschewistische« Rote Armee und die alliierten Luftangriffe zu schüren, um eine Mobilisierung und einen verstärkten Durchhaltewillen in der Bevölkerung zu erzeugen, hatte nicht gegriffen. Im Gegenteil, sie beförderte bei vielen Deutschen Angst und Resignation.[19] In der zweiten Jahreshälfte spielte die »Judenfrage« deshalb in der Propaganda keine große Rolle mehr; die Anzahl antisemitischer Beiträge in der Presse ging zurück.[20]

Von diesen Veränderungen in der Propagandaführung schrieb NSDAP-Kreisleiter Böhme in seinem Tagebuch nichts. Auch die Ängste der Sachsen vor alliierten Luftangriffen schien er zu diesem Zeitpunkt nicht wahrnehmen zu wollen oder zu teilen. Außerdem hätte die Auflistung dieser Sorgen nicht dem Anliegen seines Tagebuches entsprochen. Schließlich wollte er seinen Nachkommen eine lückenlos aufwärtsstrebende, ruhmreiche Entwicklung der nationalsozialistischen Partei und des »Dritten Reiches« vermitteln – einschließlich seines per-

15 Vgl. 92 000 Kuren wurden durchgeführt. Ein Jahr Sozialerholungswerk der Landesversicherungsanstalt Sachsen. In: Der Freiheitskampf vom 5.2.1943.

16 Vgl. Stephan Dehn, Die nationalsozialistische Propaganda in der Spätphase des Zweiten Weltkrieges. In: Schmeitzner/Vollnhals/Weil (Hg.), Von Stalingrad zur SBZ, S. 47–60, hier insbesondere 59 f.

17 Vgl. ebd., S. 53.

18 Vgl. Longerich, »Davon haben wir nichts gewusst!«, S. 286 f.

19 Vgl. ebd.

20 Vgl. ebd., S. 292.

sönlichen Anteils daran. Trotz des komplizierter werdenden Kriegsalltags schloss er seinen umfangreichen Tagebucheintrag vom September 1943 mit den Worten: »Es ist eine Lust zu leben!«[21] Mit diesen Worten unterstrich er noch einmal mit emotionalem Überschwang seine Freude an der Tätigkeit als Parteifunktionär und über angebliche, damit verbundene Erfolge.

Diesem euphorischen Ausspruch hätte der von 1928 bis 1945 amtierende nationalkonservative Landrat im obererzgebirgischen Annaberg, Freiherr Adolf von Wirsing, mit Sicherheit nicht zugestimmt. Beschäftigten ihn doch zunehmend das Kompetenzgerangel zwischen staatlichen und NSDAP-Dienststellen und die mangelhafte Zusammenarbeit der Dresdner Regierung mit den unteren und mittleren staatlichen Instanzen. Hinzu kam, dass ihm in seinem Kreis mit Werner Vogelsang ein einflussreicher, durchsetzungsfähiger und für die Region charismatischer NSDAP-Kreisleiter gegenüberstand. Auch wenn von Wirsings Angaben u. a. aus seinem ausführlichen Lebenslauf von 1946 in erster Linie der Rechtfertigung seines Handelns während der NS-Zeit dienen sollten,[22] machen sie dennoch deutlich, dass das Nebeneinander von Landrat und NSDAP-Kreisleiter bis zum Zusammenbruch des NS-Regimes von zahlreichen Auseinandersetzungen begleitet wurde.

Die ungeklärten Kompetenz- und Zuständigkeitsbereiche von Staats- und Parteidienststellen hatte von Wirsing bereits seit Mitte der 1930er-Jahre hinterfragt. Das nationalsozialistische System zog er aber nie grundsätzlich in Zweifel. Seine kritische Sicht auf die Konflikte und die damit einhergehenden Beschwerden, gerichtet an die Dresdner Regierung, hinderten von Wirsing nicht daran, seiner Pflicht als Beamter uneingeschränkt nachzukommen. Damit leistete er einen kontinuierlichen Beitrag zum Erhalt des nationalsozialistischen Regimes und zur unerbittlichen Weiterführung des Krieges. Seine Pflichtauffassung teilte er mit vielen anderen (sächsischen) Staatsdienern,[23] u. a. auch mit Bürgermeistern in den Städten und Gemeinden seines eigenen Wirkungsbereiches, des Landkreises Annaberg.[24]

21 Tagebuch des NSDAP-Kreisleiters Hellmut Böhme (Stadtarchiv Meißen), Transkriptionstext von Annekatrin Jahn, S. 42.

22 Vgl. Ausführlicher Lebenslauf Freiherr von Wirsing von 1946 (Kreisarchiv Annaberg, Personalakte Freiherr von Wirsing, unpag.).

23 Davon zeugt auch das Handeln vieler sächsischer Beamter und Angestellter auf den unteren und mittleren Verwaltungsebenen wie beispielsweise diejenigen, die in der Arbeitskräftelenkung in der Region Chemnitz, in den Arbeitsämtern, im Rüstungskommando und in der Industrie- und Handelskammer Chemnitz tätig waren. Sie sorgten »gerade durch ihren flexiblen Umgang mit den erhaltenen Weisungen und ihrer Anpassung an die Realitäten vor Ort für ein überdurchschnittliches Ergebnis«. Vgl. Silke Schumann, Soldaten und Arbeiter für Hitlers Krieg. Einberufungs- und Arbeitseinsatzpolitik in Sachsen 1939 bis 1945. In: Schmeitzner/Vollnhals/Weil (Hg.), Von Stalingrad zur SBZ, S. 61–82, hier 72.

24 Ausführlich vgl. Francesca Weil, Entmachtung im Amt. Bürgermeister und Landräte im Kreis Annaberg 1930–1961, Köln 2004.

Aber von Wirsings Pflichtgefühl und sein damit verbundenes Handeln nahm sogar noch weit größere Ausmaße an: Mit dem mangelnden Kooperationswillen der sächsischen Regierung in dienstlichen Belangen und Entscheidungen begründet, beteiligte sich von Wirsing nach der 1943 erfolgten Stilllegung der sächsischen Regierungspräsidien als staatliche Mittelinstanzen an der Neuauflage von informellen, d.h. nichtoffiziellen Zusammenkünften einiger Landräte im Regierungsbezirk Chemnitz. Diese Treffen hatten bereits zwischen 1919 und 1939 unter dem Namen »Zwickauer Konferenz« firmiert, waren allerdings wie alle anderen scheinbar nicht dringlichen Versammlungen mit Kriegsbeginn verboten worden.[25]

Von Wirsing bezeichnete die wieder aufgenommenen Treffen im Chemnitzer Bezirk als »Besprechungen der Landräte über dienstliche Fragen in kameradschaftlicher Form«, die in größeren Zeitabständen stattgefunden haben.[26] Während dieser neuerlichen Zusammenkünfte beschäftigten sich die Landräte – wie vor 1939 – ausschließlich mit speziellen Kreisangelegenheiten, diesmal aber vor allem mit kriegsbedingten Aufgaben. Damit nahm von Wirsing zwar an verbotenen Veranstaltungen teil, leistete jedoch keinen Widerstand gegen das System. Im Gegenteil, er und seine Amtskollegen sorgten eigensinnig und mit unübertrefflichem Pflichteifer für einen möglichst reibungslosen Ablauf der Dienstgeschäfte und trugen damit den Anforderungen des »totalen Krieges« mehr als Rechnung.[27]

Mit ähnlichem Engagement stellten sich sächsische Unternehmer, deren Firmen in reichsweite Rüstungsprogramme eingebunden waren,[28] auf die Gegebenheiten einer kriegsbedingten Produktion ein – vornehmlich im wirtschaftlichen Eigeninteresse. In manchen sächsischen Firmen wie der Auto Union AG in Chemnitz lief die Umstellung auf Kriegsproduktion jedoch vorerst zögerlich an, ging man doch zunächst von einem kurzen Krieg aus. Andere Unternehmen

---

25 Ausführlich vgl. Francesca Weil, Die »Zwickauer Konferenz«. Informelle Zusammenkünfte westsächsischer Amtshauptleute während der Jahre 1919 bis 1945 im Kontext ihrer Dienstberatungen. In: Heydemann/Schulte/Weil (Hg.), Sachsen und der Nationalsozialismus, S. 91–109.

26 Schreiben des Landrates zu Annaberg, von Wirsing, an Ministerialrat, Schulze, beim Reichstatthalter in Sachsen, Landesregierung, Ministerium des Inneren, Abt. Allg. und innere Verwaltung in Dresden vom 13.3.1944 (StA Chemnitz, Amtshauptmannschaft Annaberg 30041, Akte 464, Bl. 16).

27 Unter eigensinnigem Verhalten und Handeln in Diktaturen werden hier Verhaltens- und Handlungsweisen verstanden, die nicht dem von Partei und Staat geforderten normativen Verhalten oder Handeln entsprechen, der Diktatur aber trotzdem nützen und »im besten Fall« dazu beitragen, die gesamtgesellschaftlichen Verhältnisse zu stabilisieren. Ausführlich zum Thema »Eigensinn« vgl. die zahlreichen Arbeiten von Alf Lüdtke, Alltagsgeschichte. Zur Rekonstruktion historischer Erfahrungen und Lebensweisen, Frankfurt a.M. 1989, S. 9–47. Zur Entwicklung des Begriffs vgl. Thomas Lindenberger, Eigen-Sinn, Herrschaft und kein Widerstand (https://docupedia.de/zg/Lindenberger_eigensinn_v1_de_2014; 29.7.2019).

28 Vgl. Michael C. Schneider, Sächsische Unternehmen in der Aufrüstungs- und Kriegswirtschaft. In: Schmeitzner/Vollnhals/Weil (Hg.), Von Stalingrad zur SBZ, S. 83–98, hier 91.

wie die ebenfalls in Chemnitz ansässige Wanderer-Werke AG, die Alternativen zu Rüstungsfabrikaten im Produktionsprogramm besaßen, versuchten sich langfristig Optionen für eine künftige Friedenswirtschaft offenzuhalten. Doch nicht wenige sächsische Konzerne weiteten ihre Kriegsproduktion aus, errichteten Zweigwerke und nutzten die Möglichkeiten, die sich durch die militärischen Expansionen des »Dritten Reiches« boten.[29]

So hatte beispielsweise die Leipziger HASAG nach der vollständigen Umstellung auf Rüstungsproduktion, unmittelbar vor dem Überfall der deutschen Wehrmacht auf Polen im September 1939, 27 000 Mitarbeiter und war damit zu einem der größten Arbeitgeber der Region geworden. Noch im selben Jahr hatte das Unternehmen Waffen- und Munitionsfabriken und deren Zulieferer im besetzten Polen, im Bezirk Radom im »Generalgouvernement«, übernommen und seither ein Firmennetz in acht deutschen und drei polnischen Städten betrieben.[30] Hier wurden Tausende von Zwangsarbeitern, Zwangsarbeiterinnen, KZ-Häftlingen und Kriegsgefangenen ausgebeutet. Ab 1942/43 begann das Unternehmen wie andere auch, in den polnischen Werken oder in deren unmittelbarer Nähe Außenlager für KZ-Häftlinge zu errichten. Hier herrschten menschenunwürdigste Bedingungen. Das betraf vor allem jüdische Zwangsarbeiter und Zwangsarbeiterinnen wie beispielsweise Felicja Bannet-Schäftler, die zu diesem Zeitpunkt noch nicht im HASAG-Werk in Leipzig, sondern in dem in Skarżysko-Kamienna Schwerstarbeit leisten musste.[31]

Seit Mitte 1943 kam es neben den innerbetrieblichen Veränderungen und Erweiterungen zu umfangreichen Produktionsverlagerungen von außerhalb nach Sachsen, vor allem aus Berlin und dem Ruhrgebiet. Dabei ging es hauptsächlich um die Sicherung von Rüstungsbetrieben, denn die Region war bis zu dieser Zeit von alliierten Luftangriffen verschont geblieben. All diese Veränderungen bewirkten bis 1945 Verschiebungen in der sächsischen Wirtschaftsstruktur: von Konsumgütern hin zu Investitionsgütern und Kriegsgerät.[32]

Von diesem Wandel war auch die Firma Kübler & Niethammer betroffen, wenn auch geringfügiger als andere Betriebe. Die drei Brüder Niethammer, allesamt seit Mai 1933 NSDAP-Mitglieder, hatten wie viele Industrielle die Machtübernahme der Nationalsozialisten und dabei vor allem die Abschaffung von betrieblichen Mitbestimmungsformen der Arbeiter und Angestellten in Form der

29 Vgl. ebd., S. 91–93.

30 Vgl. Ramona Bräu, Zwangsarbeit – Rüstung – Volksgemeinschaft. Die Leipziger Rüstungsfirma Hugo Schneider AG im »Dritten Reich« – ein Versuch einer Einordnung. In: Susanne Schötz (Hg.), Leipzigs Wirtschaft in Vergangenheit und Gegenwart. Akteure, Handlungsspielräume, Wirkungen (1400–2011), Leipzig 2012, S. 337–353, hier 346 f.

31 Vgl. ebd., S. 348; vgl. Schneider, Sächsische Unternehmen, S. 95; vgl. Karay, Wir lebten zwischen Granaten und Gedichten, S. 55–58.

32 Vgl. Schneider, Sächsische Unternehmen, S. 98.

Betriebsräte begrüßt. Doch die Niethammers ließen auch Distanz zur Partei und zum NS-System erkennen, vor allem als neue Institutionen wie die Deutsche Arbeitsfront (DAF) in die Struktur des Familienunternehmens »hineinregierten«. Von aktivem politischen Engagement in den Organisationen der NSDAP konnte ebenso wenig die Rede sein.[33] In wirtschaftspolitischen Fragen hingegen pflegten sie ein anderes Verhältnis zum nationalsozialistischen Regime. Als Mitglieder zahlreicher Wirtschaftsorganisationen verfolgten die Niethammer-Brüder eine »Strategie der wirtschaftspolitischen Vernetzung«, von der die Firma maßgeblich profitierte.[34] Wilhelm Niethammer betätigte sich u. a. als Leiter der Bezirksgruppe Sachsen der Wirtschaftsgruppe der Papier-, Pappen-, Zellstoff- und Holzstofferzeugung, als Beiratsmitglied der Wirtschaftsgruppe Papier, der Gauwirtschaftskammer Sachsen und der Wirtschaftskammer Chemnitz.[35]

In der Firma Kübler & Niethammer bezogen sich die kriegsbedingten Betriebsumstellungen vor allem – wie bereits im Ersten Weltkrieg – auf die Herstellung von Spinnpapier, welches zu Papiergarn verdrillt für die Herstellung von Säcken benötigt wurde. Im Betriebsteil Gröditz erzeugte man darüber hinaus einen Zellstoff besonderer Qualität, der ebenfalls für kriegswichtige Zwecke genutzt wurde. Obwohl die Produktionsumstellungen zu Schwierigkeiten geführt hatten, war die Gesamterzeugung in den ersten Kriegsjahren nur unwesentlich zurückgegangen, was intern als klarer Beweis für den hohen Leistungsstand der Firma deklariert wurde.[36] Bis 1943 hatte die Produktion kriegswichtiger Erzeugnisse gesteigert werden können – man habe »allen Schwierigkeiten und Hemmnissen zum Trotz die uns zugewiesenen Aufgaben erfüllt«, betonte Wilhelm Niethammer in seiner Rede vor der Belegschaft am 15. März 1943.[37]

Darüber hinaus wies der Unternehmer offen auf den scheinbar unlösbaren Widerspruch hin, einerseits die Erzeugung kriegswichtiger Güter konstant halten oder vielmehr verbessern und steigern zu müssen, andererseits jedoch »Menschen für die kämpfende Truppe frei zu machen«. Beides sei jedoch von solcher Wichtigkeit, so Niethammer, dass man nicht eines über dem anderen vernachlässigen dürfe. Man müsse deshalb auf alle menschlichen Reserven zurückgreifen, über die noch in reichem Maße verfügt werden könne und die nun aufgrund der jüngsten Ereignisse zum totalen Kriegseinsatz aufgerufen seien. Nach Ansicht

33 Vgl. Steinberg, Unternehmenskultur im Industriedorf, S. 153–155.
34 Vgl. ebd., S. 155–157.
35 Vgl. ebd., S. 134–161.
36 Vgl. Broschüre zum 100. Bestehen der Firma Kübler & Niethammer 1956 (Sächsisches Wirtschaftsarchiv Leipzig, Bestand U 47 Kübler & Niethammer, Papierfabrik Kriebstein, F 1049) S. 44–47.
37 Manuskript einer Rede von Wilhelm Niethammer vor seiner Belegschaft vom 15.3.1943 (ebd., Akte 570, unpag.). Alle folgenden direkten und indirekten Zitate stammen ebenfalls aus diesem Redemanuskript.

Niethammers führten diese Notwendigkeiten zur »Übernahme weiterer Opfer für jeden Einzelnen«. Damit ging er auf die Verordnung zum nationalen Kriegseinsatz ein und erläuterte in diesem Zusammenhang auch seine Haltung zur erforderlichen Frauenerwerbstätigkeit, welche die Arbeitsdienstpflicht zwangsläufig mit sich brachte: »Niemand wird wohl so töricht sein, in dem Einsatz und der Heranziehung der Frauen z. B. kein Opfer und nun endlich die für diese geeignete Lebensstellung sehen zu wollen, vielmehr sind wir zutiefst davon überzeugt, dass die Frau in den Haushalt und die Familie gehört. Gerade aber weil die deutsche Heimat, die deutsche Familie erhalten werden muss, gerade deshalb muss nun, da beides in Gefahr ist, auch die Frau für den totalen Krieg eingesetzt werden.« Niethammer zählte mit dieser Auffassung keinesfalls zu einer Minderheit; Frauenerwerbstätigkeit galt in großen Teilen der Bevölkerung als kriegsbedingter Missstand.

Darüber hinaus gab er bekannt, »dass nun auch im stärksten Maße die Reserven des Auslandes, soweit es unter deutscher Kontrolle steht, mobilisiert werden«. Die bereits große Anzahl von in der Firma tätigen Ausländern müsse im Laufe des Jahres 1943 noch erhöht werden, wobei Kriegsgefangene und »Ostarbeiter« eine besondere Rolle spielen sollten. An dieser Stelle machte Niethammer darauf aufmerksam, dass man es zwar ablehnen würde, die ausländischen Arbeiter zu schikanieren, aber von ihnen gute und ordentliche Arbeit verlangen müsse. Kein Belegschaftsangehöriger solle sich von falscher Sentimentalität leiten lassen, sondern jedem müsste bewusst sein, »dass jeder unserer deutschen Arbeiter über ihnen steht und die Verpflichtung hat, sie auch wirklich zur Arbeit anzuhalten«. Die Ausländer müssten für den deutschen Sieg arbeiten, dafür seien sie der Firma übergeben worden und dafür würden sie verwendet.

Mit diesen Bemerkungen forderte Niethammer zwar einen Umgang mit Zwangsarbeitern und Zwangsarbeiterinnen ein, an den sich mit Sicherheit nicht alle sächsischen Unternehmer und auch nicht alle deutschen Arbeiter und Arbeiterinnen hielten, was u. a. aus den Erinnerungen von Nina Petriwna L., einer ukrainische »Ostarbeiterin«, an ihre Zeit in Leipzig hervorgeht. Streng genommen folgte der Firmenchef damit lediglich strikt den offiziellen Vorgaben zum Umgang mit »Ostarbeitern«, was entsprechende Anweisungen in der NSDAP-Gauzeitung »Der Freiheitskampf« verdeutlichen. Unter dem Titel »Mehr Abstand!« erschien beispielsweise im Mai 1943 folgender Aufruf:

»Die Kriegsverhältnisse bringen es mit sich, dass immer mehr Ostarbeiter in der Wirtschaft beschäftigt werden. Diese Fremdarbeiter sind nicht unseres Blutes und unserer Art. Daraus ergibt sich, dass ihnen gegenüber immer und bei jeder Gelegenheit Zurückhaltung und Abstand notwendig sind, sollen das Respektverhältnis und damit die hohe Einschätzung unseres Volkes als Führernation Europas nicht leiden. Mit den Ostarbeitern haben wir nichts gemein und Gefühlsduselei würde als Unsicherheit und Schwäche ausgelegt. Jedes Wort, jeder Auftrag muss wohlabgewogen sein, sonst sinkt bei den Ostarbeitern erfahrungsgemäß sofort die Leistung. Das besagt jedoch keineswegs, dass das Aufrechterhalten von Zucht und Ordnung nicht mit der Gerechtigkeit in Einklang zu bringen wäre. Im Gegenteil. Durch nichts ist eine höhere Achtung zu erreichen, als durch gerechte, wenn auch strenge Behandlung.«[38]

Abgesehen von diesen Forderungen und der Tatsache, dass ihnen nicht alle Deutschen nachkamen, waren die Arbeits- und Lebensbedingungen der als »rassisch minderwertig« deklarierten Zwangsarbeiter und Zwangsarbeiterinnen, vor allem der KZ-Häftlinge, der »Ostarbeiter« und »Ostarbeiterinnen« sowie der sowjetischen Kriegsgefangenen ohnehin so menschenunwürdig und kräftezehrend, dass sie unvorstellbares Leid erdulden mussten und zu Tausenden starben.

Eingebettet waren Niethammers Ausführungen zur Situation der Firma und zur Arbeitsdienstpflicht in Betrachtungen zum Kriegsverlauf, die – ebenso wie die abschätzigen Äußerungen über die Zwangsarbeiter und Zwangsarbeiterinnen in der Firma – auf sein ausgeprägtes rassistisches Weltbild hinweisen. Angesichts der Niederlage der deutschen Wehrmacht in der Schlacht um Stalingrad im Januar 1943 stellte er den Kriegsschauplatz im Osten der Bedeutung nach an erste Stelle, weil hier entschieden werde und werden müsse, »dass der Lebens- und Freiheitswille der deutschen Nation über östliches Untermenschentum siegt«. Er appellierte vor der Betriebsbelegschaft an deren Bereitschaft, sich der unausweichlichen Not, Trauer, den Opfern und Entbehrungen zu stellen, damit der Krieg zu dem Ziel führe, »das uns allen vorschwebt, dem deutschen Sieg, der wahrhaften Freiheit unseres Volkes, der Erhaltung unserer Kultur, unseres europäischen Kontinents«. Letztendlich argumentierte er entsprechend der nationalsozialistischen Propaganda, die forderte, dass das Schicksal des Einzelnen sich dem Gesamtinteresse unterordnen müsse: »Über allem steht die Aufgabe, uns in dem Lebenskampf unseres Volkes mit unseren vollen Kräften und mit unserem ganzen Sein einzusetzen für unser geliebtes Vaterland, das, wie wir fest glauben, aus den Stürmen dieser Zeit hervorgehen wird in neuer Größe und Herrlichkeit, und dem wir uns aufs Neue mit Herz und Hand verschreiben.«[39]

Nicht ganz so pathetisch, aber dennoch optimistisch hatte sich Wilhelm Niethammer bereits einen Monat zuvor geäußert. Im Gegensatz zu anderen, wie beispielsweise Hildegard Menzel in der ostsächsischen Provinz oder das Ehepaar Hähnlein aus Dresden, gab er sich auch nach der verlorenen Schlacht um Stalingrad weiterhin zuversichtlich und stellte den Krieg und den zu erwartenden endgültigen Sieg in keinerlei Hinsicht infrage. Das geht u. a. aus einem Brief Niethammers an einen seiner Arbeiter hervor, der als Soldat an der Ostfront eingesetzt war:

38 Mehr Abstand! In: Der Freiheitskampf vom 21.5.1943.

39 Manuskript einer Rede von Wilhelm Niethammer vor seiner Belegschaft vom 15.3.1943 (Sächsisches Wirtschaftsarchiv Leipzig, Bestand U 47 Kübler & Niethammer, Papierfabrik Kriebstein, Akte 570, unpag.).

»Mehr denn je gehen natürlich in diesen Tagen unsere Gedanken nach dem Osten und zu all denen, die von uns jetzt in den schweren Abwehrkämpfen stehen. […] Nun bringt dieser Winter statt der Kälte andere noch viel gewaltigere Anforderungen für unsere Soldaten mit sich, und wir können hier zuhause nichts weiter dazu beitragen, als mit so wenig Arbeitskräften wie möglich alles aufrechtzuerhalten und jeder an seinem Platz aufs Beste seine Pflicht zu tun. Auch für uns wird im Osten wieder die Stunde der Offensive kommen und einmal der endgültige Sieg.«[40]

Wilhelm Niethammer und seine Brüder, alle Reserve-Offiziere, hatten den Krieg von Beginn an begrüßt; »deutsche Stärke« war auch für sie ein beständiger Wert.[41]

2. »Gibst Du mir, gebe ich Dir.«

Um erhöhte Anforderungen an die sächsische Bevölkerung geht es auch in Artur Kühnes Tagebuchnotizen aus dem Jahr 1943, allerdings betreffen sie hauptsächlich kriegsbedingte Alltagsprobleme. Kühne galt zu jener Zeit als wesentlicher Repräsentant der Wilsdruffer Mehrheitsgesellschaft und war fest im gesellschaftlichen Leben der Stadt verankert.[42] Ähnlich wie NSDAP-Kreisleiter Böhme begann auch der Heimatforscher seine Aufzeichnungen zum Jahr 1943 mit Anmerkungen zu den Veränderungen an der »Heimatfront«, allerdings nur mit dem konkreten Hinweis auf die Verordnung über den nationalen Arbeitseinsatz: »Alle Männer und Frauen haben sich der kämpfenden und arbeitenden Volksgemeinschaft zur Verfügung zu stellen. Beim Arbeitsamt melden müssen sich alle Männer vom 16. bis 65., alle Frauen vom 17. bis 45. Lebensjahr.«[43] Die arbeitsbezogenen Anforderungen des »totalen Krieges« waren ihm demnach sehr wohl bekannt, er ging aber nicht näher auf sie, die realen Folgen für die Menschen in seiner Heimatstadt und auf deren Reaktionen ein.

Kühne beschrieb hauptsächlich den immer komplizierter werdenden Alltag in der Kleinstadt im damaligen Landkreis Meißen. Dieser war u. a. geprägt von einem regen Tauschhandel von Lebensmitteln und Dingen des täglichen Bedarfs, mitunter auch gegen handwerkliche Dienstleistungen. So fragte er einen befreundeten Tapezierer: »Hast Du noch Polstermaterial?« Der Handwerker antwortete ihm: »Ab und zu gibt's immer noch etwas! Aber immer heißt es: ›Erst den Rucksack aufmachen! Ich habe heute 1 Mandel [15/16 Stück] Eier, 1 Wurst und 1 Pfund Käse mit.‹ Da wird's schon klappen!« Ein alter Zimmermann

40 Feldbrief von Wilhelm Niethammer an Uff. Alfred B. vom 16.2.1943 (ebd., Akte 127, unpag.).

41 Ich danke Swen Steinberg für die hilfreichen Informationen über sein Buch »Unternehmenskultur im Industriedorf. Die Papierfabriken Kübler & Niethammer in Sachsen (1856–1956)« hinaus.

42 Vgl. Lettau, Artur Kühne, S. 9–17.

43 Tagebuchaufzeichnungen von Artur Kühne 1944/45, Transkriptionstext von Mario Lettau, S. 5–11. Hier auch die folgenden Zitate.

sagte ihm, dass er nur noch zu den Bauern arbeiten geht. Geld wollte er nicht haben, nur Lebensmittel: Speck, Eier, Pökel. Eine Bauersfrau klagte zudem: »Täglich kommen etwa 30 bis 40 Menschen in meinen Hof: Eierhandel! In 2 Stunden waren 7 Soldaten hier!«, und eine Hausfrau brachte es schließlich auf den Punkt: »Jetzt heißt es: Gibst Du mir, gebe ich Dir!«

Der Tauschhandel von Haushalt zu Haushalt wurde vom NS-Regime toleriert und war bereits 1942 straffrei gestellt worden.[44] Er blühte auf, weil die Lebensmittel zu Beginn des Krieges rationiert worden waren. Mit der Verordnung vom 27. August 1939 hatte das Ernährungsministerium die Bezugsscheinpflicht und damit das System der Lebensmittelrationierung eingeführt. Seither wurden jeder Person – ihrer beruflichen Tätigkeit und des daraus errechneten Bedarfs entsprechend – Lebensmittel auf Marken zugestanden.[45] Das NS-Regime wollte einen Zusammenbruch der »Heimatfront« wie 1918 unbedingt vermeiden und versuchte, eine Art Scheinnormalität aufrechtzuerhalten, u. a. indem es – im Vergleich zu anderen europäischen Staaten – der Zivilbevölkerung die höchsten Lebensmittelrationen zukommen ließ.[46]

Der konkrete Vergleich zu den niedrigeren Rationen während des Ersten Weltkrieges wurde zum Zweck der Stabilität des NS-Systems öffentlich propagiert. Das machen die Notizen Kühnes aus dem Jahr 1943 deutlich, wenn auch mit einigen wenigen Einschränkungen versehen. So notierte er im Mai 1943: »100 g Fleisch weniger, dafür Brotzulage«; im September des Jahres hielt er fest: »Ab heute erhält der Normalverbraucher 2 425 g Brot wöchentlich« und verglich diese Menge mit den geringeren Rationen von 1916 (1 880 Gramm) und 1918 (1 820 Gramm) während des Ersten Weltkrieges. Zwar fiel die Kartoffelernte des Jahres wesentlich schlechter als 1942 aus, die Getreideernte dagegen um ein Drittel besser. Deshalb würden alle Versorgungsberechtigten, auch die ausländischen Arbeiter und Arbeiterinnen, ab Oktober zusätzlich im Monat 400 Gramm Weizenbrot oder 300 Gramm Weizenmehl, also insgesamt 9 600 Gramm Brot erhalten. Kühne wertete das als ein »Zeichen unserer starken Ernährungswirtschaft«.[47] Dass viele Nahrungsmittel bzw. deren Bestandteile seit Jahren aus den besetzten Gebieten und auf Kosten der dortigen Bevölkerung geliefert wurden, übersah er dabei geflissentlich. Die Lieferungen aus den besetzten Territorien trugen immerhin mit zwölf Prozent zum zivilen Verbrauch bei.[48]

---

44 Vgl. Michael Schneider, In der Kriegsgesellschaft. Arbeiter und Arbeiterbewegung 1939 bis 1945, Bonn 2014, S. 673.

45 Vgl. Gustavo Corni/Horst Gies, Brot – Butter – Kanonen. Die Ernährungswirtschaft in Deutschland unter der Diktatur Hitlers, Berlin 1997, S. 556.

46 Vgl. Stargardt, »Maikäfer flieg!«, S. 27.

47 Tagebuchaufzeichnungen von Artur Kühne, Transkriptionstext Mario Lettau, S. 5–11.

48 Vgl. Tim Schanetzky, »Kanonen statt Butter«. Wirtschaft und Konsum im Dritten Reich, München 2018, S. 199 und 211–213.

So optimistisch wie Kühne sahen andere Bürger und Bürgerinnen Wilsdruffs die Versorgungssituation offenbar nicht. Manch einer wusste nicht mehr, was er noch kochen sollte – und »… so gibt es denn Dillsauce und nochmals Dillsauce!« In allen Haushalten hat man aus der Not heraus zudem Zuckerrübensirup hergestellt. Die Bauern klagten außerdem über »Viehfutternot«, die damit einhergehende geringere Milchproduktion und den daraus folgenden Kampf um den Erhalt der Höfe.[49]

Nach den drastischen Senkungen der Rationen von Brot, Fleisch und Fett im Februar 1942 hatte das NS-Regime eine für seine Stabilität möglicherweise gefährliche Stimmungslage befürchtet. Die Versorgungssituation konsolidierte sich im Verlaufe des Jahres 1943 jedoch wieder, auch wenn die Rationen nicht mehr die Höhe erreichten wie zuvor. Die Kürzungen im Jahr 1942 hatten vor allem unter den Arbeitern einen »schockartigen« Eindruck hervorgerufen, der wohl aber in Resignation umschlug; die Stimmung erinnerte auffallend an 1918. Dagegen blieb sie in Hinblick auf die Lebensmittelversorgung 1943 besser als die im Vorjahr.[50] Gerüchte und Befürchtungen über die Versorgungslage verstummten dennoch nie.[51]

Nach der Niederlage der Wehrmacht in Stalingrad im Januar 1943 kam die Sorge hinzu, dass wegen der Verluste von besetzten Gebieten, aus denen zahlreich Lebensmittel ins Deutsche Reich geliefert worden waren, die derzeitigen Rationen ebenfalls nicht aufrechterhalten werden könnten. Außerdem führten die Folgen der alliierten Bombenangriffe zu weiteren Schwierigkeiten für das Rationierungssystem. Die auch von Kühne registrierten Probleme mit der Kartoffelversorgung im Herbst 1943 und der Ersatz der Kartoffelrationen u. a. durch Kohlrüben bewirkten, dass sich die Menschen an den »Kohlrübenwinter« von 1917/18 erinnerten.[52] Die von vielen betriebene Selbstversorgung durch Viehhaltung, Obst- und Gemüseanbau und der oben beschriebene Tauschhandel kompensierten die Versorgungsprobleme mehr oder weniger und nahmen mit den Senkungen der Rationen stetig zu.

Obwohl oder gerade weil der Kriegsalltag zunehmende Anstrengungen barg, versuchten nicht wenige Menschen in Sachsen noch eine weitgehende Normalität zu leben und besuchten u. a. weiterhin regelmäßig Gaststätten. Die Wirtin des Gasthofs Klipphausen nahe Wilsdruff konnte den Andrang der Leute kaum bewältigen, die sonntags bei ihr essen wollten. Der ganze Saal war voll gewesen. Am 1. Mai hatte sie zehn große Kuchen gebacken, die im Handumdrehen verschnitten waren.[53] Und Kühne freute sich über Kleinigkeiten, sogar über seine

49 Vgl. ebd., S. 7.
50 Vgl. Corni/Gies, Brot – Butter – Kanonen, S. 562–568.
51 Vgl. ebd., S. 565–568.
52 Vgl. ebd.
53 Vgl. Tagebuchaufzeichnungen von Artur Kühne, Transkriptionstext Mario Lettau, S. 6.

kärglichen Geburtstagseinkäufe: »Für die liebe Frau kriege ich einen Scheuerhader, für den lieben Jungen an der Ostfront ein Paar Fußlappen! – Bescheiden, aber immerhin Textilien und ich bin beglückt!«[54] Die Freude Kühnes ist verständlich. Waren es doch vor allem Textilien, an denen es bereits seit der ersten Kriegshälfte mangelte.[55]

Die Lebensmittelversorgung der sächsischen Bevölkerung blieb trotz aller Befürchtungen und Gerüchte bis in den Herbst 1944 wie überall im Deutschen Reich weitgehend stabil. Es fehlten lediglich Genussmittel, einzelne Nahrungsstoffe wurden durch Ersatzstoffe ersetzt und es mussten Qualitätsverschlechterungen hingenommen werden.[56] So wurden z. B. »besonders wirkstoffreiche Erzeugnisse« aus Schokolade – auch aus sächsischen Süßwarenwerken – vor allem für die Soldaten und die Bevölkerung in den bombenbedrohten Gebieten gefertigt, abgesehen von Einzelzuweisungen in bis dahin nicht betroffene Gebiete.[57] Seit Mitte Juli 1943 gab es außerdem kein Eis mehr in Sachsen. NSDAP-Gauleiter Mutschmann hatte im Zuge der totalen Mobilmachung angeordnet, die Eisdielen sowie die gesamte Herstellung und den Vertrieb von Speiseeis durch Milchgeschäfte, Einzel- und Straßenhändler für die Dauer des Krieges stillzulegen. Dadurch wurden nicht nur »zusätzliche Kräfte für kriegswichtige Zwecke« frei, sondern es konnten vor allem wichtige Nahrungsmittel wie Zucker und Milch zugunsten von stillenden Frauen und von Werksküchen in der Rüstungsindustrie umverteilt werden.[58]

3. »Ja, liebes Kind, das Leben ist nicht immer zuckersüß.«

Der Wilsdruffer Heimatforscher Kühne stellte zudem in seinen Aufzeichnungen des Jahres 1943 kommentarlos fest: »30 Kölner bombengeschädigte Familien werden in der Stadt, 600 im Kreise Meißen untergebracht.«[59] Die große Mehrzahl der Deutschen, rund 50 Millionen Menschen, hatte nie oder selten Bombardements erlebt, da die Luftangriffe ausgewählten Städten galten. Aber – so Jörg Echternkamp – Millionen Menschen waren durch die Evakuierungen indirekt von den Bombardierungen betroffen: »Der Treck der Ausgebombten brachte den

54 Ebd., S. 11.

55 Vgl. Silke Schumann, Die soziale Lage der Bevölkerung und die NS-Sozialpolitik in Sachsen. In: Vollnhals (Hg.), Sachsen in der NS-Zeit, S. 57–71, hier 67 f.

56 Vgl. ebd.

57 Vgl. Was blieb von der »süßen« Produktion? Berufsgut wird sorgfältig gepflegt – Kriegswerktag in Süßwarenfabrik. In: Der Freiheitskampf vom 9.5.1943.

58 Vgl. Kein Eis mehr in den Eisdielen und bei Straßenhändlern. Hochwertige Nahrungsmittel werden für lebenswichtige Zwecke frei. In: Ebd. vom 15.7.1943.

59 Tagebuchaufzeichnungen von Artur Kühne, Transkriptionstext Mario Lettau, S. 5–11.

Luftkrieg aufs Land und ließ weite Teile der Volksgemeinschaft an den Erfahrungen der städtischen Heimatfront teilhaben – ob sie es wollten oder nicht.«[60]

Auf die mit den Evakuierungen verbundenen Probleme vor Ort ging Artur Kühne nicht ein, anders als Hildegard Menzel aus Ostsachsen, welche die Konflikte bei der Unterbringung von deutschen Bombenevakuierten in ihrem Dorf und ihren eigenen Unwillen darüber, gegebenenfalls ein fremdes Kind aufnehmen zu müssen, schon 1941 beschrieben hatte.[61] Im Zusammenhang mit dem Verhältnis von Einheimischen zu den Bombenevakuierten schilderte die Dresdner Arbeiterin Klara Hähnlein in einem Brief an ihren Mann im August 1943 eine sie erschütternde Begegnung: »Bald hätte ein Erlebnis mir den Appetit für Kino verdorben. Kam heute ein Soldat mit Frau und kleinem Kind im Hause an, wurde vom Bahnhof-N.S.V. [Nationalsozialistische Volkswohlfahrt] geschickt, sollte beim alten Richter oben wohnen. Die Frau Mühlhausen ließ sie nicht rein, ginge nicht, hätte keine Betten, sollen doch mal hingehen, wo sie 7 Zimmer hätten. Der Soldat sagte, wenn ich einen dicken Strick hätte, würde ich mich jetzt mit meiner Familie aufhängen. Sie waren aus Aachen, der Mann muss morgen früh wieder an die Front.«[62]

Die Erfahrung, von der Bevölkerung in den bombensicheren Gebieten abgelehnt zu werden, hatten seit 1940 viele Evakuierte machen müssen. Die Massenevakuierungen aus den »luftgefährdeten« Regionen bedeuteten für die aufnehmende Bevölkerung auch tatsächlich eine zusätzliche Belastung, wurden doch zwischen dem 19. April 1943 und dem 11. Januar 1945 insgesamt 8944976 Menschen durch die Nationalsozialistische Volkswohlfahrt (NSV) umquartiert.[63] Im Rahmen der Erweiterten Kinderlandverschickung (KLV) waren bereits seit Oktober 1940 nicht nur zehn- bis 14-jährige Kinder in KLV-Lager geschickt, sondern auch Mütter mit kleineren Kindern und deren älteren Geschwistern aus von Luftangriffen bedrohten Gebieten zu Gastfamilien in sicherere Regionen, u.a. nach Sachsen, evakuiert worden. Der Umquartierungserlass von 1943 berechtigte zudem fast alle nichterwerbstätigen Frauen, in weniger bombengefährdete Gegenden zu ziehen.[64] Allein bis Oktober 1943 wurden ca. 64000 Menschen aus den »Entsendegauen« Köln-Aachen und Weser-Ems in Sachsen aufgenommen.[65]

60 Jörg Echternkamp, Im Kampf an der inneren und äußeren Front. Grundzüge der deutschen Gesellschaft im Zweiten Weltkrieg. In: Ders. (Hg.), Die deutsche Kriegsgesellschaft 1939 bis 1945; Band 9/1, S. 1–92, hier 67.

61 Vgl. Brief von Hildegard Menzel an Martin Menzel vom 4.11.1941 (Privatarchiv Wieland Menzel, unpag.).

62 Vgl. Hermann (Hg.), Dresden 1943–1945, S. 109.

63 Vgl. Armin Nolzen, Die NSDAP, der Krieg und die deutsche Gesellschaft. In: Echternkamp (Hg.), Die deutsche Kriegsgesellschaft 1939 bis 1945, Band 9/1, S. 99–193, hier 159.

64 Vgl. Nicole Kramer, Volksgenossinnen an der Heimatfront. Mobilisierung, Verhalten, Erinnerung, Göttingen 2011, S. 349.

65 Vgl. Rainer Bering, Das Kriegsende 1945. In: Vollnhals (Hg.), Sachsen in der NS-Zeit, S. 224–238, hier 225.

In der NSDAP-Gauzeitung »Der Freiheitskampf« wurde das Misstrauen der Bevölkerung gegenüber den Bombenevakuierten und die Abneigung gegen deren Aufnahme jedoch nicht thematisiert. Im Gegenteil, in den Artikeln beschrieb man die Aufnahmewilligkeit der sächsischen Bevölkerung mit hochtrabenden Worten ausschließlich positiv; beispielsweise war die angebliche Freude sächsischer Kinder auf ihre neuen Mitbewohner und -bewohnerinnen ein großes Thema. Andernorts ist zu lesen, dass den Evakuierten das »gute Herz der Sachsen« entgegenfliegen würde: »Keiner wird es bereuen, gerade zu uns ins Sachsenland gekommen zu sein.«[66] Diese Sätze wirkten einmal mehr absurd angesichts des Versuchs von Reichsstatthalter Mutschmann im Jahre 1942, die Evakuierung von Ausgebombten nach Sachsen zu verhindern. Er hatte seine Auffassung damit begründet, dass im dicht besiedelten Sachsen nicht ausreichend Quartiere zur Verfügung stehen würden.[67]

Tatsächlich erfuhren auch nicht alle Evakuierten Ablehnung durch Ortsansässige, u.a. die damals sechsjährige Eva Windsberg, die als Bombenevakuierte seit 1942 in Niedersedlitz, in unmittelbarer Nähe von Dresden lebte. Sie wohnte allerdings mit ihrer Familie in einer Schuhfabrik und war nicht wie andere zu Fremden in eine Wohnung zwangseinquartiert worden. Vielleicht war das der Grund, weshalb sie keine Auseinandersetzungen vor Ort erlebte, sondern die Zeit bis knapp vor Kriegsende in erster Linie als eine schöne Zeit erinnerte. Sie machte Ausflüge nach Dresden, Pillnitz und ins Elbsandsteingebirge. Mit den Fabrikbesitzern, in deren Firma sie wohnte, fuhr sie ins Erzgebirge, zu deren Landhaus: »Im Wald wurden Pilze gesammelt und dann getrocknet. Alles herrliche Dinge, die ich bisher nicht kannte. In Niedersedlitz durfte ich bei ihnen im Wohnzimmer am Tisch in einem großen Wilhelm-Busch-Album blättern. Das fand ich einfach riesig. Ich wurde eingeschult und ging mit zur Erstkommunion. Zum Spielen war viel Platz in der Kohlenhandlung [nebenan].«[68]

Die Einträge Kühnes verdeutlichen außerdem, dass es zu diesem Zeitpunkt – wenn auch nur vereinzelt – Kritik an Hitler und vor allem den Wunsch nach Frieden unter der Bevölkerung in der Stadt gegeben hat. Am 14. April 1943 notierte er beispielsweise: »Hier und da Einstellungen gegen den Führer und die ›Kriegsmacher‹: Leben müssen sie uns doch lassen, wenn auch die Russen reinkommen!«[69]

In dem Briefwechsel, dem sich der Lehrer und Kirchenkantor Max M. und seine beiden Töchter Regina und Irene rege widmeten, war Friedenssehnsucht zu

66 Die ersten »Kölschen« im Sachsengau. Mit einem Umquartiererzug unterwegs – Unsere Heimat nimmt Luftkriegsgeschädigte auf. In: Der Freiheitskampf vom 8.7.1943.
67 Bering, Das Kriegsende in Sachsen 1945, S. 224f.
68 Eva Windsberg, So erlebte ich das Kriegsende, S. 276.
69 Tagebuch von Artur Kühne, Transkriptionstext von Mario Lettau, S. 5.

diesem Zeitpunkt noch kein Thema. 1943 gab der Vater seinen beiden Kindern vor allem praktische Ratschläge und sprach ihnen Mut zu. So meinte er gegenüber seiner größeren Tochter Irene aufgrund ihrer Klagen: »Ja, liebes Kind, das Leben ist nicht immer zuckersüß. Du musst als Parteigenossin wissen, das Leben im heutigen Staat ist Kampf. Lass dich deshalb nicht entmutigen: ernst ist das Leben und heiter die Kunst. Und Du ergreifst ja einen Beruf, der sich nicht im Handwerklichen erschöpft, sondern Kunst ist.«[70] Offenbar wollte er die Tochter, die sich zur Lehrerin ausbilden ließ, auf Wege und eine Lebenssicht hinweisen, die ihr jenseits der steigenden Anforderungen im NS-System Zufriedenheit und Heiterkeit verschaffen könnten. Der Krieg selbst und seine Auswirkungen spielten in den Briefen aus dem Jahr 1943 noch keine Rolle.

Letzteres traf über alle Kriegsjahre hinweg auf die Briefe von Wally M. aus dem vogtländischen Sachsenburg-Georgenthal zu. Die Bäuerin schrieb regelmäßig an ihren Freund und späteren Verlobten, Erich G., der in Lazaretten in Mittweida und Berlin lag und monatelang auf eine Operation warten musste. Wally M. reflektierte 1943 hauptsächlich über ihrer beider persönliche Beziehung, die ihr in dieser Zeit Kraft verlieh und die Zukunft »licht und hell« erscheinen ließ.[71] Sie freute sich darüber, dass er im Lazarett Filme sehen konnte, und beschrieb ihre eigenen Kinobesuche. Ansonsten verliefen ihre Tage offenbar sehr gleichmütig: Sie berichtete ihrem Freund vom Abendbrot, Strümpfe stopfen und »anschließend geht's schlafen, um morgen früh dann wieder frisch und munter zu sein«. Ihr Alltag blieb weitgehend unverändert und gleichbleibend strukturiert. Unmittelbare Auswirkungen des Krieges hatten auch ihr Dorf noch nicht erreicht. Nur einmal erwähnte sie kurz, dass sie beim Lesen eines Briefes zu »knappern« hatte. Ihr Freund hatte von mehreren Fliegeralarmen an einem Tag geschrieben, was Wally M. kurz und knapp »unerhört« fand. Dann plauderte sie munter weiter von Freundinnen, Päckchen und ihren Ziegen.

4. »Aber wir Frauen werden den Krieg nun auch nicht gewinnen.«

Für Hildegard Menzel im ostsächsischen Dittelsdorf war die Kriegszeit vor allem schwierig wegen der Trennung von ihrem Ehemann, der 1941 als Justizbeamter in das sogenannte Generalgouvernement abgeordnet und später versetzt worden war. Während sie den gemeinsamen Sohn versorgte und zum Arbeitsdienst verpflichtet wurde, machte Martin Menzel Karriere – seit November 1941 am

70 Max M. an Irene M. vom 31.5.1943 (Privatarchiv Wolfram M., unpag.).

71 Wally M. an Erich G. vom 21.1.1943 (Museumsstiftung Post und Telekommunikation Berlin, Bestand Feldpostbriefe, 3.2008.1747.2); vgl. Wally M. an Erich G. vom 6.2.1943 (ebd.). Hier auch die folgenden indirekten Zitate.

Deutschen Gericht und Obergericht in Lublin und von Oktober 1943 bis Januar 1945 in der Justizabteilung der Krakauer Regierung im »Generalgouvernement«. Bei dem Ehepaar kamen – wie beispielsweise bei der Dresdner Künstlerin Hanna Hausmann-Kohlmann auch – seit 1943 die Sorge um den deutschen Sieg und die Angst vor den Folgen einer militärischen Niederlage hinzu. Es waren nicht erst die Bombenangriffe Ende des Jahres 1943, 1944 und vor allem 1945 sowie die zahllosen Luftalarme, welche die Sicht von Teilen der sächsischen Bevölkerung auf den Krieg beeinflussten. Veränderungen waren bereits seit Beginn bzw. spätestens seit Mitte des Jahres 1943, zum Zeitpunkt der Kriegswende an der Ostfront, zu beobachten. So schrieb beispielsweise Hildegard Menzel Anfang Februar 1943 an ihren Mann: »Liebster Martin, was sagst Du nun zu Stalingrad? Entsetzlich muss es sein! [...] Wir können nun nicht mehr sagen ›ach wenn nur der Krieg bald zu Ende wäre‹ sondern ›ach wenn wir nur den Krieg gewinnen würden‹.«[72]

Weitere Sorgen kamen bei Familie Menzel hinzu. Zwar war auch zu dieser Zeit das Geld nie wirklich knapp, doch durch die Rationierung der Waren fiel Hildegard Menzel die Lebensmittelversorgung für ihren Sohn und sich selbst schwer, einmal mehr, weil sie sich nicht wie viele andere auch durch Viehhaltung, Gemüse- und Obstanbau zusätzlich versorgen konnte. Eine optimale Selbstversorgung gab es für sie offenbar nicht. Außerdem quälten sie gesundheitliche Probleme, die sie zwangen, viel und regelmäßig zu essen. Die Hilfspakete ihres Mannes aus Lublin und Krakau halfen, bedeuteten aber auch immer nur eine punktuelle Entlastung. Überhaupt zieht sich das Thema Lebensmittelknappheit durch den Briefwechsel jener Jahre wie ein roter Faden.[73] Dass es sich hierbei um Waren aus einem vom Deutschen Reich besetzten Gebiet handelte, schien das Ehepaar nicht zu beschäftigen oder gar zu belasten – sie nahmen die Paket- und Briefsendungen mit Lebensmitteln aus dem »Generalgouvernement« für sich persönlich als selbstverständlich wahr.

Darüber hinaus gehörte Hildegard Menzel zu den Frauen, die sich dem obligatorischen Arbeitsdienst gerne entzogen hätten – aus gesundheitlichen Gründen und wegen der alleinigen Betreuung ihres minderjährigen Sohnes. Sie musste sich jedoch wie alle aufgeforderten Frauen und Männer laut Verordnung für Aufgaben der Reichsverteidigung bis zum 27. Februar 1943 bei der Arbeitseinsatzbehörde registrieren lassen. Bereits Ende Februar vermeldete das Dresdner Arbeitsamt in »Der Freiheitskampf«, dass die Mehrheit der Frauen »selbstlos, pflichtgetreu, tüchtig und in wahrhafter Erkenntnis ihrer hohen mütterlichen Verantwortung gegenüber der Front sich freudig zur Verfügung« stelle. Laut Gauzeitung standen ihnen »nur unbedeutende Einzelerscheinungen von Versuchen der Drücke-

72 Brief von Hildegard Menzel an Martin Menzel vom 1.2.1943 (Privatarchiv Wieland Menzel, unpag.).

73 Vgl. Menzel/Reschke/Weil, »Erbarmen kann es keines geben.«, S. 31.

bergerei« gegenüber, bei denen allerdings mit »aller gebotenen Härte« und »wünschenswerter Deutlichkeit« durchgegriffen werde.[74]

Auch NSDAP-Gauleiter Mutschmann erwähnte während seiner Auftritte im ganzen Land und in seinen Beiträgen im »Freiheitskampf« häufig und lobend »den tatkräftigen Einsatz der Frauen und Mädchen in den Betrieben, die er anlässlich seiner Betriebsbesichtigungen immer wieder bewundern könnte«.[75] Er wandte sich jedoch ebenso »mit scharfen Worten« gegen jene, »die immer noch glauben, der Krieg ginge sie nichts an. Das ist ein Krieg für das ganze Volk, keiner kann sich seiner Pflicht entziehen!«[76] Diese Haltung nahm auch der Meißner NSDAP-Kreisleiter Böhme ein, der im März 1943 in sein Tagebuch notierte: »In der Heimat aber wird im totalen Krieg die letzte Arbeitskraft mobilisiert. Hier hat die Partei eine große Aufgabe zu erfüllen. Nicht immer ist Einsicht in die Notwendigkeiten des Kriegseinsatzes bei den Betroffenen vorhanden. Da gilt es aufzuklären oder auch hart durchzugreifen.«[77]

Doch viele Frauen, deren Männer an der Front waren, sahen keine Notwendigkeit, einer regelmäßigen Arbeit nachgehen zu müssen, zahlte doch das NS-Regime – wiederum aus Angst vor dem Zusammenbruch der »Heimatfront« heraus – eine relativ großzügige Soldatenunterstützung.[78] Offensichtlich gab es auch eine ganze Reihe von Frauen, die keinen obligatorischen Arbeitsdienst leisten mussten. Unter den »kleinen Leuten« gab es immer wieder Missstimmung und Kritik daran, dass man weibliche Angehörige des Bürgertums weiterhin in Cafés oder auf dem Tennisplatz sah, aber nicht an der Werkbank. Die Dienstverpflichteten aus der Arbeiterschaft und unter den Angestellten kritisierten, dass viele Frauen, vor allem aus bürgerlichen Schichten, nicht von der Mobilmachung für die Rüstungswirtschaft betroffen waren und damit bessergestellt und bevorzugt wurden.[79]

Auch Hildegard Menzel nahm an dieser Tatsache Anstoß; sie missbilligte, dass Bäuerinnen ihres Dorfes nicht zum Diensteinsatz verpflichtet worden waren. Sie selbst konnte sich zwar auch erfolgreich gegen eine regelmäßige Fabrikarbeit wehren. Dennoch beschwerte sie sich in den Briefen an ihren Mann darüber,

74 Starker Arbeitswille der Dresdner Frauen. Stetig wachsender Marsch zur Rüstungsfertigung – Erste Zwischenbilanz der Meldepflicht, auch im Kreis. In: Der Freiheitskampf vom 27.2.1943.

75 Totaler Sieg erfordert totalen Krieg! In: Ebd. vom 26.1.1943.

76 Totaler Sieg erfordert totalen Krieg. Gauleiter Mutschmann sprach zu den Volksgenossen in Pulsnitz. In: Ebd. vom 23.1.1943.

77 Tagebuch des NSDAP-Kreisleiters Hellmut Böhme, Transkriptionstext von Annekathrin Jahn, S. 40.

78 Vgl. Schumann, Die soziale Lage der Bevölkerung, S. 66.

79 Vgl. Hans-Ulrich Thamer, Die Widersprüche der »Volksgemeinschaft« in den späten Kriegsjahren. In: Detlef Schmiechen-Ackermann (Hg.), »Volksgemeinschaft«: Mythos, wirkungsmächtige soziale Verheißung oder soziale Realität im »Dritten Reich«, Paderborn 2012, S. 289–300, hier 297.

warum sie, wenn auch in Hausarbeit, arbeiten müsse, während es noch Frauen im Dorfe gebe, deren Männer zuhause seien, die nicht arbeiten müssten und sich mitunter noch Dienstmädchen leisten dürften. Verweigern konnte sie den Arbeitsdienst jedoch nicht, die Folgen waren auch ihr hinreichend bekannt: »Für den Fall, dass ich doch noch in den Fabrikbetrieb eingesetzt werde, kann ich mich davon auch nicht ganz weigern, denn sonst setzt es Zuchthaus.«[80] Aber der Zwang zum Arbeitsdienst setzte ihr zu, zumal sie sich währenddessen ständig von staatlichen Stellen und der NS-Frauenschaft kontrolliert fühlte. Außerdem blieb sie in Hinblick auf den Erfolg des obligatorischen Arbeitsdienstes von Frauen generell skeptisch: »Ja, wir sind eben nun in den totalen Krieg eingerückt. Aber wir Frauen werden den Krieg nun auch nicht gewinnen!«[81]

Mit dieser Einschätzung sollte Hildegard Menzel nicht nur prinzipiell Recht behalten. Auch der Plan, die Tätigkeit weiblicher Beschäftigter im Krieg im großen Umfang zu nutzen, scheiterte in Sachsen weitgehend. In der Region waren kurz vor dem Krieg zwischen 800 000 und 825 000 Arbeitnehmerinnen beschäftigt gewesen. Bis 1941 war die Zahl der Arbeiterinnen und weiblichen Angestellten auf 750 000 gesunken. Nach der Verordnung über den nationalen Arbeitseinsatz und der damit verbundenen Meldepflicht im Jahr 1943 stieg die Zahl der weiblichen Beschäftigten auf 815 000 im Jahr 1944 zwar wieder an, kam damit aber nur an das Vorkriegsniveau heran.[82] Tatsächlich konnte der wachsende Bedarf an Arbeitskräften in der Kriegswirtschaft in erster Linie nur durch den massiven Einsatz an Zwangsarbeitern und Zwangsarbeiterinnen gedeckt werden.[83]

Noch mehr Frauen in Arbeit zu bringen, war demnach auch nicht durch die Schaffung von mehreren Tausend neuen (Werks-)Kindergartenplätzen, durch die umfassende Verpflegung mittels Betriebsküchen, durch einen erweiterten Frauenarbeitsschutz, durch die Steuerbegünstigung mitverdienender Ehefrauen,[84] aber auch nicht durch die in diesem Kontext anhaltende Propaganda gelungen. »Der Freiheitskampf« war im Jahr 1943 gefüllt mit Zeitungsartikeln, die den engagierten Arbeitseinsatz von Frauen in Sachsen euphorisch beschrieben und anpriesen. Die propagandistischen Zeitungsbeiträge titelten u. a.:

---

80 Brief von Hildegard Menzel an Martin Menzel vom 19.5.1943 (Privatarchiv Wieland Menzel, unpag.).

81 Brief von Hildegard Menzel an Martin Menzel vom 17.3.1943 (ebd.).

82 Vgl. Schumann, Soldaten und Arbeiter für Hitlers Krieg, S. 72 f.

83 Vgl. Thamer, Die Widersprüche der »Volksgemeinschaft«, S 297.

84 Im April 1943 wurden 4 000 neue Kindergartenplätze geschaffen, im Mai 1943 sollten noch 1 000 hinzukommen. In: Der Freiheitskampf vom 13.5.1943; 350 000 sächsische Werktätige in der Gemeinschaftsverpflegung. Umfassendes soziales Betreuungswerk der DAF. Gauwaltung Sachsen – Organisation ohne Vorbild und ohne »Vorgang«. In: Ebd. vom 24.7.1943, vom 27.1.1943; Mitverdienende Ehefrau steuerbegünstigt. In: Ebd. vom 17.2.1943.

»›Es geht bei ihr wie geschmiert!‹ Sprachkundige Gesellschafterin ließ sich als Plattenlegerin ausbilden«; »Vom Hutmodell zur Patronenmutterlehre«; »Praktische Betriebsvorschläge der Frauen. Schöpferische weibliche Mitarbeit – Gute Verbesserungserfolge«; »Es ist ja alles nur halb so schlimm. Wir sprachen mit Frauen in einem Rüstungsbetrieb« oder »Neue praktische Frauen – Werkbank mit Garnspulenbehältern. Erster Blick auf Frauenvorschläge in sächsischen Betrieben – Das ›Werkmütterliche‹ überwiegt«.[85]

Lässt man die Propagandaabsicht der Artikel beiseite, machen die Beiträge deutlich, dass es auch in Sachsen eine ganze Reihe von Frauen gab, die sich tatsächlich mit Elan an ihren Arbeitsplätzen in der (Rüstungs-)Industrie einsetzte. Doch bei Frauen, die wie Hildegard Menzel aus den unterschiedlichsten Gründen nicht arbeiten wollten, erreichten weder die im »Freiheitskampf« beschriebenen Erfolge, Vergünstigungen und Unterstützungen noch die damit verbundene Propaganda ihr Ziel. Hinzu kam die verschärfte Arbeitsbelastung werktätiger Frauen, die tatsächlich auch vonseiten der Ämter wahrgenommen wurde: langes Schlange-Stehen vor den Lebensmittelgeschäften, die durch Knappheit von Bedarfsartikeln erschwerte tägliche Hausarbeit, verlängerte Arbeitszeiten, lange und komplizierte Arbeitswege, gesteigertes Arbeitstempo. Diesen Mehraufwand und die damit verbundenen Anstrengungen hatte das sächsische Landesarbeitsamt bereits 1942 registriert.[86]

Martin Menzel bestätigte seine Frau Hildegard in ihrem Unmut über die Ungleichbehandlung von Frauen, was den Arbeitsdienst betraf. Er ging sogar noch weiter und ermunterte sie, sich darüber zu beschweren und dadurch vielleicht den Vorteil ziehen zu können, zukünftig selbst nicht ganztägig arbeiten zu müssen: »Von L. mit dem Dienstmädchen und der Scheuerfrau, das müsste glattweg auf dem Arbeitsamt gesagt werden. Wenn Du wider Erwarten doch noch mal zum Arbeitsamt kommen müsstest wegen ganztägiger Arbeit, dann musst Du das sofort sagen, so lange Frauen noch Scheuerfrauen und Dienstmädchen zugestanden werden, lehne ich es ganz energisch ab, den ganzen Tag zu arbeiten, und wenn sie das nicht einsehen wollen, musst Du gleich sagen, dass Du Dich woanders beschweren wirst.«[87]

Doch Hildegard Menzels Befürchtungen, ganztags in einer Fabrik arbeiten zu müssen, bestätigten sich nicht. Sie blieb weiterhin halbtags in Hausarbeit beschäftigt. Aufgrund der beschriebenen Überlastung vieler werktätiger Frauen

85 Der Freiheitskampf vom 27.2.1943, vom 19.3.1943, vom 24.3.1943, vom 30.3.1943 und vom 9.6.1943.
86 Vgl. Schumann, Die soziale Lage der Bevölkerung, S. 66.
87 Brief von Martin Menzel an Hildegard Menzel vom 2.5.1943 (Privatarchiv Wieland Menzel, unpag.).

gestanden die Arbeitsämter einer Reihe von Frauen reduzierte Arbeitszeiten zu. Die Halbtagstätigkeit von Frauen nahm während des Krieges immer weiter zu.[88]

Martin Menzel bot seiner Frau zudem an – wie andere Ehemänner an der Front oder in den besetzten Gebieten auch –,[89] persönlich beim Arbeitsamt oder bei Parteiämtern zu protestieren, und schlug ihr darüber hinaus vor, ihre gesundheitlichen Einschränkungen im Zusammenhang mit einer (schweren) körperlichen Tätigkeit geltend zu machen. Er beruhigte sie zwar ebenso hinsichtlich der Missgunst anderer im Dorf, aber auch ihm war bewusst, dass sich die Menschen in Hinblick darauf, wer wo und wie viel arbeitete, gegenseitig misstrauisch beobachteten: »Natürlich wird es Verschiedenen nicht recht sein, dass Du Heimarbeit hast, sie würden es natürlich viel lieber sehen, man hätte Dich weit weg in irgendeine Munitionsfabrik gesteckt.«[90] Wenige Wochen nach diesen Zeilen schlussfolgerte er mit Blick auf die deutsche Bevölkerung: »Es sind furchtbare Zeiten geworden, es ist bald so weit, dass einer dem anderen nicht mehr ein bisschen Luft gönnt. Die Leute sind nur befriedigt und beruhigt, wenn es jemanden offensichtlich saudreckig geht.«[91] Missgunst und Neid nahmen auch unter den Menschen in Sachsen immer mehr zu.

5. »Erbarmen kann es da keines geben.«

In dieser Zeit wurden Martin Menzels Briefe aus Lublin kritischer. Er hatte Angst, im Fall einer militärischen Niederlage Deutschlands seine Familie und seine Heimat nie mehr wiedersehen zu können. Bereits im Januar 1943 hatte er seiner Meinung nach unwichtige Entscheidungen von NSDAP-Instanzen in Lublin kritisiert und in einen Zusammenhang mit der Kriegsführung gestellt: »Würde die Partei nur sehen, dass wir bald den Krieg gewinnen, da wäre sie gerade genug beschäftigt und braucht sich nicht um solche Unwesentlichkeiten kümmern. Aber die eigenen Volksgenossen treten und bevormunden, das geht leichter als den Russen etwas plausibel machen.«[92] Spätestens seit dieser Zeit war ihm ebenso klar, welche Konsequenzen eine militärische Niederlage Deutschlands nach sich ziehen würde, und er benannte auch die Ursache hierfür: »Wenn wir den Krieg noch verlieren sollten; denn auseinandergerissen, das wäre dann wohl gar kein Ausdruck für das, was mit uns dann geschehen würde. Wenn dies eintreten sollte, dann gibt es nur eins, und zwar, soweit man noch am Leben ist, selbst das

88 Vgl. Schumann, Die soziale Lage der Bevölkerung, S. 66.
89 Vgl. ebd.
90 Brief von Martin Menzel an Hildegard Menzel vom 22.4.1943 (Privatarchiv Wieland Menzel, unpag.).
91 Brief von Martin Menzel an Hildegard Menzel vom 19.5.1943 (ebd.).
92 Brief von Martin Menzel an Hildegard Menzel vom 23.1.1943 (ebd.).

Leben nehmen; denn die Leiden durchmachen, die wir anderen bereitet haben, das möchte ich nicht. Erbarmen kann es da keines geben.«[93]

Dass die Deutschen Unrecht mit mörderischen Mitteln durchsetzten und millionenfach unvorstellbare Verbrechen an Menschen begingen, musste ihm nicht nur aus seiner Tätigkeit als Justizbeamter bekannt gewesen sein. Martin Menzel kannte das Lubliner Ghetto, die eigentliche historische Altstadt, in der vom März 1941 bis April 1942 alle Juden der Stadt zusammengepfercht worden waren und unter menschenunwürdigsten Bedingungen hausen mussten – durchquerte er das Areal doch immer auf seinen Dienstgängen zum Gefängnis. Der Familie hatte er wenige Monate vor seinen angstvollen Äußerungen zur eigenen Zukunft von dem im März/April 1942 leergeräumten Lubliner Ghetto berichtet,[94] das er in einem Brief kurz nach seiner Ankunft im »Generalgouvernement« mit äußerst abwertenden Worten beschrieben hatte: »Das Ghetto ist ein kleiner Stadtteil, etwas abseits, wo die ganzen Juden wohnen. Ihr könnt Euch keinen Begriff machen, wie es dort aussieht. Furchtbar. Gestalten bewegen sich dort auf den Straßen, die unheimlich aussehen. Affen sehen dagegen sauber und menschenähnlicher aus. Wenn Ihr werdet mal zu mir kommen, werde ich Euch auch einmal in diese Nähe führen, damit auch Ihr ein klares Bild davon erhaltet.«[95]

Dass die menschenunwürdigen Bedingungen, unter denen die jüdische Bevölkerung in den Ghettos gezwungen wurde zu überleben, dieses Erscheinungsbild erst erzeugten, schien Martin Menzel und anderen nicht in den Sinn gekommen zu sein. Die jüdischen Ghettos waren generell öffentliches Thema und nicht nur für Martin Menzel, sondern auch für viele andere Deutsche eine Art von »Touristenmagnet«, die bei den Besatzern eine Mischung aus Ekel und Faszination auslösten.[96] Im Mai 1942 hatte sich der Justizbeamte ein letztes Mal – und eher beiläufig – über seine Beobachtungen geäußert, was die Behandlung der jüdischen Bevölkerung im »Generalgouvernement« betraf. Dabei waren von ihm erst- und einmalig die Deportation deutscher Juden und Jüdinnen in die besetzten Gebiete Polens und das damals KZ Lublin genannte Vernichtungslager Majdanek im gleichnamigen Vorort der Stadt erwähnt worden:

> »Die Erdarbeiten müssen Juden aus dem Konzentrationslager in Lublin verrichten. Es können etwa so 100 Juden sein, die da arbeiten. Auf und ab gehen eine ganze Zahl ukrainischer Soldaten mit Gewehr und dazwischen 3 SS-Männer mit langen Lederknuten. Ihr könnt Euch denken, dass es da öfters Zuschuss setzt. So dem Aussehen nach befinden sich auch sogenannte bessere Juden darunter. Überhaupt sind jetzt in Lublin in den letzten Tagen viele sehr gut aussehende Juden zu sehen, wahrscheinlich sind wieder frische aus dem Reich eingetroffen, fein werden sie hier allerdings nicht lange aussehen. Das nur nebenbei.«[97]

93 Brief von Martin Menzel an Hildegard Menzel vom 17.11.1942 (ebd.).
94 Brief von Martin Menzel an Rüdiger Menzel vom 7.6.1942 (ebd.).
95 Brief von Martin Menzel an Hildegard Menzel vom 20.11.1941 (ebd.).
96 Vgl. Manthe, Richter, S. 319.
97 Brief von Martin Menzel an Hildegard Menzel vom 11.5.1942 (Privatarchiv Wieland Menzel, unpag.).

Dass Martin Menzel antisemitische Denkweisen verinnerlicht hatte und nicht in Zweifel zog, zeigen nicht nur diese Schilderungen, sondern mitunter auch von ihm gebrauchte Redewendungen: »Eine Zwiebel habe ich auch dazu gegessen. Es riecht jetzt wie um einen Juden um mich.«[98] Mit hoher Sicherheit hatte Martin Menzel – wie andere Staatsabgeordnete und NS-Funktionäre in den besetzten Gebieten auch – noch umfangreichere Kenntnisse von den Massenverbrechen der Deutschen an der jüdischen Bevölkerung im »Generalgouvernement«, als er in den Briefen beschrieben hat. Fanden diese Verbrechen doch weitgehend öffentlich statt;[99] jeder konnte sie wahrnehmen.

In die Zeit, während der sich Martin Menzel im »Generalgouvernement« aufhielt, fiel nicht nur die von ihm erwähnte Räumung des Lubliner Ghettos, welche die erste Aktion der »Endlösung der Judenfrage« im Distrikt und neben dem Massaker im Rahmen der »Aktion Erntefest« im November 1943 auch die umfangreichste war.[100] Der Distrikt Lublin nahm darüber hinaus generell eine bedeutsame Rolle während des Holocaust ein. Hier lagen die Vernichtungslager Belzec, Sobibor und das von Menzel erwähnte Majdanek; die Deportationen vieler Juden und Jüdinnen aus ganz Europa in diese Lager führten durch den Distrikt.[101] Von Juli 1942 bis Oktober 1943 wurden im gesamten »Generalgouvernement« fast zwei Millionen Juden und Jüdinnen grausam ermordet, die meisten während der »Aktion Reinhardt«.[102] Sie starben vor allem in den Vernichtungslagern, erstickten in stationären Tötungseinrichtungen, kamen vor Erschöpfung während der Zwangsarbeit ums Leben oder verhungerten in den Ghettos, in denen sie seit 1939 zusammengepfercht worden waren. Allein von den ehemals etwa 43 000 jüdischen Bewohnern und Bewohnerinnen Lublins (1939) überlebten gerade einmal 230 die deutsche Besatzung.[103]

---

98 Brief von Martin Menzel an Hildegard Menzel vom 3.7.1942 (ebd.).

99 Barbara Manthe bestätigt diese Annahme auch für die von ihr untersuchten Kölner Richter, die ins »Generalgouvernement« abgeordnet oder versetzt worden waren. Vgl. Manthe, Richter, S. 318 f. und 336.

100 Unter der Bezeichnung »Aktion Erntefest« fand die Ermordung von 43 000 Juden und Jüdinnen aus den Lagern Trawniki und Poniatowa sowie aus dem KZ Majdanek im »Generalgouvernement« statt. Nach der Kehrtwende im Krieg im Jahr 1943 befürchtete die NS-Führung hier Aufstände wie in anderen Lagern und Ghettos. Mit der Auslöschung dieser Lager und den Massenerschießungen am 3.11.1943 endete die »Aktion Reinhardt«. Vgl. Dieter Pohl, Von der »Judenpolitik« zum Judenmord. Der Distrikt Lublin des Generalgouvernements 1939–1944, Frankfurt a. M. 1993, S. 113 und 170–174.

101 Vgl. Manthe, Richter, S. 264.

102 Als »Aktion Reinhardt« bezeichneten die Führer des NS-Regimes die systematische Ermordung von zwei Millionen Juden und Jüdinnen und 50 000 Roma und Romnja aus dem »Generalgouvernement«. Sie wurden von Juli 1942 bis Oktober 1943 in Vernichtungslagern ermordet. Vgl. Bogdan Musial (Hg.), »Aktion Reinhardt«. Der Völkermord an den Juden im Generalgouvernement 1941–1944, Osnabrück 2004.

103 Vgl. Gabriele Lesser, Die mit der Thora tanzen. Polen: Sechzig Jahre nach der Schoa kehrt jüdisches Leben nach Lublin zurück (http://www.juedische-allgemeine.de/article/view/id/3552; 18.1.2016).

Durch die Erzählungen der Zivilbeschäftigten, aber auch durch die Berichte vieler Wehrmachtssoldaten wussten große Teile der deutschen Bevölkerung, auch der sächsischen, von der Verfolgung der Juden und Jüdinnen und den grauenhaften Verbrechen in den besetzten Gebieten.[104] Doch Martin Menzel berichtete bis 1942 erstaunlich wenig und später gar nicht mehr über den Umgang mit den Juden und Jüdinnen in Lublin und Krakau; Hildegard Menzel fragte auch nicht nach. Man könnte Furcht vor der staatlichen Postkontrolle dahinter vermuten. Aber das ist weitgehend auszuschließen. Die Briefe von Martin und Hildegard Menzel wurden von der Zivilpost bzw. von der der Deutschen Reichspost unterstehenden »Deutschen Post Osten«[105] transportiert und nicht von den unmittelbar dem Oberkommando der Wehrmacht unterstellten Feldpostbehörden.[106] Diese wurden offenbar gar nicht bzw. nur sehr selten kontrolliert. Kein einziger der ca. 1 800 Briefe des Ehepaares weist die vorgeschriebene öffentlichkeitswirksame Markierung einer Öffnung durch Behörden auf. Außerdem beinhalten ihre Briefe viel anderweitige Kritik, z. B. Martin Menzels oben beschriebene verbale Attacke zu Entscheidungen von örtlichen Parteiinstanzen oder Hildegard Menzels Beschwerden über den obligatorischen Arbeitseinsatz von Frauen. Angst vor damit verbundenen Konsequenzen schienen sie nicht gehabt zu haben. Es muss andere Gründe für das Schweigen über die Verbrechen an den Juden und Jüdinnen gegeben haben.

Hatte sich das NS-Regime bis zum Frühjahr 1943 immer offener zur Vernichtung und »Ausrottung« der Juden und Jüdinnen bekannt, wurde die »Endlösung« ab Mitte des Jahres 1943, auch aufgrund der oben beschriebenen resignierten und ängstlichen Haltung der deutschen Bevölkerung, immer mehr zum Tabuthema. Teile der deutschen Bevölkerung begannen dieses Thema außerdem zu verdrängen und waren in der zweiten Kriegshälfte offenbar mehr oder weniger unwillig geworden, sich weiterhin und intensiver mit Details der »Judenfrage« zu beschäftigen. Peter Longerich äußerte sich dazu folgendermaßen: »Damit hätte man sich eingestehen müssen, dass der Massenmord an den Juden ein Jahrhundertverbrechen darstellte, das sich wesentlich von den an anderen verfolgten Gruppen und unterjochten Völkern verübten Verbrechen unterschied. Zwischen Wissen und Unwissen gab es also eine breite Grauzone, gekennzeichnet durch Gerüchte und Halbwahrheiten, Imagination, verordnete und selbst auferlegte Kommunikationsbeschränkungen, Nicht-Wissen-Wollen und Nicht-Begreifen-Können.«[107]

104 Vgl. Longerich, »Davon haben wir nichts gewusst!«, S. 267.

105 Ausführlich vgl. Gerd Ueberschär, Die Deutsche Reichspost 1933–1945. Eine politische Verwaltungsgeschichte. Band II 1939–1945, Berlin 2000, S. 117–126.

106 Vgl. ebd., S. 39 f.; vgl. Katrin Kilian, Die anderen zu Wort kommen lassen. Feldpostbriefe als historische Quelle aus den Jahren 1939 bis 1945. Eine Projektskizze. In: Militärgeschichtliche Zeitschrift, 60 (2001), S. 153–166, hier 154.

107 Longerich, »Davon haben wir nichts gewusst!«, S. 327 f.

Die Angst, selbst Opfer, vor allem von »bolschewistisch-jüdischer« Rache, zu werden und die Furcht, die Leiden durchmachen zu müssen, welche die Deutschen »anderen« zugefügt haben – wie Martin Menzel bereits im November 1942 an seine Frau geschrieben hatte –, verschwanden dagegen nicht.

6. »Schöne Welt! Böse Menschen!«

Auch Hanna Hausmann-Kohlmann, die von 1917 bis 1921 an der Dresdner Akademie für Kunstgewerbe studiert hatte und seit 1923 als freischaffende Künstlerin tätig war, ging in ihren Tagebüchern aus den Jahren 1943 bis 1945 nicht ein einziges Mal auf den Massenmord an den Juden und Jüdinnen ein. Angst vor den Folgen einer militärischen Niederlage des Deutschen Reiches hatte sie jedoch ebenfalls. Das Thema Krieg ist in den Tagebüchern zwar wenig präsent, doch machen die vereinzelten Einlassungen ihre prinzipielle Haltung gegen Kriege überhaupt deutlich. Hausmann-Kohlmann war sehr kulturinteressiert und nutzte auch während des Krieges jede Gelegenheit, an den vielfältigen Veranstaltungen der Dresdner Kunstszene teilzunehmen. Sie besuchte bis in das Jahr 1944 Kunstausstellungen, stellte selbst aus und interessierte sich für die Kunst anderer Frauen.

Die damals 46-jährige Künstlerin konnte aufgrund ihres Alters nicht mehr zum Arbeitsdienst verpflichtet werden. Sie verbrachte viel Zeit mit ihrem künstlerischen Schaffen und ging sogar auf Reisen. Unter dem Titel »Vom 23. Juni bis 14. Juli – die Vehlen-Reise im Jahre 1943 im Kriege« beschrieb sie in ihrem Tagebuch vor allem und ausführlich Befindlichkeiten, z. B. die anfänglichen Spannungen, die sich innerhalb der Reisegruppe aufgebaut hatten. Sie bereisten gemeinsam mehrere Orte, u. a. München, wo sie eine Kunstausstellung mit »vielen schönen Aquarellen« besuchten.[108]

Hanna Hausmann-Kohlmann nahm auch während des Krieges mit ihren Bildern an Ausstellungen teil. Dresden war seit jeher ein bekannter Standort für Kunst, Kunstausstellungen und -sammlungen; viele Künstler, darunter berühmte Maler wie Otto Dix oder Lea und Hans Grundig, lebten bis 1933 in der Stadt an der Elbe. Doch bereits im September 1933 hatte Dresden auf andere Art und Weise medienwirksam von sich Reden gemacht. Unter dem Titel »Entartete Kunst« war eine Ausstellung eröffnet worden, die als eine der wichtigsten Vorgängerausstellungen zu der 1937 etablierten großen, gleichnamigen Münchener Ausstellung gilt. In der Dresdner Ausstellung waren u. a. Werke von Otto Dix und Oskar Kokoschka auf diffamierende Art und Weise vorgeführt worden.[109]

---

108 Vgl. Hanna Hausmann-Kohlmann, Tagebuch Nr. 11 (SLUB, Mscr. Dresden App. 2386), S. 559–562.

109 Ausführlich vgl. Christoph Zuschlag, Die Dresdner Ausstellung »Entartete Kunst« 1933–1937. In: Dresdner Hefte, 22 (2004) 77, S. 17–25.

Hanna Hausmann-Kohlmann war nicht von beruflich bedingten Ausgrenzungen betroffen; im Gegenteil, einige ihrer Scherenschnitte wurden sogar in der NSDAP-Gauzeitung »Der Freiheitskampf« abgedruckt. Ende August 1943 nahm sie als Ausstellende an einer Gauausstellung der Reichsgemeinschaft deutscher Künstlerinnen und Kunstfreundinnen (GEDOK) im Lichthof des Dresdner Rathauses teil. Die GEDOK, das älteste und europaweit größte Netzwerk von Künstlerinnen aller Kunstgattungen, war 1926 als »Gemeinschaft Deutscher und Oesterreichischer Künstlerinnenvereine aller Kunstgattungen« von der jüdischen Mäzenin Ida Dehmel (1870–1942) in Hamburg gegründet worden. Ihr Anliegen war die Förderung künstlerischer Talente von Frauen gewesen.[110] 1933 hatte man Ida Dehmel zum Rücktritt gezwungen und aus dem Verein ausgeschlossen. Seither führte Elsa Bruckmann, eine frühe Parteigenossin und gesellschaftliche Förderin Adolf Hitlers, die sogenannte ReichsGEDOK.[111]

An der Ausstellung in Dresden beteiligten sich 47 Malerinnen, vier Bildhauerinnen der Fachgruppe bildende Kunst und 16 Kunsthandwerkerinnen. Zur Eröffnung luden ein: Minna Mutschmann – Ehefrau des NSDAP-Gauleiters und Reichstatthalters, seit 1927 NSDAP-Mitglied und Trägerin des »Goldenen Parteiabzeichens«[112] – als Ehrenbeirätin und die Dresdner Malerin Rose Friedrich als 1. Vorsitzende. In der Gauzeitung »Der Freiheitskampf« wurde – wie in der »Dresdner Zeitung« auch – über die Vernissage berichtet. In beiden Artikeln ist die Bewertung des künstlerischen Schaffens der Frauen stark von nationalsozialistischer Ideologie geprägt. Vor diesem Hintergrund werteten die Rezensenten die Künstlerinnen und ihre Arbeiten nicht wie beabsichtigt auf, sondern im Grunde genommen ab. Sie reduzierten die inhaltlichen Aussagen der Kunst von Frauen auf die angeblich darin dominierenden emotionalen, einfachen, nicht intellektuellen, schmückenden und »mütterlichen« Elemente. Und sie sprachen ihnen darüber hinaus ab, sich mittels ihres Schaffens mit den eigentlich wichtigen Problemen kritisch auseinandersetzen zu können: »Es erübrigt sich fast zu betonen, dass das Schaffen der Malerinnen sowohl wie das der Bildhauerinnen sich auf Gebieten auszeichnet, die den Frauen naturgemäß liegen, da sie stärker aus dem Gefühl heraus arbeiten und da sie vorwiegend nach schmückenden Wirkungen und geschmacklichen Gestaltungen hinzielen. Es ist in dieser Schau wieder festzustellen, dass die Künstlerinnen der GEDOK Takt genug besitzen, von der Bearbeitung von Problemen abzusehen, die ihnen als Frauen nun einmal normalerweise nicht liegen können.«[113]

110 Vgl. http://gedok.de/08/?p=8; 21.5.2018.

111 Ida Dehmel nahm sich im Herbst 1942 das Leben. Vgl. http://www.fembio.org/biographie.php/frau/biographie/ida-dehmel/; 21.5.2018.

112 Ausführlich zu Minna Mutschmann vgl. Schmeitzner, Der Fall Mutschmann, S. 143–152.

113 Hanna Hausmann-Kohlmann, Tagebuch Nr. 11, Ausschnitt aus »Der Freiheitskampf« vom 15.8.1943 (SLUB, Mscr. Dresden App. 2386), S. 570.

Ein Redakteur der »Dresdner Zeitung« kam zu dem Schluss, dass ein erster, ganz allgemein überblickender Rundgang die große Mehrzahl dieser Bilder als reine »Naturgewächse« offenbaren würde, an denen »die unverhohlene Einfachheit der Empfindung, die Offenheit und Ungezwungenheit in der Darstellung« besteche. Laut Artikelverfasser sprach aus dieser Kunst sehr deutlich »die unnachahmliche Fähigkeit der Frau zur unmittelbaren, ganz unintellektuellen Anschauung, zur Widerspiegelung ursprünglicher Erlebniselemente«. Es seien keine Umwege über »Experimente« gemacht worden, da kaum etwas »von gewollter Bedeutsamkeit« zu spüren sei, wohl aber »in schöner Unmittelbarkeit« manches davon spreche, was eben nur Frauen würden auszusagen vermögen. Das sei ein Abglanz jener Kräfte, die in den »Müttern« ruhen würden.[114] Hanna Hausmann-Kohlmann klebte die beiden Zeitungsartikel, in denen sie unter anderen auch namentlich erwähnt wurde, kommentarlos und somit auch ohne Kritik an den Inhalten in ihr Tagebuch und verlor nur eine knappe Bemerkung über die Ausstellung: »Freitag, den 27. August im Lichthof zur GEDOK-Ausstellung. Viel geredet, das strengte sehr an.«[115]

Im Sommer des Jahres setzte sie sich erstmals schriftlich mit den alliierten Luftangriffen und deren Auswirkungen auseinander. Wie in späteren Äußerungen auch ging sie dabei zum einen darauf ein, wie die damit zusammenhängenden Sorgen ihre künstlerische Tätigkeit beeinträchtigten; zum anderen verbanden sich damit – wie beispielsweise bei den Menzels auch – große Ängste vor den Folgen einer militärischen Niederlage des Deutschen Reiches: »Dienstag, der 13. August Evakuierung Berlins! Man ist wie gehemmt. Künstlerische Arbeit unmöglich! Gerüchte gehen umher. [...] Was ist aus unserem Vaterland geworden! Diese Ohnmacht gegen den Luftterror lässt mich nicht zur Ruhe kommen. Bloß kein Chaos und Zusammenbruch unserer Front. Wir wären verloren.«[116]

Wenige Tage später, nach einem Picknick mit ihrem Vater und einem Spaziergang an der Elbe, schrieb Hanna Hausmann-Kohlmann wiederholt eine ihrer wenigen reflektierenden Zeilen über den Krieg in ihr Tagebuch. Dabei kam sie zu folgendem Schluss: »Wie hat mich alles Kriegsmenschenleid bei aller intensiven Arbeit seelisch gepeinigt!«[117] Ein darüber hinausgehender Tagebuchabschnitt vom 14. September des Jahres beinhaltet schließlich eine generelle Anklage gegen jene, die Kriege auslösen, und die Ursachen für Gewalt. Mit ihren pathetischen Äußerungen wirkt die Künstlerin jedoch weitgehend unpolitisch gegenüber der damaligen Situation, blieben die Einlassungen doch allgemein; konkret auf die Lage zu jener Zeit, das »Dritte Reich« oder Hitler und den ihr gegenwärtigen Weltkrieg ging sie nicht ein:

114 Vgl. Ausschnitt aus der »Dresdner Zeitung« vom 14./15.8.1943, S. 571 (ebd.).
115 Ebd., S. 572.
116 Ebd., S. 565.
117 Tagebuch Nr. 12, S. 134 (ebd.).

»Schön geht der Mond auf. Alle Fragen um den Krieg brechen auf einmal wieder auf. Genauso schien der Mond im Frieden. Damals bezauberte er und man gab sich dieser Stimmung hin, jetzt entbrennt er die quälendsten Fragen um Sein und Nichtsein. Oh ließen einmal die Menschen von Herrschsucht und Ruhmessucht ab. Man muss die Intelligenz verdammen, sie schafft die größten Erfindungen zum grausamsten Mord. Man könnte darüber wahnsinnig werden. Ehe der Mensch das Leben nicht heiligt, sondern gebiert, um zu morden, wird die Menschheit Kriegen ausgesetzt sein. Ich finde einen Brief von E. D., den sie im Zug nach Kriegsausbruch schrieb. Da heißt es: Aber wo kann man in einer so grausamen Wirklichkeit wirklich froh und glücklich sein?«[118]

In einem Abschnitt zwei Tage zuvor hatte sie einen langen Spaziergang und fast ausschließlich den damit verbundenen Genuss und Glücksmomente ihrerseits – auch während des Krieges – beschrieben:

»Ich empfand heute maßlose Lebenswonne aus tiefstem Naturerleben heraus. Es war einzig schön. Wärme, Windstille, tiefes Alleinsein. Ich fuhr die Ludwig-Hartmann-Straße und lief dann an der Elbe bis Wachwitz. Leider viel Menschen hier. Dann fuhr ich mit der Fähre über und ging in den Bereich »Königs Weinberg«. Herrlich! Hier war kaum jemand. Ich stieg zum Kapellchen hinauf. [...] Die idyllischen Wohnhäuser hier unterhalb. Lange genoss ich von hier aus den Blick ins Weite. Einmal ohne zu malen. Als ich dann abstieg, läuteten oben beim Markgraf die Glocken. [...] Am Kotzschweg vorbei kam ich dann auf den Veilchenweg. An der Terrasse da sieht man so viel. Schöne Welt! Böse Menschen!«[119]

Damit hatte sie sich die Antwort auf ihre Frage, ob und wo man im Krieg froh und glücklich sein könne, bereits vorher selbst gegeben: sowohl bei Spaziergängen in der friedlichen Natur, die man in Ostsachsen noch bis Ende des Jahres 1944 weitgehend genießen konnte, als auch generell durch Ablenkung. Durch lange Spaziergänge, Wanderungen, Familienausflüge, zahlreiche Besuche von Kunst- bzw. Kulturveranstaltungen oder durch häufige Besuche von Cafés und Gaststätten versuchten die Menschen, Normalität zu leben, sich weitgehend abzulenken von den Realitäten des Krieges und seinen Auswirkungen.

Dazu zählten auch ausgiebige Familienfeiern. So schwärmte die 14-jährige Annerose N. aus Leipzig, deren Aufzeichnungen in ihrem Brieftagebuch ansonsten von der Sorge um den Bruder Karl-Ludwig an der Ostfront dominiert wurden, von ihrer gelungenen Konfirmationsfeier:

»Insgesamt waren wir 18 Personen, die trotz Stalingrad und beängstigender Enge im Esszimmer – denn eigentlich ist der doppelt ausgezogene Tisch nur für zwölf Leutchen gedacht – durchaus vergnügt waren. Wie habt ihr, liebe Eltern, das nur alles bewerkstelligt? Ich stand im Mittelpunkt und genoss, gefeiert zu werden! Ich danke euch tausendmal für das wunderschöne Fest. [...] Wäre Karl-Ludwig dabei gewesen und hätten wir keinen Krieg, wäre alles noch viel, viel schöner gewesen, aber ich bin trotzdem völlig zufrieden und unendlich dankbar!«[120]

---

118 Tagebuch Nr. 11, S. 580 (ebd.).

119 Ebd.

120 Brief von Annerose N. an ihre Eltern vom 22.3.1943 (Museumsstiftung Post und Telekommunikation, Sign. 3.2002.0943, unpag.).

Formen der Unterhaltung wie Ausstellungen, Opern, Konzerte, Theater-, Zirkus- und Kinovorstellungen wurden vom NS-Regime auch bewusst als Mittel eingesetzt, um die Moral der Bevölkerung zu stabilisieren und von dem herannahenden Desaster abzulenken.[121] Dazu zählten in Dresden beispielsweise Ausstellungen wie die »Ungarische Malerei in der Gegenwart«, Neuinszenierungen wie »Der Fliegende Holländer« in der Oper oder »Die Heilige Johanna« im Theater sowie Vorstellungen des Zirkus »Sarrasani«.[122] Für leichte, vergnügliche Kost und gute Unterhaltung sorgte in der Gauhauptstadt zudem das Komödienhaus.[123]

Die Dresdner nutzten alle Angebote rege. Auch der Dresdner Zoo konnte in dieser Zeit auf viele Besucher verweisen. Allein an drei Maitagen des Jahres 1943 hat man zehntausend Besucher gezählt, was in dieser Jahreszeit bisher noch nie verzeichnet worden war. Der Artikelverfasser in »Der Freiheitskampf« schloss seine Beobachtungen im Zoo mit dem Verweis auf einen »Pimpf«, der während der Betrachtung eines Steinadlers den Kopf geschüttelt und gemeint habe: »Vati, das ist doch gar kein richtiger Adler, der hat ja kein Hakenkreuz.«[124] Den Zeitungsredakteur amüsierte diese Äußerung, aber sie unterstreicht letztendlich, wie weit die nationalsozialistische Indoktrination auch in den Alltag von Kindern vorgedrungen war.

Kulturveranstaltungen – wie beispielsweise das Konzert der Dresdner Philharmonie Ende Januar 1943, organisiert vom Oberbürgermeister der Stadt – sollten zudem den Eindruck erwecken, dass das kulturelle Leben »auch während des gigantischen Ringens gegen die Vernichtungsabsichten unserer Feinde« auf hohem Niveau erhalten bleiben konnte.[125] Außerdem sollten durch Kunst »Brücken von der Front zur Heimat« geschlagen werden. So hatte beispielsweise die Ausstellung »Soldat und Künstler – Dresden 1943« Arbeiten von sächsischen Künstlern zusammengefasst. Letztere gehörten nicht etwa Propagandakompanien, sondern ausschließlich kämpfenden Truppen an. Die Ausstellung mit Bildern von der Front und aus den besetzten Gebieten unter Schirmherrschaft von Gauleiter Mutschmann galt als erste Präsentation dieser Art. Sie offenbare – so ein Artikel in »Der Freiheitskampf« mit Blick auf die angeblichen Qualitäten der »arischen deutschen Rasse« –, »dass der deutsche Mensch kulturelle Tradition

121 Vgl. Kershaw, Das Ende, S. 22 f.

122 Vgl. Ungarische Malerei der Gegenwart. Eine bedeutsame Ausstellung in den Räumen des Sächsischen Kunstvereins auf der Brühlschen Terrasse. In: Der Freiheitskampf vom 7.2.1943; vgl. Mythos der Heimatsehnsucht. Eindrucksstarke Neuinszenierung des »Fliegenden Holländers« in der Staatsoper [Dresden]. In: Ebd. vom 13.3.1943; vgl. Die »Heilige Johanna« unter dichterischem Stern. Erfolgreiche Neueinstudierung im Dresdner Theater des Volkes. In: Ebd. vom 1./2.5.1943; vgl. Zirzensische Fröhlichkeit bei Sarrasani. In: Ebd. vom 18.3.1943.

123 Vgl. Im Dienste einer guten Unterhaltung. Neue Stücke und neue Schauspieler im Komödienhaus. In: Ebd. vom 29.8.1943.

124 Tierkinderstube in unserem Zoo. Zehntausend Besucher in drei Tagen. In: Ebd. vom 28.5.1943.

125 Vgl. Konzert für Studienurlauber. Ein schöner Gedanke – wundervoll verwirklicht. In: Ebd. vom 26.1.1943.

und das heiße Verlangen nach großen sittlichen und kulturellen Ausblicken in sich trägt, dass der deutsche Künstler auch als Soldat und Kämpfer die Mission in sich fühlt, aus seinem Erleben, wo und welcher Art es auch immer sei, Kraft zu schöpfen für die Steigerung seiner eigenen Werte und für die Vervollkommnung seiner Gabe an sein Volk«.[126]

Hinzu kam, dass der Besuch von Kulturveranstaltungen auch den Mangel an anderen Möglichkeiten, beispielsweise an Geschenken für Kinder, kompensieren konnte. Zu Beginn des Jahres 1943 berichtete ein »kunstbetrachtender Vater« in der Gauzeitung von seinen Beobachtungen und Erfahrungen mit Theatermärchen für Kinder. Da Geschenke für Kinder zum damaligen Zeitpunkt Mangelware waren, mussten Eltern nach »Ausweichgaben« suchen. Zu den Möglichkeiten, die sich wie von selbst und erfolgreich anboten, zählte er die Märchenvorstellungen in den Theatern und Lichtspielhäusern Sachsens.[127]

Was die Ablenkung anging, spielte das Kino eine ganz besondere Rolle. Durch das Bedürfnis nach Alltagsflucht überschritten die Besucherzahlen im Kriegsverlauf die Milliardengrenze. Seit Kriegsbeginn sollten viele Filme, darunter auch historische, in erster Linie der ideologischen Beeinflussung der Bevölkerung dienen, antisowjetische Produktionen Hass und Kampfeswillen entfachen. Doch ab 1943 wurden vor allem viele Komödien produziert; sie machten in diesem Jahr mehr als die Hälfte der hergestellten deutschen Spielfilme aus. Filme mit leichtem und heiterem Inhalt sollten letztendlich dazu beitragen, die Stimmung der Bevölkerung anzuheben.[128] Dazu zählte beispielsweise der Zirkusfilm »Die große Nummer«, der in der sächsischen Gauhauptstadt – laut »Der Freiheitskampf« – besonders großen Zuspruch fand, da er in Dresden gedreht worden war, die Stadt darin eine »ganz ausgezeichnete Figur« gemacht habe und für »frohe Laune der Gegenwart« – offenbar auch noch im fünften Kriegsjahr – aufgeschlossen gewesen sei.[129] Der Kinobesuch setzte sich laut Schneider erst im Krieg als Bevölkerungsschichten übergreifende Freizeitbeschäftigung durch: »Das Kino hat nicht die Zuschauer und Zuschauerinnen für den Krieg mobilisiert, wohl aber der Krieg die Menschen für das Kino.«[130]

Viele Sachsen und Sächsinnen, darunter zahlreiche Kinder, besuchten regelmäßig Filmvorführungen. Neben Wally M. im westsächsischen Vogtland,

126 Brücke von der Front zur Heimat. Die Ausstellung »Soldat und Künstler – Dresden 1943«. In: Ebd. vom 18.3.1943.

127 Dr. Rudolf Schroth, Theatermärchen – unter die Lupe genommen. Beobachtungen und Erfahrungen eines kunstbetrachtenden Vaters. In: Ebd. vom 1.1.1943.

128 Vgl. Dennis Friedewald, Die Macht des Kinos. Filmgenres und Beobachtungen zu deren Rezeptionsgeschichte, Marburg 2007, S. 17.

129 Dresden macht im Film eine gute Figur. »Die große Nummer« im Ufa-Palast – ein erfreuliches Wiedersehen. In: Der Freiheitskampf vom 17.2.1943.

130 Schneider, In der Kriegsgesellschaft, S. 719.

Ingeborg B. aus Dresden oder Hilde L. in Leipzig, die sogar zwischen den häufigen Luftalarmen Kinovorstellungen aufsuchte, ging auch Klara Hähnlein, ehemaliges KPD-Mitglied, vierfache Mutter und Zeitungszustellerin aus Dresden, ins Kino, wenn sich ihr die Gelegenheit bot. Ihrem Mann, der im Februar 1943 zur Wehrmacht eingezogen worden war, schrieb sie in diesem Jahr mehrfach von Kinobesuchen. Am 11. April schaute sie sich beispielsweise den Kriminalfilm »Wir waren sechs« an, der ihrer Meinung nach »so hin ging«. Bereits zwei Tage später besuchte sie die Vorführung des Films »Walzer einer Nacht«; der »war ganz nett, etwas mal fürs Herze, bloß für mich ists nicht so gut so was zu sehen, fühle mich noch verlassener dann«, meinte sie.[131] Ähnlich wie beim Ehepaar Menzel kreisten die Gedanken der Hähnleins, einer durch Krieg und Militärdienst getrennten Dresdner Arbeiterfamilie, um Liebe, Vertrauen, Hoffnung, Aufbegehren, dauernde Erwartung, aber auch um Unverständnis, Enttäuschung, Niedergeschlagenheit und Verzweiflung.[132]

7. »Für unser beider Ziel, das uns bringen soll: Wiedersehen und Befreiung.«

Johannes Hähnlein war in den 1920er-Jahren als ungelernter Arbeiter in verschiedenen Firmen tätig, aber auch mehrjährig erwerbslos gewesen. Der KPD hatte er seit 1929 angehört. 1934 bereits in Schutzhaft genommen, hatte er in den beiden Folgejahren wegen »Vorbereitung des Hochverrats« eine Strafe von einem Jahr und acht Monaten Zuchthaus in der Landesgefangenenanstalt Zwickau verbüßen müssen. 1943 wurde Johannes Hähnlein als »bedingt wehrtüchtig« eingestuft und in das sogenannte Bewährungsbataillon 999 eingezogen.

Vorher nach dem Wehrgesetz als Vorbestrafte aus »Gründen der Ehre« als »wehrunwürdig« eingestuft, wurden seit Sommer 1942 Tausende aus politischen Gründen Verurteilte, aber auch Kriminelle in dieses Bataillon rekrutiert. Ursachen hierfür waren die immer schwieriger gewordene militärische Situation des Deutschen Reiches und der stetig wachsende Mangel an wehrfähigen Männern. Die offiziellen Begründungen lauteten dagegen anders: Zum einen sei es der Bevölkerung nicht (mehr) zu vermitteln gewesen, dass Vorbestrafte zuhause bei ihren Familien bleiben durften, während zahllose wehrwürdige deutsche Männer, Väter und Söhne an der Front fallen. Zum anderen wurde vorgegeben, dass die bisherigen »Wehrunwürdigen« eine Chance erhalten sollten, sich zu »bewähren« und damit ihre »Schuld am deutschen Volk« wiedergutzumachen. Das Oberkommando der Wehrmacht hatte sie in geschlossenen

131 Hermann (Hg.), Dresden 1943–1945, S. 32–35.
132 Vgl. ebd., S. 9.

Sondereinheiten zusammenfassen lassen, um Sicherheitsbedenken durch ausreichende Überwachungsmöglichkeiten zu überwinden. Die »Strafsoldaten« wurden in schwierigen militärischen Situationen in Afrika, in der Sowjetunion und zuletzt in Griechenland und Jugoslawien eingesetzt, häufig als »Himmelfahrtskommandos«; sie hatten die meisten Verluste von allen Wehrmachtseinheiten.[133]

Bevor Johannes Hähnlein ab Mai 1943 auf der Halbinsel Peloponnes in Griechenland zum Bau von Verteidigungsanlagen und zur Bewachung eines Flugplatzes nahe Patras stationiert wurde, musste er auf dem Truppenübungsplatz Heuberg in der Schwäbischen Alb eine militärische Ausbildung durchlaufen.[134] Seit Ende des Jahres 1942 war neben dem Truppenübungsplatz Baumholder im Kreis Trier auch der von der Außenwelt weitgehend abgeschnittene Truppenübungsplatz auf dem Heuberg nahe der Gemeinde Stetten Ausbildungsstätte für das »Bewährungsbataillon« 999.[135] Hier wurden insgesamt 28 000 »Strafsoldaten« ausgebildet. Sie durften sich der dort ansässigen Bevölkerung nicht nähern, erhielten aber ohnehin kaum Ausgang. Bei Vergehen wurden sie hart bestraft. Mindestens 39 von ihnen ließ man vor Ort hinrichten.[136]

Auf dem Heuberg schien Hähnlein in erster Linie froh darüber zu sein, überwiegend gleichgesinnte Kameraden getroffen zu haben. Im März des Jahres schrieb er dazu seiner Frau, die ebenfalls der KPD angehört hatte: »So ganz Deutschland gibt sich hier ein Stelldichein. Alles Befleckte [»Wehrunwürdige«]. Über die Behandlung haben wir bis jetzt nicht zu klagen. Die Unteroffiziere sind an der Ostfront verwundet gewesen, haben alle die Ostmedaille. Unser Unteroffizier lag in Dresden im Lazarett. Er lehrt uns den Deutschen Gruß und meinte: ›Na, ihr Heinis, ihr wisst nicht, was das ist. Sagt ja nicht Hand hochheben.‹«[137]

Dass Johannes Hähnlein eher positiv formulierte und wenig über schlechte Behandlung und Bestrafungen schrieb, hing offenbar mit der durchgängigen, strengen Postkontrolle zusammen. Mitunter deutete er aber auch Schikanen an, beim Waffenappell oder vom Strafexerzieren, was offiziell als »Nachhilfeexerzieren« bezeichnet werden musste.[138] In den ersten Briefen ging es neben der Schilderung sehnsuchtsvoller Momente vor allem um die Organisation eines Besuches

133 Vgl. ebd., S. 24–39.
134 Ebd., S. 18.
135 Vgl. Ursula Suhling, 999er-Strafsoldaten – deportiert vom Hannoverschen Bahnhof. Hamburger Antifaschisten in Wehrmachtsuniform, Hamburg 2014, S. 28.
136 Vgl. ebd., S. 30 f.
137 Die Medaille Winterschlacht im Osten 1941/42 wurde als »Anerkennung für Bewährung im Kampf gegen den bolschewistischen Feind und den russischen Winter 1941/42« verliehen. Hier ist der militärische Gruß (Anlegen der rechten Hand an die Kopfbedeckung) gemeint. Der Deutsche Gruß, auch Hitler-Gruß genannt (Erheben des rechten Armes) wurde in der Wehrmacht erst nach dem Attentat auf Hitler am 20.7.1944 eingeführt. Vgl. Hermann (Hg.), Dresden 1943–1945, S. 27.
138 Vgl. Suhling, 999er-Strafsoldaten, S. 30 f.

von Klara Hähnlein, der von einem möglichen Ausgang ihres Mannes abhing.[139] Zu Ostern 1943 konnte sie ihren Mann schließlich besuchen.[140] Klara Hähnlein schickte auch Lebensmittelkarten und Pakete ins Lager.[141]

Das Dresdner Ehepaar wartete ebenso sehnsuchtsvoll wie Hildegard und Martin Menzel auf das Kriegsende. Doch im Gegensatz zu vielen anderen, wie beispielsweise den Menzels, hoffte es in diesem Zusammenhang auch auf ein Ende des nationalsozialistischen Regimes. Im Mai 1943 schrieb Johannes Hähnlein aufmunternd wie optimistisch und ohne Rücksicht auf die Briefkontrolle an seine Frau: »Ja Klärchen, Du schreibst, bist so allein. Ja Klärchen, dasselbe kann ich auch von mir sagen. […] Ich werde Soldat. Aber nicht so lange. Na daran wollen wir denken. Wie lange warten denn andere schon aufs Wiedersehn. […] Ich weiß, es ist nicht leicht. Aber Klärchen, sei tapfer und stark. Wir halten durch. Für unser beider Ziel, das uns bringen soll: Wiedersehen und Befreiung.«[142]

Wenige Tage später erinnerte er seine Frau daran, dass die Befreiung Deutschlands aus dem Osten kommen würde, d.h. durch die Rote Armee der Sowjetunion: »Siehst Du im Osten ein Morgenrot, ein Zeichen zu Freiheit und Licht. In diesem Sinne, Klärchen, geradeaus geschaut, der Sieg ist unser.«[143] Meistens formulierten die Hähnleins wie in diesem Fall mehr oder weniger bildhaft versteckt auch über politische und militärische Ereignisse. Ging es beispielsweise um Italien, benutzten sie die Metapher des »Italienischen Dörfchens«, einer bekannten Gaststätte in der Dresdner Altstadt. So schrieb Klara Hähnlein am 17. Mai 1943 an ihren Mann im Hinblick auf den italienischen Duce, Benito Mussolini, und dessen schwierige Situation: »Naja Vati, es klappt schon wieder, bloß die Stützen des Dörfchens oben fangen an wackelig zu werden, werden noch zusammenfallen.«[144] »Onkel Reinhold« wiederum war eines der Codewörter für die Sowjetunion bzw. die Rote Armee. Als Johannes Hähnlein nach Griechenland abkommandierte wurde, antwortete ihm seine Frau auf eine Vermutung seinerseits hin: »Du denkst gar Onkel Reinhold zu treffen? Na bin ja gespannt, der will doch, wenns geht, bald in Berlin sein. Das ist der Unterschied zwischen Achtzehn und heute, sagt er.«[145]

Das Ehepaar tauschte sich permanent, aber immer wieder codiert über den Kriegsverlauf aus, stets mit der Hoffnung auf ein von der Sowjetunion dominiertes Kriegsende und einen darauffolgenden politischen Neuanfang in Deutschland. So berichtete Klara Hähnlein Ende Juli 1943 über die Entmachtung Mussolinis in

139 Vgl. Hermann (Hg.), Dresden 1943–1945, S. 26f., 49 und 54.
140 Vgl. ebd., S. 40f.
141 Vgl. ebd., S. 28 und 35.
142 Ebd., S. 55.
143 Ebd., S. 61.
144 Ebd., S. 57. Benito Mussolini: 1922–1943 Ministerpräsident Italiens und Duce del Fascismo.
145 Ebd., S. 68. Mit Achtzehn ist das Jahr 1918 während des Ersten Weltkrieges gemeint.

Italien, was sie vermutlich über Radio Moskau alias »Onkel Richard« erfahren hat. Die Radiosendung machte sie zudem neugierig auf die nach dem Krieg zu erwartenden Veränderungen, im Falle eines Sieges der Sowjetunion. Voller Hoffnung schrieb sie: »Ja Hans, ich habe heute bei Onkel Richard die Erbauung gesucht und auch glänzend gefunden. Dein Frauchen war heute etwas aufgeregt, soviel Neues, aber ich muss mich tüchtig zur Ruhe zwingen, will doch alles Kommende gut überleben. Denn es wird wohl noch einiges zu erleben geben. Nun ist schon der erste Stein gerollt. Bald steht der Baum ganz entblättert und verlassen da.«[146]

Johannes Hähnlein berichtete Ende September 1943 wiederum von den Fortschritten der Roten Armee und der britischen Streitkräfte, die er »Thomas« nannte: »Nun möchtest natürlich von mir noch mehr wissen. Über Onkel Reinhold, dass er sich in die Arbeit gefunden hat und Fortschritte macht und er ja auch die Stadt, wo der Rudi den Winter verbracht hat, bald besucht, habe ich erfahren. Wenn der so weiter macht, ist er Weihnachten Meister, aber da ist ja noch die Konkurrenz da, da ist Anstrengung notwendig. Der Thomas wird nun warm und läuft mit. Na darüber weißt du ja selbst Bescheid.«[147]

Der Austausch über den Kriegsverlauf und die in diesem Zusammenhang geäußerten Hoffnungen des Ehepaars Hähnlein verdeutlichen, dass sich kommunistische Überzeugungen unter dem NS-Regime und während des Krieges erhalten haben, auch wenn sich damit kaum noch organisierter Widerstand verband.

Nach der »Machtergreifung« durch die Nationalsozialisten war es nur noch eine Minorität der verbotenen Parteien und Organisationen gewesen, die widerständiges Verhalten gezeigt hatte. Zudem hatte der Terror gegen Kommunisten, Sozialdemokraten und Gewerkschafter seine Wirkung nicht verfehlt;[148] auch Johannes Hähnlein als ehemaliges KPD-Mitglied hatte den Terror im Zusammenhang mit der Schutzhaft 1934 und der Zuchthausstrafe 1935/36 am eigenen Leib erfahren. Seit 1936 existierte faktisch kein linker »Massenwiderstand« mehr. In der zweiten Kriegshälfte nahmen Widerstandsaktivitäten – auch in Sachsen – zwar wieder zu, dennoch umfassten sie wiederum nur eine sehr kleine Bevölkerungsminderheit.[149] Es existierten nationalkonservative Widerstandskreise, denen sich unter anderem der ehemalige Leipziger Oberbürgermeister Carl Friedrich Goerdeler und der in Dresden geborene Generalmajor der Wehrmacht Hans Oster angeschlossen hatten.[150] Daneben leisteten in Sachsen

146 Ebd., S. 100.
147 Ebd., S. 128.
148 Vgl. Mike Schmeitzner/FrancescaWeil, Sachsen 1933–1945, Der historische Reiseführer, Berlin 2014, S. 49 f.
149 Vgl. ebd.
150 Vgl. ausführlich Romedio Galeazzo Graf von Thun-Hohenstein, Der Verschwörer. General Oster und die Militäropposition, Berlin 1982, insbesondere S. 236–273. Kurz zusammengefasst vgl. Schmeitzner/Weil, Sachsen 1933–1945, S. 50 f. und 96.

zu dieser Zeit das »Nationalkomitee Freies Deutschland«, in welcher der frühere KPD-Reichstagsabgeordnete Georg Schumann führend tätig war, und das »Internationale Antifaschistische Komitee« (IAK) Widerstand.[151]

Das IAK hatte sich beispielsweise sofort nach deren Eintreffen in Leipzig mit den ersten Kriegsgefangenen, Zwangsarbeitern und Zwangsarbeiterinnen solidarisiert. Das kommunistische Ehepaar Maximilian und Elsa Hauke und deren Sohn Karl bildeten gemeinsam mit russischen Gesinnungsgenossen um Nikolaj Rumjancev den aktiven Kern des IAK. Über Letzteren und seine Mitstreiter hatte das Komitee Verbindungen in 60 bis 70 Kriegsgefangenen- und Zwangsarbeitslager. Gemeinsam planten sie einen aktiven Widerstand und verteilten dafür Flugblätter in den Lagern.[152] Auch Klara Hähnlein soll an der Unterstützung von Zwangsarbeitern und sowjetischen Kriegsgefangenen beteiligt gewesen sein, jedoch in Dresden. Sie war jenen behilflich, die im kriegswichtigen Goehle-Werk, in der Holzhandlung Höhne und später bei der Trümmerräumung nach Bombenschäden arbeiten mussten. Die Kontakte kamen allerdings nicht – wie in Leipzig – durch eine Widerstandsgruppe zustande, sondern durch die eigenen Kinder.[153] Letzteres war offenbar kein Einzelfall. Auch in Frankenberg nahe Chemnitz waren es Kinder, die den Kontakt zu sowjetischen Kriegsgefangenen aufbauten und aufrecht hielten. Sie waren u. a. als Kuriere tätig, die den Gefangenen Lebensmittel brachten – im Tausch gegen kunsthandwerkliche Arbeiten aus Stroh.[154]

Wenn auch der aktive kommunistische Widerstand sehr begrenzt blieb, so hatten dagegen (lose) Bindungen zwischen ehemaligen KPD-Mitgliedern langfristigen Bestand, aber auch gegenseitige Unterstützung und Solidarität untereinander. Während der Jahre 1943 bis 1945 hielt Klara Hähnlein Kontakt zu Bekannten, die sie von ihren früheren Tätigkeiten im Kommunistischen Jugendverband, in der Roten Hilfe Deutschlands und in der KPD kannte.[155] Von Kontakten und Solidarität unter ehemaligen Genossen und Genossinnen und dem Fortbestand von Überzeugungen sowie Hoffnungen berichtete auch die damals 13-jährige Sonja R.

Die Schülerin lebte in Weißig, in einem Dorf bei Dresden. Ihre Eltern und Großeltern waren Kommunisten, die sich auch während des Krieges noch »in losen Kreisen« mit anderen Gesinnungsgenossen getroffen haben. Man hat sich untereinander in schwierigen Situationen geholfen und gemeinsam mit

151 Vgl. Marco Brödel, Der kommunistische Widerstand in Leipzig und seine Deutung. Das Internationale Antifaschistische Komitee im Spiegel der DDR-Geschichtspolitik. In: Detlev Brunner/Alfons Kenkmann (Hg.), Leipzig im Nationalsozialismus. Beiträge zu Zwangsarbeit, Verfolgung und Widerstand, Leipzig 2016, S. 47–68, hier 49.

152 Vgl. ebd., S. 50 f.

153 Vgl. Hermann (Hg.), Dresden 1943–1945, S. 12.

154 Vgl. Interview von Francesca Weil mit Werner B. am 16.3.2013, S. 6 f.

155 Vgl. Hermann (Hg.), Dresden 1943–1945, S. 12.

Familienangehörigen verabredet, beispielsweise mit allen Kindern zu Pfingsten in der Heidemühle. Sonja R. erinnerte sich, dass man zusammen Geburtstage gefeiert und die Jahrestage der »Oktoberrevolution« jeweils mit einem besonderen Essen begangen habe.[156] In der Familie wurde offen über politische Probleme gesprochen, die Kinder hat man nicht ausgeschlossen, sie hörten die Gespräche zumindest mit. Allerdings hat sich der Vater anschließend immer mit den Worten an die Kinder gewandt: »Hast du das gehört? Und darüber redet man nicht.«

Trotz der kritischen Einstellung der Eltern zum Nationalsozialismus gehörte Sonja R. dem »Jungmädelbund« an. Die Eltern wollten ihre Tochter nicht aus den Kreisen Gleichaltriger ausgrenzen.[157] Laut Sonja R. hat sich dort bei Sport, Gesang und Laienspiel ein Gemeinschaftsgefühl entwickelt. Die Familie erfuhr weder Not noch Hunger, sie lebten aber auch einfach und bescheiden. Dafür mussten die Eltern jedoch hart arbeiten, der Vater als Schlosser in Dresden und nach der Arbeit bei einem Bauern; die Mutter wurde ins Freitaler Stahlwerk »dienstverpflichtet«. Ein Garten von 1 000 Quadratmetern sowie Hühner und Gänse dienten zudem der Selbstversorgung. Trotz der schweren Arbeit und der wenigen Freizeit fuhr die Familie auch 1943, wie jedes Jahr, wenn der Vater Urlaub bekam, mit dem Dampfer in die Sächsische Schweiz und ging in den Zoo.[158]

8. »Du passt nicht in die ›Volksgemeinschaft‹.«

Ein weitaus mühevolleres Leben bestritt zu dieser Zeit die damals zwölfjährige Schülerin Sonja D., die in Rochwitz, einem Dorf in der Nähe von Dresden, wohnte. Sie hatte einen neun Jahre jüngeren Bruder, der Vater war bei der Wehrmacht und die Mutter schwerkrank, weshalb das Mädchen den elterlichen Haushalt allein führen musste. Für Hausaufgaben, geschweige denn schulische Zusatzarbeiten, blieb nur wenig Zeit; hinzu kam der lange Schulweg in die Innenstadt von Dresden, der ebenfalls viel Zeit kostete. Von einem Lehrer wurde sie vor der Klasse wegen ihrer Entschuldigung zu nicht erledigten Zusatzarbeiten als Lügnerin hingestellt. Sie würde nicht in die »Volksgemeinschaft« passen, hat er verächtlich gemeint und den anderen 40 Mitschülerinnen befohlen: »Vier Wochen ist sie für euch Luft!«. Keine durfte mit ihr sprechen. Wie sie diese Zeit des psychischen Drucks überstanden hatte, hat Sonja D. über die Jahre hinweg vergessen.[159]

156 Vgl. Interview von Francesca Weil mit Sonja R. am 14.8.2013, S. 1–6. Hier auch die folgenden indirekten Zitate.

157 Die Mitgliedschaft im Jungmädelbund (JM) war zu diesem Zeitpunkt verpflichtend.

158 Vgl. Interview von Francesca Weil mit Sonja R. am 14.8.2013, S. 1–6. Hier auch die folgenden Zitate.

159 Interview von Francesca Weil mit Sonja D. am 14.8.2013, S. 1 f.

Im Rückblick erinnern sich damalige Schüler und Schülerinnen häufig weniger an die Ideologisierung schulischer Inhalte, sondern eher an militärisch inszenierte Veranstaltungen im Schulalltag wie Fahnenappelle am Morgen, Aufmärsche und nationalsozialistische Feierstunden.[160] Noch weit mehr entsinnen sie sich wie Sonja D. der regelmäßigen psychischen und physischen Repressalien.[161] Die schulischen Inszenierungen waren tatsächlich ein NS-spezifisches Merkmal für den Alltag in den (Volks)Schulen des »Dritten Reiches«; die Gewalt gegenüber Schülern gehörte nicht dazu, auch wenn es zur nationalsozialistischen Programmatik passte und, wie die Erzählung von Sonja D. zeigt, die jeweiligen Situationen auch politisch aufgeladen sein konnten. Stumpfsinnige Prügelpädagogik und psychischen Druck dagegen hatte es schon vor 1933 gegeben und gab es ebenso noch nach 1945.[162]

Die damals achtjährige Dresdnerin Ingeborg B. erinnerte sich dagegen weniger an den Schulalltag, sie beschrieb das Jahr 1943 insgesamt als sorglos. Sie spielte viel mit Puppen, sah Märchenfilme im »Nationalkino« und ging außerdem mit ihrem Großvater ins Kaspertheater, in den Zirkus oder den Zoo. Kam sie zu spät nach Hause, schimpfte die Mutter, »die sich in diesen schwierigen Zeiten natürlich Sorgen um mich machte wegen eventueller Angriffe, Schießereien auf der Straße, Gefangenenmärsche, Verhaftungen oder Ähnlichem«.[163] An den Wochenenden fuhren sie mit Verwandten und Bekannten in die Umgebung von Dresden und kehrten auch in Restaurants ein. Aufgrund der Kälte in der Wohnung schlenderten ihre Mutter und sie, sobald es dunkel wurde, in die Stadt und bis Geschäftsschluss durch die beheizten Läden: »Bei unseren Spaziergängen am Abend in das Stadtzentrum gingen wir in das Residenzkaufhaus oder zum Kaufhaus Renner. Dort war ›der neueste Schrei‹ aus Amerika – eine Rolltreppe. Interessant war auch eine Kabine zum Selbstfotografieren. Brauchte meine Mutti längere Zeit zum Einkaufen oder hatte sie Wege zu erledigen, schickte sie mich derweil ins Kasperletheater im Heimatkunstmuseum.«

In dieser Zeit wurde Ingeborg B. aber auch durch ihre Erlebnisse im »ständig übervollen« Lazarett in Zschertnitz unmittelbar mit dem Krieg konfrontiert. Hier arbeitete der Vater, den sie oft abgeholt hat, als Sanitäter. Die dortigen Eindrücke schienen für sie offenbar zur Normalität geworden sein; handelte es sich in ihren Erinnerungen doch in erster Linie um den Arbeitsplatz des Vaters.

---

160 Vgl. Jörg.-W. Link, »Erziehungsstätte des deutschen Volkes« – Die Volksschule im Nationalsozialismus. In: Klaus-Peter Horn/Jörg-W. Link (Hg.), Erziehungsverhältnisse im Nationalsozialismus. Totaler Anspruch und Erziehungswirklichkeit, Bad Heilbrunn 2011, S. 79–106, hier 96.

161 Von physischen Repressalien berichtete auch Werner B. aus Frankenberg nahe Chemnitz. Vgl. Interview von Francesca Weil mit Werner B. am 16.3.2013, S. 2.

162 Vgl. Link, »Erziehungsstätte des deutschen Volkes«, S. 96.

163 Interview von Francesca Weil mit Ingeborg B. am 12.8.2013, S. 1–9. Hier auch die folgenden Zitate.

Gehungert hat die Familie bis zum Kriegsende nicht, sie kamen »eigentlich gut um die Runden«, zumal sie einen 300 Quadratmeter großen Garten besaßen, den die Mutter ertragreich bewirtschaftete. 1940 hatte Robert Ley, der Leiter der DAF, zur sogenannten Brachlandaktion gedrängt, durch die den Stadtbewohnern brachliegende Flächen zur landwirtschaftlichen und gärtnerischen Nutzung überlassen wurden. 1942 gab es bereits 5 000 »Landnutzer« mit insgesamt fast 4,4 Millionen Quadratmeter Nutzfläche. Die (Teil-)Selbstversorgung wurde jedoch amtlich erfasst, die Erträge auf die Lebensmittelrationen angerechnet.[164]

Ingeborg B. berichtete weiter, dass sich auf dem Weg zum Garten eine Papierfabrik befunden habe: »Gegenüber der Fabrik hinter einem Drahtzaun habe ich russische Mädchen gesehen mit ihren blauen Aufnähern ›Ost‹. Für mich sah es aus, als würden Tiere hinter einem Zaun stehen, und meine Mutter mahnte mich immer: ›Schau nicht hin!‹« Obwohl die Dresdnerin nach eigenen Aussagen sehr locker und frei – nach dem Motto: »Schau in die Welt!« – erzogen worden war, hat sie sich bei solchen Beobachtungen nicht getraut nachzufragen: »In derartigen Sachen war ich unaufgeklärt.« Doch es wurde nicht nur Kindern untersagt, nach den Zwangsarbeitern und Zwangsarbeiterinnen zu fragen. Die Mehrheit der deutschen Bevölkerung interessierte sich schlichtweg wenig für deren Schicksal, u. a. wegen der eigenen kriegsbedingten Sorgen und Nöte,[165] aber auch aus rassistischen und antisemitischen Vorurteilen heraus.

So unbedarft wie in Ingeborg B.s Leben ging es in dem der zehn Jahre älteren Leipzigerin Nora S. nicht mehr zu. In einem intellektuell anspruchsvollen Elternhaus aufgewachsen, begeisterte sich die 18-jährige vor allem für Literatur und die Leipziger Verlagsszene. Viele Seiten ihres Tagebuchs sind gefüllt mit Gedichten von Rainer Maria Rilke, Christian Morgenstern, Nikolaus Lenau und Friedrich de la Motte Fouqué sowie mit eigenen Schreibversuchen. Die Jugendliche verknüpfte ihre persönliche Identität nicht nur stark mit Büchern, sondern auch und vor allem mit dem in Leipzig ansässigen Verlag Friedrich Arnold Brockhaus (FAB).[166]

In Leipzig waren seit vielen Jahren über 1 000 Buchhandlungen, Druckereien, Buchbindereien und nicht zuletzt Verlage angesiedelt, darunter so renommierte wie Brockhaus, Reclam und Insel. Nach der »Machtergreifung« durch die Nationalsozialisten waren zahlreiche Buchfirmen »arisiert« oder aus politischen Gründen liquidiert worden. Seither produzierte man in der westsächsischen Messestadt auch einen bedeutenden Teil an NS-Propaganda und Schulbüchern, in den Kriegsjahren ein großes Kontingent an Feldpostausgaben,[167] d. h. Tausende

164 Vgl. Schneider, In der Kriegsgesellschaft, S. 668.
165 Vgl. Brödel, Der kommunistische Widerstand, S. 48.
166 Vgl. Tagebuch von Nora S., Eintrag vom 31.12.1943 (Privatarchiv Geert S., unpag.).
167 Ausführlich vgl. Thomas Keiderling, Aufstieg und Niedergang der Buchstadt Leipzig, Markkleeberg 2012, S. 124–136.

von Büchern in kleinen Formaten und aus leichtem Papier, mit denen Soldaten an der Front versorgt wurden.

Neben ihren Einlassungen zur Literatur und zur Leipziger Verlagsszene schwärmte Nora S. u. a. vom »deutschen Geist und der deutschen Kultur«; mitunter befasste sie sich mit dem Kriegsverlauf und seinen möglichen Folgen.[168] Darüber hinaus setzte sie sich mit der realen Umsetzung nationalsozialistischer Postulate und mit ihrer eigenen angeblichen Unsicherheit gegenüber den politischen Verhältnissen auseinander. Dass sie dabei kritisch sowohl über die Realität im »Dritten Reich« als auch über ihre eigene »innere Zerrissenheit« reflektierte, zeigen beispielsweise Passagen, in denen sie über ein Abiturientinnenlager im Oktober 1943 berichtete:

> »Ich stand der weltanschaulichen, politischen, kulturellen Schulung kritisch gegenüber. Aber wir begeisterten uns schließlich an den Idealen des Nationalsozialismus; freilich, sie wichen weit von dem ab, was durchgeführt wird. […] Am Rande ist noch zu erwähnen, dass mich jenes Lager plötzlich vor die Entscheidung stellte, Kulturwartin im BDM-Werk zu werden. ›Frische, Erziehertalent, Temperament und Intelligenz‹ schrieben mir diesen Beruf geradezu auf den Leib – das war die Ansicht der Führerinnen. Auch für mich war das Anerbieten nicht ohne Reiz (abgesehen von der Ehre). Mein inneres Zweifeln an der Bewegung – vor allem an ihrer Dauer –, Mangel an Entschlusskraft und eine gewisse Feigheit (vor dem ungewöhnlichen Schritt, vor den Aufgaben und vor dem möglichen Umschwenken der Regierung – damit meinem Stolz) machten mir die Annahme unmöglich. Einen greifbaren Grund kann ich den Führerinnen nicht nennen (– trauriges Zeichen meiner inneren Zerrissenheit).«[169]

Das Nebeneinander von regimenahen und -kritischen Passagen in Tagebüchern aus der NS-Zeit ist nicht ungewöhnlich. Mit ihren auf den ersten Blick scheinbar gewagten Tagebucheinträgen zum Nationalsozialismus und zu dessen Widersprüchen zwischen einem angeblichen Ideal und der gesellschaftlichen Realität stellte Nora S. das Regime jedoch noch keineswegs infrage. Letztendlich äußerte sie auch keine für diese Zeit einzigartigen Gedanken. Ihre Niederschriften aus dem Jahr 1943 stehen eher exemplarisch für das nicht-eindeutige Verhältnis vieler Deutscher zum NS-Regime. Es war sowohl durch Zuordnung zum System als auch durch Kritik an selbigem geprägt.[170] (Nicht öffentliche) Kritik an Partei,

---

168 Vgl. Tagebuch von Nora S., Einträge vom 31.5.1943 und 31.7.1943 (Privatarchiv Geert S., unpag.).

169 Ebd. Hier ist das BDM-Werk »Glaube und Schönheit« gemeint. In ihm wurden alle 17- bis 21-jährigen Frauen erfasst.

170 Vgl. Steuwer, »Ein Drittes Reich, wie ich es auffasse«, S. 96. Ausführlich dazu S. 90–104. Die Reflexionen über Politik und Ideologie der immerhin erst 18-jährigen Leipzigerin, die mitunter mit Selbstkritik und Gefühlen wie Zerrissenheit einhergingen, zeigen darüber hinaus, dass Tagebücher ein geeignetes Medium für Schreibende waren und sind, um nach Deutungen zu suchen, Erfahrungen zu verarbeiten und Klarheit für sich selbst zu finden. Ausführlich vgl. Steuwer, »Ein Drittes Reich, wie ich es auffasse«, S. 24. Das mag vor allem in unsicheren, gefahrvollen Zeiten auch auf private Äußerungen in Briefen zutreffen, was die Korrespondenz des Ehepaares Menzel belegt. Für den Briefwechsel von Klara und Johannes Hähnlein gilt diese

Regierung und Kriegsführung schloss demnach nicht zwangsläufig aus, sich dem NS-System und der Gesellschaft weitgehend zugehörig zu fühlen. Diesen Eindruck erwecken u. a. auch die Briefe von Hildegard und Martin Menzel.

9. »Die Angst war unbeschreiblich, sie hat uns fast verrückt gemacht.«

Zu diesem Zeitpunkt steckte die 19-jährige Dresdnerin Henny Brenner, eine sogenannte Halbjüdin, in einer schier aussichtslosen Situation. Die Brenners hatten vor 1933 ein bürgerliches Leben geführt und ihre Tochter im jüdischen Glauben aufgezogen. Henny Brenners Vater hatte nach der »Machtergreifung« der Nationalsozialisten konsequent zu seiner jüdischen Frau gehalten und sich nicht scheiden lassen, woraufhin er das von ihm 1920 erworbene, prunkvoll eingerichtete Kino »Palast-Theater« nicht mehr betreiben durfte. Das hatte für die Familie den finanziellen Ruin zur Folge. Nach mehreren erzwungenen Schulwechseln war Henny Brenner schließlich 1938 auf das jüdische Gymnasium gegangen.[171] Trotz der andauernden Repressionen verließ die Familie Dresden nicht. Das Mädchen glaubte damals ihrem Vater, der ständig wiederholt hat: »Das wird alles nicht mehr lange dauern.«[172]

Jahrzehnte später blickte sie auf die 1930er-Jahre wie folgt zurück: »Während die Kindheit meiner nichtjüdischen Klassenkameradinnen unbeschwert weiterging, war meine unwiderruflich verloren. Angesichts der sich häufenden Diskriminierungen und Ausgrenzungen wurde es von Tag zu Tag schwieriger, sich ein Stück Alltagsleben zu erhalten.«[173] Letzteres fiel seit der im September 1941 vorgeschriebenen Kennzeichnungspflicht für Jüdinnen und Juden noch schwerer, denn damit brach das letzte noch verbliebene Stück öffentlicher Anonymität weg.[174] Henny Brenner erinnerte sich auch an diesen verhängnisvollen Tag: »Der entscheidende Einschnitt überhaupt in der Nazizeit war für uns der 1. September 1941. Seit diesem Tag waren wir öffentlich gebrandmarkt; wir durften nur noch mit Judenstern auf die Straße gehen.«[175]

Bereits im Januar 1942 hatten die Deportationen der jüdischen Bevölkerung aus sächsischen Städten in die Vernichtungslager in den besetzten osteuropäischen Gebieten begonnen. Die Verbliebenen lebten seither in ständiger Angst,

Bewertung aufgrund ihrer eindeutigen politischen Überzeugungen und Hoffnungen dagegen weniger.

171 Vgl. Brenner, »Das Lied ist aus.«, S. 26–48.

172 Ebd., S. 53.

173 Ebd., S. 48.

174 Vgl. Steffen Held, Von der Entrechtung zur Deportation: Die Juden in Sachsen. In: Vollnhals (Hg.), Sachsen in der NS-Zeit, S. 200–223, hier 219.

175 Vgl. Brenner, »Das Lied ist aus.«, S. 62.

als Nächste an der Reihe zu sein. Hinzu kam die Zwangsarbeit durch die Einführung einer organisierten Arbeitspflicht für Juden.[176] Am 1. Januar 1943 leisteten in Dresden 483 Jüdinnen und Juden Zwangsarbeit. Im Rahmen der gesamtdeutschen »Fabrikaktion« wurden am 27. Februar des Jahres alle Juden und Jüdinnen, die inner- und außerhalb des für sie geschaffenen Lagers Hellerberg untergebracht waren und bis dato gearbeitet hatten, verhaftet und Anfang März ins Vernichtungslager Auschwitz deportiert. Die in »Mischehen« lebenden Juden und Jüdinnen sowie gegebenenfalls deren Kinder mussten seither in Dresden in einer Kartonagenfabrik, einer Reinigungsfirma, einer Teefabrik sowie bei der Reichsbahn arbeiten.[177]

Henny Brenner wurde der Kartonagenfabrik Bauer zugeteilt.[178] Die Arbeit schilderte sie als sehr schwer; zu den »arischen« Kollegen hielt sie keinen direkten Kontakt. Immer wieder erfolgten Selektionen, manche jüdischen Mitarbeiter und Mitarbeiterinnen wurden vom Arbeitsplatz weggeholt: »Wir lebten in der ständigen Angst, die nächsten zu sein, die sie abholten. Die Angst war unbeschreiblich, sie hat uns fast verrückt gemacht.« Außerdem fürchtete sie sich vor dem alltäglichen Arbeitsweg durch Dresden:

> »Alle, die den Stern trugen, haben das gefürchtet. Manche Leute haben uns angepöbelt oder angespuckt. Oft liefen mir Kinder hinterher und riefen: ›Judenschwein, Judenschwein, runter vom Gehsteig!‹ Ich habe auch erlebt, dass Menschen gesagt haben: ›Kopf hoch, durchhalten!‹ Ich nehme an, das waren selbst Widerständler. Es waren nicht viele, die uns aufmunterten, aber es waren auch nicht viele, die uns anpöbelten. Die Allermeisten haben einfach weggesehen, haben sich überhaupt nicht um uns gekümmert. Sie waren nicht so gemein, wie die, die uns angepöbelt haben, sondern einfach feige. Vielleicht haben sie auch im Stillen gedacht, ›ach wie schrecklich‹, haben aber nicht den Mut gehabt, es zu sagen. Geholfen haben sie uns nicht.«

Henny Brenner lebte 1943 inmitten ihrer Geburts- und Heimatstadt, d.h. nach wie vor unmittelbar in der Gesellschaft, von der sie zugleich ausgegrenzt war, und musste als Zwangsarbeiterin schuften. Sie nahm darüber hinaus wahr, dass sich seit der Kriegswende 1943 die Ausgrenzung der Juden und Jüdinnen aus dem öffentlichen Leben nochmals verschärfte. Die Eltern wurden zudem regelmäßig von der Gestapo schikaniert.

Die Versorgung mit Lebensmitteln gestaltete sich für die Familie Brenner deutlich schwieriger als für andere, da Henny und ihre Mutter über Lebensmittelkarten verfügten, für die sie in ausgewählten Läden lediglich Waren mit

---

176 Vgl. Hendrick Niether, Verfolgung, Vernichtung, Neuanfang. Jüdische Gemeinden in Sachsen 1938 bis 1953. In: Schmeitzner/Vollnhals/Weil (Hg.), Von Stalingrad zur SBZ, S. 539–554, hier 542.

177 Vgl. Held, Von der Entrechtung zur Deportation, S. 200.

178 Vgl. Brenner, »Das Lied ist aus.«, S. 66–84. Hier auch die folgenden direkten und indirekten Zitate.

weniger Kalorien erhielten, und die Lebensmittelkarte des Vaters nicht für drei Personen reichte. Hinzu kam, dass im Rahmen der Sparmaßnahmen von 1942 im September des Jahres ein umfangreiches Rundschreiben ergangen war, das die Lebensmittelversorgung der im Deutschen Reich lebenden Juden und Jüdinnen regeln sollte. Von da an hatten sie weder Fleisch noch Fleischwaren, weder Eier noch Vollmilch erhalten sollen; den Kindern sollten Zulagen wie Kunsthonig und Marmelade gestrichen werden.[179]

Den Brenners halfen hin und wieder die Bäckers- oder auch die Fleischerfrau mit Nahrungsmitteln aus. Aber vor allem über Bekannte auf dem Land, in der Nähe von Graupa, die einen großen Bauernhof bewirtschafteten, konnte Henny Brenners Vater die nötigsten Lebensmittel zum Überleben besorgen. Auf »Hamstern«, wie die Fahrten zu versorgungswilligen Bauern im Volksmund bezeichnet wurden, stand jedoch die Todesstrafe, sodass sie in ständiger Angst lebten. Dem Vater durfte nichts passieren, denn nur so konnten auch Henny und ihre Mutter am Leben bleiben.[180]

Verfolgung und harte Strafen für »Hamsterei« und andere sogenannte Kriegswirtschaftsverbrechen drohten besonders, jedoch nicht nur der jüdischen, sondern der ganzen Bevölkerung. Die NSDAP-Führung wollte mit der juristischen Ahndung dieser »Verbrechen« die Sabotage der Lebensmittelrationierungen verhindern, aus Angst vor sozialen Unruhen wie im »Steckrübenwinter« 1917 während des Ersten Weltkrieges. Auch über Artikel in der NSDAP-Gauzeitung »Der Freiheitskampf« wurden alle Leserinnen und Leser daran erinnert, »dass derjenige Verbraucher, der die Erzeuger zu überreden versucht, ihm entgegen der erlassenen Vorschriften Obst und Gemüse zu verkaufen, sich schwer gegen die Volksgemeinschaft vergeht und mit empfindlicher Bestrafung zu rechnen hat«.[181]

Wie Henny Brenner hatte auch Nina Petriwna L., eine ukrainische »Ostarbeiterin«, ständig Angst um ihr Leben. Sie gehörte zu den weit mehr als 500 000 Zwangsarbeitern und Zwangsarbeiterinnen in Sachsen,[182] die zur Kompensation von deutschen Arbeitern überwiegend in der Rüstungsindustrie ausgebeutet wurden. Anfang November 1942 war die damals 16-Jährige gemeinsam mit 120 anderen Mädchen aus Dörfern ihrer Region in geschlossenen Viehwaggons zur Zwangsarbeit nach Leipzig deportiert worden. Sie waren in ein Lager namens »Linde« gekommen, bestehend aus drei Holzbaracken, am Stadtrand von Leipzig. In einer Baracke wohnten ukrainische Mädchen, in einer anderen Jungen aus der

179 Vgl. Corni/Gies, Brot – Butter – Kanonen, S. 565.

180 Vgl. Brenner, »Das Lied ist aus.«, S. 70.

181 Jedem sein Anteil an Gemüse und Obst. Schleichhandel und Hamsterei werden empfindlich bestraft. In: Der Freiheitskampf von Pfingsten 1943.

182 Vgl. Sächsischen Staatsministerium des Innern (Hg.), Fremd- und Zwangsarbeit in Sachsen 1939–1945. Begleitband einer Gemeinschaftsausstellung der Sächsischen Staatsarchive, Halle (Saale) 2002, S. 5.

Ukraine und Russland, in der dritten Zwangsarbeiter aus weiteren von Deutschland besetzten Ländern: Polen, Franzosen, Tschechen, Kroaten, Menschen aus den baltischen Staaten und andere. Nach ihrer Erinnerung arbeiteten sie in der »Beckerfabrik«, einer Gießerei, in der Ersatzteile für Panzer hergestellt wurden.[183] Sie meinte offenbar das Lager »Zur Linde« in Rückmarsdorf bei Leipzig, eines von zwei Zwangsarbeiterlagern der Firma »Edmund Becker & Co« in Leipzig. In der aus diesem Unternehmen 1936 ausgegründeten Metallguss GmbH wurde seit Beginn des Zweiten Weltkrieges für die Rüstung produziert: Rohteile für die Flugzeugproduktion, Teile für die Panzerproduktion und Motoren für Panzer und schwere Geschütze. 1943 betrug der Anteil ausländischer Zwangsarbeiter und Zwangsarbeiterinnen an der Belegschaft 52 Prozent.[184]

Die Zwangsarbeiterinnen in der Gießerei sind wegen der giftigen Gase oft in Ohnmacht gefallen, aber sie mussten weiter arbeiten und alles dulden, um nicht ins KZ zu kommen. Die Gerüchte über dortige Grausamkeiten und Folter waren auch zu ihnen durchgedrungen. Während des Tages hat jeder »Ostarbeiter« und jede »Ostarbeiterin« im Werk 300 Gramm Brot, zur Hälfte aus Sägespänen, bekommen, und abends im Lager eine Kelle mit einer Brühe aus Spinat und Kohlrabi und dazu schmutzige, mit Erde bedeckte, grob geschnittene Möhren. Meist gingen sie hungrig schlafen. Die anderen Ausländer – gemeint sind die west- und mitteleuropäischen Zwangsarbeiter und Zwangsarbeiterinnen – wurden dagegen besser versorgt. Nach Nina Petriwna L. habe jeder von ihnen eine Kelle Makkaroni, Kartoffeln und anderes mehr erhalten. Außerdem wurden die Mädchen von den Deutschen geschlagen, für jede Kleinigkeit, auch ohne Grund. Da im Lager alles aus Holz war, kam hinzu, dass es überall Wanzen gab, die schmerzhaft bissen.[185]

Während »die anderen Ausländer« mit entsprechenden Passierscheinen frei zur Arbeit gingen, mussten die Gefangenen aus der Sowjetunion in Kolonne und unter Bewachung zum Werk marschieren. Die Holzpantoffeln durften sie nur zur morgendlichen Zählung im Lager tragen; auf dem Weg zum Werk waren sie barfuß. Wegen des unbeschreiblich kalten Asphalts bekamen sie eisige Füße, sodass sie bei der Ankunft am Werk ihre Fußsohlen nicht mehr fühlten. Lediglich am

183 Vgl. Erinnerungen an meinem Geburtstag oder eine Warnung an die kommenden Generationen. Schreiben von Nina Petriwna L. vom 3.10.2005 (Sammlung Archiv Gedenkstätte Zwangsarbeit Leipzig, unpag.).

184 Ich danke Sebastian Schönemann von der Gedenkstätte Zwangsarbeit in Leipzig für seine Auskünfte aus der dortigen Datenbank (http://www.archiv.sachsen.de/archiv/bestand.jsp?oid=09.02&bestandid=20671&syg_id=#einleitung; 25.10.2017).

185 Vgl. Erinnerungen an meinem Geburtstag oder eine Warnung an die kommenden Generationen. Schreiben von Nina Petriwna L. vom 3.10.2005 (Sammlung Archiv Gedenkstätte Zwangsarbeit Leipzig, unpag.).

Sonntag wurden sie nicht zur Arbeit gebracht; sie konnten geschlossen im Lager sitzen und etwas ausruhen.[186]

Wie überall waren die Arbeits- und Lebensbedingungen der west- und mitteleuropäischen (Fach-)Arbeiter und Arbeiterinnen schlecht, die der Juden und Jüdinnen, der KZ-Häftlinge, der »Ostarbeiter« und »Ostarbeiterinnen« sowie der sowjetischen Kriegsgefangenen dagegen unmenschlich.[187] Erstere lebten in festen Unterkünften, konnten sich weitgehend frei bewegen und erhielten Löhne, die zumindest auf dem Papier denjenigen der Deutschen entsprachen. Dagegen wurden die »Ostarbeiter« und »Ostarbeiterinnen« unter menschenunwürdigen Umständen in Lagern wie Gefangene eingesperrt; sie erhielten besonders geringe Lebensmittelrationen, von denen sie kaum überleben konnten.[188] Erst als nach 1942 aufgrund fehlender militärischer Erfolge immer weniger Zwangsarbeiter und Zwangsarbeiterinnen rekrutiert werden konnten, wurden die geringen Lebensmittelrationen der »Ostarbeiter« und »Ostarbeiterinnen« allmählich angehoben.[189] Gemeinsam war allen Zwangsarbeitern und Zwangsarbeiterinnen letztlich, dass sie inner- oder außerhalb ihrer Heimatländer in deutschen (Rüstungs-)Betrieben ausgebeutet wurden und ihren Arbeitsplatz nicht ohne weiteres wechseln konnten.[190]

Zwangsarbeiter und Zwangsarbeiterinnen waren jedoch für die deutsche Bevölkerung nicht nur die in Kolonnen vorbeiziehenden Häftlinge, von denen man den Blick abwenden und sich dabei innerlich versichern konnte, sie seien doch »Feinde des deutschen Volkes«.[191] Sie schufteten auch nicht nur in deutschen Konzentrationslagern oder der Rüstungsindustrie, sondern arbeiteten ebenso in der Land- und Forstwirtschaft, in den Versorgungs-, Entsorgungs- und Verkehrsnetzen der Städte und Gemeinden und nicht zuletzt bei der Trümmerberäumung nach Bombardierungen. Sie waren wie die verbliebenen ortsansässigen Jüdinnen und Juden vielerorts weithin sichtbar. Letztendlich nahmen sie zu Tausenden, teilweise ganz offen und doch ausgegrenzt am öffentlichen Leben und am Alltag teil.[192]

In dieser Größenordnung traf das vor allem auf die Großstädte zu, so beispielsweise auch auf Leipzig. Nach einem Lagebericht der NSDAP-Kreisleitung Leipzig vom April 1943 existierten zu diesem Zeitpunkt im Kreis Leipzig 379 Lager mit 41 000 Personen aus 26 Nationen. Neben 9 000 Polinnen und Polen

186 Vgl. ebd.
187 Vgl. Sächsischen Staatsministerium des Innern (Hg.), Fremd- und Zwangsarbeit in Sachsen 1939–1945, S. 5.
188 Vgl. Schumann, Die soziale Lage der Bevölkerung, S. 69.
189 Vgl. ebd., S. 70.
190 Vgl. Sächsischen Staatsministerium des Innern (Hg.), Fremd- und Zwangsarbeit in Sachsen 1939–1945, S. 5.
191 Bräu, Zwangsarbeit – Rüstung – Volksgemeinschaft, S. 338 f.
192 Vgl. ebd.

und über 11 000 Sowjetbürgern, die als »Ostarbeiter« und »Ostarbeiterinnen« registriert waren und die Mehrheit der Zwangsarbeiter und Zwangsarbeiterinnen stellten, arbeiteten 15 000 Westeuropäer und Westeuropäerinnen in Leipzig und Umgebung. Hinzu kamen 4 300 sogenannte Protektoratsangehörige.[193]

Bereits vor Beginn des Krieges hatten sich aufgrund der hohen Arbeitslosigkeit Zehntausende von Arbeitskräften aus dem sogenannten Protektorat Böhmen und Mähren nach Deutschland anwerben lassen. Im Juli 1939 war schließlich eine allgemeine, bis zu zweijährige Arbeitspflicht im Deutschen Reich für alle 16- bis 25-jährigen Tschechen eingeführt worden. In den Kriegsjahren wurden etwa 355 000 tschechische Arbeitskräfte in Deutschland eingesetzt, darunter qualifizierte Facharbeiter.[194]

Zu ihnen zählte Bedřich Procházka, der 1942 mit 1 200 anderen jungen Männern aus dem »Protektorat Böhmen und Mähren« zur Zwangsarbeit nach Leipzig gekommen war. Ihm erging es deutlich besser als der »Ostarbeiterin« Nina Petriwna L. Untergebracht wurde Bedřich Procházka in einem festen Gebäude, in der Leipziger Pistorisstraße 2. Die tschechischen Zwangsarbeiter mussten unter harten Arbeitsbedingungen sehr schwer arbeiten, erhielten niedrige Löhne, besseres Essen als »Ostarbeiter« und »Ostarbeiterinnen«, das dennoch nicht gut war, und durften ihre Arbeitsplätze nur innerhalb der jeweiligen Firma wechseln.[195] Im Gegensatz zu Nina Petriwna L. konnte sich Bedřich Procházka in seiner Freizeit relativ frei in Leipzig und Umgebung bewegen.

Zwar musste der tschechische Zwangsarbeiter 1943 auf mehreren Baustellen schwere Arbeit verrichten, wechselte aber später in ein Büro, wo es ihm unter den gegebenen Umständen recht gut erging. Bis zum Bombenangriff auf Leipzig am 4. Dezember des Jahres schrieb er nur selten Tagebuch. Er begründete das damit, dass die Tage gleich abgelaufen seien und er sich nicht ständig habe wiederholen wollen. Im Juli durfte Bedřich Procházka Urlaub nehmen und nach Hause fahren.[196] Trotz der langen Arbeitstage und der zunehmenden Luftalarme erkundeten die tschechischen Zwangsarbeiter gemeinsam die Stadt, besuchten Gottesdienste, den Zoo, Museen, Denkmäler, Kinovorstellungen und gingen einkaufen. Außerdem konnte Bedřich Procházka Geld nach Hause schicken und auch bei »Problemen« wie z. B. mit der Ernte, in seine Heimat fahren, in seiner Freizeit Bücher lesen, Briefe und Ansichtskarten schreiben wie auch Briefe und Pakete mit Lebensmitteln von seiner Familie empfangen.[197] Ansonsten waren die

193 Vgl. ebd., S. 340 f.

194 Vgl. Ulrich Heß, Text zur Dokumentation »Fremden- und Zwangsarbeit in Sachsen 1939–1945«. Dokumente einer Archivausstellung. In: Sächsischen Staatsministerium des Innern (Hg.), Fremd- und Zwangsarbeit in Sachsen 1939–1945, S. 108–162, hier 115.

195 Vgl. Procházka, Kommt die Arbeit nicht zu Dir, Geh' Du zu ihr, S. 3 f.

196 Vgl. ebd., S. 21–27.

197 Vgl. ebd., S. 5–21.

Tage seiner Ansicht nach »lustig und traurig«; sie mussten zwar oftmals Zeit im Luftschutzkeller verbringen, aber es passierte nichts.[198] Nach Procházka haben sie nach dem Motto gelebt: »Keine Angst. Ansonsten geht die Arbeit recht gut voran. Wir warten auf das unabwendbare Ende des Krieges.«[199]

Auf das Ende des Krieges warteten im Jahr 1943 bereits viele Menschen in Sachsen, aber aus den unterschiedlichsten Gründen und verbunden mit verschiedensten Hoffnungen. Neben den vielfältigen Versuchen, trotz aller Einschränkungen weiterhin ein bisschen Normalität zu leben, spielte bei vielen einheimischen Menschen vor allem die Angst vor der »jüdisch-bolschewistischen« Rache im Falle einer militärischen Niederlage des Deutschen Reiches eine große Rolle. Sie war verknüpft mit dem weit verbreiteten Unwillen, die Ursache für diese Furcht zuzugeben und den Massenmord an den Juden und Jüdinnen als solchen wahrzunehmen.

Gegen Ende des Jahres 1943 waren die jüdischen Ghettos in der Regel aufgelöst, die Deportationen jüdischer Menschen aus den meisten Ländern zum größten Teil abgeschlossen, die Vernichtungslager der »Aktion Reinhardt« demontiert und zerstört und Millionen von Juden und Jüdinnen systematisch ermordet worden.[200] Seit dem Überfall auf die Sowjetunion im Juni 1941 und der damit verbundenen Radikalisierung der Kriegsführung hin zu einem Vernichtungskrieg waren zudem auch hier Hunderttausende Juden und Jüdinnen plangemäß getötet, die meisten von deutschen Einsatzgruppen und Polizeibataillonen erschossen worden.[201] Spätestens seit Ende 1942 war den meisten Deutschen klar, dass dieser Krieg kein »normaler« war, sondern der genozidale »große Rassenkrieg«.[202]

Bis zum Dezember 1943 war die sächsische Region noch immer von unmittelbaren Auswirkungen des Krieges verschont geblieben; Friedenssehnsucht erschloss sich für viele – abgesehen von den Bombenevakuierten, den Tausenden Zwangsarbeitern und Zwangsarbeiterinnen sowie von den nur noch wenigen ortsansässigen Juden und Jüdinnen – demnach (noch) nicht aus dem direkten, persönlichen Erleben von Krieg und Gewalt. Das sollte sich mit der Bombardierung Leipzigs Anfang Dezember 1943 – zumindest für Westsachsen – ändern.

198 Vgl. ebd., S. 28.

199 Ebd., S. 27.

200 Vgl. Longerich, »Davon haben wir nichts gewusst!«, S. 327 f. und 296.

201 Ausführlich vgl. u.a. Christopher Browning, Ganz normale Männer. Das Reserve-Polizeibataillon 101 und die »Endlösung« in Polen, Reinbek 1993.

202 Vgl. Birthe Kundrus, »Dieser Krieg ist der große Rassenkrieg«. Krieg und Holocaust in Europa, München 2018, S. 298.

III. »Und so steht das Luftschutzgepäck immer griffbereit.« Von der Bombardierung Leipzigs bis zum Attentat auf Hitler (Dezember 1943 bis Juli 1944)

1. Die Partei half »tatkräftig mit, oft war sie aber auch nur mit dem Mund voran«.

Seit Frühjahr 1943 für eine umfassende Luftoffensive gerüstet, flog die britische Royal Air Force ab Ende des Jahres Flächenangriffe, die sich nicht mehr auf Städte in West- und Norddeutschland sowie auf Berlin beschränkten, sondern auf Orte im gesamten Deutschen Reich ausdehnten. Dazu zählte der Angriff auf Leipzig in der Nacht auf den 4. Dezember 1943,[1] die erste großflächige Bombardierung einer sächsischen Stadt. Durch den Abwurf von tausenden Bomben und den darauf einsetzenden Feuerstürmen wurden über 1 800 Menschen getötet; rund 20 Prozent der Leipziger verloren ihre Wohnung.[2] Betroffen waren vor allem Wohn- und Geschäftsviertel in der Leipziger Innenstadt, die Rüstungsindustrie in den Randgebieten der Stadt, darunter viele Werke der Luftwaffenindustrie, dagegen verhältnismäßig wenig.[3]

Laut Information der NS-Zeitung »Der Freiheitskampf« begab sich der NSDAP-Gauleiter Mutschmann noch in der Nacht in die Messestadt, »um dort persönlich die Hilfsmaßnahmen zu leiten«.[4] In seiner Funktion als Reichsverteidigungskommissar (RVK) war er dafür verantwortlich, die Bewältigung der Angriffsfolgen zu koordinieren und zu organisieren. Seit 1943 hatten die Reichsverteidigungskommissare, die an das Parteiamt der Gauleiter gekoppelt waren, über eigene Bunkerbefehlsstände und über Personal verfügt, das gemeinsam mit den RVK in die von Bombardierungen betroffenen Städte reiste und logistische Unterstützung leistete. Sogenannte Gaueinsatzstäbe zur »Bekämpfung schwerer

1 Vgl. Ralf Blank, Kriegsalltag und Luftkrieg an der »Heimatfront«. In: Echternkamp (Hg.), Die deutsche Kriegsgesellschaft 1939 bis 1945; Band 9/1, S. 357–461, hier 365 und 374.

2 Vgl. Keiderling, Aufstieg und Niedergang der Buchstadt Leipzig, S. 137 f.

3 Vgl. Bering, Das Kriegsende 1945, S. 225 f.

4 Der Gauleiter in Leipzig. In: Der Freiheitskampf vom 8.12.1943.

Notstände nach Fliegerangriffen« waren bereits seit 1942 jeweils vor Ort konstituiert worden. Ihnen hatten auf regionaler Ebene Entscheidungsträger unterschiedlicher Verwaltungen, ziviler und militärischer Behörden, des Parteiapparats, der Parteigliederungen und Vertreter der Wirtschaftsverbände angehört.[5]

In »Der Freiheitskampf« wurde wenige Tage später der auf den Luftangriff folgende Einsatz der Partei und ihrer Gliederungen hochgepriesen und propagandistisch verwertet. Der Notdienst sei hervorragend organisiert gewesen, was den Leipzigern wie auch allen anderen Bewohnern des »Sachsengaus« die Gewissheit gegeben habe, dass alles getan werde, was unter diesen Umständen getan werden müsse. Darüber hinaus hätten die Reaktionen auf den Angriff bewiesen, dass auch diese »härteste Probe«, welche die Leipziger getroffen habe, nur dazu angetan gewesen sei, ihren Widerstandswillen zu stärken. Besonders gelobt wurde die Hitlerjugend, die sich bei der Räumung von Wohnungen, der Bergung und Sicherstellung von Hausrat, beim Transport von Müttern mit Kindern und nicht zuletzt beim Feuerlöschen verdient gemacht habe. Auch die NS-Frauenschaft sei dort zu finden gewesen, wo größte Not geherrscht habe, in den Auffangstellen, bei der Essensausgabe, an den Kochstellen der Ortsgruppen. Sie alle hatten – laut Artikel – unermüdlich und rastlos Tag und Nacht geholfen.[6]

Die junge Leipzigerin Nora S. schrieb in ihrem Tagebuch ausführlich über ihre Eindrücke am 4. Dezember 1943 und unmittelbar danach. Durch den Angriff verlor sie zum einen die Großmutter. Sie trauerte um sie; in ihren Aufzeichnungen erinnerte sie sich ihrer und beschrieb den Zustand vor Ort: »Wir haben Oma S. verloren. Ihr Haus, Vatis Elternhaus, ist durch mehrere Sprengbomben völlig dem Erdboden gleichgemacht, eines der überhaupt am schlimmsten zerstörten Häuser der Stadt. Von den Menschen hat man nur noch Überreste gefunden.«[7] Zum anderen brachte die Bombardierung weitere drastische Veränderungen in ihr Leben. Ihre Familie lebte seither »aus dem Keller«, wohin Kleider, Nahrungsmittel und sonstige Alltagsgegenstände aus dem zerstörten Wohnhaus in Sicherheit gebracht worden waren. Außerdem wurde Nora S. einer Auffangstelle für Ausgebombte zugeteilt, die man in einer der erhalten gebliebenen Schulen eingerichtet hatte. Sie hielt dort Nachtwache und erlebte das Leid vieler Menschen, die alles verloren hatten. Bis abends elf Uhr stand sie ihnen bei und tröstete. Morgens um halb vier ging sie wieder zur Arbeit in der Küche. Nach ihrer Beobachtung half die Partei »tatkräftig mit, oft war sie aber auch nur mit dem Mund voran«.[8] Der Bruder von Nora S., Geert, als Hitlerjunge ebenfalls in einem Auffanglager für Hilfeleistungen eingesetzt, erinnerte sich an einen dort anwesenden, ausge-

5 Vgl. Blank, Kriegsalltag, S. 385.

6 Vgl. Die Phalanx der helfenden Hände. Partei und Wehrmacht in Leipzig Schulter an Schulter. In: Der Freiheitskampf vom 15.12.1943.

7 Tagebuch von Nora S., Eintrag vom 31.12.1943 (Privatarchiv Geert S., unpag.).

8 Ebd.

sprochen wohlbeleibten Mann der Sturmabteilung (SA), der von der Mahlzeit abbekam, welche den Bedürftigen gereicht wurde, und verächtlich meinte, das sei Krankenhauskost. Der Mann ekelte den 15-jährigen Jugendlichen an.[9] Berichte und Erinnerungen wie diese relativieren die glorifizierenden Einschätzungen über die Hilfeleistungen der NSDAP, ihrer Gliederungen und die der SA, die in der Gauzeitung veröffentlicht wurden.

Am meisten erschütterte Nora S. jedoch das Schicksal der »Buchstadt« Leipzig. Wie bereits erwähnt, geht aus dem Tagebuch hervor, dass die Jugendliche ihre eigene Identität stark mit der Literatur und vor allem mit dem in Leipzig ansässigen Verlag FAB verknüpfte.[10] Durch den Bombenangriff wurde das Graphische Viertel, in dem sich die meisten Buchverlage und Kommissionsgeschäfte etabliert hatten,[11] zu schätzungsweise 80 Prozent zerstört. Seit der »Machtergreifung« durch die Nationalsozialisten 1933 hatten die Leipziger Verleger fast so weiter arbeiten können wie bisher, wenn sie sich nicht politisch gegen das Regime gestellt hatten oder Juden und Jüdinnen waren. In der Mehrzahl zählten sie zu den Kriegsgewinnern, profitierten sie doch u. a. von den zu Tausenden hergestellten und vertriebenen Feldpostausgaben ihrer Bücher.[12]

Infolge des Luftangriffs vom 4. Dezember verbrannten in Leipzig 50 Millionen Bücher, darunter die deutsche Verlagsproduktion mehrerer Jahrzehnte, die in den Verlagen bzw. bei den großen Zwischenbuchhändlern auf Vorrat lagerten. Hinzu kamen Hunderttausende fremdsprachiger Bände, u. a. klassische und zeitgenössische Romane britischer und amerikanischer Provenienz.[13] Aber auch viel wertvolles und einmaliges Zubehör ging verloren. So floss beispielsweise in der Druckerei Haag Drugulin, die zum größten und bedeutendsten Kommissionsgeschäft Deutschlands, Koehler & Volckmar, gehörte, das Metall der berühmten Sammlung fremdsprachiger und orientalischer Drucktypen die Treppen herab.[14]

9 Vgl. Erinnerungen von Geert S. vom 28.4.2013 (ebd.).

10 Vgl. Tagebuch von Nora S., Eintrag vom 31.12.1943 (ebd.).

11 »Leipzigs Bedeutung als Buchstadt gründete sich im 19. und 20. Jahrhundert nicht nur auf die Zahl der hier ansässigen Verlage, Druckereien und buchhändlerischen Organisationen, sondern vor allem auch auf den Kommissionsbuchhandel. Auswärtige Verlage ließen sich in Leipzig von ihren Kommissären vertreten, die ein Lager mit deren Werken hielten und Bestellungen ausführten. Die gesamte Abwicklung des Bestellsystems geschah einst über Leipzig. Zu diesem Zweck war eine Bestellanstalt gegründet worden, die sich im Buchhändlerhaus befand.« Sabine Knopf, Buchstadt Leipzig. Der historische Reiseführer, Berlin 2011, S. 16.

12 Vgl. Keiderling, Aufstieg und Niedergang der Buchstadt Leipzig, S. 128 und 136.

13 Vgl. ebd., S. 142.

14 Vgl. ebd. Auch wenn sich danach alle Bemühungen darauf richteten, Leipzig als Zentrale des grafischen Handels und des Buchhandels zu erhalten, stellte die Zerstörung des Graphischen Viertels die Zäsur in der Geschichte der Buchstadt Leipzig dar. »Nie mehr sollten die lokalen Bestell-, Lagerungs- und Auslieferungseinrichtungen, das einzigartige Zusammenspiel aller derartigen Einrichtungen am Leipziger Platz, in der bisherigen umfassenden Form rekonstruiert werden. Eine Epoche war zu Ende gegangen.« Ebd., S. 142–144.

Drei Tage nach dem Angriff erkundete Nora S. die zerstörte Stadt, einschließlich des Graphischen Viertels:

»Mehr aber als alles das erschütterte uns das Schicksal Leipzigs. Und ich dachte bei ›Leipzig‹ zuerst ›Brockhaus‹. Am 7.12., dienstags, konnte ich mich daheim zum ersten Mal für kurze Zeit freimachen, um nach Bekannten zu sehen. Da keine Bahn ging, fuhr ich mit Muttis Rad durch Straßen ausgebrannter Ruinen, durch Schuttberge, vor Staub und Rauch fast nichts sehend. Am Augustusplatz sah ich, dass der Weg durch den Grimmaischen Steinweg versperrt war. Durch die Dörrienstraße, durch Trümmer trug ich mein Rad. Das schöne, klassizistisch gehaltene Verlagshaus in der Querstraße war heruntergebrannt, das große Gebäude in der Dörrienstraße nur noch eine Ruine. Papier flog herum. Ich wollte nur ein Blatt aufheben. Wer weiß aber, woher es stammte, alle Verlage sollten ja vernichtet sein. Ich ging noch ruhig weiter und hoffte noch, das liebe, tröstliche Haus in der Salomonstraße zu sehen. Ein Durchblick durch Trümmer zeigte mir, dass es nur noch aus den leeren Außenwänden bestand. [...] ›FAB‹ war mir Beispiel und Sinnbild der Zerstörung von Besitz, von Kunst und Wissenschaft, Zerstörung von Tradition und Menschenglück geworden, wie sie in jeder Stadt, bei so vielen Menschen gewütet hatte und wie es sie immer wieder geben wird, eh nicht der Krieg aufhört.«[15]

Innerhalb von wenigen Stunden war Vieles verlorengegangen, was nicht nur für Nora S., sondern für Generationen die Identität der Leipziger Bevölkerung ausgemacht hatte. Blank folgerte daraus: »So gesehen trafen die Bombenangriffe [...] die kulturelle und regionale Identität der Menschen, die selbst vom Nationalsozialismus nicht ausgelöscht werden konnte.«[16]

Spätestens zum Zeitpunkt des Angriffs hatte sich bei Nora S., die jetzt unmittelbar vom Krieg betroffen war, Friedenssehnsucht eingestellt. Von gewachsener Moral, Opferbereitschaft oder neuer Zuversicht der Leipziger und Leipzigerinnen – wie es Mutschmann, der Meißner NSDAP-Kreisleiter Böhme und die NS-Propagandisten der Zeitungen behaupteten – verspürte sie dagegen nichts. Gas, Wasser und Strom gab es erst Tage oder Wochen später wieder, Zeitungen dagegen sofort. Nora S. ärgerte sich über deren propagandistische Inhalte. Sie widersprachen ihren persönlichen Eindrücken und ihrer Überzeugung: »Es standen darin Notverordnungen und sinnlose Lobhudeleien auf die Ausgebombten, Hasslektionen gegen den Feind (nicht völlig von der Hand zu weisen – wenigstens nicht vom Volk aus), sowie Artikel, die besagten, wie wenig schlimm der Verlust an allen Welten, die nicht ›Mensch‹ hießen, war und wie schön es sei, neu anfangen zu können – welcher Unsinn, da doch jeder am Seinigen hängt und mit ihm verwachsen ist, und wie unersetzlich Kulturgüter sind, wie verhängnisvoll der Verlust wissenschaftlicher Werke!«[17]

Annerose N. schrieb noch am 4. Dezember über die Bombardierung der Stadt in ihr Brieftagebuch. Sie hatte an den vergangenen Tagen schöne Stunden

15 Tagebuch von Nora S., Eintrag vom 31.12.1943 (Privatarchiv Geert S., unpag.).

16 Blank, Kriegsalltag, S. 374.

17 Tagebuch von Nora S., Eintrag vom 31.12.1943 (Privatarchiv Geert S., unpag.).

verbracht; gemeinsam mit ihrem Bruder Karl-Ludwig, der auf Fronturlaub zuhause war, hatte sie Veranstaltungen im Operettentheater und im Konservatorium besucht. Am Abend des 3. Dezembers »feierte« die Familie den Abschied von Karl-Ludwig, der am Folgetag zurück an die Ostfront kehren sollte. Als der Alarm am frühen Morgen schrillte, rannte die Familie in den Keller. Dort angekommen meinte Karl-Ludwig, »dass es im Keller viel unangenehmer sei als an der Front. Dort hätte man wenigstens eine Knarre in der Hand, hier könne man ja nur den Kopf einziehen.« Das Haus der Familie überstand den Angriff und dem Sohn, mittlerweile Oberfähnrich bei der Wehrmacht, gelang es, trotz zerstörter Innenstadt, einschließlich des Hauptbahnhofs, wieder zu seiner Einheit im Osten zu kommen.[18]

Auch die damals 15-jährige Susanne Glöckner, seit 1938 in Leipzig wohnhaft, erlebte den britischen Luftangriff am 4. Dezember 1943 vor Ort. Wenngleich sie laut der rassistischen Kategorisierung der Nationalsozialisten als »Mischling zweiten Grades« galt, hatte diese Einstufung bis 1941 keine unmittelbaren Konsequenzen für ihr Leben gehabt. Sie fühlte sich als Deutsche und dachte, dass viele andere Kinder wie sie auch keine Väter mehr hatten. Aber sie litt darunter, dass man ihr die Mitgliedschaft im Bund Deutscher Mädel (BDM) verweigerte. Das war für sie ein Einschnitt, der sie endgültig spüren ließ, dass sie nicht mehr dazugehören sollte und durfte. Die Mutter hat ihr schließlich eine Jacke gekauft, die der offiziellen BDM-Uniform ähnelte. Das war hilfreich, bis sich Susanne Glöckner selbst einredete, »dass es eigentlich viel besser sei, nicht dabei sein zu müssen, dass sie dadurch ja Freiheit genoss«.[19] Ihr ganz persönlicher Ablösungsprozess lief offenbar lange Zeit den Ausgrenzungsprozessen aus der Gesellschaft hinterher. Erst 1942, als die Großmutter und die Großtante nach Theresienstadt deportiert wurden, wobei alle wussten, dass es ein Abschied für immer war, und Susanne Glöckner wegen ihres »jüdischen Blutanteils« die Schule verlassen musste, empfand sie Demütigung, dann Angst, vor allem um die anderen. Außerdem wurde ihr schlagartig bewusst, dass sich in ihrem Leben die Ausgrenzung, die der Vater erfahren hatte, wiederholte.[20]

An ihre Gedanken während des »ersten Großangriffs mit Flächenbrand und Feuersturm« auf ihre Heimatstadt erinnerte sich Susanne Glöckner Jahre später noch immer. Die Bomben, die auf Leipzig gefallen seien, hätten alle getroffen, meinte sie. Sie hätten keinen Unterschied zwischen Anhängern und Verfolgten des Regimes gemacht. Wie alle anderen seien Mutter und Tochter Glöckner mit ihren Köfferchen in der Hand in den Keller gerannt, als der Alarm losgegan-

18 Vgl. Brief von Annerose N. an ihre Eltern vom 4.12.1943 (Museumsstiftung Post und Telekommunikation, Sig. 3.2002.0943, unpag.).

19 Vgl. Lorenz (Hg.), Ausgestoßen, S. 284 f.

20 Vgl. ebd., S. 284–286.

gen sei: »Wenn ich daran denke, bekomme ich immer noch eine Gänsehaut. Die Angst vor den Bomben war größer als die vor den Nazis. […] Die Angriffe hat ja jeder erlebt, egal, wie er zu den Nazis stand. Allen Leuten ging es da gleich. Man hat zusammen in den Kellerräumen gehockt und gewartet, dass Entwarnung kommt.«[21] Die unmittelbaren Kriegsauswirkungen trafen vor Ort alle Menschen – ohne Unterschied.

Der Aufenthalt in den Bunkern und Stollen, der zu dieser Zeit in vielen Großstädten zum Alltag gehörte, die damit verbundene Todesangst, die Ungewissheit, was nach einem Luftangriff von der eigenen Wohnung und den persönlichen Sachen übriggeblieben sein mochte, und nicht zuletzt die dort vorherrschenden Zustände waren prägende Wahrnehmungen der deutschen Bevölkerung.[22] Hinzu kam eine Atmosphäre der »Überspannung«.[23] Die Beschreibung von den Erfahrungen in den Bunkern und Luftschutzkellern findet sich in zahlreichen Überlieferungen: »Ich hatte das Gefühl, in eine Unterwelt, in Dreck und Unordnung geraten zu sein. […] Der ganze Eindruck war entsetzlich. Hierbei passte ein Schild mit leuchtenden Lettern: ›Das verdankt das Volk dem Führer‹.«[24]

Die damals fünfjährige Leipzigerin Margarete Singer erinnerte sich im Zusammenhang mit den Bombardements und im Gegensatz zu Susanne Glöckner nicht an Gemeinsamkeiten, sondern eher an die nach wie vor unterschiedlichen Bedingungen für die Menschen. Auch im Krieg seien die sozialen Ungleichheiten innerhalb der Bevölkerung erhalten geblieben, meinte sie. Darüber hinaus entsann sie sich auch des Kriegsalltags, der gerade den Kindern immer mehr alternativlos erschien, aber ebenso deren einfallsreicher Versuche, zwischen den Angriffen und Alarmen ein bisschen Normalität leben zu wollen: »Es gab kein Entkommen aus Leipzig. Margaretes Mutter hatte nicht genug Geld, um mit ihrer Tochter aufs Land umzusiedeln, wo die Bomben weniger häufig fielen. Auch im Krieg ist die Ungleichheit zwischen den Menschen nicht aufgehoben. Es war eine harte Zeit für die Kinder in Leipzig, die nicht wussten, was ihnen geschah. Sie erlebten den Krieg als eine Realität, zu der es in ihrem Vorstellungsvermögen bald keine Alternative mehr gab. Sie legten in den Trümmern kleine Gärtchen an und

21 Ebd., S. 287. Ein »Mischling zweiten Grades« oder »Vierteljude«, der nach der rassistischen Kategorisierung der Nationalsozialisten ein jüdisches Großelternteil hatte, unterlag nicht der Kennzeichnungspflicht. Da Susanne Glöckner und ihre Mutter keinen »Judenstern« tragen mussten, konnten sie Bunker und Luftschutzkeller aufsuchen. Für Juden und »Mischlinge ersten Grades«, die entweder zwei, drei bzw. vier jüdische Großelternteile hatten, galt die Kennzeichnungspflicht – so auch für Henny Brenner als »Halbjüdin« und ihre Mutter als Jüdin.

22 Vgl. Blank, Kriegsalltag, S. 411 f.

23 Vgl. Walter Gontermann, Geboren im Krieg – Erfahrungen aus der Kriegs- und Nachkriegszeit. In: Ludwig Janus (Hg.), Geboren im Krieg. Kindheitserfahrungen im 2. Weltkrieg und ihre Auswirkungen, 2. Auflage, Gießen 2012, S. 201–207, hier 202.

24 Vgl. Blank, Kriegsalltag, S. 377. Hier auch das Zitat.

pflegten die Pflanzen dort, als wären es Blumenbeete in einem ganz normalen Schrebergarten.«[25]

Um die Leipziger Kinder ging es auch der sächsischen NSDAP-Gauleitung, jedoch eher verbunden mit propagandistischen Absichten. Angesichts des bevorstehenden Weihnachtsfestes ließ Mutschmann Spielzeug an bombengeschädigte Kinder in der Messestadt verteilen. Viele Menschen hatten tausende Spielzeuge hergestellt; die Partei machte es sich zunutze:

»Was für schöne, bunte Dinge sind im Ausstellungsgebäude des Heimatwerkes Sachsen auf der Brühlschen Terrasse aufgebaut! Stoff- und Holztiere in riesigen Mengen, Försterei, Bauernhof, Fliegerhorst und Flakkaserne mit allem Zubehör, Steckenpferde, Puppenstuben – und alles haben Hände gebastelt, die bisher in solchen Dingen vollkommen ungeübt waren. Nachrichtenhelferinnen in Belgien und Nordfrankreich haben diese und tausend verschiedene Spielsachen für die Kinder Bombengeschädigter in Sachsen hergestellt, bis tief in die Nacht haben sie vierzehn Tage lang daran gebastelt. Diese schöne Puppenstube da kommt zum Beispiel aus Lille, die Serie lustiger Steckenpferde aus Genf. Aus zerschnittenen Flaschenkorken wurden Bälle, die sogar springen. Ja, sogar eine fast kindergroße Puppe ist in prächtiger Bastelei entstanden, und da rollen Holzeisenbahnen, dort ist eine ganze Vitrine voller Baukästen, voller selbstgemalter Bilderbücher und Spiele zu sehen. Die Spielsachen, die bis einschließlich Freitag ausgestellt sind, wurden im Namen des Gauleiters durch Regierungsdirektor Graefe übernommen und werden noch vor Weihnachten an bombengeschädigte Leipziger Kinder verteilt.«[26]

Die Vergabe von Spielzeug an Kinder durch die NSDAP-Gauleitung und das »Heimatwerk Sachsen« sollte in erster Linie dazu beitragen, den Durchhaltewillen und die Moral der Leipziger und Leipzigerinnen (wieder) zu stabilisieren, und darüber hinaus allen suggerieren, dass sich die Partei ihrer vom Luftangriff betroffenen »Volksgenossen«, darunter auch der Kinder, annahm. Diese Intention macht schon allein die Tatsache deutlich, dass das Spielzeug vor der Verteilung unter den Leipziger Kindern öffentlich und medienwirksam in den Räumen des »Heimatwerkes Sachsen« ausgestellt wurde.

Das 1936 gegründete »Heimatwerk Sachsen«, dessen geschäftsführender Vorsitzender Arthur Graefe war, hatte bis in den Krieg hinein viele kulturpolitische Aufgaben inne. Mit Appellen an die Heimatverbundenheit und die besonderen Leistungen des »sächsischen Volkstums« wollte die Führung des »Heimatwerkes Sachsen« auch dem NS-System ferner stehende Personen gewinnen.[27] Sie erhob mithin den Anspruch – so Schaarschmidt –, »die gesamte Bevölkerung zu erfassen und durch ihre kulturelle Erziehung die Transformation einer differenzierten Gesellschaft in eine homogene, von nationalsozialistischen

25 Ausgeträumt: Bomben ersticken auch Wünsche. In: Lorenz, Kriegskinder, S. 119–124, hier 122 f.

26 Gauhauptstadt Dresden. Tausende Spielsachen. In: Der Freiheitskampf vom 16.12.1943.

27 Ausführlich vgl. Thomas Schaarschmidt, Kulturpolitik im Lande eines Kunstbanausen? Die sächsische Gauleitung und das »Heimatwerk Sachsen«. In: Vollnhals (Hg.), Sachsen in der NS-Zeit, S. 104–117.

Idealen durchdrungene ›Volksgemeinschaft‹ herbeizuführen«.[28] Während der Zeit des »totalen Krieges« beschwor die Leitung des »Heimatwerkes Sachsen« vor allem die Leistungen Sachsens, um an die Einsatz- und Leidensbereitschaft der sächsischen Bevölkerung zu appellieren.[29]

Am 26. Dezember 1943 sprach Mutschmann auf der Gedenkfeier für die Opfer des Luftangriffs vor dem Leipziger Völkerschlachtdenkmal, »um der schwergeprüften Reichsmessestadt die Anteilnahme nicht nur des Gaues Sachsen, sondern auch des ganzen Reiches auszusprechen«.[30] Mit seiner von propagandistischen Phrasen durchzogenen Rede wollte er aber vor allem den Hass auf die Alliierten schüren und die Leipziger und Leipzigerinnen mit dem Wunsch nach Vergeltung zum Durchhalten bis zum »Endsieg« motivieren:

»Ich habe mich noch am frühen Morgen des Terrorangriffs an Ort und Stelle überzeugen können, wie sie [die Leipziger] trotz aller inneren Erschütterungen sofort in nicht versagendem Mut darangingen, Tote und Verletzte zu bergen, Brände zu löschen und zu retten, was noch zu retten war. Ich habe dann später bei meinen fast täglichen Besuchen in Leipzig gesehen, wie stark und gefasst die Haltung unserer Leipziger war, wie sie fast aus dem Nichts heraus Neues schufen und Hand anlegten, wie sie hart gegen sich selbst waren und Tage und Nächte hindurch arbeiteten, oder wie sie sich ohne Murren dem Zwang der Verhältnisse unterordneten, sich in den Kellern und Ruinen provisorisch einrichteten und sich oft genug von weither ihre Verpflegung heranholten. Eines aber habe ich mit besonderer Genugtuung überall im gleichen Maße gespürt: das Vertrauen in die deutsche Kraft und Führung und den Hass gegen den unmenschlichen Feind! Diese hart betroffenen Menschen, die oft genug alles Hab und Gut verloren, manchmal sogar teure Anverwandte, sind durch die grausame Erfahrung in ihrem Willen zum Sieg, aber auch in ihrem Hass zur Vergeltung nur noch bestärkt worden.«[31]

An diesem Tag, dem zweiten Weihnachtsfeiertag, schrieb Hellmut Böhme, der Meißner NSDAP-Kreisleiter in Nordmittelsachsen, in seinem Tagebuch über die Herzlichkeit und Innigkeit, mit der die Familie das Fest begangen hatte, und resümierte über das fast abgelaufene Jahr: 1943 habe seiner Meinung nach viel »Sorgen und Leid für unser Volk gebracht«, aber des Volkes »Seele und sein Gemüt« sei erhalten geblieben. »Ja, es ist erst jetzt das ganze Volk zu einer einzigen Familie zusammengewachsen«, formulierte Böhme schwülstig und machte diese Aussage an seinen Eindrücken beim Besuch Leipzigs einen Tag nach dem Luftangriff fest. Inhaltlich entsprechen seine damit verbundenen Behauptungen den Propagandaphrasen Mutschmanns: »Ich sah die brennenden Häuser, die zerstörten Straßen, die ausgebombten Menschen, nirgends aber sah ich Mutlosigkeit und Verzweiflung. Es war geradezu wunderbar, wie all diese Menschen, die in einer Nacht alles verloren, gefasst ihr Schicksal trugen und in harter Arbeit schon

28 Thomas Schaarschmidt, Regionalkultur und Diktatur. Sächsische Heimatbewegung und Heimat-Propaganda im Dritten Reich und in der SBZ/DDR, Köln 2004, S. 495.
29 Vgl. ebd., S. 227.
30 Leipzig nimmt Abschied von den Gefallenen. Gauleiter und Reichsstatthalter Mutschmann ehrt die Opfer des Terrorangriffs. In: Der Freiheitskampf vom 27.12.1943.
31 Die Toten sollen uns Rufer und Mahner sein. Die Gefallenenehrung in Leipzig. In: Ebd.

wieder daran gingen, ihre Not zu bekämpfen.«[32] Im Gegensatz zu Menschen wie Nora S., die vor der Verzweiflung vieler Leipziger und Leipzigerinnen nicht die Augen verschlossen und sich spätestens zu diesem Zeitpunkt Frieden wünschten, zählten Böhme wie auch Mutschmann zu jenen, die den Menschen in dieser Situation – der NS-Propaganda entsprechend – aus der Not geborene bzw. gewachsene Moral, Opferbereitschaft, Zusammengehörigkeitsgefühl und fast schon Zuversicht zuschrieben.

Außerdem glaubte Hellmut Böhme, in Leipzig viel für die praktische Anwendung im eigenen Kreis – »wenn es einmal soweit sein sollte« – gelernt zu haben; hatte er doch in den vorangegangenen Wochen bereits Vorbereitungen für den Luftschutz im Kreis Meißen treffen müssen. Dazu gehörten die Einrichtung einer Befehlsstelle der NSDAP-Kreisleitung für den Katastrophenfall, der Bau unterirdischer Bunker und die Schaffung von Ausweichstellen für die Bevölkerung. Er schloss seine Aufzeichnungen mit den Worten: »Gebe Gott, dass es nie gebraucht wird.«[33] In diesem Satz schwang die Sorge mit, dass dem Angriff auf Leipzig Bombardierungen in der ganzen sächsischen Region folgen könnten. Diese Befürchtung lag nahe und Böhme teilte sie mit vielen Sachsen und Sächsinnen. Der Sicherheitsdienst des Reichsführers SS (SD) hatte unmittelbar nach dem Luftangriff auf Leipzig beobachtet, welch große Bestürzung und Ängste die Bombardierung unter der Bevölkerung Mitteldeutschlands ausgelöst hatten. Bisher hatte hier ein fast friedensähnlicher Zustand geherrscht und der sächsische Raum – genau wie Bayern und Franken – wegen der relativ seltenen Bombenangriffe als eine Art »Luftschutzkeller des Reiches« gegolten.[34]

2. »Uns geht es scheinbar wie dem Führer, auch für uns bedeutet das Jahr 1943 ein Unglücksjahr.«

Im Gegensatz zu Leipzig veränderte sich in den anderen Regionen Sachsens zu diesem Zeitpunkt – abgesehen von der zunehmenden Angst vor Luftangriffen und der Ankunft zahlreicher Flüchtlinge – kaum etwas. Auch auf vorweihnachtliche Veranstaltungen wurde selten verzichtet. Im mittelsächsischen Kriebstein organisierte beispielsweise die Firma Kübler & Niethammer am 17. Dezember 1943 ihre alljährliche Betriebsveranstaltung mit weihnachtlicher Musik. Die Unternehmerfamilie Niethammer lud dazu alle »Gefolgschaftsmitglieder«, Rentner und »Kriegerfrauen« mit Familienangehörigen in den örtlichen Gasthof

32 Tagebuch des NSDAP-Kreisleiters Hellmut Böhme (Stadtarchiv Meißen), Transkriptionstext von Annekatrin Jahn, S. 43.
33 Ebd., S. 44.
34 Vgl. Blank, Kriegsalltag, S. 374.

ein.[35] In Dresden wartete u. a. der Zirkus »Sarrasani« mit vielen Überraschungen auf und begeisterte sein Publikum wie in den vorangegangenen Kriegsjahren.[36] In einem Lager der erweiterten Kinderlandverschickung nahe Holzhau im Erzgebirge genossen evakuierte Jungen aus Kiel, einer seit 1940 von Flächenbombardements betroffenen Stadt, die Winterlandschaft und erwarteten sehnsüchtig ihre Eltern, die mit Dutzenden von Sonderzügen auf dem Weg zur gemeinsamen Weihnachtsfeier in Sachsen waren.[37]

Der Heimatforscher Artur Kühne beschrieb nach dem Luftangriff auf Leipzig zwar auch die allgemeine Nervosität unter der Bevölkerung in Wilsdruff, die aus der berechtigten Frage resultierte, ob nach Leipzig nun auch Dresden bombardiert würde. Am 20. Dezember freute sich Kühne jedoch vor allem über die »3 mal 300 Stück Stollen bei Schuberts am Markt« und damit über die Möglichkeiten, angesichts der Weihnachtszeit auch ein Stück weit Normalität leben zu können. Aufgrund der Situation dachte er aber auch über den »Trupp Russen« nach, der zur Arbeit ins Betonwerk Ruppert zog und jeden Morgen seinen Weg kreuzte: »Jeder trägt eine Heimat im Herzen! Jeder fühlt um Vater und Mutter, um Weib und Kind! Fern seit Jahren und seitdem wohl auch ohne jegliche Nachricht!«[38] Bei manchem Sachsen oder mancher Sächsin – wie hier bei Kühne ein einziges Mal im Tagebuch notiert – machte sich offenbar (kurzzeitig) Mitgefühl für ausländische Zwangsarbeiter und Zwangsarbeiterinnen bemerkbar, das sie allerdings nicht öffentlich äußerten und angesichts der eigenen Situation wieder verdrängten.

Auch Martin Menzel schrieb in einem Brief an seine Frau im ostsächsischen Dittelsdorf über den Angriff auf Leipzig. Doch stellte er dabei lediglich lapidar fest, dass zu hören sei, Leipzig soll schwer mitgenommen sein. Am 16. Dezember würden vermutlich immer noch keine Züge nach Leipzig hereinfahren.[39] Klara Hähnlein, die Dresdner Arbeiterin, berichtete ihrem mittlerweile in Griechenland stationierten Mann einen Tag nach dem Angriff: »Am Sonnabend früh ¼ 5 Uhr hatten wir Fliegeralarm, da sind sie in Leipzig gewesen, muss auch toll gewesen sein, Bahnhof, Reichsgericht und verschiedenes ist alles kaputt. Berlin ist noch schlimmer, haben bald 5–6 Angriffe gehabt. Also Vatilein, sie kommen uns sachte auf den Hals, na ich lass es rankommen, habe den Koffer wieder rein-

---

35 Vgl. Einladung zur Betriebsveranstaltung Weihnachtliche Musik (Sächsisches Wirtschaftsarchiv Leipzig, Bestand U 47 Kübler & Niethammer, Papierfabrik Kriebstein, Akte 27, unpag.).

36 Vgl. Im »Wunderland Zirkus« bei Sarrasani. Die Weihnachtsschau wieder voller Überraschungen. In: Der Freiheitskampf vom 20.12.1943.

37 Vgl. Die große Kinderweihnacht in der Fremde. Eltern-Sonderzüge aus Bombengebieten. In: Ebd. vom 23.12.1943.

38 Tagebuchaufzeichnungen von Artur Kühne, Transkriptionstext Mario Lettau, S. 11.

39 Vgl. Brief von Martin Menzel an Hildegard Menzel vom 16.12.1943 (Privatarchiv Wieland Menzel, unpag.).

geholt, ists erstmal ernster, dass geschossen wird, fliegen schnell ein paar Sachen hinein.«[40]

Ihre Kinder in weitgehend bombensichere Gebiete evakuieren zu lassen, wollte Klara Hähnlein nicht. Als sie einen Zettel mit Hinweisen zur Evakuierung von Kindern erhielt, schrieb sie ihrem Mann: »Die Kinder sollen fort. Ja wohin denn? Alle wollen ihre Kinder dabehalten, sie sagen, wenn die Mutter weg ist, was sollen die Kinder dann allein, die Kinder wollen lieber mit ihren Müttern sterben, so ist die Stimmung. Es ist jetzt wieder mal so eine komische Ruhe, es liegt wohl was in der Luft.«[41]

Viele Eltern, zwischen 19 und 25 Prozent in den einzelnen Städten, verweigerten tatsächlich die staatlich organisierte Evakuierung ihrer Kinder. Wurden die Kinder ohne Familien evakuiert, u. a. durch die Erweiterte Kinderlandverschickung, die seit 1940 ausgebaut worden war und von der Hitlerjugend und der Nationalsozialistischen Volkswohlfahrt organisiert wurde, verbanden sich damit einschneidende Erfahrungen.[42] Kinder waren in diesen Fällen nicht nur davon betroffen, dass ihre Väter mitunter schon nicht mehr zuhause anwesend waren, sondern wurden häufig selbst aus den Familienzusammenhängen herausgelöst.[43] Schneider schlussfolgerte daraus: »Die Zeit des Krieges bedeutete also im Gegensatz zur propagierten Hochschätzung des Werts der Familie als Keimzelle der ›Volksgemeinschaft‹ faktisch die partielle Auflösung des überkommenen Familienzusammenhalts.«[44] Der Krieg konnte den familiären Zusammenhalt, die Gefühle von Sicherheit und Geborgenheit in den Familien nicht nur belasten, sondern auch zerstören.[45] Darüber hinaus führten die Kinderlandverschickungen und andere Evakuierungen wie auch der Lehrermangel und die Bombardierungen zu Einschränkungen in der Schulausbildung. Ohnehin war die Schulzeit seit 1943 vielfach verkürzt worden.[46]

Doch nicht nur das Angebot, ihre Kinder evakuieren zu lassen, beschäftigte Klara Hähnlein. Das verdiente Geld reichte gerade so aus, an Sparen war nicht zu denken; Fleisch gab es in der Familie nur selten zu essen.[47] Ende des Jahres 1943 fing ihr Mann, Soldat im »Bewährungsbataillon« 999, an zu »hamstern«, wie er schrieb. Johannes Hähnlein schickte von Griechenland – ähnlich wie Martin Menzel aus dem »Generalgouvernement« – Pakete nach Hause, gefüllt

40 Hermann (Hg.), Dresden 1943–1945, S. 164.
41 Ebd., S. 167.
42 Vgl. Schneider, In der Kriegsgesellschaft, S. 424.
43 Vgl. ebd., S. 633.
44 Ebd., S. 635.
45 Vgl. ebd., S. 285.
46 Vgl. ebd., S. 295.
47 Vgl. Hermann (Hg.), Dresden 1943–1945, S. 169 und 179.

vor allem mit Mandeln, Rosinen, Olivenöl und Seife.[48] Viele Soldaten und zivile Abgeordnete in den besetzten Gebieten unterstützten die Versorgung der Familien zuhause. Sie schickten massenweise Pakete und Päckchen mit alltäglichen Versorgungsgütern, aber mitunter auch mit »Luxuswaren« wie beispielsweise Kaffee nach Hause.[49] Bereits seit 1940 durften unbegrenzt Päckchen in die Heimat geschickt werden.[50] Johannes Hähnlein stellte zudem fest, was mittlerweile fast jedem in Sachsen klar war: »Aber nun ist es doch Tatsache, was wir nicht glauben wollten, dass auch Sachsen in die Reichweite der feindlichen Flieger kommt.«[51]

Darüber hinaus teilte er seiner Frau zu diesem Zeitpunkt erstmalig mit, wie die Deutschen bei Partisanenüberfällen mit der örtlichen Zivilbevölkerung verfuhren: »In Patras sollen 2 Offiziere erschossen worden sein von Partisanen, 100 Griechen wurden dafür erschossen, so wird erzählt.«[52] Die zwei größten Partisanenverbände, die kommunistische Griechische Volksbefreiungsarmee und die national-republikanische Nationale Republikanische Griechische Liga verfügten 1944 jeweils über 48 000 bzw. 14 000 Kämpfer, die aus dem Untergrund heraus gegen die Deutschen kämpften und dabei von Großbritannien unterstützt wurden. Während der Kämpfe und bei Vergeltungsaktionen durch die Besatzungstruppen starben ca. 70 000 bis 80 000 Griechen.[53]

Ähnliche Gewaltexzesse beschrieb auch Martin Menzel in seinen Briefen aus dem »Generalgouvernement«. Er hatte bereits 1942 über Erschießungen von Polen nach sogenannten Banditenüberfällen geschrieben.[54] Dahinter verbargen sich Aktionen von Einheiten der Armija Krajowa. Die polnische Heimatarmee, geführt von der Polnischen Exilregierung in Frankreich und später in London, war mit bis zu 400 000 Angehörigen der Kern des bewaffneten polnischen Widerstandes während des Zweiten Weltkrieges.[55] Im Zusammenhang mit den Angriffen der

48 Ebd., S. 165.

49 Vgl. Schneider, In der Kriegsgesellschaft, S. 680.

50 Vgl. Schanetzky, »Kanonen statt Butter«, S. 200.

51 Hermann (Hg.), Dresden 1943–1945, S. 168.

52 Ebd., S. 169.

53 Vgl. Thomas Jander, Der Partisanenkrieg in Griechenland (https://www.dhm.de/lemo/kapitel/der-zweite-weltkrieg/kriegsverlauf/partisanenkrieg-in-griechenland.html; 30.10.2018). Ausführlich vgl. Ronald H. Bailey, Der Partisanenkrieg, Amsterdam 1980.

54 In der nationalsozialistischen Propaganda wurden die Einheiten der Armija Krajowa als »Banden« dargestellt, die kriminelle Organisationen seien und vor allem die einheimische Bevölkerung terrorisieren würden. Vgl. Lars Jockheck, »Banditen« – »Terroristen« – »Agenten« – »Opfer«. Der polnische Widerstand und die Heimatarmee in der Presse-Propaganda des »Generalgouvernements«. In: Bernhard Chiari (Hg.), Die polnische Heimatarmee. Geschichte und Mythos der Armija Krajowas seit dem Zweiten Weltkrieg, München 2003, S. 431–471, hier 447.

55 Vgl. Bernhard Chiari, Die Heimatarmee als Spiegelbild polnischer nationaler Identität. In: Ders. (Hg.), Die polnische Heimatarmee, S. 1–25, hier 1. Zum Widerstand vgl. auch Grzegorz Mazur, Der Widerstand im Generalgouvernement 1939–1945. In: Jacek Andrzej Młynarczyk (Hg.), Polen unter deutscher und sowjetischer Besatzung 1939–1945, Osnabrück 2009, S. 405–425.

Heimatarmee berichtete Martin Menzel seiner Familie mehrfach und sachlich – als sei es selbstverständlich – über Erschießungen von polnischen Zivilisten, welche den grausamen Reaktionen der deutschen Besatzer auf die Angriffe der polnischen Widerstandsbewegung zum Opfer fielen: »In einem Nachbarort von Lublin, ungefähr 1 Stunde weg, sind vorige Woche 2 Gendarmen erschossen worden von den Polen. Daraufhin hat man in dem Ort von etwa 2500–3000 Einwohnern 70 Männer und 30 Frauen erschossen. Weiter müssen jetzt alle Polen abends um 8 Uhr in der Wohnung sein. Nach 8 Uhr darf kein Pole mehr auf der Straße anzutreffen sein. Bisher konnten sie bis um 10 Uhr außerhalb des Hauses sein.«[56]

Über die Angriffe der Heimatarmee und deren Konsequenzen für die polnische Bevölkerung schrieb Martin Menzel in den folgenden Kriegsjahren immer häufiger. Ein weiteres Mal berichtete er: »Auch in Lublin sind vorige Woche 3 Deutsche auf der Pilsudski-Straße – die nach dem Bahnhof geht – erschossen worden. Dafür sind 30 Polen auf dem Sternplatz – Lindenstraße – Chopena – Theaterstraße – Pilsudski-Straße – erschossen worden und haben einen halben Tag dort gelegen.«[57] Hildegard Menzels Antwort lautete: »Der Sternplatz in Lublin, wo die 30 Polen erschossen sind worden, ist doch dort bei B.s früherer Wohnung? Es ist schön, wenn Du mir so was schreibst und ich mich gleich auskenne.«[58] Die Reaktion von Hildegard Menzel macht deutlich, wie gleichgültig ihr die getöteten Polen und deren trauernde Angehörigen waren. Aufgrund ihrer rassistischen Vorurteile kam bei dem Ehepaar kein Mitgefühl für die Betroffenen auf.

Auch bei Johannes Hähnlein hielt sich das Entsetzen über die deutschen Vergeltungsaktionen in Grenzen, von Empathie für die getöteten Griechen ganz zu schweigen. Das belegen mitunter auch die Art und Weise seiner Beschreibungen und seine Wortwahl. Seine Tages- und Wochenabläufe schilderte Hähnlein als eher unspektakulär. Einmal berichtete er davon, dass seine Einheit ein Dorf wegen dort vermuteter Partisanen habe umstellen und durchsuchen müssen. Diese Aktion bezeichnete er im Vergleich zu seinen sonstigen Alltagsaktivitäten lediglich als »Abwechslung«.[59] An die Konsequenzen für die Dorfbewohner und -bewohnerinnen – wären Partisanen gefunden worden – dachte er in diesem Zusammenhang nicht. Viele Deutsche wussten demnach nicht nur von den Massenverbrechen an den Juden und Jüdinnen, sondern auch von den Gräueltaten der Deutschen an ausländischen Zivilisten und Zivilistinnen. Berührt hat es sie offensichtlich wenig bzw. lediglich in Hinblick auf die eigene Person und ihr familiäres Umfeld – in der Furcht vor Vergeltung im Falle einer deutschen Niederlage.

56 Brief von Martin Menzel an Hildegard Menzel vom 20.2.1942 (Privatarchiv Wieland Menzel, unpag.).
57 Brief von Martin Menzel an Hildegard Menzel vom 3.2.1944 (ebd.).
58 Brief von Hildegard Menzel an Martin Menzel vom 7.2.1944 (ebd.).
59 Vgl. Hermann (Hg.), Dresden 1943–1945, S. 169.

Wahre Zerstreuung erfuhr Hähnlein vor allem bei Filmvorführungen, gegen Ende des Jahres 1943 ging er in Griechenland ab und an ins Kino. Seine Frau in Dresden plante trotz der vielen Fliegeralarme und der Angst vor Luftangriffen für den ersten Weihnachtsfeiertag einen Besuch des »Centraltheaters«.[60] Weihnachten wollte die Arbeiterin ohne ihren Mann eigentlich nicht feiern: »Die Leute rennen Christbäume holen, wo die bloß Lichter her haben? Bei uns gibt es dieses Jahr keinen. Ist ja gar keine Zeit, das Fest der Liebe zu feiern.«[61] Zu Heiligabend bereitete Klara Hähnlein dennoch einen Hasenbraten vor, trug Zeitungen aus und besuchte mit den Kindern Verwandte. Eine Bekannte brachte der Familie einen Adventskranz, über den sich die Dresdnerin sehr freute, »weil es mal jemanden gab, der ohne Tausch mal was gab«. Am ersten Weihnachtsfeiertag ging die Mutter gemeinsam mit ihren vier Kindern ins Theater, sie schauten sich »Schneewittchen« an. »Dann sind wir alle heim, da gabs wieder Kaffee und Kuchen und Stollen mit Rosinen aus Griechenland. […] froh waren wir, dass Ruhe vor den Fliegern war«, schrieb sie ihrem Mann.[62] Johannes Hähnlein berichtete im Gegenzug von der Weihnachtsfeier in seiner Kompanie, schickte in Gedanken Weihnachtsgrüße nach Hause und hoffte, dass diese »Soldatenweihnacht« die erste und letzte für ihn bleiben würde.[63]

Viele Sachsen und Sächsinnen begingen das Weihnachtsfest weniger festlich als der Meißner NSDAP-Kreisleiter Böhme und nicht im Kreise der kompletten Familie. Manche resümierten ebenfalls wie er über das Jahr 1943, doch eher aus persönlichen und weniger aus politischen Gründen. Die angebliche Zuversicht, die Böhme auch unter den Leipzigern und Leipzigerinnen nach der Bombardierung erkannt haben wollte, und seine Meinung zum »Volk als Familie« teilten sie meistens nicht. So schrieb beispielsweise Hildegard Menzel aus Dittelsdorf an ihren Mann im »Generalgouvernement«: »Uns geht es scheinbar wie dem Führer, auch für uns bedeutet das Jahr 1943 ein Unglücksjahr, und werde ich aber bestimmt froh sein, wenn das erstmal vorüber sein wird.«[64] Die Ostsächsin vermisste – wie Klara Hähnlein auch – ihren Mann während des Weihnachtsfests ganz besonders:

> »Manchmal meine ich, es ist gar nicht Heiliger Abend, die andere Minute aber schon wieder das Gegenteil. Wie haben wir uns denn so gefreut auf diesen Tag, doch der furchtbare Krieg zerstörte uns unsere Freude. Viele Male habe ich mich nun schon heute gefragt, seit ich weiß, dass Du im Amt nicht mehr tätig sein wirst, was wird unser lieber Vati wohl machen? Auch Du wirst bestimmt zu dieser Zeit mit Deinen ganzen Gedanken bei uns sein, und unsere Gedanken werden sich sehr oft kreuzen. Man stellt Vergleiche, wie es gewesen war, wie es hätte sein können, und wie es aber in Wirklichkeit ist und

60 Vgl. ebd., S. 170.
61 Ebd., S. 175.
62 Ebd., S. 178 f.
63 Ebd., S. 180.
64 Brief von Hildegard Menzel an Martin Menzel vom 6.11.1943 (Privatarchiv Wieland Menzel, unpag.).

dann wird es noch schwerer und die Sehnsucht nach dem liebsten Menschen noch viel größer. Wenn wir so ganz ruhig und still in unserer Stube sitzen, da spürt man kein Weihnachten, da ist auch nichts zu sehen davon, denn unsere Stube ist ganz kahl und schmückt kein einziges Tannenreis und über uns liegt eine Karfreitagsstimmung. Doch aber in unseren Herzen ist eine ganz gewaltige Sehnsucht, eine Sehnsucht, die größer nicht zu sein vermag, nach Dir, nur nach Dir, mein Liebster. Trotzdem immer noch der grausame Krieg tobt und daher zur Bescherung viel zu wünschen übrig ließ, doch aber die Liebe, unsere große Liebe zueinander, kann er, auch der Krieg, uns nicht nehmen und wir würden so sehr glücklich und zufrieden sein, wenn wir nur beieinander sein könnten.«[65]

Martin Menzel, mittlerweile zum Justizoberinspektor befördert und in der Justizabteilung der Regierung im »Generalgouvernement« in Krakau angekommen, schrieb seiner Familie ebenfalls an Heiligabend. Auch er beklagte die Trennung während des Weihnachtsfests und dass es ihm gerade in dieser Zeit an Wärme, Wohlbehagen und Glück mangelte. Ohne seine Familie wollte er Weihnachten nicht begehen. Deshalb nahm er auch nicht an der Weihnachtsfeier im Staatskasino teil, die für die Deutschen, die aus dienstlichen Gründen in Krakau verbleiben mussten, ausgerichtet wurde.[66]

3. »Alle, alle glauben daran, dass das kommende Jahr den Frieden bringen ›muss‹!«

Die zahlreichen Briefe der beiden Kinder Barbara und Valentin L. an ihre Mutter Hilde L. in Leipzig zeugen dagegen von der Möglichkeit eines bis dato generell friedlichen und keineswegs freudlosen Lebens. Drei Tage nach dem verheerenden Luftangriff auf Leipzig hatte die Familie ihre beiden Kinder, die zwölfjährige Barbara und den zehnjährigen Valentin, zu Verwandten ins osterzgebirgische Obercarsdorf verbracht, wo sie bis Mitte Mai 1946 lebten.[67] Behördliche Evakuierungen durch die Erweiterte Kinderlandverschickung wurden vielfach unterlaufen, indem die Kinder zu Verwandten und Bekannten auf das bombensichere Land gegeben wurden, wo die Eltern sie in guter Obhut wussten.[68] Die Aufnahme von Kindern aus bombenbedrohten Gebieten durch Verwandte in sicheren Regionen zeigt, dass sich der Zusammenhalt im erweiterten Familienkreis während des Krieges stabilisieren konnte – auch wenn sich die Verbundenheit in den Kernfamilien dadurch gegebenenfalls (vorübergehend) auflöste. Neben der solidarischen Unterstützung konnte die Familie auch einen Schutzraum des

65 Brief von Hildegard Menzel an Martin Menzel vom 24.12.1943 (ebd.).
66 Vgl. Brief von Martin Menzel an Hildegard Menzel vom 24.12.1943 (ebd.).
67 Vgl. Erinnerungen von Barbara L. an das Kriegsende 1945 (Privatarchiv Barbara B., unpag.).
68 Vgl. Schneider, In der Kriegsgesellschaft, S. 634.

Vertrauens bieten,[69] wie im Fall von Sonja R., einer von kommunistischen Überzeugungen geprägten Familie.[70]

Die Mutter und der Vater von Barbara und Valentin L. blieben in Leipzig zurück. Sie durften wie alle Männer und Frauen, die zum Arbeitsdienst oder Luftschutz verpflichtet waren, nicht ohne Genehmigung verreisen, auch nicht wenn es um die sichere Unterbringung ihrer Kinder bei Verwandten und Bekannten ging. Per Gesetz gehörte es zu den »ersten Kriegspflichten«, die Rüstungsproduktion wie auch das gesamte wirtschaftliche und öffentliche Leben aufrechtzuerhalten. In »Der Freiheitskampf« wurde in diesem Zusammenhang gewarnt: »Wer sich der Notgemeinschaft des Volkes zu entziehen versucht, wird mit allen gesetzlichen Mitteln zur Erfüllung seiner Pflichten angehalten werden.«[71]

Aus den Briefen der beiden Kinder an ihre in Leipzig verbliebenen Eltern gehen die sich über die Jahre verändernden Facetten des Kriegsalltags in einem osterzgebirgischen Dorf, ihre Reaktionen auf die sich im fernen Leipzig abspielenden Ereignisse und die damit verbundenen Emotionen hervor. Im Dezember 1943 konnten Barbara und Valentin L. vor allem Schneeballschlachten und Rodelfahrten genießen; sie lasen viele Bücher und freuten sich auf das Gänseessen zu Weihnachten. Die beiden Geschwister bekamen generell ausreichend und gutes Essen – sie litten keinen Hunger, im Gegenteil.[72] Das traf zu dieser Zeit noch auf viele Kinder in Sachsen zu, beispielsweise auch auf die achtjährige Ingeborg B. aus Dresden.[73]

Weihnachten 1943 schrieb Hilde L. an ihre Tochter Barbara, dass sie große Sehnsucht nach den Kindern habe, aber froh sei, sie in Sicherheit zu wissen. In Leipzig war es laut Hilde L. zwar ruhig, aber die Stadt sah schlimm aus, die Siedlung war wie ausgestorben. Zu Weihnachten freuten sich die beiden Kinder über die Geschenke, vor allem über die Bücher, die sie u.a. von der Mutter erhalten hatten, und genossen die vielen »Fresssachen« wie Kekse, Nüsse, Pfefferkuchen und die »zwei langen und sechs runden Kuchen«. Wenige Tage später wünschte Barbara L. der Familie ein gesundes neues Jahr, »das uns den Frieden bringen möge«. Die Erfahrungen durch die Bombardierung Leipzigs, die Trennung von

69 Vgl. ebd.

70 Vgl. Interview von Francesca Weil mit Sonja R. am 14.8.2013, S. 2.

71 Kinder nur zu Verwandten und Bekannten! Keine planlose Abreise! – Jeder bleibt auf seinem Luftschutzposten! In: Der Freiheitskampf vom 16.12.1943.

72 Vgl. Briefe von Valentin L. an Hilde L. vom 10.12.1943 (Privatarchiv Barbara B.) und vom 15.12.1943 (ebd.); Briefe von Valentin und Barbara L. an Hilde L. vom 20.12.1943 (ebd.) und vom 22.12.1943 (ebd.); Brief von Hilde L. an Barbara L. zu Weihnachten 1943 (ebd.); Brief von Valentin und Barbara L. an Hilde L. vom 26.12.1943 (ebd.); Brief von Barbara L. an Hilde L. vom 30.12.1943 (ebd.).

73 Vgl. Interview von Francesca Weil mit Ingeborg B. am 12.8.2013, S. 7.

den Eltern und die Sorge um die Mutter ließen auch die beiden Kinder auf baldigen Frieden hoffen.[74]

Die Dresdner Künstlerin Hanna Hausmann-Kohlmann sehnte sich ebenso nach Frieden. In der Silvesternacht feierte sie trotzdem oder gerade deshalb ausgelassen: »Am 31. XII. 1943! Silvester! Alle, alle glauben daran, dass das kommende Jahr den Frieden bringen ›muss‹! […] Wir sind allein! Wir lachen sehr viel! Und uns ist es peinlich, dass es im stillen, hellhörigen Haus jemand hören kann.«[75] Weniger auf sich bezogen wie Hanna Hausmann-Kohlmann, sondern mit Blick auf die Millionen vom verheerenden Krieg betroffenen Menschen hoffte Johannes Hähnlein auf das Ende des Krieges. Er schrieb seiner Frau am 1. Januar 1944: »Nun hat das Jahr 1944 seinen Anfang genommen, beendet ist das Jahr 1943 […]. Was wir uns vom neuen Jahr erhoffen, möge bald in Erfüllung gehen. Dass bald alles Leid auf dieser Welt sein Ende hat, wird wohl der Wunsch von Millionen Menschen sein, auch unsere Gedanken gipfeln darin. Ich selbst habe das neue Jahr mit einem Gefühl der Hoffnung und mit allen Gedanken an meine Lieben zuhause begonnen.«[76]

Den Wunsch nach Frieden hegte Wally M. in ihrem vogtländischen Dorf Ende des Jahres 1943 – zumindest in ihren Briefen – nicht. Sie beschrieb ihrem Verlobten lediglich, aber detailliert den Ablauf des Festes. Es gab zwar keine Geschenke, aber reichlich zu essen. Dafür war ein Hase geschlachtet worden. Man hörte unter dem Tannenbaum gemütlich Weihnachtslieder aus dem Radio. An den folgenden Tagen beschäftigte sich Wally M. mit Handarbeiten, um ihre Hochzeitsausstattung zu vervollständigen. Dass Krieg war, merkte die Familie »lediglich« daran, dass der Bruder und die Männer der beiden Schwestern an den Feiertagen fehlten.[77]

4. »Wer heute noch zu faul zum Arbeiten ist, der wird den festen Zugriff des Gauleiters spüren.«

Bereits 1943 waren der deutschen Wehrmacht an allen Fronten Niederlagen beigebracht worden. Auch in den ersten sechs Monaten des Jahres 1944 verschlechterte sich die militärische Lage für das NS-Regime drastisch. Am 4. Januar überschritten Truppen der Roten Armee die alte polnische Zwischenkriegsgrenze,

74 Vgl. Brief von Hilde L. an Barbara L. zu Weihnachten 1943 (Privatarchiv Barbara B.); Brief von Valentin und Barbara L. an Hilde L. vom 26.12.1943 (ebd.); Brief von Barbara L. an Hilde L. vom 30.12.1943 (ebd.).

75 Hanna Hausmann-Kohlmann, Tagebuch Nr. 12 (SLUB, Mscr. Dresden App. 2386), S. 21.

76 Hermann (Hg.), Dresden 1943–1945, S. 187.

77 Vgl. Wally M. an Erich G. vom 27.12.1943 (Museumsstiftung Post und Telekommunikation Berlin, Bestand Feldpostbriefe, 3.2008.1747.2).

im April 1944 musste die Wehrmacht die Ukraine räumen und mit der Landung der westlichen Alliierten in der Normandie am 6. Juni wurde die »zweite Front« errichtet. Hinzu kam die Ausweitung gezielter Angriffe britischer und amerikanischer Bomberverbände auf deutsche Städte und die Rüstungsindustrie.[78]

Angesichts der großflächigen alliierten Luftangriffe und infolge der Ängste der deutschen Bevölkerung vor Vergeltung spielte die »Lösung der Judenfrage« in der Propaganda des Jahres 1944 nur noch eine untergeordnete Rolle. Die verbliebene antijüdische Propaganda richtete sich zuerst vor allem gegen die westlichen Alliierten, gegen die angebliche »Verjudung« der Westmächte.[79] Seit dem Frühjahr 1944, als die militärische Situation bedrohlicher und die Niederlage des Deutschen Reiches immer wahrscheinlicher wurde, stellte die NS-Propaganda die Sowjetunion als den weitaus gefährlicheren Gegner dar. Entsprechende Zeitungsartikel verkündeten, dass sich das »Zentrum des Weltjudentums« von den USA nach Moskau verlagert habe.[80] Die Ghettoisierung und die Deportationen der ungarischen Juden und Jüdinnen von April bis Juli 1944 fanden nur kurzzeitig – und immer mit der Darstellung der angeblich von Juden und Jüdinnen begangenen Verbrechen versehen – den Weg in die Propagandapresse.[81] Der Grund hierfür war die Tatsache, dass alliierte Nachrichten und Flugblätter 1944 ausführlich über den Massenmord an den Juden und Jüdinnen berichteten. Doch die zu dieser Zeit relativ zurückhaltende Behandlung der »Judenfrage« durch die deutsche Propaganda bewirkte, dass die Informationen der Alliierten die deutsche Bevölkerung kaum noch erreichten. Ihr Interesse an diesem Thema war stark gesunken.[82] Die Menschen beschäftigte dagegen vor allem die Angst vor der militärischen Niederlage des Deutschen Reiches und deren Konsequenzen für sie persönlich, auch wenn die nationalsozialistische Propaganda mittlerweile darauf verzichtete, Furcht vor Vergeltung zu schüren. Außerdem war Anfang 1944 einer zunehmenden Zahl von Deutschen klar, dass der Krieg wohl mehr Not und Opfer mit sich bringen würde, als bislang angenommen.[83]

Auch bei den Menschen in Sachsen drehten sich die Gedanken weiterhin um ihre Ängste vor Luftangriffen und um ihre Furcht vor den Folgen eines Sieges der Alliierten. Die NSDAP-Gauleitung versuchte, sie mittels Propaganda zum Durchhalten zu motivieren. Außerdem wollte Martin Mutschmann mit seiner persönlichen Präsenz in allen Teilen der Region der sich verschlechternden Stimmung in der Bevölkerung entgegenwirken. Seit der Bombardierung Leipzigs nahmen die öffentlichen Auftritte des NSDAP-Gauleiters wieder deutlich zu. 1944 trat er

78 Vgl. Kurt Pätzold/Manfred Weißbecker, Geschichte der NSDAP. 1920–1945, Köln 2009, S. 476f.
79 Vgl. Longerich, »Davon haben wir nichts gewusst!«, S. 297.
80 Vgl. ebd., S. 299.
81 Vgl. ebd., S. 300f.
82 Vgl. ebd., S. 304.
83 Vgl. Schneider, In der Kriegsgesellschaft, S. 826.

erstmalig seit fünf Jahren wieder als Hauptredner einer nationalsozialistischen Propagandakampagne im Gau auf.[84]

Am 4. Januar 1944 ließ Mutschmann seine engsten Mitarbeiter zu einem Appell in die Gauleitung zusammenrufen. Rückblickend auf das Jahr 1943 hob er in propagandistischer Manier hervor, dass der Siegeswille des deutschen Volkes trotz aller »harten Prüfungen« nicht gebrochen sei. Im Gegenteil, er sei härter geworden, umso klarer der Vernichtungswille der Feinde zum Ausdruck gekommen sei, behauptete der Gauleiter. Für den Sieg des Nationalsozialismus, der den Weg für den »wahren Aufstieg des deutschen Volkes« frei machen werde, müsse das Jahr 1944 unter verstärktem Einsatz aller, aber vor allem der Partei stehen.[85]

Dazu gehörte für den NSDAP-Gauleiter, persönlich durch ganz Sachsen zu reisen und die sächsische Bevölkerung bei Betriebsbesichtigungen und nun auch wieder auf Kundgebungen für die Fortsetzung des Krieges bis zum »Endsieg« zu motivieren. Mutschmann suchte 1944 – wie im Jahr davor – zahlreiche Betriebe auf, um sich eigens von der Leistungsfähigkeit und -bereitschaft der »Arbeitskameraden und -kameradinnen« zu überzeugen. Laut der Artikel in »Der Freiheitskampf« betonte er dabei erneut mit Nachdruck, »wie sehr die allerstrengste Pflichterfüllung der Heimat den Kampf siegreich entscheiden hilft«.[86] Außerdem würdigte er den hervorragenden Einsatz »bester und tüchtiger Frauen« bei der Fertigung von Rüstungsgerät. In Betrieben, in denen besondere Präzisionsarbeiten erforderlich seien, würden neben einigen verbliebenen Fachkräften zwar auch ältere Männer an den Maschinen stehen, aber besonders Frauen und Mädchen hätten sich schnell und geschickt in Arbeiten hineingefunden, die höchste Genauigkeit erforderten. Der Gauleiter überzeugte sich zudem von der angeblich besonderen technischen Begabung der sächsischen »Volksgenossen« und ihrem ständigen Streben nach stetiger Leistungssteigerung.[87] Doch immer wieder bewunderte Mutschmann vor allem die angebliche »Hingebung« von werktätigen Frauen für den Sieg.[88]

Um auch die zahlreichen Heimarbeiterinnen und Heimarbeiter zum weiteren Durchhalten zu bewegen, wurde deren Tätigkeit vonseiten der NSDAP ebenfalls mehrfach öffentlich gewürdigt. So sprach Peitsch, der sächsische DAF-Gauobmann, in Anwesenheit von Reichsorganisationsleiter Robert Ley und Mutschmann auf einer großen Kundgebung vor mehr als 2000 Heimarbeitern und

84 Vgl. Dehn, Die nationalsozialistische Propaganda, S. 53.

85 Vgl. Verstärkter Einsatz der Partei. Neujahrsappelle von Gauleiter Mutschmann. In: Der Freiheitskampf vom 6.1.1944.

86 »Nur der Sieg sichert unser Leben!« Der Gauleiter bei den Werktätigen – Sachsens Betriebsgemeinschaften auf Posten. In: Ebd. vom 22.1.1944.

87 Vgl. Wendige Frauen an Werkbänken. Gauleiter Mutschmann besucht Stätten der Präzisionsarbeit. In: Ebd. vom 18.2.1944.

88 Vgl. Eifriges Schaffen sächsischer Frauen. Gauleiter Martin Mutschmann besichtigt weitere Betriebe. In: Ebd. vom 19.3.1944.

»Betriebsführern«. Die sächsischen Heimarbeiter hätten schon seit jeher durch ihre vorzüglichen Leistungen zum Weltruf manches sächsischen Unternehmens beigetragen, meinte Peitsch. Außerdem behauptete er, dass die Heimarbeiter oft »Ausbeutungsobjekte jüdischer Schacherer« gewesen seien, bis der nationalsozialistische Staat 1934 schließlich Gesetze zum Schutz der Heimarbeit, auch zur gerechteren Entlohnung, geschaffen hätte. Der Gauobmann forderte jedoch auch, dass im Rahmen der Mobilisierung der Massen für den deutschen Sieg weitere Zehntausende Heimarbeiter gewonnen werden müssten.[89]

In die Vielzahl an propagandistischen Veranstaltungen mit dem sächsischen NSDAP-Gauleiter reihte sich auch eine große Frauenkundgebung Ende April 1944 in Dresden ein. Auf ihr rief Mutschmann den sächsischen Frauen mahnend zu: »Sprecht nicht vom Nationalsozialismus, lebt ihn!« und warb in diesem Kontext für den zwingend notwendigen Arbeitseinsatz von Frauen in den (Rüstungs-)Betrieben. Für jeden Nationalsozialisten sei zwar klar, so Mutschmann weiter, dass Frauenarbeit kein Idealbild sei, aber der Krieg den Einsatz der Heimat im stärksten Maße fordere. Mit diesen Worten verwies er sowohl auf das eigentlich favorisierte nationalsozialistische Frauenbild als auch auf die dennoch dringend erforderliche Einbindung der weiblichen Bevölkerung in die »Heimatfront«. Mutschmann übernahm auf dieser Kundgebung den Part des verständnisvollen Werbens, der Dresdner NSDAP-Kreisleiter Hellmut Walter den der Einschüchterung. Die Veranstaltung endete mit dessen drohenden Worten:

> »Die Gaufrauenschaftsleiterin und der Gauleiter haben hier die Richtlinien aufgezeigt, nach denen wir zu marschieren haben. Wer heute noch zu faul zum Arbeiten ist, der wird den festen Zugriff des Gauleiters spüren. Er kann und wird auch vor der unpopulären Aufgabe, die er im Auftrage des Führers zu erfüllen hat, nicht zurückschrecken. Überall draußen im Reich und an den Fronten ist der Name Martin Mutschmann der Begriff des schlichten, geradlinigen, kompromisslosen nationalsozialistischen Gauleiters. Er ist der unbeugsame Wächter der nationalsozialistischen Revolution in Sachsen.«[90]

Doch die sächsische Bevölkerung beschäftigte die Arbeitsdienstverpflichtung an sich und insbesondere die von Frauen weit weniger als erwartet. Wurde sie in den persönlichen Aufzeichnungen und Gesprächen erwähnt, beschrieb man sie zwar als körperlich schwere Tätigkeit, doch mutete sie eher wie eine Erscheinung an, die selbstverständlich oder zwangsläufig zum Alltag dazugehörte. Beispielsweise musste die Mutter der damals 14-jährigen Sonja R. in Weißig nahe Dresden einen körperlich anstrengenden Arbeitsdienst im Freitaler Stahlwerk versehen. Frau R. erinnerte sich: »Mit dem ›totalen Krieg‹ musste meine Mutter ins Stahlwerk zum

---

89 Auch Heimarbeit ein Beitrag zu Sieg. Reichsorganisationsleiter Dr. Ley sprach in Dresden – Flammender Appell an das gesamte Volk zu verstärktem Einsatz für die Rüstung. In: Ebd. vom 22.3.1944.

90 »Sprecht nicht vom Nationalsozialismus, lebt ihn!« Gewaltige Frauenkundgebung – Der Gauleiter, Frau Rühlemann und Pg. Walter sprachen. In: Der Freiheitskampf vom 26.5.1944.

Arbeiten gehen, wurde sie dienstverpflichtet. Hatten wir dann zwar mehr Geld für Schulbücher und so, aber es war sehr hart. Das war sehr hart. Wenn sie nach Hause kam, war sie fertig. Schwere Arbeit.«[91] Explizit infrage gestellt wurde die Arbeitsdienstpflicht jedoch nicht, nicht einmal in einer Familie mit kommunistischen und antinationalsozialistischen Überzeugungen.

Frauen in Heimarbeit blieben ebenfalls nicht immer von körperlichen Strapazen verschont. Das traf auch auf Hildegard Menzel zu. Sie zählte zu den wenigen, die den Arbeitspflichtdienst an sich und seine Unzumutbarkeiten permanent beklagten. Doch die Ostsächsin war wegen der Betreuung ihres Sohnes und aufgrund ihrer angeschlagenen Gesundheit aber auch ausgesprochen froh darüber, in Heimarbeit tätig zu sein und nicht in einer Fabrik arbeiten zu müssen. Alles andere wie beispielsweise die Art ihrer Tätigkeit, die Höhe ihres Verdienstes oder gar die oben erwähnte Propaganda der sächsischen NSDAP-Gauleitung zur Heimarbeit spielten in diesem Zusammenhang für sie keine Rolle. Letztere griff sie nur dann und zwar als Scheinargument auf, wenn sie im Dorf auf ihre eigentlich unbefriedigende und schlecht bezahlte Heimarbeit angesprochen wurde und sich verteidigen musste: »A. hat da gesagt, als M. unten war, dass sie sich sehr wunderten, dass mich diese Arbeit [Zöpfe flechten[92]] befriedigte. Sie würden sich an meiner Stelle um eine andere halbtägige Arbeit kümmern und wo ich auch mehr Verdienst hätte. Wenn sie das zu mir sagten, würde ich ihnen antworten, dass es mir nicht um den Verdienst sei, sondern nur um das, dass ich mitarbeite und damit helfe, den Krieg zu gewinnen. Die Leute mögen sich doch alle um sich kümmern und mich in Ruhe lassen.«[93]

Für Hildegard Menzel war jedoch noch viel wichtiger, dass sie wegen der jahrelangen Trennung von ihrem Ehemann die Männer, die noch zuhause waren, nach wie vor »nicht ersehen« konnte. Und sie ärgerte sich wiederholt über die Tatsache, »dass es immer noch Frauen gab, die jetzt noch nicht im Arbeitseinsatz stehen. Schade, dass ich keine Nummer habe, ich würde schon Platz machen.«[94]

Frauen wurden jedoch auch anderweitig in den Arbeitsdienst eingebunden bzw. dazu verpflichtet, so auch in den RAD. Im September 1939 war neben der Arbeitsdienstpflicht für Männer, die 1935 für alle 18- bis 25-Jährigen im Rahmen des RAD eingeführt worden war, auch die Dienstpflicht für alle ledigen Frauen im Alter von 17 bis 25 Jahren hinzugekommen.[95] Der angestrebte Personenstand

91 Interview von Francesca Weil mit Sonja R. am 14.8.2013, S. 7.

92 Hierbei handelte es sich wahrscheinlich um die Herstellung von Zöpfen aus Stoffresten, die für die Fertigung von Teppichen verwendet wurden.

93 Brief von Hildegard Menzel an Martin Menzel vom 20.1.1944 (Privatarchiv Wieland Menzel, unpag.).

94 Brief von Hildegard Menzel an Martin Menzel vom 29.3.1944 (ebd.).

95 Vgl. Michael Jonas, Weiblicher Arbeitsdienst in Deutschland 1932–1945. Organisationsgeschichte und Dienststellenverzeichnis, Zweibrücken 2015, S. 56, 74–79 und 94–118.

von 100 000 »Kameradinnen in aller seelischen Not und Sorge« konnte jedoch bis zum Kriegsende nicht erreicht werden.[96] Als freiwillige »Arbeitsmaiden« vor dem Krieg vor allem in der Landwirtschaft eingesetzt, bekleideten die Frauen während des Krieges Stellen in der Zivilverwaltung der Wehrmacht, aber auch in Behörden, Krankenhäusern, Verkehrs- und Rüstungsbetrieben sowie seit Frühjahr 1944 auch als Hilfskräfte in Flakbatterien. Ab April 1944 wurden alle »Kriegsdiensthilfsmaiden« notdienstverpflichtet, die Dienstzeit damit auf 18 Monate verlängert.[97] Die jungen Frauen brachte man für diese Zeit in Lagern unter, betreut von »Führerinnen«; erzieherische Aspekte wie Disziplin, Gemeinschaftssinn und die Steigerung der Arbeitsmoral spielten im RAD von Beginn an eine große Rolle.[98]

Die damals 19-jährige Leipzigerin Nora S. wurde im Februar 1944 für den RAD als tauglich befunden. Ihrem Tagebuch vertraute sie ihre Skepsis und Kritik an, die sich jedoch nicht auf die Arbeitsdienstpflicht an sich bezogen, sondern auf den damit verbundenen Versuch, alle Mitglieder der Gesellschaft zwangsweise und mithin »total« zu vergemeinschaften:

> »Vom 15.II. an bin ich dann nur noch eine Nummer, kann nie mehr meinem eigenen Willen nachgehen, sondern werde als Rad im Staatsgetriebe nach fremder Willkür getrieben. Wir werden nur noch Gast im eigenen Hause sein. Es ist wenig Unterschied zum Bolschewismus. Man spricht vom Führerstaat, der Persönlichkeiten (natürlich der Gemeinschaft eingeordnete) fordert. Gemeinschaft – das ist freiwilliger Zusammenschluss Gleichgesinnter, Gleichgerichteter. Persönlichkeit – das ist ein Mensch, der sich so ausgebildet hat, wie es spezifisch in ihm allein liegt, der Vollkommenheit innerhalb seiner Eigenheiten erreicht hat. Wird *das* gefördert?«[99]

Dass Nora S. diese kritischen Gedanken auch laut geäußert hat oder dadurch die Ausübung ihres Arbeitspflichtdienstes beeinflusst wurde, ist zu bezweifeln. Offenbar stand sie aber im Laufe der Kriegsjahre – was u. a. ihr Vergleich zum Bolschewismus offenbart – immer mehr – so Stargardt – »für eine moralische und politische Entfremdung vom Nationalsozialismus, die sich nicht nach außen in Widerstand äußerte, sondern in einem gewissen Maß an Nonkonformität und einem ›inneren‹ Rückzug von den Appellen und Anforderungen des Regimes«.[100]

96 Vgl. Schneider, In der Kriegsgesellschaft, S. 328.
97 Vgl. ebd., S. 329.
98 Vgl. Jonas, Weiblicher Arbeitsdienst, S. 56, 74–79 und 94–118.
99 Vgl. Tagebuch von Nora S., Eintrag vom 4.2.1944 (Privatarchiv Geert S., unpag.). Hervorhebung im Original.
100 Stargardt, Der deutsche Krieg 1939–1945, S. 18.

5. »Die Schutzkeller für Fremde auf der anderen Seite hinter der Straße sind auch zerstört.«

Die Menschen in Sachsen machten sich 1944 vor allem Gedanken über die zahlreichen Flüchtlinge, die aufgenommen werden mussten, über die zahllosen Luftalarme, die damit verbundene potenzielle Gefahr von alliierten Angriffen und über die Einberufungen, auch von sehr jungen und älteren Männern, zur Wehrmacht oder zur Flak. Bereits zu Beginn des Jahres 1944 wurde Max M., mittlerweile 52 Jahre alt, zur Wehrmacht eingezogen und kam in eine Schreibstube nach Oschatz, einer Kreisstadt im Zentrum Sachsens.[101] Sein Dienst sei leicht, wenn auch manchmal ein bisschen lang, meinte er, aber es sei schon besser, ruhig in der Stube zu sitzen als dauernd »Soldatenbims« mitzumachen. Er hatte auch Zeit, ins Kino zu gehen.[102]

Am 1. Januar 1944 wurde der Bruder von Nora S., der 14-jährige Geert S., ebenfalls eingezogen, und zwar als Luftwaffenhelfer. Mittlerweile war fast jede Nacht in Leipzig Alarm, 1944 häuften sich auch die Tagesüberflüge. Er erinnerte sich an drei Gedanken, welche die Einberufung bei ihm und seinen gleichaltrigen Freunden ausgelöst hatten: »1. Wir wurden ›Männer‹. 2. Wir wollten oder konnten die Leipziger vor Bombenangriffen schützen und 3. Wir waren einer Reihe von Schulpflichten entkommen.« In den ersten Wochen wurden die Jugendlichen erheblich »geschliffen«, d.h. einer schweren körperlichen Ausbildung unterworfen, und waren manchmal verzweifelt ob ihrer Ohnmacht gegenüber den Kommandierenden, die unerbittlich »Härte« gegen sich selbst verlangten. Bei der Flak kam der junge Leipziger auch in Kontakt mit sowjetischen Kriegsgefangenen, sogenannten Hilfswilligen, die vorwiegend für Erdarbeiten eingesetzt wurden. Nachts waren sie eingesperrt; der Kompaniefeldwebel hat sie oft drangsaliert.[103]

Auch der 43-jährige Martin Menzel und sein 14-jähriger Sohn Rüdiger kamen zur Flak, der Vater in Krakau im »Generalgouvernement«, der Jugendliche in Ostsachsen. Der sich um seinen Sohn und seine eigene Gesundheit sorgende Justizbeamte reflektierte im Mai 1944 äußerst kritisch über die Flakeinsätze und damit auch über die verheerenden Folgen des Krieges für Millionen von Menschen, selbst im Falle eines Sieges des Deutschen Reiches: »Ich weiß nicht, was da noch werden soll, wenn der Krieg noch ein Jahr weitergeht und der Zustand in allen Dingen sich immer mehr verschlimmert. Am Montagmorgen muss ich früh um 8 Uhr auch wieder zur Flak. Ich glaube, bei uns wird der Dienst nun auch beginnen. Im Monat so und so viel Nächte werde ich wohl da auch in die Flak-Stellung müssen. Millionen werden erschossen, Millionen zum Krüppel geschossen und

101 Vgl. Brief von Max M. an Irene M. vom 18.1.1944 (Privatarchiv Wolfram M.).
102 Brief von Max M. an Irene M. vom 27.1.1944 (ebd.).
103 Vgl. Erinnerungen von Geert S. vom 28.4.2013 (Privatarchiv Geert S., unpag.).

die Frauen, Männer und Kinder, die noch zuhause sind, werden auf andere Weise kaputt gemacht. Das wird dann der Sieg sein.«[104]

Trotz dieser und anderer kritischer Worte stellten Martin Menzel und seine Frau – wie viele andere auch – das nationalsozialistische Regime an sich nicht infrage. Ihre politische Haltung belegt beispielsweise die Selbstverständlichkeit, mit der sich Hildegard Menzel zu den politischen Fragen eines »Kriegsberufswettkampfs« äußerte, an dem ihr Sohn erfolgreich teilgenommen hatte:

»Der Kriegsberufswettkampf ist ganz gut verlaufen und hat so gegen 1 Uhr gedauert. Ein Aufsatz ›Die Pflege und Behandlung der Instrumente und Apparate‹ ist gemacht worden. Dann sind 5 politische Fragen gestellt worden: 1. Wann und wie kam der Führer zur Machtübernahme? 2. Welche sind unsere Hauptfeinde in diesem Krieg? 3. Welche fremde Rasse bedroht unser Volk am meisten? 4. Warum muss ich unsere Feinde hassen? 5. Wie muss ich mit Fremdvölkischen im Reich umgehen? Dann sind noch fachliche Fragen gestellt worden. In den politischen Fragen hat Rüdiger 17 Punkte gehabt. 20 Punkte ist das Höchste. […] Die politischen Fragen sind durch einen HJ-Führer gestellt worden.«[105]

Wie bereits geschrieben, schlossen sich das Zugehörigkeitsgefühl zum NS-System auf der einen Seite und Kritik an Partei und Regierung sowie am Krieg auf der anderen Seite nicht zwangsläufig aus; dieser Dualismus in den Äußerungen trat in der deutschen Bevölkerung durchaus nicht selten auf.[106] Das traf auch auf das ostsächsische Ehepaar zu. Was den Krieg anging, so sehnten sich Martin und Hildegard Menzel dessen Ende nicht aus politischen, sondern vor allem aus persönlichen Gründen herbei: Sie wollten nicht (mehr) getrennt voneinander leben. Der Justizbeamte konnte darüber hinaus auch die Angst der sächsischen Bevölkerung vor weiteren Luftangriffen, die ihm seine Frau schilderte, nachvollziehen. Einerseits kannte er das Gefühl selbst, auch in Krakau häuften sich zu dieser Zeit die Alarme; andererseits hatte die Furcht 1944 auch durchaus ihre Berechtigung.

Am 20. Februar 1944 kam es zum vorerst letzten kombinierten Angriff der Royal Air Force gemeinsam mit der US-Luftflotte auf eine sächsische Stadt. Dabei starben in Leipzig 900 Menschen, ca. 50 000 wurden obdachlos. Während die Bomben der englischen Luftwaffe in der Nacht wiederholt Wohnsiedlungen der westsächsischen Stadt trafen, peilten die tagsüber geflogenen Einsätze der amerikanischen Luftwaffe Betriebe der Luftrüstungsindustrie im Raum Leipzig an. Auch wenn die sächsische Rüstungsindustrie bis zum Kriegsende nicht in ihrer Substanz getroffen werden konnte, führten die schweren Beschädigungen dennoch zu zahlreichen und mitunter mittelfristigen Produktionsausfällen.[107]

104 Brief von Martin Menzel an Hildegard Menzel vom 20.5.1944 (Privatarchiv Wieland Menzel, unpag.).

105 Brief von Hildegard Menzel an Martin Menzel vom 6. Februar 1944 (ebd.).

106 Vgl. Steuwer, »Ein Drittes Reich, wie ich es auffasse«, S. 96.

107 Vgl. Bering, Das Kriegsende 1945, S. 226.

Nach dem Angriff am 20. Februar informierte Annerose N. umgehend ihren Bruder über die Situation der Familie: »Wir leben noch! Der zweite Terrorangriff hat uns sogar unberührter gelassen als Nummer 1.« Anschließend reflektierte sie in einem Brief an die Eltern über den Krieg und den Glauben an den Sieg Deutschlands:

»Tja, und dann fielen heute Nacht und vorhin wieder Bomben auf Leipzig! Es ist doch zum Kotzen! Jetzt kann man sich erst richtig vorstellen, was die Leute im Rheinland, in Berlin oder auch im ›Raum Hannover/Braunschweig‹ schon seit Jahren mitmachen! Wie lange soll denn das so noch weitergehen? Wird denn nie etwas aus unseren angekündigten Vergeltungswaffen? Verlieren dürfen wir den Krieg doch auf keinen Fall, aber wie soll er gewonnen werden? Wie heißt der Spruch von Fichte?: ›Du sollst an Deutschlands Zukunft glauben, an deines Volkes Auferstehn, lass diesen Glauben dir nicht rauben, trotz allem, allem, was geschehn, und handeln sollst du so, als hinge von dir und deinem Tun allein das Schicksal ab der deutschen Dinge, und die Verantwortung wär dein!‹ Bitte sehr, an mir soll's nicht liegen. Und an euch auch nicht, da bin ich ganz sicher. Wir dürfen doch unserem Karl-Ludwig, wenn er demnächst wieder an der Front ist, nicht in den Rücken fallen! Eure deutsch-nationale (nicht nationalsozialistische) Annerose.«[108]

Annerose N. grenzte sich in diesem Brief vom Nationalsozialismus ab, bezeichnete ihre Auffassungen als deutsch-national und zitierte zur Begründung deutsch-nationale Äußerungen Johann Gottlieb Fichtes. Weitere Argumente hierfür benannte sie nicht. Doch auch die deutsch-nationale Gesinnung schloss – wie die nationalsozialistische – antisemitische, rassistische und völkische Positionen ein. Den Sieg der deutschen Wehrmacht wollte Annerose N. weiterhin für möglich halten, vor allem aus ihrem Opferglauben heraus und trotz der möglichen Folgen drohender Bombardierungen.

Von den Angriffen waren nicht nur einheimische Arbeiterinnen, Arbeiter und Angestellte bedroht, sondern auch die zahlreichen Zwangsarbeiterinnen und Zwangsarbeiter. Der tschechische Zwangsarbeiter Bedřich Procházka berichtete in seinen Tagebuchaufzeichnungen aus dem Jahr 1944, einschließlich derer zum Luftangriff vom 20. Februar, von vielen Toten in den »Schutzkellern für Fremde« des Leipziger Jagdflugzeugherstellers Erla-Werke:

»Am 1. Mai war noch recht schönes Wetter, sodass wir einen schönen Spaziergang durch die unversehrten Straßen von Taucha machten. Auf dem Rückweg haben wir in den Erla-Werken Halt gemacht, wo sich am 20. Februar auch Einiges abgespielt hatte. Die Spuren von den Bomben sind noch nicht verwischt. Die Fabrik ist teilweise zerstört, trotzdem sie völlig vernebelt gewesen war. Daneben war eine Wiese mit Scheinwerfern, die verschwunden waren, jetzt sind sie durch neue ersetzt. Die Wiese sieht aus, als wäre sie von Maulwürfen umgegraben. Die Betonbunker sind alle in die Luft gegangen. Die Schutzkeller für Fremde auf der anderen Seite hinter der Straße sind auch zerstört. Es soll hier viele Tote gegeben haben.«[109]

---

108 Brief von Annerose N. an ihre Eltern vom 20.2.1944 (Museumsstiftung Post und Telekommunikation, Sign. 3.2002.0943, unpag.).

109 Procházka, Kommt die Arbeit nicht zu Dir, Geh' Du zu ihr, S. 36.

Viele Zwangsarbeiter und Zwangsarbeiterinnen, vor allem Polen und Polinnen, »Ostarbeiter« und »Ostarbeiterinnen«, Kriegsgefangene und KZ-Häftlinge starben während der Bombardierungen, weil ihnen der Zugang zu den Bunkern, die sie zum Teil mitgebaut hatten, nicht erlaubt war.[110] Auch Jüdinnen und Juden sowie Sinti und Roma, Sintizas und Romnija war der Aufenthalt in Bunkern wie auch in anderen öffentlichen Luftschutzräumen verboten. Bei den nichtosteuropäischen Zwangsarbeitern und Zwangsarbeiterinnen konnten die Bunkerwarte entscheiden, ob sie ihnen Einlass gewähren wollten. Bereits seit 1943 waren die Bunkerwarte angehalten worden, den ansteigenden Zustrom von Schutzsuchenden zu steuern, aber gleichzeitig auch »unerwünschte Elemente« fernzuhalten.[111] Für die Gruppe tschechischer Zwangsarbeiter in Leipzig, zu denen Bedřich Procházka gehörte, stand ein eigens für sie gebauter »Schutzkeller« zur Verfügung, der seinem Namen jedoch nicht gerecht wurde, da er lediglich aus Holz gefertigt und mit einer Schicht Erde bedeckt war. Bei Luftalarm verspürten die meisten der Männer keine Lust, in dieses »Loch« zu gehen. Aber sie mussten dem Befehl des Lagerleiters Folge leisten.[112]

Am Tag des Angriffs auf Leipzig, am 20. Februar 1944, rief Mutschmann alle Sachsen und Sächsinnen dazu auf, sich im Rahmen des »Wohnungshilfswerks« am Bau von Behelfsheimen für diejenigen, die durch Bombenangriffe obdachlos geworden waren, zu beteiligen. Tausende solcher Heime wurden benötigt.[113] Wie Goebbels hatte die Mehrzahl der Gauleiter erkannt, dass es zur Aufrechterhaltung der »Kriegsmoral« innerhalb der Bevölkerung neben Pressepropaganda, Massenveranstaltungen oder Gauausstellungen auch öffentlichkeitswirksamer Aktionen bedurfte. Dazu zählte neben der Evakuierung von Frauen, der Sicherstellung von Hausrat und Wohnungseinrichtungen, der Schaffung zusätzlicher Luftschutzstollen auch der Bau von Behelfsheimen für Ausgebombte.[114] Auch dieses Thema verband der sächsische NSDAP-Gauleiter mit propagandistischen Phrasen. Mit dem Bau dieser Häuser, so Mutschmann, würde das deutsche Volk beweisen, dass sich seine Moral durch die Bombardements und ihre Folgen nicht erschüttern habe lassen: »Dem Hass und der Brutalität setzen wir unseren geschlossenen und verbissenen Abwehr- und Aufbauwillen entgegen.«[115]

Bis zum Sommer des Jahres konnten in Sachsen 2 500 der 9 000 geplanten Behelfsheime fertiggestellt werden. Dabei handelte es sich um kleine Serienhäuschen aus Holz- und Betonfertigteilen mit je zwei Räumen, aufgestellt auf

110 Vgl. Schneider, In der Kriegsgesellschaft, S. 630.

111 Vgl. Blank, Kriegsalltag, S. 409.

112 Vgl. Procházka, Kommt die Arbeit nicht zu Dir, Geh' Du zu ihr, S. 27.

113 Das Wohnungshilfswerk läuft an. Aufruf des Gauleiters zur Schaffung von Behelfsheimen. In: Der Freiheitskampf vom 20.2.1944.

114 Vgl. Blank, Kriegsalltag, S. 439.

115 Das Wohnungshilfswerk läuft an. Aufruf des Gauleiters zur Schaffung von Behelfsheimen. In: Der Freiheitskampf vom 20.2.1944.

Flächen von je 300 Quadratmetern Nutzland, in denen bis zu fünfköpfige Familien über die Kriegszeit hinweg Platz finden mussten.[116] Im gesamten Deutschen Reich wurden bis Ende Juni 1944 ca. 53 000 Behelfsheime fertiggestellt. Doch die Bevölkerung nutzte die staatlich subventionierten Behausungen nicht im erforderlichen Umfang, sodass sich das Behelfsheim-Projekt schließlich als propagandistische Illusion und wirtschaftliche Fehlplanung erwies. Die Wohnungsbeschaffung blieb in der Dauerkrise stecken; viele Menschen in den bombardierten Städten hausten wie die Familie von Nora und Geert S. in Leipzig weiterhin in »Kellerwohnungen«.[117]

6. »Totale Umsetzung« und »totale Stilllegung«

Von den Auswirkungen des Krieges waren viele Betriebe betroffen, auch wenn sie nicht überwiegend Rüstungsprodukte herstellten und damit weniger als potenzielle Ziele der amerikanischen Luftangriffe galten. Das traf auch auf die Firma Kübler & Niethammer in Kriebstein zu. Zum einem wurden dem Unternehmen immer mehr Arbeitskräfte entzogen. Zum anderen musste Anfang des Jahres 1944 die größte Papiermaschine stillgelegt werden – infolge der staatlich angeordneten Produktionseinschränkungen außerhalb der Rüstungsindustrie. Der betreffende Raum wurde für die Einlagerung von Kriegsmaterial und verlagerten kriegswichtigen Fabrikationen benötigt. Kurze Zeit darauf musste die zweite Papiermaschine ebenfalls abgestellt werden; die dafür notwendigen Rohstoffe konnten nicht mehr in ausreichender Menge beschafft werden.[118]

Bis zum 30. Juni 1944 gab es in Sachsen 290 solcher Total- bzw. Teilstilllegungen; ca. 19 400 Beschäftigte wurden aus der zivilen Produktion in die Rüstungsindustrie versetzt. Gegen die Stilllegungsbemühungen und -aktionen des von Albert Speer geführten Reichsministeriums für Rüstung und Kriegsproduktion, die im Herbst 1943 begonnen hatten, regte sich in den sächsischen Wirtschaftskammern, aber auch bei den regionalen Parteiinstanzen Widerstand. Letzteren ging es bei dem Vorhaben der »totalen Umsetzung« von Beschäftigten in Rüstungsbetriebe vor allem um die mögliche Verschlechterung der »allgemeinen Stimmung« im Gau.[119] Die Chemnitzer »Umsetzungskommission« beschäftigte darüber hinaus auch das Verhältnis von Aufwand und Nutzen der Aktionen. Im Juni 1944

116 Vgl. Glücklich wieder in eigenen vier Wänden. Besuch in den ersten Behelfsheimen des Gaues Sachsen. In: Ebd. vom 16.7.1944.

117 Vgl. Blank, Kriegsalltag, S. 421.

118 Vgl. Broschüre zum 100. Bestehen der Firma Kübler & Niethammer 1956 (Sächsisches Wirtschaftsarchiv Leipzig, Bestand U 47 Kübler & Niethammer, Papierfabrik Kriebstein, F 1049), S. 44–47.

119 Vgl. Schneider, Die Wirtschaftsentwicklung, S. 83.

vermerkte sie, »dass die Aktion im Grunde eine recht unglückliche Arbeitseinsatzmaßnahme darstellt, deren Nutzeffekt in keinerlei Verhältnis zu dem durch sie verursachten Aufwand und auch in keinem Verhältnis zu den stimmungsmäßigen Nachteilen steht, mit denen sie unvermeidlicher Weise verbunden ist«.[120]

Auch die Firma Kübler & Niethammer konnte sich nicht gegen die Stilllegungen und den Abzug von Personal wehren. Laut Wilhelm Niethammer bestand die »Betriebsgefolgschaft« am 1. März 1944 auf dem Papier aus 1 457 Arbeitern und 168 Angestellten. Davon waren 425 Arbeiter und 142 Angestellte beim Heeresdienst, 51 gefallen und 33 vermisst. In der Firma arbeiteten außerdem 153 männliche und 19 weibliche ausländische Zwangsarbeiter. Hinzu kamen 138 Kriegsgefangene: 15 Franzosen, zwei Serben und 121 Engländer.[121]

Jeder private Verkehr mit den Kriegsgefangenen wurde von der Firmenleitung rigoros untersagt. Der Umgang mit den Kriegsgefangenen sollte sich – wie in allen anderen Betrieben auch – während der Arbeit auf das beschränken, »was die Zusammenarbeit und die Erledigung der gestellten Aufgaben erforderlich machen«. Die »Gefolgschaftsmitglieder« wurden mit Drohungen dazu angehalten, diese Regeln zu befolgen. Jeder Verstoß dagegen sabotiere »unsere Kriegsführung und wird strengstens bestraft«, steht in einem darauf Bezug nehmenden Schreiben der Betriebsführung an die Belegschaft.[122] Zudem wurden vor allem die englischen Kriegsgefangenen penibel bewacht:

»Es ist Vorschrift, dass die englischen Kriegsgefangenen von ihrer Arbeitsstelle bis zum Gefangenenlager und für die Arbeit vom Lager bis zur Arbeitsstätte gebracht werden müssen. Da in letzter Zeit verschiedene Fluchtversuche von englischen Kriegsgefangenen gemacht worden sind, muss die Anordnung jetzt verschärft durchgeführt werden. Ich bitte deshalb die Meister, ab sofort zu veranlassen, dass die in ihren Abteilungen beschäftigten Kriegsgefangenen zur Arbeit vom Lager und nach der Arbeit wieder im Lager abgeliefert werden. Mit dieser Arbeit ist nach Möglichkeit jeweils das Gefolgschaftsmitglied zu betrauen, das mit den betreffenden Kriegsgefangenen zusammenarbeitet.«[123]

Die Kriegsgefangenen in der Firma Kübler & Niethammer zählten zu den 95 000 Kriegsgefangenen, die sich 1944 in Sachsen befanden.[124] Die englischen und französischen Kriegsgefangenen wurden vergleichsweise gut behandelt; das Deutsche Reich hielt sich in ihrem Fall weitestgehend an das Abkommen über die Behandlung der Kriegsgefangenen in der Genfer Konvention von 1929. Das traf auf die

120 Aktennotiz Wirtschaftskammer Chemnitz betr. »Umsetzung des Reichsministers für Rüstung und Kriegsproduktion« vom 9.6.1944 (SächsHStA Dresden, IHK Chemnitz, Geheimregistrande, 4, unpag.). Zit. nach Schneider, Die Wirtschaftsentwicklung, S. 83.

121 Vgl. Stand der Gefolgschaft vom 1.3.1944 (Sächsisches Wirtschaftsarchiv Leipzig, Bestand U 47 Kübler & Niethammer, Papierfabrik Kriebstein, Akte 661, unpag.).

122 Vgl. Verkehr mit Kriegsgefangenen. Schreiben der Betriebsleitung vom 19.4.1944 (ebd., Akte 27, unpag.).

123 Englische Kriegsgefangene. Schreiben der Betriebsleitung an alle Werkführer vom 25.9.1944 (ebd., unpag.).

124 Vgl. Schumann, Die soziale Lage, S. 68.

sowjetischen Kriegsgefangenen, wie es u. a. Geert S. beschrieben hat, nicht zu, denn sie standen in der rassistischen Hierarchie der Nationalsozialisten fast ganz unten. In den Lagern, in denen sie zusammengepfercht waren, verbreiteten sich aufgrund von starker Unterernährung und katastrophalen hygienischen Bedingungen vermehrt Seuchen wie u. a. Fleckfieber und Tuberkulose.[125]

In Sachsen hatte bis 1942 das Kriegsgefangenenlager Stalag 304 (IV H) nahe Zeithain bei Riesa als »Sammellager für sowjetische Kriegsgefangene« gedient. Von hier aus wurden die Gefangenen auf Arbeitskommandos des sächsischen Industriereviers und des süddeutschen Raums verteilt. Sie mussten beispielsweise im Braunkohletagebau im Raum Leipzig, in der zum Flick-Konzern gehörenden Mitteldeutschen Stahlwerke AG in Riesa und Gröditz oder in der Leipziger HASAG unter menschenunwürdigen Bedingungen schuften. Seit 1943 diente das Lager Zeithain schließlich als Lazaretteinrichtung. Zu den kranken sowjetischen Kriegsgefangenen kamen seither auch polnische, serbische, britische und französische hinzu. Täglich fanden hier zwischen zwei und 35 Menschen den Tod. Von den ca. 80 000 sowjetischen Kriegsgefangenen, die von 1941 bis 1945 ins Stalag Zeithain gekommen waren, verstarben 25 000 bis 30 000.[126]

7. »Wir hatten jetzt jeden Tag Alarm.«

Auch in den Betrieben in abgelegenen, von Luftangriffen (bis dato) verschont gebliebenen Gebieten erschwerten die Fliegeralarme die Arbeit in besonderem Maße. Das traf auch auf die Firma Kübler & Niethammer zu.[127] Die mit den Anflügen der alliierten Luftflotten verbundenen tagtäglichen und mehrfachen Luftalarme verängstigten 1944 die Mehrheit der sächsischen Bevölkerung in großem Maße. Die Furcht hing häufig mit den weitergeführten US-amerikanischen Präzisionsbombardements zusammen. Über das Jahr 1944 hinweg galten diese zwar nicht sächsischen Ortschaften, sondern wichtigen Betrieben der Rüstungsindustrie.[128] Dabei gab es jedoch auch viele Tote und Verletzte zu beklagen, darunter Zwangsarbeiterinnen und Zwangsarbeiter.

Die Luftalarme waren Hauptthema vieler privater Aufzeichnungen. »Fliegeralarm ist ja nichts Seltenes mehr bei uns, denn zu jeder Tageszeit wird Alarm

125 Vgl. Jörg Osterloh, »Der Totenwald von Zeithain«. Die sowjetische Besatzungsmacht und die Untersuchung des Massensterbens im Stalag 304 (IV H) Zeithain. In: Schmeitzner/Vollnhals/Weil (Hg.), Von Stalingrad zur SBZ, S. 329–351, hier 335.

126 Ebd., S. 339 und 349 f.

127 Vgl. Broschüre zum 100. Bestehen der Firma Kübler & Niethammer 1956 (Sächsisches Wirtschaftsarchiv Leipzig, Bestand U 47 Kübler & Niethammer, Papierfabrik Kriebstein, F 1049), S. 44–47.

128 Vgl. Behring, Das Kriegsende 1945, S. 226.

gegeben und ist die Luft nicht rein«,[129] berichtete beispielsweise Hildegard Menzel aus Dittelsdorf ihrem Mann. Die Alarmsirene sei »ein vertrautes Signal« geworden, das Luftschutzgepäck stehe jederzeit griffbereit, schrieb der Meißner NSDAP-Kreisleiter Böhme in sein Tagebuch.[130] Der Wilsdruffer Heimatchronist Artur Kühne listete die zahllosen Luftalarme in der Stadt im Jahr 1944 auf und registrierte, dass sie die Menschen nicht nur verängstigten, sondern zusätzlich in ihrer Bewältigung des Alltags behinderten.[131] In Dresden musste Klara Fähnlein wegen Luftalarms das Kino verlassen.[132] Doch die Luftalarme beeinträchtigten die Dresdner Arbeiterin nicht nur in ihrer Ablenkung vom Alltag, sondern belasteten sie auch, vor allem in psychischer Hinsicht: »Nun sitzen wir in der Stube, es ist Voralarm, wir warten auf den Alarm, ich glaube aber kaum, dass er noch kommen wird. Ich war gerade mit Soni bei Kühn, wir saßen gemütlich am Tisch, da kamen die Nachbarsfrauen, sagten, der Deutschlandsender, auch Leipzig, ist weg, die Eisenbahn hat dunkel, also wussten wir, es kommt bald Voralarm, so ist es jetzt bei uns zuhause. Egal Hochspannung, Nervenkrieg.«[133]

Die damals siebenjährige Bombenevakuierte Eva Windsberg erinnerte sich im Zusammenhang mit den Luftalarmen an die Veränderungen im Jahr 1944 und daran, wie sich die nervliche Belastung der Erwachsenen auf die Kinder übertrug: »Dann kam der Krieg näher. Wir Kinder ›übten‹ Tieffliegeralarm. In der Schule wurde uns erklärt, dass wir bei Alarm schnell nach Hause gehen sollten. Die Erwachsenen wurden ernster und als Kind übertrug sich die Anspannung auf uns, obwohl wir nicht so recht alles verstanden.«[134]

Die Luftalarme, die damit verbundene Angst vor den alliierten Luftangriffen, der Stress und psychische Druck betrafen viele in Sachsen lebende Menschen – so auch zahlreiche Zwangsarbeiterinnen und Zwangsarbeiter. Bedřich Procházka schrieb dazu 1944 in sein Tagebuch: »In der letzten Zeit hat sich unser Leben grundsätzlich verändert, denn es kommt täglich zu Alarmmeldungen, zumindest zur Luftgefahr. Jede Nacht gibt es Voralarm, was uns um unseren ohnehin schon wenigen wertvollen Schlaf bringt. Am Morgen stehen wir müde auf und sollen die Arbeit beginnen. Das Essen lässt in der letzten Zeit auch zu wünschen übrig und wir arbeiten seit der letzten Woche wieder verlängerte Zeit [ca.12 Stunden].«[135]

Viele Zwangsarbeiterinnen und Zwangsarbeiter in der Rüstungsindustrie in Leipzig und Umgebung waren 1944 – neben dem vorerst letzten flächendecken-

129 Brief von Hildegard Menzel an Martin Menzel vom 17.4.1944 (Privatarchiv Wieland Menzel, unpag.).

130 Tagebuch des NSDAP-Kreisleiters Hellmut Böhme, Transkriptionstext von Annekatrin Jahn, S. 44.

131 Vgl. Tagebuchaufzeichnungen von Artur Kühne, Transkriptionstext Mario Lettau, S. 12–19.

132 Vgl. Hermann (Hg.), Dresden 1943–1945, S. 236.

133 Ebd., S. 211. »Egal« ist hier im Sinne von »immer« zu verstehen.

134 Windsberg, So erlebte ich das Kriegsende, S. 276f.

135 Procházka, Kommt die Arbeit nicht zu Dir, Geh' Du zu ihr, S. 40.

den Angriff der Alliierten vom 20. Februar – auch direkt von den weitergeführten Präzisionsangriffen der 8. US-Luftflotte betroffen. Neben der Anmerkung, dass auch er sich eine »Wende« im Frontverlauf und damit einen deutschen Sieg erhoffe, schrieb Bedřich Procházka über die Bombardierung am 29. Mai des Jahres:

»Es ist Montag. Wir hatten wie üblich keine Lust aufzustehen und zur Arbeit zu gehen, man kann aber nichts machen, es muss bis zum endgültigen Sieg durchgehalten werden, hoffentlich kommt es zu einer Wende, und damit alles bald zu Ende ist. Unser Trost, wir haben hier wirklich mit großer Lust angefangen zu arbeiten, aber wir wurden wie gewohnt unterbrochen. Wir haben also alles liegengelassen und gingen zum Schutzkeller. Kaum sind wir dort angekommen, sind sie auch schon hier. Eines brennt, stürzt ab und zerbricht in Stücke. Andere Flugzeuge fliegen jedoch unversehrt weiter. Schnell in den Keller, wir hören nichts, nach einer ¼ Stunde gehen wir hinaus, überall im Nordosten Rauch und Qualm.«[136]

Die Kinder und Jugendlichen wurden in den Schulen über das Verhalten bei Luftalarm und über die zwingend notwendige Verdunkelung aufgeklärt und belehrt. Nora S. aus Leipzig hatte sich darüber bereits 1942 in ihrem Tagebuch geäußert. Sarkastisch schrieb sie über die damit verbundene Propaganda der »Wochenschau« im Kino. Und sie amüsierte sich auf fast schon poetisch anmutende Art und Weise über die Verdunklungsmaßnahmen und ihre möglichen Folgen:

»Luftschutzwiederholungsstunde. Ich höre und denke. Eine Satire. Wozu Luftschutz??? Aha, derartige Einleitungen für – das – Volk?! […] Zum Beispiel Paris – man sieht rauchende Ruinen – Menschen und Tiere wimmern unter Trümmern. Und dann wird gefragt, wer's in der Wochenschau gesehen hat. Da zeigt sich der gute Kinogänger und die Leute denken an die Schule, wenn sie sich melden. Ja. Nun zur Sache!!! Luftschutzwiederholungsstunden. Da wird der Krieg zum Lehrmeister in allen Dingen. In allen? Lehrt der Frieden nichts? (Aber was will hier der Pazifismus!) Oh, jetzt jagen sich die Ereignisse und die Mittel, die dagegen helfen, sofern die Ereignisse unangenehm werden. Nun wieder der Eindruck, dass diese Stunden verloren erscheinen. Den Klugen ja. Mir ist's gut – ich lerne! Wenn auch anders, als man ahnt und bezweckt! Nun der Fall der Nachtangriffe der lichtscheuen Engländer: Verdunklung?! Lichtstreifen? Ja! Sie sind schlimm, denn sie summieren sich und wachsen ins Überdimensionale – vielmehr in den Himmel als trübe Tranlampe der Himmelsstürmer sozusagen.«[137]

Es sei dahingestellt, ob sich Nora S. nach dem schweren Luftangriff auf Leipzig im Dezember 1943 auch noch auf diese Art und Weise über den Luftschutzunterricht geäußert hätte. Doch schien der entsprechende Unterricht zum Luftschutz für sie zum einen teilweise wenig hilfreich gewesen zu sein. Zum anderen stellte sie sich in diesem Zusammenhang die Frage nach dem Verhältnis der Lehren aus Krieg und Frieden, die sich in die Reihe ihrer bisherigen kritischen Überlegungen zum NS-Regime und zum Krieg einfügte.

In anderen Schulen standen praktische Übungen zum Luftschutz im Vordergrund. Ingeborg B. absolvierte während der Schulzeit viele Luftschutzübungen.

136 Ebd., S. 38.
137 Tagebuch von Nora S., Eintrag vom Frühjahr 1942 (Privatarchiv Geert S., unpag.).

Die Schülerinnen mussten sich »mucksmäuschenstill« aus den Klassenzimmern begeben, klassenweise antreten, nach unten in den Luftschutzkeller gehen und sich dort auf die Bänke setzen.[138] Nicht an allen Schulen wie an der von Eva Windsberg wurden die Schülerinnen und Schüler bei Luftalarm nach Hause geschickt oder wie im Fall von Ingeborg B. im schuleigenen Keller untergebracht. Laut Sonja D., die in Dresden zur Schule ging, aber außerhalb der Stadt wohnte, bekamen die Schulen Vorwarnung für den Voralarm; die Kinder gingen daraufhin in Luftschutzkeller und -räume der unmittelbaren Umgebung. Sonja D. machte das jedoch nur einmal mit. Da sie sich vor diesen Kellern – versehen mit großen Wasserrohren, die ihrer Meinung nach bei Erschütterungen hätten platzen können – gefürchtet hat, versuchte sie, nach Hause zu gelangen. Weit kam sie allerdings nie, da die Straßenbahnen seit den Voralarmen nicht mehr fuhren. Zu Fuß schaffte sie es höchstens bis zum Schillerplatz, aber nicht mehr über die Brücke, das »Blaue Wunder«, da dort Wachposten standen. Weil zu dieser Zeit keiner mehr auf der Straße sein durfte, wurde sie jedes Mal irgendwann von jemandem in einen nahegelegenen Keller gesteckt.[139]

Die Dresdner Künstlerin Hanna Hausmann-Kohlmann erlebte am 3. März 1944 einen Luftalarm bei einem Besuch in Leipzig. Sie beschrieb die katastrophale Situation und die bedrückende Atmosphäre in der Luftschutzeinrichtung unter dem Leipziger Hauptbahnhof:

> »Alarm! Wie war einem zumute! Hinunter in die Tiefen des größten Bahnhofs Europas. Oben war alles merkwürdig leer, als wir ankamen, nun hatten wir die Erklärung. 40 bis 50 Stufen hinunter und Menschenmassen über Menschenmassen, Soldaten mit Rucksäcken, die man so schön ins Gesicht gedrückt bekam, Koffer von vorn und von hinten. Eine Bombenwärme fühlte man am ganzen Körper. Stickige Luft, als würde man bald umfallen. Ein einziges Wanken durch einen riesenhaften Keller nach dem anderen. Erhöhte Schienen, die man nicht sah, aber fühlte, indem man in dem Gedränge zu stürzen drohte. Soldaten brüllten weitergehen. Kleine Kinder im Wagen oder auf dem Arm der Mutter quiekten. Diese hilflose Atmosphäre! Als wir ganz hinten angelangt waren, kam gottlob Entwarnung und es war kein Angriff. Frische Luft wieder nach dem Menschengewühl. Nun ins Hotel.«[140]

Drei Tage später ereilte sie ein Luftalarm in Dresden. Hanna Hausmann-Kohlmann musste ihre künstlerischen Tätigkeiten unterbrechen, sie beschrieb in ihrem Tagebuch vor allem den damit einhergegangenen persönlichen Stress sowie den psychischen Druck: »Es war ein furchtbarer Tag. […] Ich malte mit Wonne. Setzte mich lange mit dem Motiv auseinander. Mittags Alarm! Was für einer! Der Drahtfunk meldete: mit einem Angriff ist zu rechnen – dann: es ist nicht zu übersehen, wie sich die Flugzeuge sammeln – das macht nervlich fertig.

138 Vgl. Interview von Francesca Weil mit Ingeborg B. am 12.8.2013, S. 1.
139 Vgl. Interview von Francesca Weil mit Sonja D. am 14.8.2013, S. 5f.
140 Hanna Hausmann-Kohlmann, Tagebuch Nr. 12 (SLUB, Mscr. Dresden App. 2386), S. 58f.

Wir waren erstmalig im Keller. [...] Aber der Alarm nimmt mir immer sehr viel Kraft. Mir ist danach immer, als habe ich Tag und Nacht geweint.«[141]

Angebliche wissenschaftliche Untersuchungen in der damaligen Zeit ignorierten die psychischen Folgen der Luftalarme und -angriffe für die Menschen. Sie gelangten dagegen zu der Einschätzung, dass die Deutschen über erstaunliche Widerstandskraft verfügen und die Bombardierungen zu keinen neuartigen und spezifischen Erkrankungen führen würden.[142] In Leipzig untersuchte Dr. Feudell, ein junger Psychiater, seine Patienten 1944 in Hinblick darauf, ob »die psychischen und nervösen Reaktionen der Zivilbevölkerung« unter den Bombardements zugenommen hätten. U. a. hatte ihm ein 50-jähriger Kaufmann geschildert, dass er durch die Detonation einer Bombe das Bewusstsein verloren habe. Danach seien bei ihm Sprachstörungen aufgetreten, und auf das Geräusch der Luftschutzsirenen habe er seither mit »Blutdrang im Kopf, Herzstechen und Zittern« reagiert. Wie in diesem Fall auch hatte Dr. Feudell zwar Verständnis für seine Patienten, stellte jedoch fest, dass die betroffenen Menschen bereits vor dem Krieg nervös und labil gewesen seien. Im Ergebnis seiner Untersuchungen schlussfolgerte er, »dass der ›Schwung der völkischen Gesinnung‹ geholfen habe, die psychischen Ressourcen des Volkes zu mobilisieren, und es tatsächlich weniger ›Hysteriker‹ gebe als im Ersten Weltkrieg«.[143] Diese mit völkisch-nationalsozialistischen Phrasen durchsetzten Behauptungen wurden später durch zahlreiche Untersuchungen ad absurdum geführt bzw. widerlegt.[144]

8. »... so ein schönes Leben habe ich jetzt!!«

Auch für die beiden Geschwister Barbara und Valentin L. in Obercarsdorf begann das Jahr 1944 mit Fliegeralarmen – Valentin schilderte der Mutter: »Wir hatten jetzt jeden Tag Alarm. Am Freitagabend konnten wir die Scheinwerfer sehen, auch wie die Flak schoss.«[145] Der Alltag in dem osterzgebirgischen Dorf veränderte sich mittlerweile, wenn auch allmählich, die Lebensmittelvergabe wurde eingeschränkt und immer mehr Flüchtlinge erreichten Sachsen. Vom 16. Januar 1944 bis zum 13. Februar 1945 besuchten die beiden Kinder eine Schule in Altenberg. Barbara nahm den Dienst als Jungmädel in einer Papierfabrik wahr, den sie als »prima« bezeichnete, aber nicht näher beschrieb. Am 5. Februar 1944 berichtete Valentin seiner Mutter, dass sie am Tag zuvor das letzte Mal Kuchen

141 Ebd., S. 61.
142 Vgl. Stargardt, Der deutsche Krieg 1939–1945, S. 472.
143 Ebd., S. 471.
144 Vgl. beispielsweise Hartmut Radebold (Hg.), Kindheiten im Zweiten Weltkrieg und ihre Folgen, 3. Auflage, Gießen 2012.
145 Brief von Valentin L. an Hilde L. vom 23.1.1944 (Vgl. Privatarchiv Barbara B., unpag.).

gegessen hätten und die Kartoffeln von jetzt an abgezählt würden. Seine Schulklasse war mittlerweile 51 Mann stark, jeden Tag kamen neue Schüler, meistens aus Breslau, Riga und Kattowitz. Aus den Briefen der Kinder aus dem Jahr 1944 gehen aber auch die ständige Angst um die in Leipzig zurückgebliebene Mutter und Gedanken über die Zerstörung ihrer Heimatstadt hervor. Am 1. Juni 1944 schrieb beispielsweise der elfjährige Valentin an seine Mutter: »Wir haben ja ein bisschen Angst um Dich. Bis zu uns raus hat man es ja gehört, wie die Flack geschossen hat. Das kam so von Chemnitz, Leipzig, Dresden und Riesa her.«[146]

Hilde L., die Mutter von Barbara und Valentin, beschäftigte vor allem die alltägliche Sorge um die Kinder, und sie fürchtete sich ebenfalls vor erneuten Luftangriffen auf die Messestadt. Dennoch nutzte sie jede Gelegenheit, mit Bekannten und Nachbarn gemeinsam schöne Momente zu genießen. Im März schrieb sie an ihre Tochter in Obercarsdorf: »Gestern haben wir abends bei S. einen gemütlichen Abend gemacht. Herr G. hatte Rotwein und Sekt erwischt und da haben wir gefeiert. Frau R. mit ihrer Schwester war mit dabei. Erst gab es Brathering mit Bratkartoffeln und Bohnensalat, mit Bier, dann Glühwein, dann Bohnenkaffee mit Streusel-, Zucker- und Apfelkuchen und zuletzt 2 Glas Sekt für Jeden. ½ 2 h lag ich im Bett und habe bis früh um 10 h geschlafen, so ein schönes Leben habe ich jetzt!!«[147]

Letzteres behauptete Hilde L. eine Woche darauf nicht mehr. Am Freitagabend hatte sie sich 20.30 Uhr hingelegt, weil sie so müde war. Zwei Stunden später wurde sie mit Schrecken wach, weil die Fensterscheiben klirrten, geschossen wurde. Sie kam vor Angst kaum in ihre Sachen. Über eine Stunde wurde ununterbrochen geschossen, auch Bomben hörte man fallen. Sie dachte, ihr Wohngebiet sei wieder an der Reihe, aber es handelte sich nur um abgetriebene Flugzeuge von Berlin. Hinter Wiederitzsch brannte es und in der Nähe von Leipzig wurden vier Bomber abgeschossen. Am Abend darauf saß sie fix und fertig angezogen bei S., als der Alarm begann. Sie gingen in den Splitterschutzgraben, im Keller blieb niemand mehr gern; viele suchten in den Kasernen Schutz. In dem Graben war es zwar dunkel und kalt, aber sie dachten, dass es an diesem Ort nicht wie im Keller wackele und sie hier nicht verschüttet würden.[148]

Doch nicht nur die Menschen im bombenbedrohten Leipzig versuchten zeitweise, den Krieg, die Gefahren, aber auch den straffen Arbeitsalltag kurzzeitig zu verdrängen und sich unterhaltsame Stunden zu verschaffen. Diese Versuche unternahmen vor allem diejenigen, die zwar unter den zahllosen Luftalarmen

---

146 Erinnerungen von Barbara L. an das Kriegsende 1945 (ebd.); Brief von Valentin L. an Hilde L. vom 17.1.1944 (ebd.); Brief von Barbara L. an Hilde L. vom 23.1.1944 (ebd.); Brief von Valentin L. an Hilde L. vom 5.2.1944 (ebd.); Brief von Valentin L. an Hilde L. vom 9.2.1944 (ebd.); Brief von Valentin L. an Hilde L. vom 1.6.1944 (ebd.).

147 Brief von Hilde L. an Barbara L. vom 19.3.1944 (ebd.).

148 Vgl. Brief von Hilde L. an Barbara L. vom 26.3.1944 (ebd.).

litten, aber (noch) nicht von Bombardierungen betroffen waren – so auch Hanna Hausmann-Kohlmann. Im Frühling 1944 beschrieb sie einen Ausflug zu ihren Eltern, der zwar mit einem Luftalarm begann, aber vor allem mit reichhaltigen Mahlzeiten und einem friedvollen Spaziergang verbunden war:

»Ich nach Klotzsche. Es klappte mit dem Anschluss gut. Als ich in Klotzsche aus der Bahn steige, ertönt Fliegeralarm. Ich laufe! [...] Wir sind ins Quatschen gekommen. Dann brachte Mutter die herrliche Suppe, Reis, Eier, Spargel, Bouillon. Dann ein fabelhaftes Lendenhacksteak. Ich wollte es erst abends essen, damit für mich keine Extraarbeit entsteht. Es aßen alle um mich bis auf den Kater, der schnurrte auf der Küchenveranda. Dann zeigte ich meine neusten Silhouetten. – Viele Flieger überflogen uns. Gottlob passierte nichts. Wir tranken köstlichen Kaffee und aßen feinen selbstgebackenen Pflaumenkuchen mit Eiweiß-Schlag. Ein anschließender Spaziergang, wo ich Vierblättrige fand, war wunderschön. Wir gingen über die Felder in der glitzernden Sonne. Wir aßen dann köstlich auf der Küchenveranda zu Abend. Sülze mit Remoulade. Es war so schön! [...] Ein schöner Tag. Dankbar im Herzen lege ich mich zur Ruhe.«[149]

Ausflüge unternahm auch die Familie der mittlerweile 14-jährigen Sonja R., die in einem Dorf nahe Dresden lebte. Die Familie fuhr 1944, wie jedes Jahr, wenn der Vater Urlaub hatte, mit dem Dampfer in die Sächsische Schweiz und ging in den Zoo. Zu diesem Zeitpunkt besuchte das Mädchen die Wirtschaftsoberschule in Freital und musste einmal wöchentlich in einer Konservenfabrik arbeiten.[150]

Wally M. aus dem westsächsischen Vogtland war zu dieser Zeit vor allem um die Genesung ihres Verlobten besorgt; dessen Operation hatte endlich stattgefunden. Im März 1944 schrieb sie ihm, dass sie Skilaufen war.[151] Viele Sachsen und Sächsinnen bestimmten eigenständig über ihre Freizeit, in erster Linie um sich abzulenken von den Ängsten, Sorgen und Belastungen. Hinzu kam der Rückzug ins Private, in die Familien- und Freundeskreise sowie in die Nachbarschaften.[152] Das belegen Beschreibungen von Familienfeiern, Nachbarschaftstreffen und Wochenendausflügen – wie die von Hanna Hausmann-Kohlmann, Hilde L. und von den Kindern Valentin und Barbara L., von Sonja R. und Ingeborg B. – eindrücklich.

Nach wie vor richteten auch Betriebe unterhaltsame Veranstaltungen für ihre deutschen Belegschaften aus. Das Unternehmen Kübler & Niethammer nutzte 1944 u.a. die Angebote von Sonderveranstaltungen durch die Nationalsozialistische Gemeinschaft »Kraft durch Freude« (KdF), die generell die Freizeit im »Dritten Reich« gestalten und gleichzeitig überwachen sollte. Am 24. März 1944

149 Hanna Hausmann-Kohlmann, Tagebuch Nr. 12 (SLUB, Mscr. Dresden App. 2386), S. 105f.

150 Vgl. Interview von Francesca Weil mit Sonja R. am 14.8.2013, S. 1 und 6.

151 Vgl. Brief von Wally M. an Erich G. vom 5.3.1944 (Museumsstiftung Post und Telekommunikation Berlin, Bestand Feldpostbriefe, 3.2008.1747.2).

152 Vgl. Schneider, In der Kriegsgesellschaft, S. 712.

gab es im Gasthof Kriebstein zwei Konzerte eines Schauorchesters für die »Gefolgschaftsmitglieder«, ihre Ehefrauen sowie für Rentner und »Kriegerfrauen«.[153]

Auch die NSDAP, der Staat und die Städte organisierten weiterhin Veranstaltungen zur Unterhaltung für die Bevölkerung, u. a. verbunden mit propagandistischen Zwecken, aber auch zur Ablenkung von Alltag und Krieg. Neben Ausstellungen wie die »Schau der 50 000 Zinnsoldaten«, die »den gesunden Wehrwillen und die männliche Freude an Waffe und Wehr« wecken und erhalten sollten,[154] waren es in Sachsen vor allem Veranstaltungen, welche die Menschen auf andere Gedanken bringen sollten. Dazu zählten beispielsweise im Mai 1944 die Zittauer Kulturwochen mit der Uraufführung des Schauspiels »Der Mandarin und die Kaiserin« als Höhepunkt, die Kunstausstellung im Klosterhof zu Pirna, die Frühjahrsausstellung von Kunstschaffenden aus der hiesigen Region, oder die traditionsreichen Görlitzer Musiktage und die Robert-Schumann-Tage in Zwickau im Juni des Jahres.[155] Im selben Monat wurden auch die Kunstausstellung des Gaus Sachsen eröffnet, die Saison auf der Naturbühne Rathen mit dem Stück »Wieland der Schmied« begonnen und das Stück »Achilles« im Staatlichen Schauspielhaus Dresden uraufgeführt.[156]

Bereits 1942 hatte das Theater in Hinblick auf die Anzahl der Bühnen und der Aufführungen seinen Höhepunkt erreicht. In diesem Jahr gab es im Deutschen Reich 362 Theatergebäude mit ca. 40 000 Beschäftigten. Hinzu kamen Wander- und Privattheater sowie Sommer- und Freilichtbühnen. Allein an den staatlichen Theatern wurden von 1939 bis 1944 13 052 Aufführungen gezeigt.[157] Das Theater zählte demnach wie das Kino zu den am meisten genutzten Kulturstätten, an denen das NS-System die Freizeit der Menschen organisierte.[158] In den Theatern bestand aber auch ein gewisser Freiraum in Repertoire- und Besetzungsfragen, über die Programmheftgestaltung, Bühnenbild und Inszenierung bis hin zu individuellen Deutungsmöglichkeiten der Aufführungen durch die Zuschauer und

153 Vgl. Einladung zur Sonderveranstaltung KdF im Gasthof Kriebstein (Sächsisches Wirtschaftsarchiv Leipzig, Bestand U 47 Kübler & Niethammer, Papierfabrik Kriebstein, Akte 661, unpag.).

154 Schau der 50 000 Zinnsoldaten eröffnet. Zur Weckung der Freude an Wehr und Waffe. In: Der Freiheitskampf vom 26.5.1944.

155 Vgl. »Der Mandarin und die Kaiserin«. Uraufführung auf der Zittauer Kulturwoche. In: Der Freiheitskampf vom 2.5.1944; vgl. Von der Zittauer Kulturwoche. In: Ebd. vom 3.5.1944; Pirnaer Kunstausstellung. In: Ebd. vom 15.5.1944; vgl. Traditionsreiche Görlitzer Musiktage. In: Ebd. vom 2.6.1944; vgl. Robert-Schumann-Tage in Zwickau. Hans Pfitzner als Ehrengast in des Meisters Geburtsstadt. In: Ebd. vom 12.6.1944.

156 Vgl. Kunstausstellung des Gaus Sachsen eröffnet. In: Ebd. vom 25.6.1944; vgl. Wieland schmiedet im Elbgebirgs-Felsental. Naturbühne eröffnet – Die Landesbühne spielt. In: Ebd. vom 26.6.1944; vgl. Held zwischen Mars und Aphrodite. Zur Uraufführung von »Achilles« im Staatlichen Schauspielhaus Dresden. In: Ebd. vom 30.6.1944.

157 Vgl. Schneider, In der Kriegsgesellschaft, S. 727.

158 Vgl. ebd., S. 711.

Zuschauerinnen.[159] Mit Ausnahme von Parteigenossen bei geschlossenen Vorstellungen wurde im NS-Staat auch niemand gezwungen, ins Theater zu gehen. Das Publikum kam freiwillig,[160] während des Krieges vor allem zur Unterhaltung und damit zur Zerstreuung.

Was Vergnügungen und Ablenkungen anging, gab es aber auch Ausnahmen. So zog sich beispielsweise Hildegard Menzel während des Krieges beinahe vollständig aus dem öffentlichen Leben zurück. Während der gesamten Dienstzeit ihres Ehemannes bei der Wehrmacht bzw. im »Generalgouvernement« entsagte sie allen Vergnügungen und kritisierte all jene im Dorf, die es ihr nicht gleich taten. Mit der Bemerkung – »Furchtbar dieser Krieg, was er doch schon für viel Glück zerstört hat. Doch es gibt noch viele Menschen, die sich in ihrem Glück noch sonnen können und bei denen der Krieg noch nicht eingegriffen hat.«[161] – attackierte sie in den Briefen an ihren Mann vor allem die unabkömmlich (uk.-) gestellten NS-Funktionäre und die Bauern im Ort.[162]

Selbst im sechsten Kriegsjahr wurden in den Tagebüchern und Briefen ganze Passagen verfasst, die nicht den Eindruck vermitteln, dass ein furchtbarer Weltkrieg tobte. In diesen Textabschnitten geht es vor allem um Selbstreflexionen, um Gefühle, nicht zuletzt um das Erwachsenwerden und die (erste) Liebe. 1944 verliebte sich beispielsweise die 17-jährige Leipzigerin Thea D. in einen Mitschüler und stellte emotionale Veränderungen an sich fest; sie wurde erwachsen: »Tage und Wochen vergingen. Es geschah nichts, wenigstens äußerlich. Aber tief im Innern war es bei mir gerade, als ob ich etwas in mir versteckt hielt, das ich suchen wollte, auch fand, aber nicht ans Tageslicht bringen konnte. In dieser Zeit fühlte ich, wie ich reifer wurde, war kein Kind mehr. [...] Nun empfand ich das Leben anders als Kinder, die sorglos von einem Tag in den anderen tappen, unwissend, was die Zukunft für Sorgen bringen wird.«[163]

Doch trotz ihrer altersbedingten inneren Zerrissenheit und ihrer wachsenden Gefühle für den jungen Mann stellte Thea D. eine Bedingung an sich selbst: »der Gedanke ans und die Liebe zum Vaterland sollten in allen Fällen an erster Stelle

159 Vgl. Gerwin Strobel, Das Spiel in der Unfreiheit: Gedanken zum Theater im NS-Staat. In: Brigitte Dalinger/Veronika Zangl (Hg.), Theater unter NS-Herrschaft, Göttingen 2018, S. 33–59, hier 33.

160 Vgl. ebd., S. 45.

161 Brief von Hildegard Menzel an Martin Menzel vom 19.2.1944 (Privatarchiv Wieland Menzel, unpag.).

162 Uk ist die »militärrechtliche Kennzeichnung von Personen, die wegen der Unentbehrlichkeit ihrer momentanen zivilen Tätigkeit vom Wehrdienst freigestellt sind (Gegensatz: kv = kriegsverwendungsfähig). Im Zweiten Weltkrieg konnten uk-gestellt werden Facharbeiter, Bergleute, Landwirte, Ingenieure, Wissenschaftler u. a. Einzelheiten regelten die ›Bestimmungen für Uk-Stellung bei besonderem Einsatz‹ des OKW vom November 40. Wesentliche Voraussetzung war, ob die Uk-Stellung ›im Reichsverteidigungsinteresse‹ lag.« http://www.lexikon-drittes-reich.de/Unabkömmlich; 15.1.2016.

163 Tagebuch von Thea D. 1944/45 (Deutsches Tagebucharchiv Emmendingen, Sig. 389,1, unpag.).

stehen.«[164] Daran hielt sie rigoros fest. Als sich der von ihr umschwärmte Mitschüler mit allen ihm zur Verfügung stehenden Mitteln gegen die Einberufung zur Wehrmacht sträubte, fühlte sie sich tief verletzt; sie beschrieb ihn mithin als selbstsüchtig und ängstlich. Fortan wandte sie sich gegen ihn und ihre Gefühle für ihn, sie versuchte, »hart zu bleiben«.[165] Thea D.'s Äußerungen machen deutlich, dass Kinder und Jugendliche der nationalsozialistischen Indoktrination besonders zugänglich waren. Sie wurden damit aber auch Teil des nationalsozialistischen Systems und der verbrecherischen Welt, die sie umgab, und waren nicht nur »stumme Zeugen« des Kriegsalltags, sondern nachdenkende und mithandelnde Akteure.[166] Nicht zuletzt drang der Krieg »in ihre Vorstellungswelt ein und focht seine Kämpfe in ihrem Inneren aus«,[167] wenn auch auf unterschiedliche Weise. Die Tagebucheinträge von Thea D. und Nora S., die Briefe von Barbara und Valentin L. und der Rückblick von Margarete Singer zeugen auf vielfältige Art davon.

Manchem damaligen Kind oder Jugendlichen wurde jedoch erst im Laufe der Zeit oder in der Retrospektive klar, was sie mitunter erlebt hatten. Der damals 13-jährigen Sonja D., die in Dresden zur Schule ging und bei Luftalarm regelmäßig nach Hause flüchtete, begegneten einmal auf dem Heimweg weibliche KZ-Häftlinge. Sie hatte damals nicht gewusst, wer die abgehärmten, traurig schauenden, blassen Frauen waren, und konnte auch mit niemanden darüber reden. Zuhause sei nicht »politisch« gesprochen worden, meinte sie im Rückblick, weil das viel zu gefährlich gewesen sei, wenn sie »draußen etwas [darüber] fallen lassen« hätte.[168] Nicht in allen Familien wie bei Sonja R. in Weißig wurde vor den Kindern offen, aber auch streng vertraulich gesprochen.[169]

9. »Mitkommen!«

Die aufgezählten Ängste und Sorgen der sächsischen Bevölkerung teilte Henny Brenner nicht, von Luftalarmen bzw. -angriffen war in ihren Erinnerungen bis zum Februar 1945 keine Rede. In ihrem Rückblick auf das Jahr 1944 geht es vor allem um die Angst der vor Ort verbliebenen Jüdinnen und Juden vor der Deportation in Vernichtungslager. Mit dieser Furcht lebten sie und ihre Eltern ständig; mit der potenziellen Gefahr wurden sie täglich konfrontiert.

164 Ebd.
165 Ebd.
166 Jürgen Zinnecker, Einleitung. In: Hans-Heino Ewers/Jana Mikota/Jürgen Reulecke/Jürgen Zinnecker (Hg.), Erinnerungen an Kriegskindheiten. Erfahrungsräume, Erinnerungskultur und Geschichtspolitik unter sozial- und kulturwissenschaftlicher Perspektive, Weinheim 2006, S. 11–17, hier 12.
167 Stargardt, »Maikäfer flieg!«, S. 7.
168 Interview von Francesca Weil mit Sonja D. am 14.8.2013, S. 3.
169 Vgl. Interview von Francesca Weil mit Sonja R. am 14.8.2013, S. 3.

Die sogenannte Halbjüdin arbeitete auch 1944 in der Dresdner Kartonagenfabrik Bauer als Zwangsarbeiterin, im Wechsel in der Nacht- und in der Tagesschicht. Laut ihrer Erinnerungen musste sie den »gelben Judenstern« auf der Arbeitskleidung tragen und außerdem eine gelbe Armbinde, damit sie auch von hinten als jüdisch zu erkennen war. Während der Tagesschicht arbeitete neben ihr auch eine »arische« Schicht. Sie hatten allerdings nach wie vor keinen direkten Kontakt miteinander, obwohl sie stundenlang nebeneinander gestanden haben. Henny Brenner arbeitete zuerst an einer Etikettiermaschine, später an einem großen »Expander«, einer Maschine, die schwere Pappen ausstanzte und so groß und schwer war, dass sie nicht im Fabrikgebäude, sondern im Hof in einem eigens um sie herum gebauten Bretterhäuschen stand.[170]

Die Selektionen für die Deportationen gingen 1944 auch in Dresden weiter. Die Angst sei unbeschreiblich gewesen, schrieb Henny Brenner, keiner hätte gewusst, wen es als Nächsten traf.[171] In diesem Zusammenhang konnte sie sich an eine überaus grausame Szene noch deutlich und detailliert erinnern:

> »Herrn Bauer sahen wir einmal zwei Wochen lang überhaupt nicht. Plötzlich kam er mit zwei Männern in langen Ledermänteln herein. Ich sehe ihn noch vor mir stehen, wie er oben an der Türe wartete, leichenblass. Er sah sehr mitgenommen aus, links und rechts neben ihm die beiden Nazis. Sie suchten Leute aus und nahmen sie mit. Darunter Frau Agunthe, deren Mann einmal Rundfunkleiter des Dresdner Rundfunks gewesen war und seine Stellung wegen der jüdischen Frau verlor. Da hieß es: ›Wo ist die Jüdin Agunthe?‹ Die Frau wurde leichenblass, sie wusste genau, was los war. ›Mitkommen!‹ lautete der Befehl. Sie wollte noch auf die Toilette gehen, wir nehmen an, um sich zu vergiften. Daran haben sie sie aber gehindert und ihr gleich die Arbeitskleidung abgenommen. Es war klar, dass sie nie wieder zurückkommen sollte. Gehört haben wir nicht wieder von ihr. Diese Selektionen gingen weiter, tagelang, wochenlang. Immer wieder wurde aussortiert. Immer kam einer weg.«[172]

Seit Juli 1942 waren Lastkraftwagen der Schutzpolizei mit meist 50 Personen von Dresden zum Ghetto Theresienstadt gefahren. Bis Kriegsende wurden auf diese Art und Weise 492 Jüdinnen und Juden aus der Elbestadt deportiert. 1941, nach vielen Emigrationen, hatte die jüdische Gemeinde in Dresden bereits nur noch 1 228 von ehemals 4 397 Mitgliedern gehabt. Nach den Deportationen lebten in Dresden im Januar 1945 nur noch 174 Jüdinnen und Juden,[173] darunter Henny Brenners Mutter. Aus dem gesamten »Altreich« wurden 265 000 Menschen in die Vernichtung deportiert. Hinzu kamen deutsche Emigranten, die in anderen Ländern Opfer der Transporte wurden.[174]

---

170 Vgl. Brenner, »Das Lied ist aus.«, S. 70.

171 Vgl. ebd., S. 74.

172 Ebd., S. 73.

173 Vgl. Andreas Engwert/Susanne Kill (Hg.), Sonderzüge in den Tod: die Deportationen mit der Deutschen Reichsbahn. Eine Dokumentation der Deutschen Bahn AG, Köln 2009, S. 136.

174 Vgl. Alfred B. Gottwald/Diana Schulle, Die »Judendeportationen« aus dem Deutschen Reich von 1941–1945: eine kommentierte Chronologie, Wiesbaden 2005, S. 13.

Zu den in Dresden verbliebenen Juden zählte auch der Romanist und Sprachwissenschaftler Victor Klemperer. Er wurde u. a. durch die Veröffentlichung seiner von 1933 bis 1945 in der Elbestadt verfassten Tagebücher bekannt.[175] Eine kurze Zeit lang war er Henny Brenners Arbeitskollege.[176] Zum Arbeitseinsatz am Fließband in der Kartonagenfabrik verpflichtet, lernte er im Gegensatz zu Henny Brenner einige seiner »arischen« Arbeitskollegen kennen. Dabei stellte er fest, dass sie kritischer, weniger nationalsozialistisch und ihm gegenüber großzügiger gewesen seien als seine ehemaligen Akademikerkollegen. So habe ihn der Meister, ein alter Gewerkschafter, im März 1944 sein Mitgefühl darüber ausgedrückt, dass er seine Professorenstelle verloren habe, weil er Jude sei. Eine Woche darauf, nach einem großflächigen alliierten Angriff auf eine deutsche Stadt, suchte derselbe Mann nach einem Grund für die Bombardierung und fand ihn in der abstrakten Vorstellung einer »ausländischen jüdischen Plutokratie«. Hinter den Luftangriffen musste für ihn ein hasserfüllter Feind stehen und damit »eine Erklärung, die über seine persönliche Sympathie für einzelne Juden hinausging«.[177]

10. »Man muss sehen, wo man bleibt.«

Für Henny Brenner und ihre Familie war der Krieg ein verbrecherischer Vernichtungskrieg, für das Ehepaar Menzel dagegen nicht. Hinter dem in den Briefen von Martin und Hildegard Menzel formulierten »Gefühl des permanenten Verzichts« wurde der Krieg fast nur als ein persönliches Erlebnis zunehmender Trennung wahrgenommen. Die Aussicht, nach dem Krieg wieder zusammen sein zu können, sensibilisierte das Ehepaar für den Kriegsverlauf. Die Voraussetzung hierfür – und dies zu hoffen, war eine Selbstverständlichkeit für beide – war ein Sieg des nationalsozialistischen Deutschlands.[178]

Die Folgen seiner Tätigkeit reflektierte Martin Menzel in den Briefen nicht, obwohl die deutsche Zivil- und Strafgerichtsbarkeit Teil eines umfassenden Diskriminierungssystems für die polnische Bevölkerung war.[179] Menzel nahm seine Arbeit ernst und erfüllte seine Pflichten als treuer Staatsdiener – so verstand er sich selbst: »Ich tue meine Arbeit und meine Pflicht.«[180] Doch er verstrickte sich mit seinem Aufstieg in das Machtzentrum des »Generalgouvernements«

175 Vgl. Victor Klemperer, Die Tagebücher 1933–1945. Eine kritische Gesamtausgabe, Berlin 2007.

176 Vgl. Brenner, »Das Lied ist aus.«, S. 72.

177 Vgl. Stargardt, Der deutsche Krieg 1939–1945, S. 496.

178 Vgl. Menzel/Reschke/Weil (Hg.), »Erbarmen kann es keines geben.«, S. 34.

179 Vgl. Maximilian Becker, Mitstreiter im Volkstumskampf. Deutsche Justiz in den eingegliederten Ostgebieten 1939–1945, München 2014, S. 292.

180 Brief von Martin Menzel an Hildegard Menzel vom 16.2.1944 (Privatarchiv Wieland Menzel, unpag.).

immer weiter in eine persönliche Mitverantwortung, auch wenn er seine Karriere vor allem mit einem opportunistischen Blick betrachtete: »Man muss sehen, wo man bleibt.«[181]

Martin Menzel berichtete zudem sehr abschätzig und herablassend über die polnische Bevölkerung, vor allem hielt sie seinen Vergleichen mit den seiner Meinung nach ordentlichen, sauberen und pflichtbewussten Deutschen nicht stand. Vor den Besuchen von Rüdiger und Hildegard Menzel in Lublin bereitete er beide deshalb auf die anderen »Verhältnisse« in Polen vor, die er als »polnische Wirtschaft« abwertete.[182] Unmittelbarer und häufiger Kontakt zur polnischen Bevölkerung ergab sich für ihn vor allem mit den Vermietern. Die deutschen Beamten wurden u. a. in polnischen Wohnungen untergebracht. Die jeweiligen Wohnungsinhaber konnten sich nicht dagegen wehren und mussten entsprechend zusammenrücken.[183] Familie B., den ersten Vermietern Martin Menzels in Lublin, blieb zu viert die Küche und ein Schlafzimmer, der Justizbeamte bekam das Wohnzimmer. Dadurch konnten sich die Bewohner der Wohnung etwas Miete hinzuverdienen, zumal Herr B. als Gymnasiallehrer offenkundig entlassen worden war.[184] Die polnischen Vermieter wurden allerdings dazu verpflichtet, den deutschen Beamten die Zimmer zu putzen, zu heizen, soweit vorhanden Geschirr und Möbel zur Verfügung zu stellen, Kaffee und Tee zu kochen sowie die Mitnutzung der Küche zu gestatten.

Dennoch entwickelte sich in Lublin ein beinahe freundschaftliches Verhältnis zwischen Familie B. und Hildegard Menzel. In den auf ihre Besuche folgenden Briefen ließ Hildegard Menzel Frau B. stets grüßen und ihre Grüße wurden erwidert. Ein Brief aus der Hand der polnischen Vermieterin klingt beinahe überschwänglich freundlich. Auch Hildegard Menzel schrieb nach einem Besuch in Lublin an ihren Mann voller Überraschung: »Ich kann ja auch selbst sagen, dass wir beiden Frauen uns glänzend verstanden haben, und mir auch diese Frau sehr imponiert hat. Ich hätte es nicht geglaubt, dass das zwischen Polen und Deutschen so sein kann. Es gibt eben doch Ausnahmefälle. Mir hat selbst der Abschied von dieser Frau wehgetan.«[185] Diese für die damalige Lage eher positive Beschreibung

181 Brief von Martin Menzel an Hildegard Menzel vom 16.8.1944 (ebd.).

182 Vgl. Menzel/Reschke/Weil (Hg.), »Erbarmen kann es keines geben.«, S. 15.

183 In der Regel waren Deutsche separat untergebracht, die Unterbringung bei Polen scheint aber ebenso keine Seltenheit gewesen zu sein, wenn z. B. auch der Leiter des Deutschen Gerichts in Lublin »jahrelang bei Polen zur Untermiete« wohnte. Vgl. Manthe, Richter, S. 315 f.

184 Die polnischen Ober- und Hochschulen waren geschlossen. Für die nichtdeutsche Bevölkerung im Osten sollte es keine höhere Schule als die vierklassige Volksschule geben. Vgl. Himmlers Niederschrift über die Behandlung der »Fremdvölkischen im Osten« vom 15. Mai 1940. In: Reinhard Kühnl, Der deutsche Faschismus in Quellen und Dokumenten, Köln 2000, S. 317–319.

185 Brief von Hildegard Menzel an Martin Menzel vom 25.8.1942 (Privatarchiv Wieland Menzel, unpag.).

des Verhältnisses zwischen Polen und Deutschen darf aber nicht über die Tatsache hinwegtäuschen, dass das Ehepaar keineswegs frei von rassistischen Vorurteilen war. So schrieb Hildegard Menzel beispielsweise über eben jene Frau, mit der sie sich »glänzend verstanden« habe: »Es ist wirklich nicht hübsch von Frau B., dass sie Dir das Geschirr, dass sie mit abspült, nicht wieder reinstellt. Da sieht man eben doch den Polen, keine Ordnung, wie wir sie gewöhnt sind.«[186]

Diesen Rassismus hatten die Hähnleins aus Dresden nicht mit den Menzels gemein, aber auch Johannes Hähnlein versah seinen Dienst in der Wehrmacht pflichtgemäß, wenn auch aus anderen Gründen. Er zählte nicht zu den Deserteuren, Überläufern (mitunter in Gefangenschaft) und »Wehrkraftzersetzern« unter den Soldaten des Strafbataillons 999.[187] Ein gegebener Anlass im Jahr 1944 machte seine Grundhaltung deutlich. Eine Einheit des Bataillons hatte kommunistische Zellen gebildet, diese sogenannten Zersetzungserscheinungen wurden aufgedeckt. Sechs beteiligte Männer waren zum Zeitpunkt des Berichts von Hähnlein schon erschossen worden, weitere 13 sollten folgen. Aus diesem Grund erhielt das gesamte Bataillon Urlaubssperre, die Briefe unterlagen seither wieder einer strengen Zensur.[188] Johannes Hähnlein bedauerte weder die Toten und ihre Angehörigen, noch beklagte er die Hinrichtungen. Im Gegenteil, er verurteilte seine Kameraden, diese »Unbelehrbaren«, wie er sie bezeichnete, »die noch nicht begriffen haben, um was es geht«, und ärgerte sich über die bereits genannten Folgen für ihn. In diesem Zusammenhang erinnerte er seine Frau an seine persönliche Haltung zum politischen bzw. widerständigen Verhalten und die Ursachen wie die Gründe dafür: »Du selbst kennst ja meinen Standpunkt in all diesen Sachen, Politik usw. Ich habe zu Haus meine vier Kinder und vor allem mein Klärchen, die Politik hat schon arge Wunden geschlagen und ich kümmere mich nicht mehr darum. Du weißt, wie ich es gehalten habe all die Jahre nach der Entlassung aus dem Zuchthaus. Gabs noch was andres als meine Familie? So hab ich es gehalten und wills auch weiter tun.«[189]

Johannes Hähnlein hatte der nationalsozialistische Terror in den Jahren 1933 bis 1935, auch gegen ihn persönlich, maßgeblich zugesetzt und geprägt; sein Verhalten hat sich seither verändert. Auch wenn er sich nicht von seinen kommunistischen Überzeugungen und seinen Erwartungen gegenüber der Sowjetunion gelöst hat, zog er sich dennoch ins Private zurück.

Sowohl die Hähnleins als auch die Menzels waren gezwungenermaßen jahrelang voneinander getrennt. In den Briefen lassen sich deshalb weitere Gemeinsamkeiten entdecken. Wie bereits geschrieben, ging es um Liebe, Vertrauen, Zuversicht, Hoffnung, aber auch um Unverständnis, Enttäuschung, Nieder-

186 Brief von Hildegard Menzel an Martin Menzel vom 12.11.1942 (ebd.).
187 Vgl. Suhling, 999er-Strafsoldaten, S. 36–42.
188 Vgl. Hermann, Dresden 1943–1945, S. 261.
189 Ebd., S. 261 f.

geschlagenheit und Verzweiflung.[190] Dazu zählte auch das mitunter auftauchende Gefühl von Eifersucht bei den beiden Frauen. So schrieb Hildegard Menzel im April 1944 an ihren Mann in Krakau: »Hast Du nun in Deine Wohnung Einquartierung schon bekommen? Wenn Du nun eine Frau aufnehmen musst? Das ist mir eine Sorge! Du darfst nicht ›Nein‹ sagen, denn es ist Volksgemeinschaft.«[191] Bis zu diesem Zeitpunkt hatte Martin Menzel bereits mehrere Male beteuert, dass sich Kollegen zwar betrinken oder mit Frauen abgeben würden, er aber lieber allein sei und sich in die Arbeit stürze.[192] Auch Johannes Hähnlein musste seine Frau in dieser Hinsicht beruhigen: »Was Du aber schriebst über die kleine Freundin, na Klärchen, immer noch eifersüchtig? Doch nicht etwa auf ein so kleines Griechenmädel? Und was Du nun gleich wieder draus machst.«[193]

In ihren politischen Ansichten lagen die beiden Paare jedoch weit auseinander. Während die Menzels auf einen Sieg des nationalsozialistischen Deutschlands hofften, weil sie das NS-System generell nicht infrage stellten und glaubten, nur in diesem Fall wieder glücklich vereint in Familie leben zu können, vertrauten die Hähnleins als – wenn auch nicht mehr aktive – Kommunisten auf einen Sieg der Sowjetunion und damit auf einen politischen Neuanfang. Nach wie vor behielten sie den militärischen Verlauf im Blick und informierten sich codiert darüber. In diesem Zusammenhang schrieb beispielsweise Johannes Hähnlein im Juni 1944 über den unterschiedlichen Kräfteeinsatz der sowjetischen und der britischen Armee an seine Frau: »Wie hat sich doch Reinhold gehalten all die schweren Kriegsjahre, deren Belastungen waren so viele, denen er ausgesetzt war, und er hat stur durchgehalten und sich hochgerappelt, na und Thomas, Du berichtest mir ja auch, dass er anfängt, sich ins Zeug zu legen, ich weiß ja, wie er ist, pedantisch, aber wenn er was tut, dann bereitet er es gut vor, aber ist Egoist.«[194]

11. »Ein besonderer Fall gibt mir Veranlassung ...«

Während Martin Menzel und Johannes Hähnlein aus unterschiedlichen Gründen ihrer »Pflicht« nachkamen, engagierte sich der Landrat von Annaberg, Freiherr Adolf von Wirsing auch 1944 weitaus mehr als für die Ausfüllung seines Amtes notwendig gewesen wäre. In diesem Jahr wurde von Wirsing in erster Linie

190 Vgl. ebd., S. 9.

191 Brief von Hildegard Menzel an Martin Menzel vom 1.4.1944 (Privatarchiv Wieland Menzel, unpag.).

192 Vgl. Brief von Martin Menzel an Hildegard Menzel vom 8.2.1942 (ebd.). Zum Thema Beziehungen von Deutschen zu polnischen Frauen im »Generalgouvernement« vgl. Maren Röger, Kriegsbeziehungen. Intimität, Gewalt und Prostitution im besetzten Polen 1939 bis 1945, Frankfurt a. M. 2015.

193 Hermann (Hg.), Dresden 1943–1945, S. 221.

194 Ebd., S. 263.

mit der Legalisierung der bisher informellen Besprechungen westsächsischer Landräte konfrontiert. Letztere dürften NSDAP-Gauleiter und Reichstatthalter Mutschmann missfallen haben. Mutschmann war durch die Stilllegung der Regierungspräsidien 1943 in seiner Position nochmals gestärkt worden, auch wenn er im Laufe des Jahres 1944 einzelne Aufgaben an die Landräte abgeben musste.[195]

Den wiederholten Verweis auf das Verbot von sogenannten außerdienstlichen Tagungen seit Beginn des Krieges hatte der Reichstatthalter allen Verwaltungsstellen in Sachsen bereits im Januar 1944 schriftlich zukommen lassen. Die inoffiziellen Treffen der Landräte im ehemaligen Regierungsbezirk Chemnitz wurden in dem Schreiben nicht explizit benannt oder kritisiert. Dass sie der Auslöser für Mutschmanns wiederholten Hinweis gewesen sein konnten, legt das Schreiben dennoch nahe:

»Ein besonderer Fall gibt mir Veranlassung, auf die Anordnung des Führers hinzuweisen, nach der für die Dauer des Krieges von der Abhaltung von Tagungen aller Art grundsätzlich abzusehen ist. Ausgenommen von diesem Verbot sind nur *örtliche* Veranstaltungen und kriegswichtige Tagungen. Bei der Prüfung der Frage der Kriegswichtigkeit ist der *allerschärfste* Maßstab anzulegen. Um zu gewährleisten, dass im Gau Sachsen diese Anordnung allenthalben befolgt wird, bestimme ich hiermit, dass alle Einladungen zur Teilnahme an solchen Tagungen, d.h. Veranstaltungen, die über den Rahmen dienstlicher Besprechungen hinausgehen, mir zur Genehmigung vorzulegen sind.«[196]

Drei Tage nach einer Zusammenkunft der sächsischen Landräte mit Regierungsmitarbeitern in Dresden am 10. März 1944 richtete Ministerialrat Schulze von der Abteilung Allgemeine und Innere Verwaltung beim Reichsstatthalter in Dresden offenbar an jeweils einen ausgewählten Landrat in den vier mittlerweile stillgelegten Regierungsbezirken folgendes Schreiben:

»Von den Regierungspräsidenten sind in den letzten Jahren regelmäßig Dienstbesprechungen mit den Landräten und Oberbürgermeistern ihres Regierungsbezirks abgehalten worden. Hierfür besteht auch nach der Stilllegung der Regierungen ein Bedürfnis. Die Abhaltung solcher Besprechungen für das gesamte Land begegnet unter den heutigen Verhältnissen erheblichen Schwierigkeiten; sie bleibt bei besonderen Anlässen ebenso vorbehalten wie solche Besprechungen schon früher neben den Besprechungen in den Regierungsbezirken abgehalten worden sind. Ich möchte davon absehen, die Abhaltung der Dienstbesprechungen in den Regierungsbezirken von hier aus zu veranlassen, und bitte deshalb Sie, von sich aus die Landräte des dortigen Regierungsbezirks zu solchen Besprechungen

195 Vgl. Andreas Wagner, Martin Mutschmann – Der braune Gaufürst (1935–1945). In: Mike Schmeitzner/Andreas Wagner (Hg.), Von Macht und Ohnmacht. Sächsische Ministerpräsidenten im Zeitalter der Extreme 1919–1952, Beucha 2006, S. 279–309, hier S. 305 f.

196 Schreiben des Reichverteidigungskommissars für den RV.-Bezirk Sachsen, Mutschmann, an die Abteilungen der Landesregierung, die Landräte, Oberbürgermeister, Polizeipräsidenten, den Gaustabsamtleiter mit Nebenabdrucken für die Kreisleiter der NSDAP vom 7.1.1944 (SächsHStA Dresden, Amtshauptmannschaft Dippoldiswalde, Nr. 15, Bl. 100). Hervorhebungen im Original.

in geeigneten Abständen zusammenzurufen. Dabei können Sie auf dieses Schreiben Bezug nehmen. Zeit und Ort zu bestimmen, überlasse ich Ihnen; die Besprechungen könnten etwa im Abstand von 2–3 Monaten anberaumt werden. Ich bitte, mich rechtzeitig von der Anberaumung zu unterrichten, auch über etwa von vornherein vorgesehene Beratungsgegenstände, damit ich in der Lage bin, an den Besprechungen teilzunehmen oder Dezernenten dazu zu entsenden. Ich nehme auch in Aussicht, Ihnen zu gegebener Zeit Beratungsgegenstände mitzuteilen, deren Erörterung vom Standpunkt der Landesregierung aus notwendig erscheint.«[197]

Was war diesem Angebot vorausgegangen? Diese Frage stellt sich einmal mehr, da es sich hier um eine Offerte in einer moderaten und vermittelnden Diktion verbunden mit dem Willen zur Zusammenarbeit fast auf Augenhöhe handelte, die der sonst üblichen Verfahrensweise in keiner Weise entsprach und eigentlich Mutschmanns Widerspruch erwarten ließ. Offenbar hatte es am Rande der Veranstaltung vom 7. März 1944 eine persönliche Unterredung des Ministerialrates Schulze mit den Landrat zu Annaberg, von Wirsing, gegeben. Denn Adolf von Wirsing antwortete auf das Schreiben Schulzes, das im Chemnitzer Regierungsbezirk an ihn gerichtet worden war, wie folgt: »Wie ich Ihnen schon mündlich mitteilen konnte, haben im Chemnitzer Bezirk bereits Besprechungen der Landräte über dienstliche Fragen in kameradschaftlicher Form in größeren Zeitabständen stattgefunden. [...] Dass diese Einrichtung jetzt offizielle Billigung erfahren soll, wird sicher sehr begrüßt werden, ebenso der Umstand, dass wir Gelegenheit haben werden, mit Ihnen oder einem anderen Referenten des Ministeriums auf diese Weise Fühlung zu halten.«[198]

Der Dresdner Ministerialrat Schulze aus der Abteilung Allgemeine und Innere Verwaltung hatte demnach im März 1944 den dringenden Bedarf an Absprachen mit und zwischen den Landräten erkannt. Dazu haben die bisherigen informellen Treffen und ein Gespräch zwischen Schulze und dem Annaberger Landrat von Wirsing maßgeblich beigetragen. Ob und inwieweit Mutschmann darüber informiert wurde oder in den Vorgang involviert war, ist nicht mehr nachvollziehbar.

Die Landräte tauschten in den folgenden Gesprächsrunden Erfahrungen im Zusammenhang mit Verordnungen und Runderlässen aus, sie informierten sich gegenseitig über gesetzliche Grundlagen im Zusammenhang mit Rundschreiben, diskutierten Zweifelsfragen bei Kriegswirtschaftsmaßnahmen.[199] Sie beschäftigten sich z. B. mit der Übertragung von Luftschutzaufgaben auf die

---

197 Schreiben des Ministerialrats, Schulte, an den Landrat zu Annaberg, von Wirsing, vom 10.3.1944 (StA Chemnitz, Amtshauptmannschaft Annaberg 30041, Akte 464, Bl. 15).

198 Schreiben des Landrates zu Annaberg, von Wirsing, an Ministerialrat, Schulze, beim Reichstatthalter in Sachsen, Landesregierung, Ministerium des Inneren, Abt. Allg. und Innere Verwaltung in Dresden vom 13.3.1944 (ebd., Bl. 16).

199 Vgl. Schreiben des Landrates von Marienberg, Müller, an den Landrat von Annaberg, von Wirsing, vom 21.4.1944 (StA Chemnitz, Amtshauptmannschaft Annaberg 30041, Akte 464, Bl. 22).

Gendarmeriekreisführer, der Behandlung von Flüchtlingen aus Leipzig nach den Bombenangriffen, mit Kriegsmaßnahmen in der Elektrizitätswirtschaft und Ähnlichem.[200] Zwischen den Sitzungen sprachen sich alle Landräte darüber ab, welche wichtigen Themen auf die Tagesordnung zu setzen seien und wer zu welchem Thema Grundsätzliches vortragen werde.[201] Aus den Einladungen geht hervor, dass die Landräte bei diesen Besprechungen, wie bereits vor 1939, mit eigenen Beiträgen vertreten waren, die sie entsprechend ihrer Relevanz auch eigenständig auswählten.

Die Besprechungen und deren Vorbereitung wurden demnach auf die gleiche Art und Weise fortgesetzt wie die bis 1939 vorausgegangenen informellen Gespräche im Rahmen der »Zwickauer Konferenz«. Die Bedingungen des »totalen Krieges« gewährten den Landräten offenbar den erforderlichen Handlungsspielraum für derartige Treffen; sie boten aber auch dem Dresdner Ministerialrat Schulze die Möglichkeit, den Behördenleitern gewissermaßen entgegenzukommen. So ließ er weder die Landräte reglementieren noch die Beratungen verbieten. Aufgrund seiner Einsicht, dass es dieser Besprechungen bedurfte, formalisierte er die Begegnungen jedoch und unterwarf sie damit der Kontrolle durch die Landesregierung, auch wenn sie deren Organisation nicht in die eigenen Hände nahm. Seither mussten die Landräte Berichte über die Treffen erstatten; mitunter nahmen auch Dresdner Regierungsmitarbeiter daran teil.

Während viele sächsische Beamte auch in der ersten Hälfte des Jahres 1944 ihrer Arbeit mit – teilweise überzogenem – Pflichtgefühl nachgingen und damit zur Fortsetzung des deutschen Vernichtungskrieges beitrugen, griffen in der sächsischen Bevölkerung vor allem Gefühle der Angst, der Hilfslosigkeit und Niedergeschlagenheit um sich. Diese Emotionen waren – trotz vieler Versuche, weitgehend Normalität zu leben – durch die Zerstörung Leipzigs, die zahlreichen Luftalarme, die damit allgegenwärtige Bedrohung durch die Alliierten und durch die militärischen Niederlagen gefördert worden. Sie schlugen jedoch nicht in Verweigerung und offenen Protest um, sondern waren im Gegenteil von verzweifeltem Durchhaltewillen gekennzeichnet.[202]

Zu dieser Zeit steckten die abziehenden deutschen Truppen an der Ostfront Städte, Dörfer und Felder in Brand, rissen Brücken und Industrieanlagen ein und plünderten systematisch landwirtschaftliche Erträge. Infolge dieser »Politik der verbrannten Erde«, die mit Massendeportationen der Zivilbevölkerung zur Zwangsarbeit und Plünderungen durch deutsche Soldaten einhergingen, wurden Landschaften – so Stargardt – zu »entvölkerten, rauchenden, brennenden und

200 Vgl. Tagesordnung der Besprechung am 7.12.1943 (ebd., Bl. 6); Entwurf einer Tagesordnung für die Besprechung am 1.2.1944, vom 25.1.1944 (ebd., Bl. 7).

201 Vgl. ebd.

202 Vgl. Schneider, In der Kriegsgesellschaft, S. 122.

trümmerbedeckten Wüsten«.[203] Die letzten deutschen Interventionen führten – vor allem in Ungarn – zu Deportationen der hier lebenden Juden und Jüdinnen, die schnell und fast reibungslos abliefen. Von Ende April bis Anfang Juli 1944 wurden ca. 441 000 ungarische Juden und Jüdinnen in das Vernichtungslager Auschwitz deportiert; zehn Prozent von ihnen stufte man als arbeitsfähig ein. Die anderen wurden ermordet, weit mehr als 10 000 Menschen pro Tag.[204] Die Berichterstattung über das Schicksal der ungarischen Juden und Jüdinnen wurde im Sommer 1944 gestoppt. In der Propaganda waren die Themen »Bolschewismus« und »Judentum« bereits im Frühjahr 1944 weitgehend voneinander entkoppelt worden. Die »Judenfrage« spielte in der Propaganda weiterhin keine große Rolle; es dominierte eine neue antibolschewistische Propaganda, antisemitische Parolen wurden weitgehend unterlassen.[205]

203 Vgl. Stargardt, Der deutsche Krieg 1939–1945, S. 498.
204 Vgl. Peter Longerich, Politik der Vernichtung. Eine Gesamtdarstellung der nationalsozialistischen Judenverfolgung, München 1998, S. 568.
205 Vgl. Longerich, »Davon haben wir nichts gewusst!«, S. 309.

IV. »Der Anschlag ist ja wohl das Schlimmste, was noch kommen konnte.« Nach dem Attentat auf Hitler (Juli bis Dezember 1944)

1. »Allenthalben größte und schmerzlichste Aufregung.«

Nach den militärischen Niederlagen bis zum Sommer 1944 verblieb dem NS-Regime nur noch ein letztes großes Kriegsziel: die Verteidigung des Deutschen Reiches, d.h. die Alliierten von deutschem Boden fernzuhalten. In der Wehrmachtsführung verfestigte sich mittlerweile die Meinung, dass Hitler es nicht mehr schaffen würde, die richtigen militärischen Entscheidungen zu fällen, und »alles ein Wahnsinn sei«.[1] Am 20. Juli 1944 misslang der Anschlag auf Hitler durch den Wehrmachtsoffizier Claus Schenk Graf von Stauffenberg. Auch der anschließende, von einem konservativen Widerstandskreis vorbereitete Staatsstreich scheiterte. Es folgten furchtbare Repressalien bis hin zu Folter und zahlreichen vollstreckten Todesurteilen gegen die Beteiligten, die aus höheren Wehrmachtskreisen, dem Reichsaußenministerium und anderen Teilen der NS-Führung stammten.[2]

Danach kam es zu einer generellen Radikalisierung des Regimes, auf die verstärkte Repressionen gegen die eigene Bevölkerung folgten. Sie schloss zudem umfangreiche Mobilisierungsprozesse ein. Die Anforderungen an den totalen Kriegseinsatz – auch an der »Heimatfront« – wurden noch einmal entschieden vorangetrieben. Hitler unterstützte seit diesem Zeitpunkt die von Goebbels schon seit längerem geforderten drastischen Maßnahmen für den »totalen Krieg« und ernannte ihn am 25. Juli 1944 zum »Reichsbevollmächtigten für den totalen Kriegseinsatz«.[3] Zudem stärkten der misslungene Anschlag und der gescheiterte Putsch das Regime noch einmal, zumindest kurzfristig. Auch Hitlers »charismatischer Zauber«, der seit langem verblasste, wurde zeitweilig wieder neu belebt.[4]

1 Vgl. Kershaw, Das Ende, S. 51 und 55.
2 Vgl. ebd., S. 56.
3 Vgl. ebd., S. 56 und 68–70.
4 Vgl. ebd., S. 83 und 85.

Das Vertrauen in Hitlers Führung stieg angeblich von 57 Prozent Mitte Juli 1944 auf 68 Prozent Anfang August. Dabei verwechselte die Führung des Regimes jedoch nicht Vertrauen und Erleichterung mit der Zuversicht der Bevölkerung, den Krieg zu gewinnen; die Stimmung war angesichts der militärischen Lage im Osten gedrückt.[5]

Um zu würdigen, dass Hitler durch das Scheitern des Anschlags angeblich »für das Volk gerettet« worden sei, organisierten Propagandaministerium und Führungsriegen der NSDAP auf allen Ebenen zahlreiche »spontane« Aufmärsche. Die damit verbundenen überschwänglichen Dankesbezeugungen vieler Menschen im ganzen Deutschen Reich schienen weitgehend aufrichtig gewesen zu sein.[6] Auch in Dresden folgten einen Tag nach dem Anschlag zehntausende Menschen der Parole »Auf zum Königsufer zur Treuekundgebung!« Sie fanden sich zu einer Großveranstaltung zusammen, auf der u. a. NSDAP-Gauleiter Mutschmann sprach. Laut »Der Freiheitskampf« habe der Aufmarsch die unzertrennbare Gemeinschaft von Volk und Wehrmacht demonstriert und damit unterstrichen, dass beide in »blindem Glauben« hinter dem Führer stehen würden. Letztendlich seien durch die Rettung des Führers auch Deutschland und Europa gerettet worden.[7] In kleineren Städten fanden ebenfalls sogenannte Treuekundgebungen statt. Artur Kühne, der Heimatforscher aus Wilsdruff, klebte am 22. Juli einen Zeitungsartikel in sein Tagebuch. Aus diesem geht hervor, dass die NSDAP-Ortsgruppe ihre Mitglieder zu einer entsprechenden Veranstaltung in den örtlichen Löwensaal aufgerufen hatte, auf welcher der Kreisobmann der DAF Roscher aus Meißen sprechen sollte.[8]

Bei allem Pessimismus, was die militärische Lage des Deutschen Reiches anging, gab es auch unter der sächsischen Bevölkerung sowohl Gefühle wie Beunruhigung, Empörung und Wut auf die »Verräter«, die für den Anschlag und den geplanten Staatsstreich verantwortlich waren, als auch das Empfinden von Erleichterung über deren Scheitern. So notierte Artur Kühne noch am 20. Juli in sein Tagebuch: »Der Rundfunk meldet 16 Uhr: Auf den Führer wurde heute ein Sprengstoffanschlag verübt. Er selbst hat außer leichten Verbrennungen und Prellungen keine Verletzungen erlitten. Er hat unverzüglich darauf seine Arbeit wieder aufgenommen und – wie vorgesehen – den Duce zu einer längeren Aussprache empfangen. Allenthalben größte und schmerzlichste Aufregung.«[9] Aus

5 »Die Alliierten, die den Erfolg ihrer Propaganda bei den deutschen Kriegsgefangenen mit ›wissenschaftlichen‹ Methoden erfassten, mussten – zu ihrer Verärgerung – feststellen, dass das Vertrauen in Hitlers Führung von 57 Prozent Mitte Juli auf 68 Prozent Anfang August stieg.« Stargardt, Der deutsche Krieg 1939–1945, S. 538.

6 Vgl. ebd., S. 537.

7 Dresden erlebte eine Treuekundgebung einmaliger Größe. In: Der Freiheitskampf vom 23.7.1944.

8 Vgl. Tagebuchaufzeichnungen von Artur Kühne, Transkriptionstext Mario Lettau, S. 15.

9 Ebd.

diesen Worten spricht Bewunderung sowohl für Hitler als auch für dessen vermeintlichen Arbeitseifer und seinen scheinbar vorbildhaften Durchhaltewillen.

Im Gegensatz zu Artur Kühne war die junge Leipzigerin Annerose N. vor allem wütend auf die für den Anschlag und den geplanten Staatsstreich Verantwortlichen, auch in Hinblick auf ihren Bruder Karl-Ludwig, der als Soldat an der Ostfront kämpfte. In ihrem Brieftagebuch schrieb sie über die Aussichtslosigkeit dieses Unterfangens, die ihrer Meinung nach von vornherein festgestanden habe, und verurteilte den Anschlag auf Hitler als unmoralisch:

»So aufgebracht wie heute bin ich in meinem fünfzehnjährigen Dasein noch nie gewesen! Verdammt nochmal, da halten unsere Jungen im größten Schlamassel an der Ostfront ihre Köpfe hin, und da treten so ein paar Superschlaue auf und versuchen auf hinterhältig-feige Weise den Führer zu ermorden! Wir haben kein Lebenszeichen von unserem Karl-Ludwig, wir kommen vor Angst und Sorge fast um, und dann kommt so eine unverantwortliche Aktion! Haben die etwa gedacht, unsere Gegner von den USA bis zur Sowjetunion schlössen plötzlich mit uns Frieden? Die machen doch nicht eher Schluss, als wir bedingungslos kapitulieren. Und davor bewahre uns Gott!«[10]

Auch Martin Menzel, der Justizoberinspektor in Krakau, reagierte auf den Anschlag. Er gehörte zu jenen, die trotz dessen Scheiterns und mit Blick auf die gesamte Lage des Deutschen Reiches weiterhin pessimistisch in die Zukunft schauten. Wie in all seinen Briefen verband er die von ihm empfundene Hoffnungslosigkeit und Verzweiflung mit seiner persönlichen Situation und der seiner Familie:

»Und wenn wir daneben so das ganze Geschehen uns betrachten, tritt unwillkürlich die Frage auf, was wird uns die Zukunft bringen? Werden wir jemals wieder die Sonnabende und Sonntage so erleben können, wie wir es getan haben zu der Zeit, als wir noch vereint waren. Vielleicht sind wir wieder zusammen, aber die Not und das Elend sind dann so groß, dass alles Leben keine Freude mehr macht. Ich muss sagen, ich habe bisher immer noch etwas Hoffnung gehabt, aber wenn ich mir jetzt die Lage so betrachte, dann erscheint mir unsere Zukunft zweifelhaft. Der Anschlag ist ja wohl das Schlimmste, was noch kommen konnte.«[11]

Seine Ehefrau Hildegard Menzel versuchte daraufhin, die Zweifel ihres Mannes auszuräumen und bei ihm Hoffnung und Zuversicht zu wecken. Sie blieb dabei jedoch vage und im Wunschdenken verhaftet. Schloss sie doch aus dem »Wunder« ob Hitlers Überleben auf die Möglichkeit eines »Wunders« für ganz Deutschland: »Du meinst mit anderen Worten, dass wir doch noch den Krieg verlieren werden? Man kann sich das Furchtbare noch nicht ganz ausdenken. Aber Vati, wollen wir nicht auch noch weiter glauben und hoffen, bis endlich doch noch unser der Sieg ist. Ebenso wie der Führer von dem Anschlag verschont

10 Brief von Annerose N. an ihre Eltern vom 20.7.1944 (Museumsstiftung Post und Telekommunikation, Sign. 3.2002.0943, unpag.).

11 Brief von Martin Menzel an Hildegard Menzel vom 22./25.7.1944 (Privatarchiv Wieland Menzel, unpag.).

geblieben ist, wird auch hier noch in letzter Stunde ein Wunder geschehen, wo die Lage dann wieder günstiger für uns sein wird.«[12]

Selbst Menschen, die dem Nationalsozialismus kritisch gegenüberstanden, waren laut SD-Berichten nach dem Attentat auf Hitler überzeugt, »dass nur der Führer die Lage meistern kann und dass sein Tod das Chaos und den Bürgerkrieg zur Folge gehabt hätte«.[13] Auch Johannes Hähnlein, der Strafsoldat im »Bewährungsbataillon« 999, der vor 1933 Mitglied der KPD gewesen und 1944 in Griechenland stationiert war, schrieb am 20. Juli des Jahres an seine Frau in Dresden über den Anschlag: »Wie ich hörte, soll das Attentat misslungen [sein] und der Führer leichte Verletzungen davongetragen [haben]. Von woher kommt dieses Verbrechen am deutschen Volk gerade jetzt, wo alle Kräfte nötig sind, um einen nachhaltigen Abwehrsieg zu erringen?«[14] Es muss dahingestellt bleiben, ob er diese Frage tatsächlich wortwörtlich oder aufgrund der mittlerweile strengen Zensur der Feldpost von Strafsoldaten eher ironisch meinte. Einen Monat später jedenfalls spekulierte Johannes Hähnlein, aus dessen Briefen nach wie vor seine erhalten gebliebene kommunistische Überzeugung und die Hoffnung auf einen Sieg der Alliierten hervorgingen – wenn auch in Metaphern und Codes versteckt –, über die Folgen des Anschlags für die Entwicklung an der Ostfront. Erstmals äußerte er sich pessimistisch über die Chancen eines Sieges durch die sowjetische Armee und bezeichnete die am Staatsstreich Beteiligten ebenfalls als »Verräter«:

> »Gestern habe ich auch die Zeitungen gelesen, die du mir schicktest, mit dem Prozessbericht gegen die Generale, die das Attentat auf den Führer organisierten. Ja wenn man sich vor Augen hält, in was für einer Stellung diese Leute standen, dann wird es mir auch klar, dass das bestimmt auf die Ostfront seine Rückwirkung hatte, denn ich glaube, dass diese Leute bestimmt Sabotage an der Front getrieben haben, denn alle Schilderungen unserer Stammmannschaften, die an der Ostfront waren, sagten ja fast übereinstimmend, dass der deutsche Soldat dem Russen überlegen ist, und ich glaube, jetzt wo diese Verräter erledigt sind, wird der Widerstand Deutschlands Armeen nun stabilisieren und die rückläufigen Bewegungen [werden] aufhören.«[15]

2. »Ja, es kommt nicht besser, nur immer schlimmer, ...«

Im Zuge des »totalen Krieges« und der seit Juli 1944 radikalisierten Mobilisierung ließ Goebbels die deutsche Zivilwirtschaft nach weiteren Männern für den Kriegsdienst »durchkämmen«. Bis Ende September 1944 erhielten 500 000

12 Brief von Hildegard Menzel an Martin Menzel vom 29.7.1944 (ebd.).
13 Zit. u.a. aus SD-Berichten in Stargardt, Der deutsche Krieg 1939–1945, S. 537. Bei den Berichten des SD gilt es allerdings quellenkritisch zu beachten, dass sie nicht den Charakter objektiver Berichte tragen.
14 Hermann (Hg.), Dresden 1943–1945, S. 270.
15 Ebd., S. 285.

Männer ihren Einberufungsbescheid, bis Dezember des Jahres insgesamt eine Million. Die Wehrmacht blieb in dieser Zeit – so Stargardt – zwar weiterhin »eine schlagkräftige Streitmacht, die durch immer drakonischere Disziplinarmaßnahmen und kampfgestählten Korpsgeist zusammengehalten wurde«. Ihre Kampfkraft war im Vergleich zu den vergangenen Kriegsjahren dennoch stark geschwächt.[16]

Auch die staatlichen Behörden des NS-Regimes waren vermehrt von den Einberufungen betroffen. Davon hatte Justizoberinspektor Martin Menzel in Krakau ausreichend Kenntnis. Er bearbeitete seit geraumer Zeit die Listen und Personalunterlagen der einzuberufenden Mitarbeiter deutscher Justizbehörden zuerst im Distrikt Lublin, danach in Krakau für das gesamte »Generalgouvernement«. Seither lebte auch er in der steten Unsicherheit, selbst an der Reihe zu sein. Darüber hinaus waren ihm auch die militärischen Unterstellungsverhältnisse zuwider, einmal mehr aus seiner Perspektive als privilegierter, im beruflichen Aufstieg begriffener Justizbeamter. Bereits Monate vor seiner Versetzung nach Krakau hatte er dazu geschrieben: »Jetzt mit geherrscht und bestimmt und dann nur wieder gehorchen.«[17] Der Wechsel in die Regierung des »Generalgouvernements« nach Krakau hatte ihm jedoch von Anfang an eine wesentlich größere Sicherheit geboten, nicht an die Front zu müssen.[18]

Martin Menzel war auch im August 1944 sehr beschäftigt; wegen der zahlreichen Einberufungen zur Wehrmacht wurde eine Personenaufstellung nach der anderen von ihm verlangt. Das gestaltete sich mehr als schwierig, weil keine (Personal-)Akten mehr vor Ort[19] und die jeweiligen Personen nicht mehr in ihren Ämtern tätig waren. Aus seinen Worten, die er in diesem Zusammenhang an seine Frau richtete, geht – im Gegensatz zu seiner Haltung zu den Juden, Jüdinnen, Polen und Polinnen im »Generalgouvernement« – auch aufrichtiges Mitgefühl für die betroffenen Kollegen hervor:

»Ich war nachmittags kaum im Amt, da kamen vom Wehrmeldeamt 11 Einberufungsbefehle für Beamte von der Justiz zum 8.9.; die Befehle gehen den Betreffenden nicht direkt zu, sondern es geht alles über uns. Wir haben natürlich die Verpflichtung, die Betroffenen sofort von dem Ereignis in Kenntnis zu setzen. Nun sind sie ja sämtlich im Polizeidienst oder irgendwo beim Stellungsbau, Anschriften sind uns nur in einzelnen Fällen und auch mangelhaft bekannt. […] Bis heute wollte ich die Sachen nicht liegen lassen, denn für alle ist ja jeder Tag bis zur Einberufung noch kostbar.«[20]

16 Stargardt, Der deutsche Krieg 1939–1945, S. 548.
17 Brief von Martin Menzel an Hildegard Menzel vom 7.11.1942 (Privatarchiv Wieland Menzel, unpag.).
18 Menzel/Reschke/Weil (Hg.), »Erbarmen kann es keines geben.«, S. 22.
19 Vgl. Brief von Martin Menzel an Hildegard Menzel vom 15.8.1944 (Privatarchiv Wieland Menzel, unpag.).
20 Brief von Martin Menzel an Hildegard Menzel vom 3.9.1944 (ebd.).

Die Situation in Krakau wurde zu dieser Zeit für die deutschen Besatzer immer kritischer. Im August 1944 stand die Stadt kurz vor der Räumung, die Rote Armee war nur noch 20 Kilometer vor Krakau entfernt. Sie konnte aber noch einmal zurückgedrängt werden. Die deutsche Besatzung harrte danach personell stark dezimiert noch bis zum 18. Januar 1945 in der Stadt aus. Die meisten deutschen Zivilisten und Zivilistinnen hatten zu dieser Zeit Krakau bereits verlassen. Martin Menzel gehörte zu den wenigen Zivilangestellten, die bis in die letzten Wochen in Krakau verblieben.[21] Er war nicht nur unabkömmlich geworden, er hatte sich selbst unabkömmlich gemacht. Man hatte ihm immer und immer wieder versichert, dass er in Krakau, anders als viele andere, keine Einberufung zum Militär fürchten müsse. Seine Uk.-Stellung wurde auch tatsächlich mehrfach verlängert.[22] Nach eigener Schilderung war Martin Menzel im Dezember 1944 und Januar 1945 zum einzigen und engsten Mitarbeiter von Kurt Wille, dem Leiter der Justizabteilung in der Regierung des »Generalgouvernement«, aufgestiegen. Trotz seines grundsätzlichen Pessimismus und nicht ohne Stolz schrieb er, dass sich mancher »die Pfötchen nach seinem Pöstchen lecken« würde; und er hoffte zu dieser Zeit noch, die guten Kontakte Willes nach Berlin könnten ihm nach dem Krieg nützlich sein.[23] Auch seine Ehefrau war trotz der schwieriger werdenden Situation und trotz ihrer Niedergeschlagenheit stolz auf die Karriere ihres Mannes. In diesem Zusammenhang schrieb sie ihm voller Hochgefühl: »Dass Du ein großer Mann auf der Regierung bist, dass Wille auf Deinen Vorschlag bestimmt, wer nach Görlitz kommen soll, hätte ich natürlich nicht gedacht. Es heißt dann bei Euch ›auf Vorschlag vom Justizoberinspektor Menzel‹ wie zwischen Hitler und Göring ›auf Vorschlag vom Reichsmarschall Göring‹.«[24]

Martin Menzel musste während dieser Zeit den Luftschutzkeller häufiger aufsuchen. Für Flakeinsätze wurde er nicht mehr benötigt; die Wehrmacht hatte die Flak übernommen, da die Umgebung von Krakau zum unmittelbaren Kriegsgebiet geworden war. Der Justizoberinspektor ging seit dieser Zeit nur noch mit Pistole aus dem Haus, weil in Krakau ein Aufstand der polnischen Bevölkerung wie in Warschau befürchtet wurde. Martin Menzel wurde ob der Unsicherheiten immer nervöser. Am 11. August 1944 schrieb er an seine Frau: »Entbehrlich sind wir ja nun alle hier geworden, weil die Tätigkeit aufgehört hat, und nachdem was Goebbels redet, wird es nicht anders kommen. Was soll auch noch Schönes kommen? Die Unruhe und das ewig Ungewisse hier machen mich direkt fertig.«[25]

21 Vgl. Brief von Martin Menzel an Hildegard Menzel vom 25.8.1944 (ebd.).

22 Vgl. Bescheinigung der Hauptabteilung Justiz der Regierung des Generalgouvernements vom 14.8.1944 (ebd.).

23 Vgl. Menzel/Reschke/Weil (Hg.), »Erbarmen kann es keines geben.«, S. 23 f.

24 Brief von Hildegard Menzel an Martin Menzel vom 29.10.1944 (Privatarchiv Wieland Menzel, unpag.).

25 Brief von Martin Menzel an Hildegard Menzel vom 11.8.1944 (ebd.).

Auch seine Befürchtung, doch noch zur Wehrmacht einberufen zu werden, setzte ihn mehr und mehr unter psychischen Stress: »Weiter ist es das ewig Ungewisse, das an den Nerven zehrt. Mir wird es täglich gewisser, dass ich in kurzer Zeit Soldat bin. Wie sollte es auch anders sein. [...] Ja, es kommt nicht besser, nur immer schlimmer und das alles möchte immer noch sein, wenn es nur einen Zweck hätte, dass damit ein guter Ausgang des Krieges herbeigeführt würde.«[26]

Zu diesem Zeitpunkt resignierte auch Menzels Ehefrau Hildegard endgültig: »Ich glaube gleich, dass Du nun wieder zum Militär geholt werden wirst. An ein jemaliges Zusammenleben dürfen wir nicht mehr denken. Unser gemeinsames Leben, wenn man es so betrachtet, war nur ein langer schöner Traum ...«.[27]

Zu Verzweiflung, Apathie und Pessimismus unter der Bevölkerung trugen auch die zahlreichen an den Fronten verwundeten und gestorbenen Soldaten bei. 1944 starben allein an der Ostfront 1 233 000 deutsche Soldaten. Von Juli bis September des Jahres hatte die Zahl der gefallenen Wehrmachtsangehörigen einen Höchstwert von 5 750 pro Tag erreicht.[28] In »Der Freiheitskampf« war die Rubrik »Für Großdeutschland starben den Heldentod« fast täglich mit zahlreichen Todesanzeigen gefüllt.[29] Artur Kühne schrieb eine private Todesanzeige aus einer Zeitung ab, die, wie er meinte, für sich selbst sprechen würde. Sie drückt das unermessliche Leid und die Verzweiflung trauernder Eltern in Wilsdruff aus:

> »Was wiegt diese Anzeige:
> Nach Gottes Willen ist nun auch unser zweites und letztes Kind, unser innigst geliebter lebensfroher, braver und hoffnungsvoller Sohn, Obergefr. Joachim K., Inh. des Eis. Kr. 2. Kl. u. d. Verw. Abz. in Silber, am 6.8.44 im Osten gefallen. Unser ganzer Stolz und Hoffnung ist nun dahin; in unseren Kindern durften wir größtes Elternglück erleben, umso tiefer ist nun unser Leid. In unaussprechlichem Schmerz Walter K. und Frau.«[30]

Hildegard Menzel schrieb ihrem Mann im »Generalgouvernement« nicht nur über jeden gefallenen Verwandten, Bekannten oder Bewohner aus dem Dorf, sondern auch von einer ungewöhnlichen Trauung: »Kommenden Sonntag ist von S., Ernst das Ehrengedächtnis. Du weißt doch auch, dass der S.-Bauer eine Tochter hat und sie erwartet ein Kindchen. Da das Kind nun des Vaters Namen tragen soll, lässt sie sich mit dem Gefallenen jetzt trauen. Was doch jetzt alles im Kriege gemacht wird.«[31]

26 Brief von Martin Menzel an Hildegard Menzel vom 12.8.1944 (ebd.).
27 Brief von Hildegard Menzel an Martin Menzel vom 15.8.1944 (ebd.).
28 Vgl. Stargardt, Der deutsche Krieg 1939–1945, S. 548.
29 Beispielsweise »Der Freiheitskampf« vom 21.9.1944, 3.11.1944 und 6.11.1944.
30 Tagebuchaufzeichnungen Artur Kühne, Transkriptionstext Mario Lettau, S. 15.
31 Brief von Hildegard Menzel an Martin Menzel vom 5.11.1944 (Privatarchiv Wieland Menzel, unpag.).

Bereits am 6. November 1941 hatte Hitler mit einen geheimen Führererlass Reichsinnenminister Wilhelm Frick die Ermächtigung erteilt, nachträgliche Eheschließungen von Frauen mit gefallenen oder im Felde verstorbenen Wehrmachtsangehörigen anzuordnen, vorausgesetzt, es habe vor dem Tod nachweislich die ernsthafte Absicht bestanden, eine Ehe einzugehen. Nachdem Frick am 25. März 1942 die Ermächtigung im Wortlaut in der Verwaltung bekannt gegeben hatte, war die Möglichkeit zur im Volksmund genannten »Leichentrauung« rasant verbreitet worden. Viele Frauen wollten davon Gebrauch machen. Bereits 1943 hatten dem Reichsinnenministerium 25 000 Fälle zur Bearbeitung vorgelegen. In der Bevölkerung wurden diese Eheschließungen mitunter für pietätlos gehalten, manchen Frauen warf man »Witwenrentensucht« vor.[32] Trotz aller Kritik, auch an der beträchtlichen Anzahl »nachträglicher Witwen«, behielt man die »Leichentrauungen« bei. Reichsinnenminister Frick verteidigte sie mit folgender Begründung: »Den Bräuten der Gefallenen« sei in »vollem Umfang die Rechtsstellung einer Frau und Witwe gegeben, die ihnen nach nationalsozialistischer Auffassung zukommt.«[33] Den Zweck dieser Eheform interpretierte er aber auch im Sinne und Interesse der aufrechtzuerhaltenden Kriegsmoral: »Die Bräute unserer gefallen Kameraden sollen die Gewissheit haben, dass das deutsche Volk sich ihrer in großzügiger und warmherziger Weise annimmt. Diese Einrichtung soll weiter zur Aufrechterhaltung der Stimmung und Haltung der deutschen Frauen beitragen, deren Heiratsabsichten durch den laufenden kriegsbedingten Männerausfall stark verringert sind.«[34]

Zur Trauer um die gefallenen Angehörigen kamen in vielen Familien Sorgen und Verzweiflung wegen vermisster Soldaten hinzu. Deren Anzahl war ebenfalls sehr hoch. Nach dem Krieg gingen beim Deutschen Roten Kreuz (DRK) 1,7 Millionen Meldungen zur Suche von Soldaten, Zivilisten und Kindern ein.[35] Die Ungewissheit, welche die Nachrichten über verschollene Angehörige nach sich zog, war bedrückend und ließ die Familien mitunter niedergeschlagen und schwermütig werden. Zu ihnen zählte auch die Familie von Annerose N. in Leipzig. An dem Tag, als die Nachricht eintraf, dass ihr Bruder im Osten seit Wochen vermisst sei, schrieb die 15-Jährige folgenden Brief in ihr Tagebuch:

»Meine allerliebsten Eltern! Was soll ich euch heute schreiben? Wir sind alle drei verzweifelt! Ich kam vom Einkaufen zurück, als du, mein bester Papi, mir auf dem Korridor entgegen kamst. Ein Brief war

32 Vgl. Cornelia Essner/Edouard Conte, »Fernehe«, »Leichentrauung« und »Totenscheidung«. Metamorphosen des Eherechts im Dritten Reich. In: Vierteljahrshefte für Zeitgeschichte, 44 (1996) 2, S. 201–227, hier 213 f.

33 Zit. nach ebd., S. 218.

34 Zit. nach ebd.

35 Viele Fälle konnten geklärt werden, doch noch heute sind dem DRK 1,3 Millionen Personen bekannt, die nach wie vor gesucht werden. Vgl. https://www.drk-suchdienst.de/de/angebote/zweiter-weltkrieg/schwerpunkte/verschollene-des-zweiten-weltkriegs; 18.12.2018.

gekommen […]. Karl-Ludwig gilt seit dem 24. Juni als vermisst! Mein Gott, Karl-Ludwig in Russland vermisst! Wie, wo, wann??? Tausend Fragen, die keiner beantworten kann. Entschuldige Papi, dass ich hemmungslos losgeheult habe bei der Nachricht! ›Nun fang du auch noch an, ich bin froh, dass ich die eine halbwegs beruhigt habe!‹ Auch du armer Papi, aber ich konnte nicht anders als lauthals schluchzen!«[36]

3. »Zeit der Bewährung«?

Nach dem gescheiterten Anschlag nahm NSDAP-Gauleiter Mutschmann an einer Tagung der Reichs- und Gauleiter mit Hitler teil. Unmittelbar nach seiner Rückkehr berief er eine Dienstbesprechung mit den sächsischen Kreis- und Gauamtsleitern ein. Hier verkündete er in allgemein gehaltenen Floskeln die Zielsetzungen für den verstärkten Einsatz der Partei in den folgenden Wochen und Monaten: »Unsere ganze Arbeit, unser Denken und Handeln dürfen [...] nur noch ein Ziel kennen: die Erfüllung der Forderungen des totalen Krieges. Die Verantwortung für Europa verlangt in dieser großen Zeitenwende den rückhaltlosen Einsatz aller, auch des letzten Partei- und Volksgenossen.«[37] Gauredner appellierten auf Kundgebungen in der ganzen Region mit propagandistischen, zum Teil inhaltsleeren Parolen an den Durchhaltewillen der Menschen. So sprach beispielsweise der Dresdner Gauredner Richter »in temperamentvoller Weise« zu Angehörigen von Wilsdruffer Kleinbetrieben über das Thema »Glaubensstark, siegesbewusst, einsatzbereit!« und meinte: »Wir müssen nur an unsere Kraft glauben und uns überall tapfer einsetzen, dann ist der Sieg unser!«[38]

Doch spätestens im Herbst 1944 mussten auch die sächsischen Propagandisten erkennen, dass personeller und materieller Mangel in der Propagandatätigkeit ihre Möglichkeiten maßgeblich einschränkten. Das traf nicht nur auf Sachsen zu, weshalb Goebbels für das ganze Reich verfügte, auf Veranstaltungen zugunsten der sogenannten Mundpropaganda zu verzichten. Dabei sollten den Menschen jedoch keine Lügen unterbreitet werden, die ihrem täglichen Er- und Überleben offensichtlich widersprachen, sondern (angebliche) Fakten und (subtile) Hoffnungen. Die »Mundparolen« sollten vor allem Angst vor dem Verhalten der feindlichen Soldaten schüren und Hoffnung auf eine Wende des Krieges wecken.[39]

Nach den Erschießungen von Zivilisten durch Angehörige der Roten Armee im Oktober 1944 in der ostpreußischen Gemeinde Nemmersdorf setzten die

36 Brief von Annerose N. an ihre Eltern vom 9.8.1944 (Museumsstiftung Post und Telekommunikation, Sign. 3.2002.0943, unpag.).

37 Der Gauleiter vor seinen Mitarbeitern. Nur ein Ziel: Erfüllung der Forderungen des totalen Krieges. In: Der Freiheitskampf vom 7.8.1944.

38 Tagebuchaufzeichnungen Artur Kühne, Transkriptionstext Mario Lettau, S. 17.

39 Vgl. Dehn, Die nationalsozialistische Propaganda, S. 55.

nationalsozialistischen Propagandisten auf eindringliche Schilderungen von Einzelschicksalen: Sie beschrieben detailliert die Plünderungen von Wohnungen und Bauernhöfen, Lynchjustiz und sexuelle Übergriffe auf deutsche Frauen. Die sächsische Gaupropagandaleitung warnte jedoch auch vor den US-amerikanischen Truppen, die »um nichts besser als die bolschewistische Soldateska« seien. Die »Mundparolen« gegen die amerikanischen Soldaten, insbesondere gegen die afroamerikanischen, waren – wie die gegen die sowjetischen – von rassistischem Gedankengut durchsetzt.[40]

Zum einen nahmen durch die Propaganda – entgegen der beabsichtigten Wirkung – Angst, Verunsicherung und Pessimismus in der Bevölkerung weiterhin zu. Zum anderen erschwerten auch die mit der Mobilisierung einhergehenden Maßnahmen das Leben vieler Menschen, zogen sie doch u. a. tiefe Einschnitte in der Arbeitswelt nach sich. Kriegsunwichtige Betriebe wurden geschlossen, große Teile der Bevölkerung mussten zwangsweise in der Rüstungsindustrie arbeiten bzw. gegen ihren Willen in diese Betriebe wechseln.[41] Zu dieser Zeit war auch klar, dass aufgrund der militärischen Lage zusätzliche ausländische Arbeitskräfte nicht mehr in ausreichendem Maße zur Arbeit in den Rüstungsbetrieben hinzugezogen werden konnten.[42] Seit 1944 wurde deshalb immer mehr auf die Ausbeutung von KZ-Häftlingen zurückgegriffen.

Mitunter waren Unternehmen aber auch gezwungen, noch weitaus mehr auf Rüstungsproduktion umzustellen, u. a. weil die Nachfrage an den ursprünglich hergestellten Produkten nachließ. So hatte die Firma Kübler & Niethammer bis 1943 ihre Papierproduktion noch nicht zurückfahren müssen, da Tageszeitungen und Zeitschriften als wesentlicher Bestandteil der nationalsozialistischen Propaganda in großem Umfang darauf angewiesen waren. Das Familienunternehmen in Kriebstein belieferte die SS-Zeitschrift »Das Schwarze Korps«, die »NS-Frauenwarte«, die Wochenzeitschrift »Das Reich« und vor allem viele kleine und regionale Zeitungsverlage. Erst 1944 ging die Papierfabrikation zurück; Kübler & Niethammer produzierten in diesem Jahr 70 Prozent weniger Zeitungsdruckpapier. Den damit einhergegangenen Verlust konnte die Firma nur durch die Umstellung auf andere, kriegswichtige Produktionen ausgleichen. Seit 1944 wurden nun neben Spinnpapier auch Munitionsverpackungen und ein Papierersatzstoff für Gasmaskenfilter hergestellt.[43]

Zu den neuen Verordnungen im Zuge der Mobilisierung der Bevölkerung zählte auch die Vorschrift, dass Frauen seit Ende Juli 1944 bis zum Alter von 50 Jahren dienstverpflichtet werden konnten, statt wie bisher bis zu 45 Jahren.[44]

40 Vgl. ebd., S. 56.
41 Vgl. Schneider, Die Wirtschaftsentwicklung, S. 82 f.
42 Vgl. Schneider, In der Kriegsgesellschaft, S. 242.
43 Vgl. Steinberg, Unternehmenskultur im Industriedorf, S. 71 f.
44 Vgl. Schneider, In der Kriegsgesellschaft, S. 243 f.

Auch »Der Freiheitskampf« informierte über die »Verordnung zur Totalisierung unserer Kriegsanstrengungen«. Demnach hätten sich seit Bekanntgabe der neuen Regelung angeblich tausende sächsische Frauen umgehend bei den Arbeitsämtern gemeldet. Ein großer Teil der Frauen über 45, sogar über 50 und 60 Jahre habe jedoch bereits vor den neuen Anordnungen freiwillig im Arbeitseinsatz gestanden. Die Frauen, »die in ihrer überwiegenden Mehrheit auch ohne gesetzlichen Zwang schon ihre ganze Kraft in aufopfernder Einsatzbereitschaft dem Lebenskampf unseres Volkes widmen«, würden seither »in den neuen Verordnungen einen Ansporn sehen, ihre Kriegsanstrengungen weiter zu steigern, bis der Sieg unser ist«.[45] Ein anderer Artikel unterstellte den Frauen, die zwischen 45 und 50 Jahre alt waren und bisher nicht freiwillig Arbeitsdienst geleistet, sondern nur ihre Haushalte organisiert hatten, ein schlechtes Gewissen gegenüber »den anderen, tapfer schaffenden Geschlechtsgenossinnen«. Seit sich deren erste Aufregung jedoch gelegt habe und sich diese Frauen längst zum Arbeitsdienst aufgerufen gefühlt hätten, habe für sie nur noch gelten können, – so der Artikelverfasser – »Mut, Vertrauen und besten Willen« mitzubringen. Letztendlich sei dies eine »Zeit der Bewährung«.[46] Insgesamt erfasste man bis Oktober 1944 im Deutschen Reich ca. 500 000 Männer und Frauen als für die Rüstungsindustrie einsatzfähig; doch nur die Hälfte von ihnen gelangte auch tatsächlich in den Arbeitsprozess.[47] Wie aus ihrem Tagebuch hervorgeht, musste auch die mittlerweile 47-jährige Dresdner Künstlerin Hanna Hausmann-Kohlmann nach wie vor keiner Arbeitsdienstpflicht nachkommen.

Im September 1944 erhöhte man zudem die regelmäßige wöchentliche Arbeitszeit von 48 Stunden um zwölf Überstunden, die von Frauen und Jugendlichen über 16 Jahre um acht Stunden. Zur Anpassung an den »totalen Kriegseinsatz« wurden darüber hinaus die Öffnungszeiten der Einzelhandelsgeschäfte und der Handwerkstätten verlängert. Den unter »erschwerten Bedingungen arbeitenden Volksgenossen« sollte die Erledigung der Einkäufe und die Erteilung von Reparaturaufträgen erleichtert werden. Zur Entlastung berufstätiger Mütter waren Kindergärten so lange geöffnet, wie es für die betroffenen Frauen nötig war.[48]

Später wurden auch ältere Schüler und vor allem Schülerinnen zur Arbeit hinzugezogen. Die 15-jährige Sonja R. nahm man im November 1944 ebenso wie ihre Mitschülerinnen an den Werktagen aus der Schule heraus. Sie hatten seither

45 Frauen-Meldepflicht bis 50 Jahre. Neue Verordnung zur Totalisierung unserer Kriegsanstrengungen. In: Der Freiheitskampf vom 31.7.1944.

46 Hände und Herzen müssen restlos zum Einsatz kommen. Zur neuen Meldepflicht für Frauen bis zu 50 Jahren. In: Ebd. vom 3.8.1944.

47 Vgl. Schneider, In der Kriegsgesellschaft, S. 244.

48 Vgl. Zur Verordnung über die 60-Stunden-Woche. In: Der Freiheitskampf vom 19.9.1944; vgl. Verkaufszeiten für Geschäfte wurden verlängert. In: Ebd. vom 18.9.1944; vgl. Kindergärten sind ständig geöffnet. In: Ebd. vom 12.10.1944.

nur noch samstags Unterricht und mussten wochentags im Radiogehäusebau in Hainsberg Granatenkisten bearbeiten. Hier kam Sonja R. auch mit Zwangsarbeitern in Kontakt, die mitunter von Werksangehörigen grob geschlagen worden seien. Aber nicht jeder habe sich abfällig gegenüber den Ukrainerinnen und Ukrainern verhalten, erinnerte sie sich, es sei auch Solidarität geübt worden, mancher habe ihnen Brot zugesteckt.[49]

Was die Arbeitsmoral der deutschen Beschäftigten anging, vermeldeten die SD-Berichte im Jahr 1944, dass sie merklich nachgelassen habe. Arbeiter und sogar Meister würden ohne triftige Gründe bei der Arbeit fehlen, große Teile von Belegschaften die Betriebe vorzeitig verlassen, mitunter mit Verweis auf die schlechten Verkehrsbedingungen.[50] Mangelhafte Motivation zur Arbeit kam auch in sächsischen Betrieben vor. So blieben u. a. Beschäftigte der Mitteldeutschen Stahlwerke AG in Riesa unerlaubt der Arbeit fern. Die harten Arbeitsbedingungen und langen Arbeitszeiten missfielen offenbar auch Teilen der hiesigen Belegschaft. Infolgedessen nahmen Disziplinlosigkeit, »Bummelei« und »Krankfeiern« überhand. Qualifizierte Arbeitskräfte weigerten sich, andere Tätigkeiten als die in ihren Arbeitsverträgen stehenden zu übernehmen oder in andere Abteilungen zu wechseln. Dabei nahmen sie auch die Risiken in Kauf, von der Gestapo belangt zu werden oder ihre Uk.-Stellung zu verlieren und zur Wehrmacht eingezogen zu werden.[51] Die steigende Zahl an Fehlstunden und Krankheitstagen sind aber auch Indizien dafür, dass sich ein nicht unerheblicher Teil der Riesaer Stahlwerker Freiräume erkämpfen und mehr und mehr ins Private zurückziehen wollte.[52]

Das traf aber nicht auf alle Beschäftigten zu. So konnte die regelmäßige Tätigkeit im Werk auch manche Arbeiter und manche Arbeiterinnen von den sich verschlechternden Umständen und katastrophalen Nachrichten ablenken. Hinzu kam, dass die Betriebe für viele Werktätige Orte der Pflichterfüllung waren und blieben – rastlose, opferbereite Pflichterfüllung und eine pessimistische Grundtendenz, was den Kriegsverlauf anging, schlossen einander nicht aus. Außerdem galt der Arbeitsplatz – laut Schneider – als eine der wenigen Stätten, »an denen in chaotischer Zeit noch Ordnung und Beständigkeit und damit eine Spur von Sicherheit herrschten«.[53]

49 Vgl. Interview von Francesca Weil mit Sonja R. am 14.8.2013, S. 1 und 6.
50 Vgl. Schneider, In der Kriegsgesellschaft, S. 826 f.
51 Vgl. Sebastian Fink, Belegschaft im Wandel. Die Riesaer Stahlwerke 1943 bis 1949. In: Schmeitzner/Vollnhals/Weil (Hg.), Von Stalingrad zur SBZ, S. 445–463, hier 445 und 456.
52 Vgl. ebd., S. 463.
53 Schneider, In der Kriegsgesellschaft, S. 827 f.

4. »Denkzettel« und ihre Konsequenzen

Im Zuge der radikalen Maßnahmen wurde Zwang mittels Drohung und Überprüfung – wie Kershaw schreibt – »zu einem allgegenwärtigen Element des täglichen Lebens«,[54] die deutsche Bevölkerung mehr denn je kontrolliert. Zudem sollte sich jeder Einzelne an der Kontrolle und damit an den verstärkten Repressionen gegenüber seinen Mitmenschen beteiligen. Seit 1933 war von allen »Volksgenossen« erwartet worden, jedwede Form von Nonkonformität und Dissens bei der Gestapo, der Polizei oder den NSDAP-Dienststellen zu melden. Obwohl Denunziation unter dem NS-Regime als legitimes Mittel galt, lag es jedoch immer noch im Ermessen eines jeden Einzelnen, andere zu denunzieren oder nicht.[55] Dennoch nutzten Teile der Bevölkerung die vom NS-Regime geschaffene Möglichkeit, u. a. um mithilfe politischer Denunziationen soziale Macht auszuüben und private Konflikte zu lösen.[56] Seit den militärischen Niederlagen ab 1943 und der damit verbundenen Häufung von ängstlichen und kritischen Äußerungen nahmen die politischen Denunziationen zu. Das Regime ging immer brutaler gegen jene vor, die »defätistische« Meinungen verbreiteten und den »Endsieg« anzweifelten.[57]

Auch in Sachsen griff 1944 die sogenannte Alltagsdenunziation um sich. Das traf beispielsweise auf einen Fall von Verrat im westsächsischen Zwickau zu. Zwischen der Arbeiterin Martha R. und dem Tischler Otto Paul O. hatte sich in der Firma während der Jahre 1942 bis 1944 ein angespanntes Verhältnis aufgebaut. Es war zu Streitigkeiten gekommen, die dazu führten, dass sich Otto Paul O. beim Betriebsinhaber über Martha R. beschwerte. Sie sei nicht in der Lage, ihre Arbeit ordnungsgemäß zu leisten, meinte er. Martha R. fasste daraufhin den Entschluss, Otto Paul O. einen »Denkzettel« zu verpassen. Während eines Gesprächs über neue Einberufungen zur Wehrmacht im Sommer 1944 habe der Tischler laut Martha R. Folgendes gesagt: »Wir brauchen keinen Krieg, wir haben ihn auch nicht angefangen, uns Arbeitern bringt er keinen Nutzen. […] Der Führer hat für uns einen Scheißdreck getan, er hat uns nur ins Unglück gestürzt und in den Krieg geführt, so eine Regierung brauchen wir nicht, wir Arbeiter können uns selbst regieren und unser Schicksal dadurch besser gestalten.« Auf diese Äußerungen hin zeigte Martha R. Otto Paul O. in der Zwickauer Polizei-Hauptwache wegen staatsfeindlicher Äußerungen an. Der Tischler wurde infolgedessen von

54 Kershaw, Das Ende, S. 129.
55 Vgl. Gisela Diewald-Kerkmann, Politische Denunziation im NS-Regime oder Die kleine Macht der »Volksgenossen«, Bonn 1995, S. 175 und 177.
56 Vgl. ebd., S. 177.
57 Vgl. ebd., S. 178 und 182.

der Gestapo verhaftet und verstarb im Januar 1945 in der Untersuchungshaftanstalt von Dresden an »Herzschwäche«.[58]

Im nordwestsächsischen Eilenburg wurde ein Mann denunziert, weil er »feindliche Rundfunknachrichten« gehört, die Informationen im Familienkreis weitergegeben und sich mitunter gegen Hitler und den Nationalsozialismus ausgesprochen habe. Aber eigentlich ging es auch hier um einen privaten Konflikt. Lina F., eine Leipzigerin, die nach ihrer Ausbombung zu ihrer Schwester nach Eilenburg übergesiedelt war, denunzierte deren Lebensgefährten, Albin H., im April 1944 bei der Kriminalpolizei. Letzterer hatte ihr offenbar Sachen aus ihrem untergestellten Gepäck gestohlen und verkauft bzw. eingetauscht. Als sie ihn deshalb anzeigte, stellte der Kriminalbeamte die Frage, ob sie auch etwas über den Rundfunkempfang von Albin H. wisse. Lina F. erwiderte, ohne zu zögern, er habe ihr selbst berichtet, dass er oft ausländische Rundfunknachrichten abhöre und die Inhalte weitererzählen würde. Ihr gegenüber habe Albin H. gesagt: »Findet sich denn niemand, der für Hitler eine Kugel übrig hat?« Außerdem sei Albin H. in einem der Gespräche auf einen Freund zu sprechen gekommen, der Listen mit Namen von stadtbekannten Nationalsozialisten erstellen würde, die im Falle eines Umsturzes als erstes zur Verantwortung gezogen werden müssten. Infolge der Aussagen von Lina F. wurde Albin H. verhaftet. Als im Januar 1945 die Hauptverhandlung stattfand, trat die ehemalige Leipzigerin als eine der Zeuginnen auf. Albin H. wurde zum Tode verurteilt und am 15. Januar 1945 hingerichtet.[59]

Vor allem die Weitergabe von Informationen über den tatsächlichen Frontverlauf im Osten und die damit vermittelte Einsicht, mit einem »Endsieg« der deutschen Wehrmacht sei nicht mehr zu rechnen, konnten Denunziationen und Todesurteile nach sich ziehen. Im folgenden Fall spielten ein überzeugter Nationalsozialist und eine redselige Leipzigerin die entscheidenden Rollen. Bei einem geselligen Beisammensein versuchte Erna J. den stellvertretenden NSDAP-Ortsgruppenleiter Arthur S., von dem sie wusste, dass er immer noch voller Siegeszuversicht war, vom Gegenteil zu überzeugen, und erklärte ihm gegenüber, dass sie nicht mehr an einen Sieg glaube. Die Russen würden bereits vor Lemberg stehen und Generalfeldmarschall Friedrich Paulus habe die deutschen Soldaten über das Radio aufgefordert, sich zu ergeben. Dies habe ihr Otto H., ein ehemaliges KPD-Mitglied erzählt, lies sie Arthur S. wissen. Otto H. wurde daraufhin

58 Martha R. wurde im August 1946 vom Schwurgericht in Zwickau wegen Begehung eines Verbrechens gegen die Menschlichkeit zu drei Jahren Gefängnis verurteilt. Vgl. DDR-Justiz und NS-Verbrechen. Sammlung ostdeutscher Strafurteile wegen nationalsozialistischer Tötungsverbrechen. Bearbeitet von Strafrecht pleging »van Hameln«, München 2008, Band XII, S. 391 f.

59 Lina F. wurde am 5.5.1945 von der Strafkammer des Landgerichts Halle gemäß Befehl 201 der Sowjetischen Militäradministration Deutschland (SMAD) zu sieben Jahren Zuchthausstrafe verurteilt. Vgl. ebd., Band IX, S. 21 f.

verhaftet, im Oktober 1944 wegen Vorbereitung zum Hochverrat und Wehrkraftzersetzung in Dresden zum Tode verurteilt und am 17. des Monats hingerichtet.[60]

Von ständigen Kontrollen und damit verbundenen Denunziationen waren insbesondere die zahlreichen ausländischen Zwangsarbeiter und Zwangsarbeiterinnen betroffen, die mittlerweile ein Fünftel der Arbeitskräfte im Deutschen Reich stellten.[61] In einer Kugellagerfabrik im Leipziger Stadtteil Plagwitz waren 1944 300 deutsche und etwa 40 ausländische Arbeiter, darunter Kriegsgefangene und Zivilarbeiter, beschäftigt. Der belgische Zivilarbeiter M. wurde aufgrund seiner deutschen Sprachkenntnisse häufig als Dolmetscher herangezogen und kam dadurch mit der Sekretärin des Betriebsleiters in Kontakt. Ihr gegenüber erklärte er in einem vertraulichen Gespräch, »dass sich die ausländischen Arbeiter einig seien, was sie dann, wenn es einmal anders würde, mit jenen Meistern machen werden, die sie schlecht behandelten«. Seine Worte wurden mehrfach weitergetragen und schließlich zu einem »bewaffneten Aufstand der Ausländer«, einem »Racheakt« und »Attentat auf die gesamte Betriebsleitung« hochstilisiert. Als zwei Abteilungsleiter der Fabrik davon erfuhren, denunzierten sie den belgischen Zwangsarbeiter M. in einer Leipziger Gestapodienststelle. Er wurde schließlich in Haft genommen und starb am 12. April 1945 im KZ Flossenbürg, wenige Tage vor dessen Befreiung.[62]

Bedřich Procházka, der tschechische Zwangsarbeiter in Leipzig, konnte dagegen im Herbst 1944 in seine Heimat zurückkehren. Noch in Leipzig lebend, schrieb er am 21. September des Jahres in seinem Tagebuch von der Hoffnung, dass der Krieg bald zuende gehen möge: »Wir warten weiter auf das Ende des Krieges, damit wir alle nach Hause können, ein anderes Leben beginnen können, wir haben aber Pech. Das Schicksal meint es nicht gut mit uns, wendet sich von uns ab. Andere haben mehr Glück, die Kameraden H., Z., die leben schon wieder zuhause wahrscheinlich ohne Angst, uns dagegen fliegen laufend Aufklärer über den Köpfen, sie lassen uns nicht einen Augenblick in Ruhe.«[63]

Anfang Oktober 1944 erfüllte sich zumindest ein Wunsch von Bedřich Procházka. Nachdem er die regulären zwei Jahre Arbeitspflichtdienst für junge männliche Protektoratsangehörige absolviert hatte, konnte er Leipzig in Richtung Heimat verlassen.[64] Das traf jedoch nicht auf alle tschechischen Zwangsarbeiter und Zwangsarbeiterinnen zu. Allein in Leipzig verloren 130 Menschen aus dem »Protektorat Böhmen und Mähren« ihr Leben, 117 Männer, neun Frauen und vier Kinder. Sie waren zivile Zwangsarbeiter und deren Kinder, aber auch

60 Erna J. wurde am 17.4.1947 wegen Verbrechens nach Gesetz Nr. 10 des Alliierten Kontrollrats zu zwei Jahren Gefängnis verurteilt. Vgl. ebd., Band XII, S. 655f.

61 Vgl. Kershaw, Das Ende, S. 130.

62 Vgl. DDR-Justiz und NS-Verbrechen, Band X, S. 373f.

63 Procházka, Kommt die Arbeit nicht zu Dir, Geh' Du zu ihr, S. 47.

64 Vgl. ebd., S. 4.

Häftlinge in KZ-Außenlagern. Die jahrgangsweise Mobilisierung junger Männer, der Höhepunkt der radikalen Rekrutierung von Arbeitskräften aus dem »Protektorat Böhmen und Mähren«, blieb den Zeitgenossen vor allem als »Totaleinsatz« in Erinnerung.[65]

Kontroll- und Vorsichtsmaßnahmen erstreckten sich aber auch auf Wehrmachtssoldaten. Wie mit angeblichen Verrätern, Feiglingen und Defätisten umgegangen wurde, zeigte das Regime in den Kinofilmen vorangestellten »Wochenschauen« zur politischen und militärischen Lage. Damit wurde Angst unter den Menschen geschürt. Der damals achtjährige Werner B. aus Frankenberg erinnerte sich daran:

»Wir hatten zwei Kinos in Frankenberg, wir sind in beide gegangen. Es war eigentlich das Einzige, was es für uns gab: sowohl im Krieg als auch nach dem Krieg. Sonntagnachmittags ging man ins Kino bzw. Kindervorstellungen sonntagvormittags, und dort haben wir natürlich auch die Wochenschau gesehen und haben gesehen, wie unglaublich toll unsere Väter an allen Fronten siegen und wie herrlich das doch ist und dass das nur eine Frage der Zeit ist. Und auch wenn es manchmal schlecht ist, haben wir noch die Wunderwaffe, die uns der Führer versprochen hat, und es geht weiter. Dort haben wir auch die Wochenschau-Bilder gesehen von den sogenannten Vaterlandsverrätern. Da hat man wirklich Soldaten in Wehrmachtsuniform am Galgen hängen sehen oder am Straßenbaum.«[66]

Bilder von Verbrechen an Wehrmachtssoldaten erreichten dadurch ein Millionenpublikum; sie schüchterten ein.

Verschärften Kontroll- und präventiven Vorsichtsmaßnahmen unterlagen vor allem die »Strafsoldaten«. Gegen viele von ihnen ging man vorbeugend vor, wie Johannes Hähnlein Anfang September 1944 seiner Frau in Dresden berichtete:

»Gerade vorige Woche sind bei uns Kameraden abgestellt worden, sie mussten alles abgeben und gingen per Transport nach Deutschland. Ich nehme stark an, dass es eine Vorsichtsmaßnahme der Führung ist, die sich jetzt nach den Vorgängen des 20. Juli [vor] ähnlichen Überraschungen sichern will. Du siehst also, auch diese neuen Maßnahmen reichen bis zu uns. Das bemerkenswerte ist hierbei, dass fast alle Leute, die von dieser Abstellung betroffen [sind], politisch vorbestraft waren. Also auch hier hängt die Vergangenheit wie ein Schatten darüber.«[67]

5. »Freuen hilft den Krieg gewinnen«?

Im Zuge der sogenannten Totalisierung des Krieges wurden Post- und Bahndienste eingeschränkt, Stellen in der staatlichen Verwaltung beschnitten, Verlage liquidiert, das Studium an den Universitäten mit wenigen Ausnahmen unterbrochen, Filmproduktionen heruntergefahren und Zeitungen auf wenige Seiten be-

65 Vgl. Stephan Posta, Tschechische »Fremdarbeiter« in der nationalsozialistischen Kriegswirtschaft, Dresden 2002, S. 141.
66 Interview von Francesca Weil mit Werner B. am 16.3.2013, Transkriptionstext, S. 12.
67 Hermann (Hg.), Dresden 1943–1945, S. 287.

schränkt oder ganz eingestellt.[68] Letzteres bedauerte beispielsweise der Wilsdruffer Artur Kühne: »Sonntag: Aber keine Morgenzeitung? – Sonntags gibt es fortan keine Zeitung mehr.«[69] Am 25. August 1944 notierte er weitere von Goebbels verkündete Maßnahmen zur totalen Kriegsführung kommentarlos in sein Tagebuch:

»Einschränkungen auf kulturellem Gebiet (Schließung sämtlicher Theater, Varietés, Gesang-, Tanz- und Zirkusunternehmen, Kunstausstellungen, Wettbewerbe, Stilllegung des gesamten schöngeistigen Schrifttums, Zusammenlegung von Tageszeitungen), Wegfall der von ›Kraft durch Freude‹ durchgeführten Truppenbetreuung, Einschränkungen auf dem Gebiet des Erziehungswesens (Schließung von Schulen usw.), Einführung einer Sammelkarte statt der bisherigen Lebensmittelkarten, Erhöhung der Arbeitszeit in Verwaltung und Büros und eine allgemeine Urlaubssperre, Zuführung aller freiwerdenden Arbeitskräfte zur Rüstungsindustrie.«[70]

Diese einschneidenden Maßnahmen sollten den Alltag der Menschen auch in Sachsen entscheidend prägen, wenngleich es nach wie vor ein »alltägliches« Leben gab, selbst in den von alliierten Bombern angegriffenen Städten. So schrieb Hilde L. zwar ab der zweiten Hälfte des Jahres 1944 immer wieder über Bombenangriffe auf Leipzig und Umgebung, deren zerstörerische Folgen sie ihren Kindern Barbara und Valentin schilderte. Trotzdem genoss sie offenbar den Sommer in der Stadt und hielt sich bei schönem Wetter viel im Freien auf. Im Herbst folgten unmittelbar auf ihre Kinobesuche häufig Luftalarme und Bombenabwürfe – »Angst hatten wir doch wieder«, gestand sie ihren Kindern ein.[71] 1944 wurden Kinos bereits ab 11.30 Uhr geöffnet, die Vorstellungen waren stets ausverkauft.[72]

Hilde L.s im erzgebirgischen Obercarsdorf lebende Tochter Barbara freute sich im Sommer 1944 – es waren Ferien – »riesig« auf die Fahrt in ein Lager für Anwärterinnen als Jungmädelführerinnen in Nassau. Aus dem Lager zurückgekommen, schwärmte sie: »Ich bin nun aus dem Lager zurück. Leider. Es war dort sehr schön, ich wäre noch länger geblieben. […] So ein Lager ist nämlich ganz zackig.«[73] In diesen Sommerlagern wurden nicht nur Führeranwärter und -anwärterinnen ausgebildet. Hier sollten die Kinder vor allem »die Stärke der Gemeinschaft« erleben, eine Gemeinschaft, in der es Führer und Gefolgschaft geben sollte.[74] Ab September konnten Barbara L. und ihr Bruder Valentin schließlich

68 Vgl. Kershaw, Das Ende, S. 119f.

69 Tagebuchaufzeichnungen von Artur Kühne, Transkriptionstext Mario Lettau, S. 15.

70 Ebd., S. 16.

71 Vgl. Brief von Hilde L. an Valentin L. vom 24.9.1944 (Privatarchiv Barbara B., unpag.).

72 Vgl. Stargardt, Der deutsche Krieg 1939–1945, S. 488.

73 Vgl. Briefe von Barbara L. an Hilde L. vom 15.7.1944 (Privatarchiv von Barbara B., unpag.); von Barbara L. an Hilde L. vom 28.7.1944 (ebd.); von Valentin L. an Hilde L. vom 7.9.1944 (ebd.); von Valentin L. an Hilde L. vom 1.12.1944 (ebd.); von Barbara L. an Hilde L. (ebd.); von Valentin L. an Hilde L. vom 3.12.1944 (ebd.); von Barbara L. an Hilde L. (ebd.); von Valentin L. an Hilde L. vom 15.12.1944 (ebd.); von Valentin L. an Hilde L. vom 27.12.1944 (ebd.); von Valentin L. an Carl L. in Buchholz im Erzgebirge vom 27.12.1944 (ebd.).

74 Vgl. Stolz steht ein Pimpf auf Fahnenwacht. Sachsens Jungen im Sommerlager – Führeranwärter werden ausgebildet. In: Der Freiheitskampf vom 8.8.1944.

wieder ins Kino und ins Puppentheater gehen. Im November schaute sich Barbara L. im Kino »Die Feuerzangenbowle« an. Im Puppentheater wurde »Das tapfere Schneiderlein« gespielt.[75] Diese Möglichkeiten verblieben noch, nachdem im September 1944 im ganzen Deutschen Reich die Theater geschlossen worden waren, um Schauspieler, Musiker und Bühnenarbeiter zum Kriegsdienst einziehen zu können.[76]

Entgegen der staatlichen Anordnung, Zirkusunternehmen zu schließen, gab es in Dresden bis Ende des Jahres 1944 offenbar noch Vorstellungen in der Manege,[77] u.a. am 7. Oktober. An diesem Tag griff die United States Army Air Forces das als Ausweichziel vorgesehene Dresden an. Von den Bomben getroffen wurden überwiegend Teile der Innenstadt, knapp 300 Menschen verloren ihr Leben. Artur Kühne beobachtete aus den Ferne den Anflug der Flugzeuge auf das Elbtal, informierte sich über die Zerstörungen und empörte sich in diesem Zusammenhang über das Verhalten einer Nachbarin: »Gegen 13 Uhr Luftalarm! 3 mal 11 weiß glänzende Flugzeuge am südlichen Himmel. Flakschießen im Elbtal! – Gegen 15 Uhr heißt es: Dresden wurde angegriffen. Wettiner Bahnhof zerstört! Seidel & Naumann, Großmarkthalle brennen! Elektrizitätswerk getroffen, auch ein Krankenhaus! Dessen ungeachtet fährt Nachbarin L. 15:41 Uhr nach Dresden, da sie – Zirkuskarten hat!«[78]

Wie Hilde L. in Leipzig ließ sich diese Wilsdrufferin selbst bei Luftalarmen und Bombenabwürfen nicht von ihrem geplanten Vergnügen abhalten. Die Dresdner Künstlerin Hanna Hausmann-Kohlmann wiederum führte während eines Luftalarms einen anregenden Gedankenaustausch über Kunst. Sarkastisch schrieb sie in ihr Tagebuch: »Am Dienstag, den 21. November 1944, früh verlebte ich ein wunderschönes Alarmstündchen beim Kürschner Krause in Neustadt. Ein Gespräch über Kunst!«[79] Die Menschen verlangten nach unpolitischer Unterhaltung; seit Jahren versuchten sie, die Kriegsbelastungen im Privaten mit unpolitischen Mitteln zu bewältigen. 1944 trat der Kampf um die Moral der deutschen Bevölkerung in seine entscheidende Phase ein. Daraufhin suchten auch die Menschen in Sachsen noch intensiver nach persönlicher Erfüllung.[80]

Auch an traditionellen Festen wurde festgehalten. So fand laut Artur Kühne am 1. Oktober in Wilsdruff das Erntedankfest statt, »auf dem mit Kranz und Fahne geschmückten, grün gesäumten Sportplatz an der Meißner Straße«.[81] Das

75 Vgl. Brief von Valentin L. an Hilde L. vom 13.9.1944 (Privatarchiv von Barbara B, unpag.).
76 Vgl. Stargardt, Der deutsche Krieg 1939–1945, S. 533.
77 Vgl. Unter der Zirkuskuppel. Was Manege und Bühne im Sarrasanihaus bieten. In: Der Freiheitskampf vom 24.11.1944.
78 Tagebuchaufzeichnungen Artur Kühne, Transkriptionstext Mario Lettau, S. 17.
79 Hanna Hausmann-Kohlmann, Tagebuch Nr. 12 (SLUB, Mscr. Dresden App. 2386), S. 175.
80 Vgl. Stargardt, Der deutsche Krieg 1939–1945, S. 485.
81 Tagebuchaufzeichnungen Artur Kühne, Transkriptionstext Mario Lettau, S. 17.

traf auch auf die herkömmlichen, altbewährten Betriebsveranstaltungen zu, die noch bis Ende des Jahres abgehalten wurden. So gab es u. a. für die »Gefolgschaftsmitglieder« der Firma Kübler & Niethammer, darunter auch Rentner und »Kriegerfrauen«, am 30. Dezember 1944 ein Konzert mit Kantor F. in der Turnhalle Kriebstein.[82]

Darüber hinaus trugen die nationalsozialistischen Massenorganisationen weiterhin so viel wie möglich dazu bei, die Menschen zu unterhalten, um sie vom Kriegsalltag abzulenken und sie damit auch zum Durchhalten zu motivieren. Am 31. Juli 1944 organisierte beispielsweise die DAF-Kreiswaltung Dresden ein klassisches Konzert mit Tanz im Dresdner Zwinger. »Der Freiheitskampf« titelte den Beitrag zum Konzert euphorisch: »Trotz Kampf und Arbeit beschwingt und lebensfroh.« Zu Orchesterklängen tanzten 900 bunt gekleidete Frauen und Mädchen vor 25 000 Zuschauerinnen und Zuschauern. Die Tänzerinnen kamen aus Dresdner Betrieben und den Sozialgewerken, den Sozialeinrichtungen der Handwerkszünfte. Dazu zählten auch zahlreiche »Arbeitsmaiden«, die vor Ort ihren RAD-Kriegshilfsdienst ableisteten. Vom Dresdner NSDAP-Kreisleiter Hellmut Walter waren laut Zeitungsartikel an diesem Tag »schwungvolle Worte« zu hören. In seiner Rede vor der Menschenmenge habe er die stimmungsvolle Stunde als »Kostprobe des Friedens« bezeichnet. Außerdem soll er ausgerufen haben: »Freuen ist Leuchten von innen heraus. Freuen hilft den Krieg gewinnen! Am Sonntag Harmonie, Anmut, Melodien alter Meister, der Zwinger, Sonnenschein, blauer Himmel. Am Werktag das Lied der Maschinen, die Pflicht der Arbeit. Beides zusammengefaßt zum bunten Strauß ist deutsches Leben. Wie krass dagegen die Dissonanz der seelenlosen Sowjetunion, die brutale Willkür in der Welt trauriger Panjehütten.«[83]

Geschickt verbunden mit einer maßlosen Beschönigung der konkreten Situation vor Ort, schürte Walter einmal mehr auch Angst vor »sowjetischen Verhältnissen«.

Kinder konnten zu dieser Zeit angeblich ebenfalls noch »wahrhafte Lebensfreude« erleben – u. a. in Turnvereinen. In Dresden-Klotzsche beispielsweise leitete die Gaufrauenfachwartin Marga B. eine Turngruppe von 120 Kleinstkindern. »Der Freiheitskampf« berichtete, dass den Kindern mit den Turnstunden eine Möglichkeit geboten worden sei, ihre alltägliche Umwelt für kurze Zeit zu vergessen. Die Übungen im Kreise vieler glücklicher Kinder hätten darüber hinaus auch über viele seelisch schwere Stunden hinweggeholfen. Im Artikel wird zum Beispiel ein kleiner Junge zitiert, welcher der Turnleiterin vom Tod seines

82 Einladung zum Konzert am 30.12.1944 (Sächsisches Wirtschaftsarchiv Leipzig, Bestand U 47 Kübler & Niethammer, Papierfabrik Kriebstein, Akte 27, unpag.).

83 Trotz Kampf und Arbeit beschwingt und lebensfroh. 900 Frauen und Mädel tanzten vor 25 000 Dresdner im Zwinger. In: Der Freiheitskampf vom 31.7.1944.

Vaters berichtet habe: »Tanta Marga, mein Vati ist gefallen, da komme ich heute mal allein, meine Mutti kann nicht mitkommen.«[84]

Doch nicht jeder registrierte mit Wohlwollen, dass viele Menschen nach wie vor versuchten, Vergnügungen nachzugehen oder zumindest etwas Normalität zu leben. Skeptisch beäugt wurden vor allem die Menschen, die vor den Bomben auf die Großstädte und der vorrückenden Roten Armee nach Sachsen geflüchtet waren. Hier waren beispielsweise Priester »besorgt«, weil nach Ostsachsen evakuierte Frauen mit Zügen nach Dresden oder Pirna fuhren, um ins Kino oder zum Friseur zu gehen.[85]

Aber nicht nur die Vorbehalte gegenüber den immer zahlreicher gewordenen Flüchtlingen blieben erhalten bzw. nahmen weiterhin zu, sondern auch die Probleme mit ihrer Unterbringung. So notierte Artur Kühne in sein Tagebuch, dass Ende Juli 1944 126 Evakuierte von Nossen nach Wilsdruff verbracht worden seien. Hierbei habe es sich um Berliner gehandelt, die nach den Bombardierungen der Hauptstadt in Ostpreußen untergebracht worden seien und nun »beim Einbruch der Bolschewiken« von dort schnellstens hätten weggebracht werden müssen. Seine Notizen endeten mit der Bemerkung: »Die Unterbringung erfolgt nicht reibungslos.«[86]

Bis Januar 1945 flüchtete etwa eine halbe Million Menschen aus Furcht vor der Roten Armee von Ostpreußen Richtung Westen. Ein großer Teil der Flüchtlinge aus den Städten Ostpreußens wurde seit November 1944 mit Zügen nach Sachsen und Thüringen gebracht.[87] Wie Artur Kühne oder Barbara und Valentin L. schrieb auch Hildegard Menzel über die zahllosen Flüchtlinge aus dem Osten, die 1944 nach Sachsen gelangten. Auch sie beobachtete, dass nach wie vor viele Sachsen unwillig waren, Flüchtlinge bei sich aufzunehmen:

> »Du glaubst gar nicht, wie viele Ostpreußen in Dittelsdorf sind. Wenn man in einem Laden ist, dann sind immer mehr Fremde als Hiesige. Heute Abend kommen 14 Mann auf die Schule. Die S. hat ihr Fremdenzimmer hergeben müssen, wo es tüchtigen Krach wohl gegeben hat, denn sie hat es nicht wollen tun. Dann ist auch noch der Werksraum zur Verfügung gestellt worden. Die P. hat auch vorige Woche eine Frau mit zwei Kindern bekommen. Jetzt heißt es hier, wer ein heizbares Zimmer hat, muss jemanden aufnehmen. Wo sollen auch die vielen Leute untergebracht werden?«[88]

Die Frage der (vorübergehenden) Unterbringung von Flüchtlingen führte immer wieder zu zahlreichen Konflikten innerhalb der Gesellschaft. Die Reaktionen der

84 Tante Marga turnt mit 120 Kleinstkindern. Von schwarzen Buben, blonden Mädels, dankbaren Müttern und wahrhafter Lebensfreude. In: Ebd. vom 8.8.1944.

85 Vgl. Stargardt, Der deutsche Krieg 1939–1945, S. 477.

86 Tagebuchaufzeichnungen von Artur Kühne, Transkriptionstext Mario Lettau, S. 15.

87 Vgl. Notker Schrammek, Alltag und Selbstbild von Flüchtlingen und Vertriebenen in Sachsen 1945–1952, Frankfurt a. M. 2004, S. 24.

88 Brief von Hildegard Menzel an Martin Menzel vom 6.11.1944 (Privatarchiv Wieland Menzel, unpag.).

einheimischen Bevölkerung auf die durchziehenden Flüchtlinge waren insgesamt unterschiedlich – sie reichten von Mitleid bis Unmut. Mit dem Eintreffen der Flüchtlingstrecks wurde vielen Sachsen und Sächsinnen zudem klar, dass die Kriegsfront unerbittlich näher rückte. Damit ging auch die Sorge einher, gegebenenfalls bald selbst flüchten zu müssen.[89]

6. »Die Groteske erweist sich als Berechnung.«

Auch Felicja Bannet-Schäftler musste sich mit Konflikten und Streitereien auseinandersetzen, allerdings in einem ganz anderen, weil grundsätzlich menschenverachtendem Umfeld. Sie schrieb ein Tagebuch auf Formularen aus der Leipziger HASAG, mit einem Bleistift, den sie dem Meister heimlich entwendet hatte. Ihre Texte verfasste sie an freien Sonntagen oder nachts in einer beleuchteten Ecke in der Fabrik, in den Pausen oder im Keller während der Bombenangriffe. Dabei war sie von der Hoffnung getragen, dass sie das Tagebuch aufbewahren und Menschen übergeben könne, welche die Niederlage Hitlers erleben würden. Die fast 40-jährige Felicja Bannet-Schäftler zählte zu den 1 200 Jüdinnen, die im Sommer 1944 aus einem mittlerweile geschlossenem Lager in der polnischen Stadt Skarżysko-Kamienna in ein KZ-Außenlager nach Leipzig-Schönefeld gebracht worden waren.[90]

Aufgrund des Arbeitskräftemangels entstand seit März 1943, aber vor allem seit Mitte des Jahres 1944 auch in Sachsen ein zunehmend dichteres Netz von KZ-Außenlagern und -Außenkommandos. In ihnen wurden Tausende Häftlinge untergebracht, die in sächsischen Rüstungsbetrieben ausgebeutet wurden.[91] In Sachsen war zwar selbst keines der zentralen Haupt-Konzentrationslager errichtet worden, aber auch hier existierte seit den 1930er-Jahren ein ausgedehntes Lagersystem. Dazu zählten eine Reihe von frühen Konzentrationslagern,[92] Kriegsgefangenenlagern[93] und fast flächendeckend zahlreiche Zwangsarbeitslager.[94] Zwischen Sommer 1944 und Frühjahr 1945 kamen 54 Außenlager

89 Vgl. Schrammek, Alltag und Selbstbild, S. 26.

90 Vgl. Karay, Wir lebten, S. 9.

91 Vgl. Wolfgang Benz/Barbara Distel (Hg.), Flossenbürg. Das Konzentrationslager Flossenbürg und seine Außenlager, München 2007; Ulrich Fritz, Verwischte Spuren. Die ehemaligen Außenlager des KZ Flossenbürg in Sachsen. In: Dachauer Hefte, 24 (2008), S. 46–62, hier 48.

92 Vgl. Carina Baganz, Erziehung zur »Volksgemeinschaft«? Die frühen Konzentrationslager in Sachsen 1933–34/37, Berlin 2005. Das am längsten betriebene Konzentrationslager in Sachsen war das frühe KZ Sachsenburg. Ausführlich dazu Bert Pampel/Mike Schmeitzner (Hg.), Konzentrationslager Sachsenburg (1933–1937), Dresden 2018.

93 Vgl. Jörg Osterloh, Ein ganz normales Lager. Das Kriegsgefangenen-Mannschaftslager 304 (IV H) Zeithain bei Riesa/Sa. 1941 bis 1945, Leipzig 1997.

94 Vgl. Sächsischen Staatsarchiv Leipzig (Hg.), Fremd- und Zwangsarbeit in Sachsen 1939–1945, Dresden 2002.

bzw. -kommandos in sächsischen Städten und Dörfern hinzu, die den großen KZ-Hauptlagern, dem bayerischen Flossenbürg, dem thüringischen Buchenwald und dem niederschlesischen Groß-Rosen, unterstanden.[95] Ende September 1944 arbeiteten in Sachsen ungefähr 7000 männliche und 8500 weibliche KZ-Häftlinge. Damit machten sie vier Prozent aller Zwangsarbeiter und Zwangsarbeiterinnen aus.[96] Bis Ende des Jahres verdoppelte sich die Zahl der Zwangsarbeit Leistenden auf 14000 männliche und 18000 weibliche KZ-Häftlinge; sie erreichte damit ihren Höchststand.[97]

In Sachsen profitierten am meisten die Chemnitzer Auto-Union und vor allem die Leipziger HASAG von der Häftlingszwangsarbeit. Ende 1944 unterhielt die HASAG, der größte Leipziger Rüstungsbetrieb, acht KZ-Außenlager, in denen sich am 31. Januar 1945 insgesamt 16581 Häftlingen befanden, davon 10557 jüdische und nichtjüdische Frauen sowie 4024 jüdische Männer.[98] In Leipzig-Schönefeld entstand das erste Frauen-Außenlager des KZ Buchenwald.[99] Es war ein Frauenlager mit Häftlingen vieler Nationalitäten. Dieses Lager erreichten am 4. August 1944 die 1200 Jüdinnen aus Skarżysko-Kamienna, darunter Felicja Bannet-Schäftler.[100]

Der hohe Frauenanteil unter den Häftlingen in der HASAG hatte seinen Grund. Paul Budin, Generaldirektor des Betriebes,[101] der bereits im »Generalgouvernement« 15000 Juden, darunter viele Frauen, für seine Firma schuften ließ, hatte nicht wie andere Misstrauen gegenüber der technischen Fähigkeiten und Fertigkeiten von Frauen. Im Gegenteil, er war der erste Industrielle im besetzten Polen, der Zwangsarbeiterinnen verschiedene Sorten Munition an Maschinen produzieren lassen hat. Dabei machte er die Erfahrung, dass Frauen keine geringere technische Begabung als Männer haben und sich erstaunlich schnell an Produktionen gewöhnen konnten, die keinen erheblichen physischen Einsatz benötigten.[102] In einem Brief an Oswald Pohl, den Leiter des SS-Wirtschafts- und Verwaltungshauptamtes, schrieb Budin im Herbst 1944 über den großen Erfolg bei der Rekrutierung von KZ-Häftlingen: »Die Hasag arbeitet heute bereits mit 10 000 KL-Häftlingen und ist mehr als zufrieden in Bezug auf Leistung und Haltung. Ich möchte Ihnen Vorstehendes pflichtgemäß mitteilen, da ich ohne die

95 Vgl. Fritz, Verwischte Spuren, S. 46–62.
96 Vgl. Ulrich Fritz, KZ-Außenlager in Sachsen. In: Schmeitzner/Vollnhals/Weil (Hg.), Von Stalingrad zur SBZ, S. 139–156, hier 148.
97 Vgl. ebd., S. 152.
98 Vgl. Karay, Wir lebten, S. 30.
99 Vgl. Fritz, KZ-Außenlager in Sachsen, S. 148.
100 Vgl. Karay, Wir lebten, S. 9 und 39.
101 Ausführlicher zu Paul Budin vgl. Mustafa Haikal, Exkurse und Dokumente zur Geschichte der Hasag. In: UFZ-Umweltforschungszentrum Leipzig-Halle GmbH (Hg.), Leipzig Permoserstraße. Zur Geschichte eines Industrie- und Wissenschaftsstandorts, Leipzig 2001, S. 54–73, hier 66–68.
102 Vgl. Karay, Wir lebten, S. 26 und 32.

vorerwähnte Unterstützung den Hochlauf von früher der Infanterie und neuerdings der Panzerfaust auch nicht im Entferntesten so gemeistert hätte, wie es jetzt der Fall ist.«[103]

Seit November 1944 wurden in der HASAG monatlich über eine Million Panzerfäuste produziert und Richtung Ostfront geschickt.[104]

Die KZ-Außenlager waren mithin auch in Sachsen ein flächendeckendes Phänomen und mit der sie umgebenden Gesellschaft mehr oder weniger eng verbunden. In den Betrieben leiteten deutsche Meister und Vorarbeiter die Häftlinge an und hatten damit den unmittelbarsten Kontakt.[105] In der Maschinenhalle, in der Felicja Bannet-Schäftler in zwei Schichten als Zwangsarbeiterin arbeitete, kamen die Häftlinge während der Arbeit ebenfalls mit der Zivilbevölkerung in Berührung.[106] Viele der deutschen Arbeiterinnen und Arbeiter mieden den direkten Umgang, zumal er unter Strafe stand; andere wiederum schlugen die Zwangsarbeiterinnen. Aber einige wenige suchten das Gespräch und halfen – mit einem Stück Brot, mit Obst, mit Wäsche.[107]

Über den Umgang der Wachmannschaften mit den Frauen während der Arbeit urteilte Felicja Bannet-Schäftler in einem nach dem Krieg angefertigten Zeugnis: »Unser Konzentrationslager war [...] ein Arbeitslager. Wir mussten in einem der größten Rüstungsbetriebe Deutschlands arbeiten und kamen dabei mit der Zivilbevölkerung in Berührung. Deshalb wurde dem äußeren Anschein nach Menschlichkeit gewahrt – die Angst aber blieb.«[108] Trotzdem erging es ihnen besser als den Häftlingen in den Vernichtungslagern. Felicja Bannet-Schäftler war sich dessen bewusst: »Häftlinge von Bergen-Belsen, Ravensbrück, Groß-Rosen, Stutthof oder Mauthausen werden das, was wir erlebt haben, nicht für besonders schlimm halten, waren sie selbst doch in einem der Todeslager, die ohne Scheu ›Vernichtungslager‹ genannt wurden.«[109]

Dass die Verhältnisse in den sächsischen KZ-Außenlagern erträglicher waren als in den Vernichtungslagern spiegeln auch andere Zeugenaussagen und Lebenserinnerungen wider. In den Rüstungsbetrieben stand der Erhalt der Arbeitsfähigkeit im Vordergrund, rassistische Abstufungen und eine entsprechend schlechtere Behandlung vor allem der jüdischen Häftlinge rückten deshalb in den Hintergrund.[110] Dennoch war die Zwangsarbeit für die Häftlinge gefährlich:

103 Zit. nach ebd., S. 32f.
104 Vgl. ebd., S. 33.
105 Vgl. Fritz, Verwischte Spuren, S. 49.
106 Vgl. Tagebuch von Felicja Bannet-Schäftler (Archiv Yad Vashem Jerusalem, 0-33/4096), S. 13f. Zit. nach Karay, Wir lebten, S. 9 und 64.
107 Vgl. Karay, Wir lebten, S. 84–88.
108 Nach dem Krieg erstelltes Zeugnis von Felicja Bannet Schäftler. Zit. nach ebd., S. 9.
109 Ebd.
110 Vgl. Fritz, KZ-Außenlager in Sachsen, S. 150.

Als Ungelernte waren sie nicht vor Arbeitsunfällen gefeit, sie mussten Drangsalierungen der Vorgesetzten und der SS ertragen, lebten in improvisierten Unterkünften, wurden nicht ausreichend ernährt und waren der Bedrohung durch Bombenangriffe ausgesetzt.[111]

Auch Felicja Bannet-Schäftler beschrieb die schweren Arbeits- und Überlebensbedingungen. Sie leistete bei der HASAG Schwerstarbeit in der Maschinenhalle, in der die schlimmsten Bedingungen von allen Abteilungen herrschten und in zwei Schichten gearbeitet wurde:

»Dutzende große und kleine elektrische Maschinen erwärmen die Luft, die von dem Geruch von Schweiß und abgestandenem Öl erfüllt ist, noch zusätzlich. Der Motorenlärm, das Kreischen der Sägen und Bohrmaschinen, das Schreien und Rufen der Meister und Aufseher, die Flüche in allen Sprachen der Welt, dazu die mörderische Geschwindigkeit, die gefordert wird – all das tut seine betäubende Wirkung, der Schweiß läuft uns in die Augen, die Hände führen mechanisch immer wieder die gleichen Bewegungen aus. Die Norm – inzwischen sind es fünf Kisten. In jeder Kiste 450 Muttern, jede muss in der Maschine befestigt und mit sechs in Form und Durchmessern verschiedenen Gewindebohrern gebohrt werden. [...] Sechs Bewegungen mit der rechten Hand, zwei mit der linken, das sind 8×5×450, das sind 18 000 Bewegungen im Laufe von zwölf Arbeitsstunden und 1 500 in einer Stunde. Das erinnert an den Film von Chaplin.«[112]

Für die Arbeit an den Maschinen wurden zum Schutz Haarnetze ausgeteilt. Für Felicja Bannet-Schäftler grenzte diese Geste zwar schon ans Groteske, doch sie wusste auch um deren logischen Grund: »Dort [in den Lagern im besetzten Polen] liquidierte uns die SS und hier wurden Haarnetze ausgeteilt! Aber auch dieses System ist in sich logisch: Eine Leiche neben der Maschine – das bedeutet Produktionsunterbrechung, Maschinenreparatur, Zeit- und Rohstoffverschwendung! Die Groteske erweist sich als Berechnung.«[113]

Für viele Frauen war die Zwangsarbeit in einem Rüstungsbetrieb tragisch, denn sie wussten, dass sie den Deutschen halfen, Waffen herzustellen, die sich gegen ihre eigenen Männer, Brüder und Söhne richteten. Deshalb verübten einige Sabotage, darunter auch Jüdinnen – trotz des extrem hohen Risikos. Ihnen drohte nicht wie den anderen Häftlingen Bunkerhaft oder Abschneiden der Haare, sondern die Rückführung nach Auschwitz.[114] Auch Felicja Bannet-Schäftler beteiligte sich an der Sabotage: »In Skarżysko geübt, an systematische Sabotage zu denken, stürze ich mich auf jede Gelegenheit. Am nächsten Tag zerbreche ich absichtlich weitere Bohrer. Der Holländer [ein Aufpasser] schimpft, schreit ›pass auf!‹. Nach

111 Vgl. ebd.

112 Vgl. Tagebuch von Felicja Bannet-Schäftler (Archiv Yad Vashem Jerusalem, 0-33/4096), S. 13 f. Zit. in Karay, Wir lebten, S. 64.

113 Vgl. ebd., S. 66.

114 Vgl. ebd., S. 74.

drei Tagen wird es ihm zu viel. Er schöpft Verdacht. Droht, die SS-Aufseherin zu informieren. Ich muss vorsichtig sein.«[115]

Die Frauen aus dem KZ-Außenlager Leipzig-Schönefeld – Russinnen, Jüdinnen, Polinnen, Ukrainerinnen, Weißrussinnen, Griechinnen, Tschechoslowakinnen, Französinnen, Sintizas und Romnija sowie Frauen aus Belgien und Jugoslawien – mussten früh am Morgen in Fünferreihen, »in mustergültiger Ordnung«, zur Arbeit laufen. Sie waren müde, sie froren. Wer aus der Reihe geriet oder die Fackeln nicht aufrecht hielt, bekam die Peitschen der SS-Aufseher zu spüren. Ilona Karmel beschrieb den Zug der Häftlinge durch die Stadt nach dem Krieg in einer israelischen Tageszeitung: »Wie eine riesige Raupe kroch die Frauenkolonne die Straße entlang. Das Fackellicht goss rötlichen Schimmer über die Streifenkleider und auf die schwerfälligen Körper der Hunde, die den Aufsehern des Zuges auf dem Fuße folgten. Außerhalb des Lichtkreises war die Straße ganz dunkel, ein paar Baumstümpfe, die von einer verirrten Bombe entwurzelt worden waren, glichen verkrümmten Schatten. Vollkommene Stille ringsrum, nur die Holzschuhe waren zu hören, und dass zuweilen ein Hund zu knurren begann – ein Knurren, das in Gebell mündete.«[116]

Am frühen Morgen erschienen die ersten Leipziger Passanten und Passantinnen auf den Straßen, später nahm die Geschäftigkeit in der Stadt zu.[117] Felicja Karay erzählt von folgenden Beobachtungen und Überlegungen zum Kontakt mit den Einheimischen:

> »Manche schauen sich verwundert an, andere mitleidig. Wieder andere spucken aus und schreien ›dreckige Jüdinnen!‹ oder beschimpfen die Russinnen. Aber aus dem Gesicht der meisten spricht Gleichgültigkeit; sie haben sich an diesen Anblick schon gewöhnt, an solche Marschkolonnen, an Marschkolonnen aus Zahlen. […] Die Geschäftigkeit auf den Straßen erscheint uns wohlbekannt und zugleich unendlich fremd. Es ist, als ob diese Menschen, dort in der Freiheit, sich wie Puppen hinter einer unsichtbaren Wand bewegen würden. Was diese Menschen wohl denken? Ob sie sich vor dem Kriegsende fürchten? Schließlich fallen in Leipzig täglich Bomben! ›Was werden sie sagen, wenn der Krieg vorbei sein wird? Dass sie nichts gewusst hätten, dass sie von Lagern und Zwangsarbeitern nie etwas gehört hätten? Wir wurden durch die ganze Stadt geführt, alle konnten es sehen.‹«[118]

Die Einschätzung von Felicja Karay, der Großteil der sächsischen Bevölkerung verhalte sich gleichgültig gegenüber den KZ-Häftlingen und ihren sichtbaren Leiden, deckt sich mit dem Urteil von Henny Brenner, der »Halbjüdin« aus Dresden, über ihre sächsischen Mitmenschen. Die KZ-Häftlinge wie auch die noch vor

115 Tagebuch von Felicja Bannet-Schäftler (Archiv Yad Vashem Jerusalem, 0-33/4096), S. 15. Zit. nach Karay, Wir lebten, S. 74.

116 Ilona Karmel, Al pat lehem (Für ein Stück Brot). In: Al hamishmar vom 19.6.1961. Zit. nach Karay, Wir lebten, S. 77.

117 Vgl. ebd.

118 Vgl. ebd., S. 77 f. Zitat von Felicja Silberstein-Shaar (Archiv Yad Vashem Jerusalem, 0-33/3334).

Ort lebenden ansässigen Jüdinnen und Juden waren zwar sichtbarer Bestandteil der sächsischen Gesellschaft, wurden aber von ihr ausgegrenzt.

Felicja Karay beschreibt Felicja Bannet-Schäftler als eine gebildete Frau, die alles, auch im Lager, mit kritischen Augen betrachtete. Während andere Häftlinge vor allem die Vorteile des Lagers gegenüber dem polnischen wahrgenommen hätten, habe sie die Schlafpritschen der polnischen Kapos, der »Blokowa« und der »Sztubowa«, die von den anderen mit Laken abgetrennt waren, gesehen – die gemütlichen Ecken der »Herrinnen des Lagers«. Auch die Enge und die Wanzen, die aus den Matratzen krochen, seien ihr nicht verborgen geblieben. Und sie habe das Weinen der Frauen gehört, die durch ihre Verlagerung in ein sächsisches KZ-Außenlager von ihren Männern, Brüdern und Söhnen in Polen getrennt wurden.[119]

In Leipzig beschäftigte Felicja Bannet-Schäftler aber vor allem der alltägliche, schwierige Umgang der Häftlinge untereinander. Die Frauen verschiedener Nationalitäten wurden von der SS mit Drohungen, Sklavenarbeit und Hunger eingeschüchtert, ihre menschlichen Eigenschaften versuchte man zu beseitigen. Die traurigste Erfahrung sei aber für sie gewesen, dass sich ein Volk gegen das andere habe aufhetzen lassen, u. a. indem jede Äußerung von Anteilnahme und Solidarität verhindert worden sei.[120] Die SS achtete offenbar sehr genau darauf, dass die Häftlingszwangsgesellschaften heterogen zusammengesetzt waren. Sprachbarrieren und unterschiedliche Haftgründe sollten angesichts des permanenten Mangels Konkurrenzen anheizen.[121] Felicja Bannet-Schäftler hielt dazu in ihrem improvisierten Tagebuch fest: »Jedes Volk wird anders behandelt, ganz bewusst werden Verbundenheiten wie gemeinsamer geopolitischer Hintergrund oder gleiche Staatsbürgerschaft ignoriert. [...] Hitlers Nationalitätenpolitik, die auf partieller Unterstützung und gleichzeitiger Verhetzung von Minderheiten basiert, um die Staaten von innen zu zerstören, stellt sich hier wie in einem Zerrbild dar.«[122]

Die Häftlinge unterschiedlicher Nationen wurden von der Lagerleitung nicht gleich behandelt. Die Russinnen und die Tschechinnen standen unter strenger Aufsicht, die Polinnen dagegen weniger. Letzteren wurden alle Posten der Lagerverwaltung überlassen, was der gängigen Verfahrensweise in multinationalen Konzentrationslagern widersprach. In der Regel setzten die Lagerleitungen »Kapos« aller Nationalitäten ein. Indem im Frauenlager in Leipzig-Schönefeld

119 Vgl. ebd., S. 57 f. Das Wort »Kapo« stammt vom italienischen Wort »Capo« ab, das »Chef« bedeutet. In den nationalsozialistischen Konzentrationslagern waren Kapos Funktionshäftlinge, die als Mitarbeiter der Lagerleitung andere Häftlinge beaufsichtigten. Sie genossen dadurch Privilegien. Vgl. www.ghetto-theresienstadt.info/pages/k/kapo.htm; 12.3.2019.

120 Vgl. ebd., S.106 f.

121 Vgl. Fritz, KZ-Außenlager in Sachsen, S. 142.

122 Vgl. Tagebuch von Felicja Bannet-Schäftler (Archiv Yad Vashem Jerusalem, 0-33/4096), S. 1. Zit. in Karay, Wir lebten, S.106 f.

eine »polnische Führungsschicht« mit Privilegien entstand, kam es zu Spaltungen: Die Polinnen waren unter den übrigen Häftlingen unbeliebt, sogar verhasst. Auch die Slowakinnen und die Französinnen hatten es leichter. Die Jüdinnen dagegen erfuhren viel Ablehnung durch ihre Mithäftlinge; der »Antisemitismus der Häftlinge anderer Nationalitäten äußerte sich in der Regel in Unterstützung und Zustimmung zu den Machenschaften der antisemitischen Funktionsträgerinnen«, schreibt Karay.[123] Die Auseinandersetzungen zwischen einzelnen Frauen und Frauengruppen verschiedener Nationalitäten bedrückten Felicja Bannet-Schäftler wesentlich mehr als die teilweise grobe Behandlung durch die SS oder die sächsischen Meister und Vorarbeiter. Letzteres kannte sie bereits von der Zwangsarbeit im polnischen »Generalgouvernement«, ersteres hingegen war ihr neu. Offenbar zerschlug sich zu diesem Zeitpunkt ihre Hoffnung auf Gemeinschaftssinn und Solidarität unter den Inhaftierten.

7. »Alle heben die Hand zum Schwur.«

Während Felicja Bannet-Schäftler im Herbst 1944 in der Leipziger HASAG wie Tausende andere KZ-Häftlinge in ganz Sachsen schuftete und bei Gelegenheit ihre Beobachtungen und Gedanken in ihr improvisiertes Tagebuch eintrug, wurden – wie überall im Deutschen Reich – auch in Sachsen Bataillone des Volkssturms gegründet. Nach Ansicht der NSDAP-Führungsriege machte die militärische Lage, insbesondere der bevorstehende Einmarsch der Alliierten in Deutschland, diese großangelegte Maßnahme notwendig. Artur Kühne in Wilsdruff schrieb am 18. Oktober 1944: »Der Rundfunk 18 Uhr bringt den Aufruf des Führers zur Bildung des Volkssturms: Alle waffenfähigen Männer zwischen 16 und 60 Jahren sind nunmehr Soldaten. Sie werden den Heimatboden mit allen Waffen und Mitteln verteidigen.«[124]

Gauleiter Mutschmann beauftragte den Führer der sächsischen SA, Brigadeführer Paul Arthur Rabe, damit, die Volkssturmbataillone zu bilden. Die Kompanien, die sich territorial mit den NSDAP-Ortsgruppen decken sollten, wurden zu Bataillonen zusammengefasst. Gruppen-, Zug-, Kompanien- und Bataillonsführer leiteten die Einheiten auf den jeweiligen Ebenen. Ansonsten sei – so »Der Freiheitskampf« – das ganze Volk »ohne Rang und Dienstgrad ins Glied« getreten. »Der alte kampfgewohnte Sachsengau« habe »den Ruf des Führers gehört: Volk ans Gewehr!« In den Augen der alten Soldaten aus dem Ersten Weltkrieg sei wieder ein Leuchten zu sehen gewesen; keiner der Männer und Jugendlichen

123 Vgl. Karay, Wir lebten, S. 107, 109, 124–130.

124 Tagebuchaufzeichnungen Artur Kühne, Transkriptionstext Mario Lettau, S. 17.

habe sich zu alt oder zu jung gefühlt. »Tausende von Freiwilligen« hätten die altersbedingten »Zipperlein« nicht mehr gespürt und auf die »wohlverdiente Altersruhe gepfiffen«, weil sie angeblich hätten dabei sein wollen, »wenn das Volk aufbricht«.[125]

Am 7. November 1944 wurde der Dresdner Volkssturm vereidigt. Es waren so viele Männer, dass ihr Einmarsch in eine Sportarena über eine Stunde dauerte. Martin Mutschmann, als NSDAP-Gauleiter auch Führer des Volkssturms in Sachsen, hielt eine Ansprache, in der er behauptete, »dass in der Endphase dieses Krieges die Haltung, der Charakter, die Weltanschauung über die Materie triumphieren werden«. Nach dieser von weiteren Phrasen durchzogenen Rede sprach der Dresdner NSDAP-Kreisleiter Walter die Eidesformel vor: »Ich gelobe, dass ich für meine Heimat tapfer kämpfen und lieber sterben werde, als die Freiheit meines Volkes preiszugeben.«[126] Artur Kühne klebte am 12. November einen Zeitungsartikel in sein Tagebuch, der die Vereidigung des Volkssturmbataillons in Wilsdruff auf martialische Art und Weise beschreibt:

> »Heute marschierten die beiden Kompanien hinauf zum Ehrenmal an der alten Jacobikirche. Zwei Soldaten hielten hier die Ehrenwache. Feierlich-musikalische Klänge der Orchesterschule tönen über die Mannschaften, tönen über die wettergebräunten Ehrenkreuze der Gefallenen 1914/18. Der mit Führung des Wilsdruffer Bataillons beauftragte Kreisamtsleiter C. Richter machte Meldung dem Hoheitsträger, und dann bricht das alte stolze Lied empor: ›Oh Deutschland hoch in Ehren‹. […] Kommandowort. Fahnen werden gesenkt. Dumpfer Trommelwirbel. Das Lied vom guten Kameraden. Ihr Opfer ist uns Befehl, zu vollenden, wofür sie kämpften und starben! Dem Soldaten an der Front gleich wollen wir unsere Pflicht erfüllen, niemals erlahmen in der Hingabe, nie wankend werden im Glauben an den Führer und an den Sieg. Der Bataillonsführer liest die markigen Kampfsätze des Volkssturms. Je 4 Männer der angetretenen Kompanien schreiten zur Fahne. Alle heben die Hand zum Schwur, dem Führer bedingungslos treu und gehorsam zu sein, für die Heimat zu kämpfen und lieber zu sterben, als die Freiheit und die soziale Zukunft des deutschen Volkes preiszugeben. Darauf ein begeistertes Sieg-Heil, und machtvoll steigen in den sonnenverklärten Novembermorgen hinauf die Lieder der Nation.«[127]

Das Vorhaben, dass die Männer der Volkssturmeinheiten fanatisch um jeden Meter deutschen Bodens kämpfen, scheiterte jedoch an der geringen Kampfmoral und der unzureichender Bewaffnung.[128] Bis Ende Januar 1945 erhielt der Volkssturm lediglich 40 500 Gewehre und 2 900 Maschinengewehre, überwiegend veraltet, und selten passende Munition dazu. Hinzu kam die schlechte Ausbildung der Männer vor allem im mittleren Alter.[129] Der Volkssturm wurde zwar als großes generationelles Gemeinschaftsprojekt propagiert, dem entsprach

125 Der Volkssturm im Sachsengau aufgestellt. In: Der Freiheitskampf vom 28.10.1944.
126 Dresdner Volksturm vereidigt. In: Ebd. vom 8.11.1944.
127 Tagebuchaufzeichnungen Artur Kühne, Transkriptionstext Mario Lettau, S. 18.
128 Vgl. Behring, Das Kriegsende 1945, S. 230.
129 Vgl. Stargardt, Der deutsche Krieg 1939–1945, S. 542.

die tatsächliche Altersstruktur jedoch nicht. Die 50- bis 60-Jährigen machten 60 Prozent der Männer aus, die 14- bis 20-Jährigen jedoch nur vier Prozent.[130]

Friedrich Michael, Lektor und Assistent im Insel Verlag, leistete Dienst beim Leipziger Volkssturm. Aus seinen Tagebucheintragungen vom 28. Januar 1945 geht die unzureichende militärische Ausstattung und Ausbildung der Volkssturmeinheiten hervor: »Neuer Schnee. Recht kalt. 7 Uhr Volkssturmdienst. Vereidigung abseits vom Exerzierplatz Bauernwiesen. Der Bataillons-Führer Nitzschner bleibt bei der Eidesverlesung stecken und muss noch einmal von vorn anfangen. Dann auf den Sportplatz zum Schießen. Nur ein Schuss Kleinkaliber. Ich treffe! Trotz Schneegestöber und schlechter Sicht. Dann noch Panzerfaust usw.«[131] Drei Tage später notierte er: »Abends Volkssturmdienst Café Luze. Ansprache zum 30. Januar. Grotesker Gegensatz der Rede zur augenblicklichen Lage.«[132]

Einige sächsische Volkssturmeinheiten wurden an der Ostfront in schwere Kämpfe verwickelt und erlitten hohe Verluste. Doch vielerorts zeigten sich auch Auflösungserscheinungen.[133] Nicht wenige der Volkssturmkämpfer handelten wie der Chemnitzer Walter Epping, der zum Volkssturmbataillon 52 eingezogen wurde: »Als Zugführer des nicht vorhandenen Nachrichtenzuges. An kriegerischen Ereignissen habe ich nur als Objekt teilgenommen. Als das Bataillon sich nach Osten gegen die Russen absetzen sollte, bin ich nach Hause gegangen.«[134] Sich den bevorstehenden Kämpfen mit mehr als ungleichen Mitteln und Waffen entziehen zu können, hing jedoch von den jeweiligen Situationen und Personen vor Ort ab. Prinzipiell war es nicht einfach, sich als Teil dieses »letzten Aufgebots« von bis zu sechs Millionen Männern von den fanatischen Einstellungen der Nationalsozialisten zu distanzieren. Die Kommandeure der Einheiten fühlten sich den Idealen des Volkssturms häufig mehr verpflichtet als die meisten der von ihnen geführten Männer. Ein Entkommen war deshalb nicht in jedem Fall möglich. In den ersten Monaten des Jahres 1945 sollten sich schließlich die militärische Nutzlosigkeit und die sinnlosen, schweren Verluste von Volkssturmmännern in ihrem vollen Ausmaß zeigen.[135]

---

130 Vgl. Martin Clemens Winter, Gewalt und Erinnerung im ländlichen Raum. Die deutsche Bevölkerung und die Todesmärsche, Berlin 2018, S. 112.

131 Vgl. Friedrich Michael, »Abends kommt die Nachricht, dass morgen Friedenstag sein soll mit Reden Churchills und des englischen Königs. Schreckliche Empfindungen über diesen Kriegsausgang.« Tagebuch Januar bis Juni 1945. In: Mark Lehmstedt (Hg.), Leipzig in Trümmern. Das Jahr 1945 in Briefen, Tagebüchern und Fotografien, Leipzig 2004, S. 53–81, hier 56.

132 Ebd., S. 57.

133 Vgl. Behring, Das Kriegsende 1945, S. 230.

134 Zit. ebd.

135 Vgl. Kershaw, Das Ende, S. 162f.

Im Herbst 1944 musste Rüdiger, der 16-jährige Sohn von Hildegard und Martin Menzel, mehrfach in sogenannte Wehrertüchtigungslager,[136] in denen männliche Jugendliche militärisch gedrillt und ideologisch indoktriniert auf ihren Kriegseinsatz vorbereitet wurden.[137] Aus einem der Lager schrieb er an seinen Vater: »Lieber Vati! Jetzt gerade ist Mittagspause, und ich erhielt Deinen Brief vom 1.9.1944. Das Essen ist prima, nur etwas wenig manchmal. Wir müssen früh 6 Uhr aufstehen, waschen und dann frühstücken. Abends geht der Dienst bis ½ 9 Uhr. Ausbildung haben wir nur am Gewehr. Die Kameradschaft in unserer Stube ist 1A! Wie der Dienst hier ist, kann ich Dir nicht genau beschreiben. Ich habe ja jeden Tag den Dienstplan abgeschrieben, den schicke ich Dir mal. Heute haben wir uns freiwillig zum Krieg melden müssen!«[138]

Martin Menzel reagierte mit Unverständnis: »Eins verstehe ich aber nicht, wenn Rüdiger schreibt, dass sie sich haben freiwillig für den Krieg melden müssen. Die sind doch alle viel zu jung noch. Ich nehme an, sie sind gefragt worden, wer sich freiwillig melden würde. Aber man kann ja alles nicht wissen.«[139] Die Zukunft des Deutschen Reiches stand infrage – Kriegsdienst und Opferbereitschaft wurden daher von der NS-Führung zu den wichtigsten Tugenden erklärt. Der neue Befehlshaber des Ersatzheeres, Heinrich Himmler, begründete die Notwendigkeit, sogar 15-jährige an die Front zu schicken, mit zynischen Worten: »Es ist besser, es stirbt ein junger Jahrgang und das Volk wird gerettet, als dass ich den jungen Jahrgang schone und ein ganzes 80–90 Millionenvolk stirbt aus.«[140] Doch viele Jugendliche meldeten sich auch zu dieser Zeit noch freiwillig. Bereits im August 1944 hatte Reichsjugendführer Artur Axmann alle Jungen, die dem Jahrgang 1928 angehörten, dazu aufgefordert. 70 Prozent dieser Altersgruppe meldete sich daraufhin freiwillig. Nur wenige Eltern versuchten ihre Söhne daran zu hindern, auch wenn sie deren Mobilmachung mit Angst beobachteten. Bei vielen dieser Jugendlichen hielt das Gefühl für den Krieg als das »eines patriotischen Abenteuers« bis 1945 an.[141]

136 Vgl. Brief von Hildegard Menzel an Martin Menzel vom 24.8.1944 (Privatarchiv Martin Menzel, unpag.).

137 Ausführlich zu den Kriegseinsätzen der Hitlerjugend, inklusive der »Vorbereitung auf den soldatischen Dienst« in Wehrertüchtigungslagern vgl. Michael Buddrus, Totale Erziehung für den totalen Krieg. Hitlerjugend und nationalsozialistische Jugendpolitik, München 2003, S. 41–59.

138 Brief von Rüdiger Menzel an Martin Menzel aus dem Wehrertüchtigungslager Lichtenstein vom 3.9.1944 (Privatarchiv Martin Menzel, unpag.).

139 Brief von Martin Menzel an Hildegard Menzel vom 6.9.1944 (ebd.).

140 Zit. nach Stargardt, Der deutsche Krieg 1939–1945, S. 543.

141 Vgl. ebd., S. 541.

8. »Alle schönen Ideale sind zerschlagen.«

Im Herbst 1944 beklagte sich der zu Beginn des Jahres zur Wehrmacht eingezogene Lehrer und Kantor Max M. gegenüber seiner ältesten Tochter erstmals mit nachdenklichen und pessimistischen Äußerungen über die Gesamtsituation: »Der totale Krieg wirft alles durcheinander und verlangt von jedem Dinge, an die er kaum gedacht hat. Alle schönen Ideale sind zerschlagen. Wir müssen uns neue suchen. Finden wir sie, dann ist es gut. Du bist noch jung. Dir wird es leichter fallen als uns. Wir müssen von den schönen Erinnerungen leben, und davon haben wir Gott sei Dank recht viele.«[142]

Viele Sachsen und Sächsinnen berichteten in der zweiten Jahreshälfte weiterhin von den zahlreichen Fliegeralarmen, darunter auch die Dresdner Künstlerin Hanna Hausmann-Kohlmann. Ohne über die Ursachen der Bombardierungen durch die Alliierten zu reflektieren oder zu schreiben, verurteilte sie die Angriffe und Überflüge auf das Schärfste: »Teile der Menschheit sind ihres Heimes beraubt und mit Feuer und Sprengstoff getötet – die ihr Heim noch haben, sollen *glücklich* sein – hier macht mein Fassungsvermögen nicht mehr mit. Die Maschinen, die ich in der Luft anbrausen höre, könnt ich mit dem Fluch des Jahrhunderts erkennen und dem Wahnsinn – wie kann ein ›allmächtiger‹ Gott das auf die Dauer annehmen. Es gibt keine Erklärung, die Brandstifter dieses Wahnsinns können nie gerichtet werden.«[143]

Auch der mittlerweile elfjährige Valentin L. im erzgebirgischen Obercarsdorf berichtete seiner Mutter von den Fliegeralarmen. Aus seinen Worten geht hervor, dass er den Krieg mit seinen Kinderaugen (noch immer) als ein großes Spiel ansah: »Wir hatten die letzten 3 Tage immer Alarm. Wir müssen da in den Luftschutzkeller, aber da reißen wir, ein paar Jungs, immer aus und gehen in den Busch, damit wir auch irgendetwas sehen. Vorgestern haben wir die Flugzeuge ganz groß gesehen. Die Flak hat ganz schön geschossen.«[144]

Doch mitunter waren es auch Erwachsene, deren Verhalten ebenso davon zeugte, wie wenig sie trotz ihrer Ängste ahnten, was in den kommenden Wochen und Monaten auf sie zukommen würde. Am 28. August 1944 gab es einen ersten alliierten Luftangriff in der Nähe von Dresden – auf Freital, Coschütz und Gittersee. Zahlreiche Todesopfer waren zu beklagen. Von verheerenden Bombardierungen selbst (noch) nicht betroffen, zog es zahlreiche Schaulustige zu den Orten des Grauens. Walter W., damals ein junger Schüler aus Dresden, erinnerte sich an die Begebenheit: »Jeder wollte mal in Coschütz gewesen sein, um mal

142 Brief von Max M. an Irene M. vom 10.9.1944 (Privatarchiv Wolfram M.).

143 Hanna Hausmann-Kohlmann, Tagebuch Nr. 12 (SLUB, Mscr. Dresden App. 2386), S. 175. Hervorhebung im Original.

144 Brief von Valentin L. an Hilde L. vom 15.12.1944 (Privatarchiv Barbara B., unpag.).

zu sehen, was die Bomben angerichtet haben. Wir Kinder waren scharf auf die Bombensplitter, die wir gesucht haben auf dem Feld, denn die [Bomber] hatten ja in Coschütz hier eine große Ackerfläche ›umgegraben‹, also war bestimmt ein Fehlabwurf. Der sollte bestimmt woanders treffen. Ja und dort waren eben die Leute bei schönstem Sonnenschein und haben dann dort sich umgeguckt.«[145]

Bis Weihnachten 1944 kam es zu weiteren vereinzelten alliierten Luftangriffen auf sächsische Großstädte wie Zwickau, Plauen und Chemnitz; sie hatten allerdings in den meisten Fällen noch nicht die verheerenden Auswirkungen der Bombardierungen von 1945. In vielen Regionen Sachsens wurde nach wie vor daran festgehalten, im Alltag weitgehende Normalität zu leben. In der Weihnachtszeit nahm die 13-jährige Barbara L. in Obercarsdorf an »Lazaretteinsätzen« des Jungmädelbundes teil: »Wir machen nämlich zu Weihnachten einen Lazaretteinsatz nach Bärenfels. Da führen wir so allerlei auf, und nehmen auch etwas Liebesgaben mit.«[146] Außerdem backte sie mit ihrem Bruder Valentin und ihrer Tante für Weihnachten ungefähr 700 Stück Gebäck, Plätzchen, aber vor allem Pfefferkuchen. Es gab ausreichend zu essen, sogar eine Gans. Zu Weihnachten 1944 bekamen beide Kinder viele Geschenke, vor allem Kleidung, Geld und Bücher. Darüber staunte sogar Valentin L.: »Zu Weihnachten habe ich für das 6. Kriegsjahr allerhand noch bekommen.«[147] Empfehlungen inklusive Rezepte zur Herstellung von Süßigkeiten für große und kleine Kinder sowie für die Feldpostpäckchen zu Weihnachten hielt in diesem Jahr auch »Der Freiheitskampf« bereit.[148]

Doch nicht allen Familien in Sachsen war ein solches Weihnachtsfest – inklusive Leckereien – vergönnt. Viele Familien feierten zudem ohne die Väter, die Brüder oder Söhne. Als die Familie von Annerose N. aus Leipzig im sechsten Kriegsjahr Weihnachten beging, kreisten all ihre Gedanken um den vermissten Sohn bzw. Bruder Karl-Ludwig. Der Frage, ob er noch lebe, gingen sie jedoch aus dem Weg – »Natürlich lebt er noch!« hieß die Devise. »Zur Erhöhung der ohnehin nicht vorhandenen Festfreude« heulten am 23. und 24. Dezember 1944 in Leipzig die Sirenen. An einen Christbaum war in diesem Jahr für die Familie »im Traume nicht zu denken«. »Mit Ach und Krach« trieben sie ein paar Tannenzweige auf und drapierten sie »mit vereinten Kräften« kunstvoll auf den vom Vater gebauten »Eierbaum«. Unter dem »Baumoiden« stand ein Foto von Karl-Ludwig.[149]

145 Interview von Francesca Weil mit Walter W. am 30.7.2013, S. 1.

146 Vgl. Brief von Barbara L. an Hilde L. vom 14.12.1944 (Privatarchiv Barbara B., unpag.).

147 Vgl. Brief von Valentin L. an Hilde L. vom 15.12.1944 (Privatarchiv Barbara B., unpag.); Brief von Valentin L. an Hilde L. vom 27.12.1944 (ebd.); Brief von Valentin L. an Carl L. in Buchholz im Erzgebirge vom 27.12.1944 (ebd.).

148 Vgl. Wir kochen Bonbons und kneten Marzipan. Selbstbereitete Süßigkeiten für den Weihnachtstisch. In: Der Freiheitskampf vom 9./10.12.1944.

149 Brief von Annerose N. an ihre Eltern vom 25.12.1944 (Museumsstiftung Post und Telekommunikation, Sig. 3.2002.0943, unpag.).

Die Familie von Margarete S. im ostsächsischen Großröhrsdorf feierte Weihnachten zum ersten Mal ohne den Vater; er war 1944 gefallen. Die damals Sechsjährige erinnerte sich vor allem an ihre Geschenke, welche die Hitlerjugend für Kinder, deren Väter weiterhin im Krieg kämpften oder gefallen waren, gebastelt hatte. Neben Laubsägearbeiten war es hauptsächlich ein Ball, über den sich Margarete S. und ihre Geschwister besonders freuten. Er war aus glänzender blauer und roter Fallschirmseide, mit Sägespänen oder Lumpen gefüllt und stabil genäht.[150] Auch die Familie von Walter W. in Dresden feierte ohne den Vater, der an der Front war. Die Mutter hatte über das Jahr gespart, sodass sie sich einen kleinen Stollen leisten konnten. Von der Nachbarin bekamen sie einen kleinen Weihnachtsbaum in einem Blumentopf geschenkt, den sie festlich schmückten. Walter W. erinnerte sich aber besonders an die Stille an jenem Abend: »Und am Weihnachtsabend 1944 war kein Alarm, war nichts, da war Ruhe. War schön. […] Kriegsweihnachten Nummer sechs. Zu dritt.«[151] Die Familie von Martin Menzel musste Weihnachten ebenfalls ohne den Vater begehen. Aufgrund der Urlaubssperre für Weihnachten und Neujahr harrte er die Zeit zwangsweise in Krakau aus. Der Justizoberinspektor beklagte in einem Brief an seine Frau sein Leid und das der Familie, gab dafür dem Krieg die Schuld, kritisierte die nach wie vor bestehenden Ungleichheiten in der Bevölkerung und äußerte schlimme Befürchtungen, was die unmittelbare Zukunft betraf. Das nationalsozialistische Regime stellte er jedoch immer noch nicht infrage:

> »Meine Lieben, ich weiß heute noch nicht, wie ich Weihnachten hinter mich bringen soll, ich habe trotz aller Ungewissheit zu sehr damit gerechnet, dass ich bei meinen Lieben sein kann. Das ganze Jahr über macht man alles so mit, arbeitet und arbeitet, nimmt alles hin, was uns aufgebürdet wird, aber wenn dann zu Weihnachten noch keine Möglichkeit gegeben ist, dass man zu seinen Lieben kann, dann kann man wütend und alles Mögliche werden. Und an allem, diesem Elend ist allein der verfluchte Krieg schuld. Diejenigen, die es angeht, werden bestimmt zuhause sitzen. Die einen haben noch alles, sind zuhause, haben mehr als genug zu essen und zu trinken, denen fehlt es an überhaupt nichts, und andere wieder, die müssen restlos auf alles verzichten, die müssen, so wie Du, mein Lieb, sogar die Gesundheit opfern. Was nützen uns alle schönen Reden und Versprechungen. Wer weiß, wer am Ende dieses Elends überhaupt noch am Leben ist. Wann werden wir uns wiedersehen, meine Lieben?«[152]

Hellmut Böhme, der Meißner NSDAP-Kreisleiter, hielt in seinem Tagebuch fest, dass es das erste Weihnachten ohne Baum gewesen sei.[153] Johannes Hähnlein, zu dieser Zeit auf dem Balkan unterwegs, als Strafsoldat den Abzug letzter Wehrmachtstruppen vor den Partisanen absichernd, schickte seiner Frau am

150 Vgl. Interview von Francesca Weil mit Margarete S. im Jahr 2013, S. 3.

151 Interview von Francesca Weil mit Walter W. am 30.7.2013, S. 10.

152 Brief von Martin Menzel an Hildegard Menzel vom 13.12.1944 (Privatarchiv Wieland Menzel, unpag.).

153 Vgl. Tagebuch Hellmut Böhme, Transkriptionstext von Annekathrin Jahn, S. 45.

24. Dezember 1944 eine Feldpostkarte: »In aller Eile ein Lebenszeichen und Weihnachtsgrüße von mir, bin noch gesund und munter. […] Rosa siehts jetzt aus. Wie immer ›Hals- und Beinbruch‹, wir rutschen durch, keine Angst vor morgen.«[154] Wie so oft in codierter Form, blickte er mittlerweile wieder optimistisch auf den Kriegsverlauf, vor allem auf den »rosafarbenen«, d.h. auf den im Osten. Seine Frau Klara hatte bereits Ende September 1944 zuversichtlich verkündet: »Onkel Reinhold [die Rote Armee] wird wohl bald im Lande sein.«[155] Weitere Briefe von Klara Hähnlein aus dem Herbst 1944 liegen nicht vor. Offenbar gelang es ihrem Mann wegen der Märsche und der Kampfhandlungen, in die seine Einheit verstrickt war, nicht, sie aufzubewahren. Aus den Briefen von Johannes Hähnlein geht hervor, dass es der Familie in Dresden 1944 gesundheitlich nicht gut ging, was er auf die schlechter werdende Ernährungslage zurückführte.[156]

Johannes Hähnlein hatte sich über die zweite Jahreshälfte 1944 hinweg keine Illusionen gemacht, was die Aufhebung der Urlaubssperre betraf. Urlaub bekam er wegen der kritischen militärischen Lage nicht, erst recht nicht als Strafsoldat. Nach wie vor versorgte er seine Familie mit Lebensmitteln aus Griechenland.[157] In diesem Zeitraum erkrankte er aber auch mehrfach. Seit Mitte September 1944 war die Kompanie auf dem Rückzug aus Griechenland. Seiner Frau beschrieb er seinen Marsch durch das Land und später über den Balkan und die damit verbundenen Kampfeinsätze gegen griechische Partisanen und gegen bulgarische Soldaten so detailliert, wie es in einem Feldpostbrief möglich war.[158] Unter anderem berichtete er auch von einem Vorfall, der ihn als Kommunisten betroffen gemacht haben muss. In der Nähe der griechischen Stadt Lamia hatte seine Einheit fünf Partisanen gefangen genommen. Kommentarlos schrieb er: »Die gefangenen Partisanen ließ unser Kompanie-Chef erschießen, es waren kommunistische Partisanen.«[159] Bis Weihnachten und über den Jahreswechsel hinaus blieb Johannes Hähnlein während der Kämpfe unverletzt.

Johanna Danne und ihre Familie im niederschlesischen Lüben-Altstadt lebten Weihnachten 1944 noch in ihrer »vertrauten Welt«. Ihre Schwester und sie wohnten bei Verwandten auf einem Bauernhof, während die Eltern eine 130 Kilometer entfernt liegende Passbaude betrieben, die Wanderern Kost und Logis bot und auch während des Krieges gut besucht war. Wie immer in den Ferien, verbrachten die beiden Geschwister die Weihnachtszeit bei den Eltern in der Passbaude. Die Feiern verliefen 1944 allerdings nicht mehr so fröhlich wie in den voran-

154 Hermann (Hg.), Dresden 1943–1945, S. 305.
155 Ebd., S. 297.
156 Vgl. ebd., S. 279.
157 Vgl. ebd., S. 268, 271.
158 Vgl. ebd., S. 296–305.
159 Ebd., S. 299.

gegangenen Jahren. Fast nur Frauen waren anwesend, und jede wartete auf die spärlich eintreffenden Feldpostbriefe. Johanna Danne und ihre Familie ahnten zu diesem Zeitpunkt noch nicht, dass sie wenige Wochen später auf der Flucht Richtung Westen, auch durch Sachsen, sein würden. Erst als die ersten ostpreußischen Flüchtlinge ankamen, wurde ihnen bewusst, dass auch sie in Kürze die wichtigsten Dinge für die Flucht werden packen müssen.[160]

Bereits im Oktober 1944 hatte die Rote Armee die deutsche Grenze in Ostpreußen erreicht und war seither vorgerückt. Tausende ostpreußische Flüchtlinge strömten gleichzeitig Richtung Westen. Die alliierten Armeen in Westeuropa überwanden zu dieser Zeit den Westwall und eroberten mit Aachen die erste deutsche Großstadt. Im Winter 1944 unternahm die deutsche Wehrmacht mit der Ardennenoffensive den vorletzten Versuch, die Westalliierten außerhalb des Deutschen Reiches zurückzuschlagen. Die Offensive sollte im Januar 1945 endgültig scheitern. Seit Herbst 1944 hatten die zahlreichen Flächenbombardements der amerikanischen und der britischen Luftflotten mehr Todesopfer unter der Zivilbevölkerung gefordert als in der vorangegangenen Phase des Luftkrieges.[161]

Nach der Befreiung der ersten Konzentrationslager, vor allem des KZ Majdanek am 24. Juli 1944 durch die sowjetische Armee, nahmen Informationen über die Vernichtungslager wieder zu. In der deutschen Bevölkerung wurde seither wieder etwas mehr über das eigentliche Tabuthema, den Massenmord an den Juden und Jüdinnen, gesprochen. Doch nach wie vor sahen viele Deutsche die alliierten Luftangriffe und die Ermordung der Juden und Jüdinnen als Ursachen für ihr eigenes Leid und empfanden sich immer mehr als Opfer.[162]

160 Vgl. Danne, Nur für 3 Tage?, S. 10, 12–14.
161 Vgl. Stargardt, Der deutsche Krieg 1939–1945, S. 556.
162 Vgl. ebd., S. 562.

V. »Noch an unseren Endsieg zu glauben, kostet viel Mühe.« Die Luftangriffe und der Einmarsch der Alliierten (Januar bis Mitte Mai 1945)

1. »Das Bild des Krieges hat sich in den letzten Tagen geändert.«

Ende des Jahres 1944 wandte sich der sächsische NSDAP-Gauleiter Mutschmann in der Gauzeitung »Der Freiheitskampf« mit folgenden Worten an die Bevölkerung seines Gaus: »Unsere sächsischen Volksgenossen sind sich ihrer hohen Verantwortung am gesamtdeutschen Schicksal bewusst. Sie werden, wo sie auch stehen, ob am Feind oder in der Heimat, mit ihrem Beitrag für das Reich hinter keinem anderen Volksstamm zurückbleiben.«[1] Mutschmann nutzte die von ihm gegründete NS-Zeitung bis zum 8. Mai 1945 als Sprachrohr für seine propagandistischen Durchhalteparolen, mitunter verbunden mit Drohungen gegenüber der eigenen Bevölkerung. Diese Aufgabe erfüllten auch die anderen Zeitungen in Sachsen. Das Erscheinen vieler der mittlerweile nur noch mit drei bis vier Seiten bestückten Zeitungen wurde erst eingestellt, als Soldaten der alliierten Truppen vor den Redaktionstüren standen.[2]

Bis Ende April 1945 verschickte auch der »Nationalsozialistische Gaudienst für den Gau Sachsen«, der 1936 als Pressedienst zur inhaltlichen Lenkung und Kontrolle der Zeitungen geschaffen worden war, seine Mitteilungen und Informationen an die hiesigen Journalisten. In den täglichen Presseanweisungen der letzten Kriegsmonate wurden die Alliierten weiterhin diffamiert, die angebliche militärische Bedeutung und Schlagkraft des Volkssturms hervorgehoben und nach wie vor an die Opferbereitschaft der Menschen appelliert. Der eingeschränkte Propagandaapparat funktionierte auch in Sachsen bis zum Ende des »Dritten Reiches«, blieb jedoch vor allem in den letzten Kriegswochen in Hinblick auf die Reaktionen der Menschen weitgehend wirkungslos.[3]

---

1 Martin Mutschmann, Vorwärts für Deutschlands Zukunft und Freiheit. Die Sachsen werden hinter keinem anderen deutschen Volksstamm zurückbleiben. In: Der Freiheitskampf vom 30./31.12.1944.

2 Vgl. Matthias John, Pressekonzentration in Sachsen während der Zeit des Nationalsozialismus. Das Beispiel der Stadt Thum, Berlin 2013, S. 28 und 40.

3 Vgl. Dehn, Die nationalsozialistische Propaganda, S. 59.

Unabhängig davon versahen – wie viele der Zeitungsredakteure – auch die meisten Beamten, die in den kommunalen und staatlichen Institutionen verblieben waren, pflichtbewusst ihren Dienst bis zum Kriegsende, so auch der Annaberger Landrat, Freiherr von Wirsing. Er ging seiner Tätigkeit als Amtsleiter nach, bis Anfang Mai sowjetische Truppen in der obererzgebirgischen Stadt eintrafen. Die mittlerweile formellen Treffen der Landräte im Rahmen der »Zwickauer Konferenz« wurden allerdings bereits im Februar 1945 im Zuge der näher rückenden Fronten und aufgrund des eiskalten wie schneereichen Winters eingestellt. Das geht aus dem letzten Schreiben von Wirsings an seinen Amtskollegen in Stollberg, Georg Dude, hervor: »Heute habe ich mit Herrn Ministerialrat Schulze – Dresden – wegen der Dienstbesprechung in Chemnitz gesprochen. Ich habe ihm mitgeteilt, dass für Annaberg und Marienberg die Verkehrsverhältnisse nach Chemnitz äußerst ungünstig sind. [...] Auch die gespannte Lage lässt längere Abwesenheit des Behördenleiters untunlich erscheinen. Ministerialrat Schulze hatte volles Verständnis und war durchaus einverstanden, wenn die Dienstbesprechungen zunächst ausgesetzt bleiben bis eine Besserung der Verhältnisse eintritt.«[4]

Ob Freiherr von Wirsing damit wirklich nur die Verkehrsverhältnisse meinte oder tatsächlich glaubte, die militärische Lage würde sich eventuell wieder zugunsten der deutschen Wehrmacht entwickeln, muss offen bleiben. Die gesellschaftlichen Umstände verbesserten sich jedenfalls nicht, im Gegenteil. Aus diesem Grund fanden bis Kriegsende auch keine Zusammenkünfte westsächsischer Landräte mehr statt.

Wie Freiherr von Wirsing wurden die meisten Menschen in Sachsen erst ab Mitte Februar 1945 mit den unmittelbaren Auswirkungen des verheerenden Krieges konfrontiert – zuerst allmählich und dann immer rasanter.[5] Die Bombardierungen, die ersten Bodenkämpfe, die Gräuel und das Chaos in den letzten Monaten des Krieges in Europa erlebte die sächsische Bevölkerung – abhängig von Ort und Zeitpunkt – in unterschiedlichem Ausmaß. In den ersten Wochen des Jahres war davon noch nicht viel zu spüren, abgesehen von Vorahnungen, die mit der Ankunft und den Erzählungen der zahlreichen Flüchtlinge aus dem Osten einhergingen, die auf der Flucht vor den sowjetischen Truppen nach und durch Sachsen zogen. Am 5. Januar 1945 wurden 486 000 Flüchtlinge in Sachsen registriert, die meisten von ihnen kamen aus Ostpreußen und Oberschlesien.[6] Im gesamten Deutschen Reich gab es im März 1945 insgesamt 17 bis 19 Millionen Evakuierte und Fliehende; die Flucht vor den heranrückenden alliierten Truppen

---

4 Schreiben des Landrates zu Annaberg, von Wirsing, an den Landrat von Stollberg, Dude, vom 2.2.1945 (StA Chemnitz, Amtshauptmannschaft Annaberg 30041, Akte 464, unpag.).

5 Die damals unmittelbar an die Kreisstadt Annaberg angrenzende Stadt Buchholz wurde am 14.2.1945 wegen der Wetterverhältnisse als Ausweichziel für Chemnitz ausgewählt, von alliierten Bomberflotten angegriffen und stark zerstört.

6 Vgl. Behring, Das Kriegsende 1945, S. 229.

war jedoch – im Gegensatz zum Westen – im Osten ein Massenschicksal.[7] Die vielen Flüchtenden benötigten (vorübergehend) Unterkünfte und Lebensmittel; nach wie vor kam es deshalb zu Konflikten mit der einheimischen Bevölkerung.

Artur Kühne im ostsächsischen Wilsdruff trug im Januar 1945 in sein Tagebuch ein, dass sich die Stadt auf die Aufnahme von Flüchtlingen aus dem Osten vorbereite.[8] Auch Hanna Hausmann-Kohlmann setzte sich mit den Flüchtlingen, aber auch mit der näher rückenden Front im Osten auseinander. Gegen Ende Januar unternahm die Dresdner Künstlerin an einem Nachmittag einen Spaziergang – »allein, das ist mir immer das liebste. Niemand stört mich in meinen Gedanken, so reich war mein Leben, ich kann jederzeit an etwas Schönes denken.« Die sowjetische Armee war bereits bis Oppeln bei Breslau vorgedrungen. Über ihre Reaktion auf diese Nachricht wunderte sich Hanna Hausmann-Kohlmann selbst: »Merkwürdig, ich werde immer ruhiger, je näher sie kommen. Ist das die Ruhe vorm Sturm?«[9] Doch ihre Stimmung schwankte stark. Wenig später war sie über einen Heeresbericht, der über das weitere Vorrücken der »Russen« informierte, so schwer deprimiert, dass sie »bitterlich weinen« musste. Gleichzeitig staunte sie, dass sie in dieser katastrophalen Zeit im Kunstverein noch ein Bild zu einem guten Preis verkaufen konnte. In ihrem Haus waren zudem Flüchtlinge aufgenommen worden, und sie beklagte sich über deren Verhalten: »Dieser Lärm im Haus! […] – ich habe immer, immer Kopfschmerzen. Dieses Unglück, dass so eine infame Familie hier einziehen musste.«[10] Dieser Familie galt auch ihr letzter Eintrag, bevor die folgenschweren Luftangriffe auf Dresden im Februar 1945 ihrem Schreiben vorerst ein Ende setzen sollten:

»Und heute Dienstag, den 13.II., ist unten ein unerträglicher Lärm. Ich klopfe wiederholt. Nach einer Weile klingelts, die gallige Giftperle von unten kommt rauf und stellt schimpfend den Fuß in die Tür. Sie hätte eine Familie mit 5 Kindern aufgenommen und, mein Himmel, jetzt mit *10* Kinder den Kopf voll. Oh diese gemeinhaft quälende Zeit! Dass wir solche Menschen hereinbekommen mussten. Was die meine Nerven geschädigt haben! Dieses Leben mag ich nicht mehr lange leben, bei den feinen Nerven, die nun Künstler einmal haben. Wir leiden besonders unter diesen Angekommenen. Kinderreiche, wo diese Personen immer können sich alles erlauben.
Dass wir eine Stunde nach diesem letzten Satz durch die Hölle mussten, ahnten wir nicht!«[11]

Mancherorts gab es wiederum keine oder kaum Konflikte zwischen den Flüchtlingen und der einheimischen Bevölkerung. Die Familie von Johanna Danne war mittlerweile aus Lüben in Niederschlesien vor der nahenden Kriegsfront geflohen und wohnte vom 5. bis 15. Februar 1945 in einem Quartier in Sacka, einem

7 Vgl. Schneider, In der Kriegsgesellschaft, S. 247.
8 Vgl. Tagebuchaufzeichnungen von Artur Kühne, Transkription Mario Lettau, S. 20.
9 Hanna Hausmann-Kohlmann, Tagebuch Nr. 12 (SLUB, Mscr. Dresden App. 2386), S. 203.
10 Ebd., S. 213.
11 Ebd., S. 214. Den letzten Satz fügte die Künstlerin nach dem 21. Juni 1945 an, als sie ihre Einträge in das Tagebuch wieder aufnahm. Hervorhebung im Original.

sächsischen Dorf mit etwas mehr als 500 Einwohnern und Einwohnerinnen, zwischen Großenhain und Kamenz gelegen. Nach tagelangem Verbot durch die schlesischen Behörden und Parteiinstitutionen, Fluchtvorbereitungen zu treffen, und heimlichem Packen des Nötigsten waren die Bewohner und Bewohnerinnen von Lüben am 26. Januar 1945 aufgefordert worden, ihre Höfe innerhalb von zwei Stunden zu verlassen. Sie sollten drei Tage im nahe gelegenen Kotzenau verbringen, bis die Front wieder zurückgedrängt worden sei.[12] Doch der Treck sollte nicht mehr zurückkehren, sondern vor der sowjetischen Armee immer weiter Richtung Westen fliehen und dabei auch durch Sachsen ziehen. Nach den Erfahrungen von Johanna Danne waren die Menschen in Sacka »sehr nett. Alle meinten, es würde wohl doch bis Kriegsende eine längere Zeit dauern. Vom Endsieg sprachen sie nur noch vor bestimmten Leuten.« Die Kinder gingen hier sogar ein paar Tage in die Schule. Sacka gefiel ihnen gut, zumal hier Landwirtschaft vorherrschte und es deshalb genügend zu essen gab.[13]

Im oberen Vogtland in Westsachsen dagegen schien zu dieser Zeit die Welt noch in Ordnung zu sein; der Krieg spielte in den Briefen von Wally M. nach wie vor keine Rolle. Sie schrieb an ihren Verlobten, dass bei ihnen nicht »die Hölle los« sei wie bei ihm, denn sie hätten kein Glatteis. Es würde nur sehr viel schneien. Ski war sie noch nicht gelaufen, dafür hat sie im Kino den ihrer Meinung nach wunderbaren Film »Der große König« über den »Alten Fritz« gesehen. Ein weiterer Kinobesuch war geplant, aber einschränkend meinte sie: »Alle acht Tage gehe ich zwar nicht, nur wenn mal ein schöner Film drankommt.«[14]

In Leipzig gingen die Menschen zu Jahresbeginn ebenfalls noch zu kulturellen Veranstaltungen. Margarete Michael besuchte mit ihrem Sohn Wolfgang am 1. Januar 1945 ein Gewandhauskonzert; ihr Ehemann Friedrich Michael, Lektor und Assistent beim Insel Verlag, schaute sich am darauffolgenden Tag trotz Luftalarms den Farbfilm »Der Opfergang« im Kino an.[15] Der Verlagsassistent beschäftigte sich zu diesem Zeitpunkt mit dem Lektorat von Büchern, u.a. mit belletristischer Lektüre, aber auch mit der Kürzung des Buches »Deutsche Reden und Rufe für die Wehrmacht«.[16]

Eine anonyme Person in Chemnitz führte seit Jahresbeginn 1945 ein Tagebuch mit Angaben zur Situation vor Ort. Emotionslos und stichpunktartig schrieb sie während des Januars über die Winterskälte, den Mangel an Feuerung und Frischgemüse, über den Transport von ausländischen Zivilarbeitern zum »Schanzen« nach Breslau und den von deutschen Arbeitern aus eben diesem Grund nach

12 Vgl. Danne, Nur 3 Tage?, S. 15–24.
13 Ebd., S. 35f.
14 Brief von Wally M. an Erich G. vom 27.1.1945 (Museumsstiftung Post und Telekommunikation Berlin, Bestand Feldpostbriefe, 3.2008.1747.2).
15 Vgl. Michael, »Abends kommt die Nachricht, …«, S. 53.
16 Vgl. ebd., S. 54f.

Schlesien. Zudem gab es zahllose Luftalarme und viele Überflüge von großen Verbänden alliierter Bomber. Die Schulen waren teilweise geschlossen und viele Flüchtlinge aus Schlesien eingetroffen; die Post hatte ihre Tätigkeit eingestellt.[17]

Max M., unterdessen im mittelsächsischen Oschatz zum Unteroffizier der Wehrmacht befördert, schrieb seine Briefe aus dem Jahr 1945 im Luftschutzkeller, in Pausen, die ihm die Luftalarme aufzwangen.[18] Er nahm die Situation mittlerweile als dramatisch, die Berichte über die Flüchtlinge als erschütternd wahr. Die Oschatzer Schulen waren zu diesem Zeitpunkt mit 2 000 Flüchtlingen belegt, die Gebäude damit überfüllt.[19] Für Max. M. hatte sich »das Bild des Krieges in den letzten Tagen geändert«; er wünschte sich vor allem, gesund zu seiner Familie zurückkehren zu können. Er war der Meinung, das Schicksal rüttele »arg an unserem Vaterland, wollen wir es meistern, dann nur mit starkem Herzen und unbeugsamen Willen, doch noch den Sieg zu erringen.« Das deutsche Volk würde seinen Überlegungen nach erst jetzt merken, was Krieg bedeute. Doch wenn dessen Lasten gleichmäßig verteilt seien, würden sie für alle leichter zu tragen sein. Er sah »hinter dem dunklen Schatten das schimmernde Licht der Kraft, die das deutsche Volk trotzdem noch aufbringt, den Ansturm aufzuhalten«. Doch hauptsächlich ging es ihm – wie in vielen seiner Briefe – selbst in dieser Zeit der sich nähernden Fronten darum, die Familie daran zu erinnern, dass sie trotz aller Widrigkeiten das Leben auch genießen solle: »Eins möchte ich vor allem nicht, Eure Lebenskraft zu lähmen und Eure Lebensfreude einzudämmen. Wir brauchen beides mehr denn je. Ihr müsst Euer Leben – ich habs schon oft geschrieben – selbst gestalten, nicht so dass es eine Last wird mit unerträglichen Sorgen. Lasst der Freude auch ein wenig Raum.«[20]

Auch Wilhelm Niethammer, der Papierfabrikant aus Kriebstein, dessen eigenes Haus seit Frühjahr 1944 »bis ans Dach mit Bombengeschädigten besetzt« war,[21] wollte unter seiner Belegschaft Zuversicht wecken. Die Produktion in der Firma konnte aufgrund mangelnder Arbeitskräfte und trotz aller Bemühungen 1945 nur noch »stoßweise in Gang gehalten werden«.[22] Durch die Knappheit an Arbeitskräften wie auch an Rohstoffen und die Bombardierungen war die

17 Vgl. Tagebuch einer anonymen Person aus Chemnitz 1945–1949 (Schlossbergmuseum Chemnitz), Transkriptionstext von Rainer Behring, S. 1 f. Ich danke Rainer Behring, dass er den Transkriptionstext zur Verfügung gestellt hat. Schanzen bedeutet Verteidigungsanlagen errichten.

18 Vgl. Briefe von Max M. an seine Frau vom 16.1.1945 und vom 17.1.1945 (Privatarchiv Wolfram M., unpag.).

19 Vgl. Brief von Max M. an seine Frau vom 27.1.1945 (ebd.).

20 Briefe von Max M. an seine Frau vom 24.1.1945 und vom 27.1.1945 (ebd.).

21 Vgl. Brief von Wilhelm Niethammer an Margarete Bormann vom 22.4.1944 (Sächsisches Wirtschaftsarchiv Leipzig, Bestand U 47 Kübler & Niethammer, Papierfabrik Kriebstein, Akte 152, unpag.).

22 Rede von Wilhelm Niethammer vor der Belegschaft anlässlich des 89. Firmenjubiläums am 15.3.1945 (ebd., Akte 27, unpag.).

deutsche Kriegswirtschaft ohnehin nicht mehr in der Lage, die für die Fortführung des Krieges erforderlichen Leistungen zu erbringen.[23] Nachdem Anfang 1945 die industriellen Kerngebiete des Deutschen Reiches – Oberschlesien und das Saargebiet – von alliierten Truppen besetzt worden waren, war das Ende der deutschen Kriegswirtschaft bereits besiegelt.[24]

Wilhelm Niethammer berief sich in seinen aufmunternden Worten anlässlich des jährlichen Betriebsjubiläums Mitte März 1945 auf »die Grundlagen unserer Betriebsgemeinschaft«: Arbeit, Ausdauer und die »Treue zu uns selbst« – »Sie sollen es auch in Zukunft bleiben, später beim neuen Beginn und jetzt beim Ausharren.« Im Glauben an die verborgenen »Hilfsmittel unserer Führung« appellierte er an die Arbeiter und Angestellten, von denen viele wie er und seine Brüder bereits in der dritten Generation in der Firma tätig waren, »Widerstand um jeden Preis« gegen die Feinde des Deutschen Reiches zu leisten: »Unverzagt wollen wir deshalb der Zukunft entgegensehen und die felsenfeste Zuversicht des Führers vom endlichen Sieg unserer guten Sache auch zu unserer eigenen machen!«[25] Seine Worte erscheinen angesichts der militärischen wie auch der wirtschaftlichen Situation im März 1945 wie Phrasen, aber offensichtlich glaubte Wilhelm Niethammer wie Max M. noch immer an Hitlers Führungskraft und die Möglichkeit eines deutschen »Endsieges«.

Ob das auch auf Martin Menzel zutraf, ist nicht überliefert. Sein letzter Brief aus Krakau ist auf den 15. Januar 1945 datiert. Am 18. Januar erfolgte die Räumung der Stadt. Sein Sohn, Rüdiger Menzel, berichtete später, dass sein Vater mit den verbliebenen Beamten nach Waldenburg, in das Ausweichquartier für die Regierung des »Generalgouvernement«, gegangen sei, ehe sich die Institution komplett aufgelöst habe. Am 28. Januar 1945 kehrte Martin Menzel für zwei Wochen nach Hause zurück, ehe er am 14. Februar 1945 zum letzten Aufgebot der Wehrmacht einberufen wurde. Die Zugfahrt von Zittau zum Einsatzort Weimar dauerte aufgrund der Situation drei Tage, sein Einsatz erfolgte bei einer Flakersatzabteilung.[26] Zwei Tage später schrieb der 44-Jährige an seine Frau: »Heute haben sie nun wieder einen Soldaten aus mir gemacht, die Zivilkleidung ist abgelegt. Wie lange werde ich nun die Uniform tragen?«[27] Seine nunmehr wieder als Feldpost bezeichneten Briefe zeugen u. a. von täglichen Luftalarmen, aber auch von einem erträglichen, jedoch ereignisarmen Innendienst. Fünf Wochen dauer-

23 Vgl. Schneider, In der Kriegsgesellschaft, S. 246.
24 Vgl. ebd., S. 246 f.
25 Vgl. Rede von Wilhelm Niethammer vor der Belegschaft anlässlich des 89. Firmenjubiläums am 15.3.1945 (Sächsisches Wirtschaftsarchiv Leipzig, Bestand U 47 Kübler & Niethammer, Papierfabrik Kriebstein, Akte 27, unpag.).
26 Vgl. Menzel/Reschke/Weil (Hg.), »Erbarmen kann es keines geben.«, S. 25.
27 Brief von Martin Menzel an Hildegard Menzel vom 19.2.1945 (Privatarchiv Wieland Menzel, unpag.).

te der Aufenthalt in Weimar, dann ging es am 28. März zur Flakersatzabteilung ins niedersächsische Oldenburg und von da am 15. April weiter nach Schleswig-Holstein. Mit einem letzten postalischen Gruß aus Rendsburg verliert sich zunächst die Spur von Martin Menzel.[28]

Trotz der Tatsache, dass die unmittelbaren und katastrophalen Auswirkungen des Krieges Sachsen absehbar erreichen sollten, gingen die Deportationen der vor Ort verbliebenen Jüdinnen und Juden in die Vernichtungslager weiter. Das betraf auch die Familie von Susanne Glöckner in Leipzig. In ihren Erinnerungen fließen nahezu gleichzeitig abgelaufene Vorgänge in der von Bomben zerstörten Messestadt zusammen. Im Februar 1945 begleitete Susanne Glöckner die Schwester ihres Vaters, die nun bei ihnen lebte, und eine weitere Tante zum Sammelplatz für eine Deportation:

»Sie wurden nach Theresienstadt verschleppt – auch wenn es den Nazis in der verbleibenden Zeit dann nicht mehr gelingen sollte, sie noch zu ermorden. Am 14. Februar, am Tag nach der Dresdner Bombennacht, ging dann ein weiterer Transport aus Leipzig mit 169 Männern, Frauen und Kindern in die Vernichtungslager. Ein Stück weit vom Sammelplatz der zur Ermordung Vorgesehenen organisierten die Frauen der Nationalsozialistischen Volkswohlfahrt für obdachlos gewordene Leipziger Suppenküchen. Getrennte Welten, die unabhängig voneinander funktionierten. Während die einen für ein baldiges Ende des Mordens beteten, hofften die anderen darauf, schnell ein Dach über dem Kopf zu haben.«[29]

Susanne Glöckner nahm die nichtjüdischen Leipziger und Leipzigerinnen anders, aber auch deutlicher wahr als Felicja Karay, die als Häftling in der HASAG schuften musste und in einem KZ-Außenlager untergebracht war. Wie bereits beschrieben, erschienen Letzterer die Bewohner und Bewohnerinnen der Messestadt wie Puppen, die sich hinter einer unsichtbaren Wand bewegen würden. Für sie stellte sich ihr eigenes (Über-)Leben und das der Leipziger und Leipzigerinnen als zwei Welten dar; aus ihrer Perspektive war das ihrige real, das der anderen erschien ihr eher unwirklich. Susanne Glöckner beschäftigte dagegen vor allem die Gleichzeitigkeit der Abläufe in den zwei getrennten Welten, die unabhängig voneinander funktionierten. In ihren Erinnerungen wurden in diesem Zusammenhang weiterführende Überlegungen einer anderen Holocaust-Überlebenden zitiert: »Ich entdecke das Geheimnis der Gleichzeitigkeit als etwas Unergründliches, nicht ganz Vorstellbares, verwandt mit Unendlichkeit und Ewigkeit«, hat die Literaturwissenschaftlerin Ruth Klüger über diese die Sinne sprengende Gleichzeitigkeit von Geschichte notiert.[30]

---

28 Vgl. Menzel/Reschke/Weil (Hg.), »Erbarmen kann es keines geben.«, S. 25.
29 Lorenz (Hg.) Ausgestoßen, S. 288.
30 Ebd.

2. »Lieber Vati, wir leben, kommst du bald?«

Seit Februar 1945 waren die sächsischen Großstädte Dresden, Leipzig, Chemnitz und Plauen westalliierten Flächenbombardements ausgesetzt, die zu den schwersten Luftangriffen des letzten Kriegsjahres mit Tausenden von Toten, Verletzten und Obdachlosen zählten. Dresden und Plauen gehörten zu den am stärksten zerstörten Städten des Deutschen Reiches. Mit der größtmöglichen Zerstörung deutscher Städte sollten einerseits deren Industriegebiete vernichtet und ihre Infrastruktur destabilisiert, andererseits die Moral der Menschen an der »Heimatfront« gebrochen werden. Die Rüstungsproduktion wurde tatsächlich gestört und zeitweise auch gestoppt, die Beeinträchtigung der Verkehrswege führte zu Produktionsausfällen und -verzögerungen. In ihrer Gesamtheit wurde die Kriegsproduktion in Sachsen allein dadurch zwar nicht getroffen. Der deutschen Kriegsführung im Ganzen schadeten die Bombardierungen dennoch, da sie Ressourcen gebunden haben, die an den Fronten fehlten.[31]

Die Bombardierungen Dresdens vom 13. bis 15. Februar 1945 durch britische und amerikanische Bomberflotten lösten in der Stadt Feuerstürme aus, denen viele Menschen nicht entrinnen konnten. Eine Reihe von Umständen begünstigten die folgenschweren Auswirkungen der Angriffe: die Luftabwehrartillerie war aus Dresden an andere Fronten abgezogen worden, deutsche Jagdflugzeuge erhielten keinen Einsatzbefehl, die hohe Präzision der britischen Zielanflüge und die besondere Vernachlässigung des Luftschutzes in der sächsischen Hauptstadt.[32] Der eigentliche Verantwortliche für die völlig unzureichenden Schutzmaßnahmen war NSDAP-Gauleiter Mutschmann, der als Reichsverteidigungskommissar für die Vorbereitung und den Einsatz des Luftschutzes zuständig war.[33] Zum Jahreswechsel 1944/45 hatte er noch zugestimmt, die Luftschutzbereitschaft seines Gaues durch den Hamburger Gauleiter Karl Kaufmann überprüfen zu lassen. Für ganz Sachsen gab es zu diesem Zeitpunkt ein befriedigendes Ergebnis, nur Dresdens Luftschutz befand sich in einem desolaten Zustand. Mutschmann selbst verbrachte den ersten Bombenangriff in einem der wenigen modernen Bunker. Nach den Angriffen gab der NSDAP-Gauleiter dem Dresdner Oberbürgermeister Hans Nieland die Verantwortung für die große Anzahl an Toten wie auch an Verletzten und ließ ihn kurzerhand aus seinem Amt entfernen.[34]

An den drei Tagen im Februar starben in Dresden fast 25 000 Menschen; ungefähr ein Drittel der gesamten Wohnfläche wurde völlig zerstört. In einem »Aufruf des Gauleiters an die Bevölkerung Dresdens« in »Der Freiheitskampf«

31 Vgl. Behring; Das Kriegsende 1945, S. 226 und 228.
32 Vgl. ebd., S. 227.
33 Vgl. Schmeitzner, Der Fall Mutschmann, S. 49.
34 Vgl. ebd., S. 47.

vom 17./18. Februar wies Mutschmann in antisemitischer Manier die Schuld für die Angriffe den Juden und Jüdinnen zu: »Hier zeigt sich, wie so oft, die wahre Fratze des immer vernichtenden und mordenden Juden.« Gleichermaßen forderte er die Bevölkerung auf, weiterhin vorbildliche Disziplin und Ruhe zu bewahren, mitzuhelfen, zuzupacken bei der »Überwindung der augenblicklichen Not« und zusammenzustehen »wie eine einzige große Familie«.[35]

Laut der NSDAP-Gauzeitung bahnten sich der Gauleiter und seine Mitarbeiter nach den Angriffen mitten durch die brennende Stadt einen Weg ins Freie und begaben sich noch in der gleichen Nacht in die Ausweichstelle der Gauleitung. Obwohl fast alle Mitarbeiter des Gauleiters, der sich auch persönlich an den Löscharbeiten beteiligt habe, ausgebombt gewesen seien und den Verlust von Angehörigen zu beklagen gehabt hätten, seien sie befehlsgemäß am Morgen des 14. Februar in der Gaubefehlsstelle eingetroffen, sodass alle Kräfte bereitgestanden hätten, um weitere Hilfsmaßnahmen einzuleiten.[36]

Seinem Tagebuch entsprechend hat auch der Meißner NSDAP-Kreisleiter Hellmut Böhme mit Volkssturm und Hitlerjugend noch in der Angriffsnacht erste Hilfe organisiert. Schon früh halb vier Uhr fuhr er mit seinen Einsatzkräften nach Dresden. Als der Versuch, in die lichterloh brennende Altstadt vorzudringen, scheiterte, half er nach seinen eigenen Angaben in der Neustadt und rettete gemeinsam mit 500 Mann vom Volkssturm Menschen, barg Möbel und andere Gegenstände, beseitigte Trümmer und beräumte Straßen von Schutt. Darüber hinaus sinnierte Hellmut Böhme in seinem Tagebucheintrag über die unmittelbare Zukunft seiner Familie, schloss eine Flucht Richtung Westen oder den »Tod für das Vaterland« nicht aus und glaubte dennoch – wie Wilhelm Niethammer in Kriebstein und Max M. in Oschatz – unbeirrt an Hitler und dessen vermeintliche Führungskraft: »Vielleicht sind die Tage nicht mehr fern, da auch meine Familie wandern muss, wenn der Bolschewist nach Sachsen vorstößt, oder wenn gar die Feindbomber unser Heim zerstören sollten. Doch was auch kommen mag – Deutschland muss leben und wenn wir sterben müssen. Noch lebt der Führer, er wird auch das schwerste Stück deutscher Geschichte meistern, ihm gilt unser Glaube und unsere Treue!«[37]

Diejenigen, welche die Luftangriffe überlebten, trugen nicht selten – lebenslang – physische Verletzungen und psychische Verwundungen davon. Wenn sie sich erinnern, treten ihnen mitunter auch noch nach Jahrzehnten Tränen in die Augen – so auch der mittlerweile über 80-jährigen Ingeborg B. im Interview. Ihr

35 Aufruf des Gauleiters an die Bevölkerung Dresdens. In: Der Freiheitskampf vom 17./18.2.1945.

36 Vgl. Martin Mutschmann im Schadensgebiet. Alle nur möglichen Hilfskräfte werden eingesetzt. In: Ebd.

37 Tagebuch des NSDAP-Kreisleiters Hellmut Böhme, Transkriptionstext Annekatrin Jahn, S. 44 f.

Beispiel zeigt zudem, dass Kinder unter bestimmten Umständen und gezwungenermaßen in Extremsituationen eigenständig handeln mussten und es mitunter auch konnten. Die damalige Dresdner Schülerin erlebte die verheerenden Luftangriffe in der Nacht vom 13. auf den 14. Februar 1945 fast ganz auf sich allein gestellt. Die Mutter war seit Tagen im Krankenhaus, der Vater versah seinen Dienst als Sanitäter im Lazarett Zschertnitz. Nach dem ersten Luftangriff lief die Neunjährige stundenlang allein durch brennende Straßen und Häuser sowie über Umwegen zum Lazarett. Hier fand sie nicht nur den Vater, sondern auch die Mutter vor.[38] Dieses Glück erlebten nicht alle Familien, die sich während der Angriffe aus den Augen verloren hatten. Die zahlreichen Suchanzeigen in »Der Freiheitskampf« belegen, dass es sich dabei vor allem um kleinere Kinder als Ingeborg B. handelte. Hauptsächlich betraf es Kinder im Alter von wenigen Wochen bis zu fünf Jahren, die auch noch Wochen später gesucht wurden, wie folgende Anzeige vom 24./25. März 1945 exemplarisch zeigt: »Wer hat am 14.2. in Dresden auf den Elbwiesen, Nähe Manteuffelstraße ein 14 Monate altes Mädchen (Monika W.) auf dem Arm gehalten und wo abgegeben, oder wer hat ein solches angenommen? Nachricht an Max W., Ullersdorf Nr. 46, über Dresden-Weißer Hirsch.«[39] Unzählige Kinder waren von ihren Eltern getrennt worden, manche für immer; Tausende Menschen suchten nach ihren Angehörigen und konnten sie mitunter nicht finden.[40]

Ingeborg B.s Erinnerungen an die Nacht vom 13. auf den 14. Februar verbanden sich ganz selten mit damals empfundenen Emotionen wie beispielsweise Angst oder Hoffnungslosigkeit, sondern vor allem mit sinnlichen Wahrnehmungen. Sie erzählte von dem starken Luftdruck, in den sie sich auf ihrem Weg regelrecht habe hineinlegen müssen, um vorwärts zu kommen, und von der unglaublichen Hitze, welche die brennenden Gebäude ausgestrahlt hätten. Sie könne beides auch nach all den Jahren immer noch körperlich nachfühlen.[41] Ihre Familie hielt sich wie viele andere Dresdner und Dresdnerinnen nicht an die Aufforderung des NSDAP-Gauleiters Mutschmann, möglichst schnell mit anzupacken, aufzuräumen und auf eine Notunterbringung zu warten. Sie verließ Dresden vorübergehend. Von Februar bis Mai 1945 konnte die Familie bei Verwandten im nahe gelegenen Königstein unterkommen.[42]

Auch die Familie von Johannes Hähnlein erlebte und überlebte die Angriffe auf Dresden. Der Strafsoldat lag wegen eines Schulterdurchschusses und einer Malariaerkrankung von Mitte Januar bis März 1945 in einem Lazarett im ober-

38 Vgl. Interview von Francesca Weil mit Ingeborg B. am 12.8.2013, S. 3.

39 Suchanzeigen. In: Der Freiheitskampf vom 24./25.3.1945.

40 Vgl. Thomas Widera, Dresden 1945–1948. Politik und Gesellschaft unter sowjetischer Besatzungsherrschaft, Göttingen 2004, S. 45.

41 Vgl. Interview von Francesca Weil mit Ingeborg B. am 12.8.2013, S. 3 f.

42 Vgl. ebd., S. 6.

österreichischen Goisern.[43] Erst Anfang März erhielt er die Briefe, die ihm seine Frau seit dem 15. Februar geschrieben hatte. Bis dahin lebte er in der Ungewissheit, ob seiner Familie bei den Bombenangriffen etwas zugestoßen war. Eigentlich hatte Klara Hähnlein ihm umgehend, d. h. bereits am 15. Februar, ein »Lebenszeichen« geschickt, eine teilweise vorgedruckte Eilnachricht per Postkarte, die zwar nur aus zehn Wörtern bestehen durfte, aber kostenfrei befördert wurde. Darauf hatte sie ihren Mann kurz und knapp über ihr Überleben und das der Kinder informiert: »Lieber Vati, wir leben, kommst du bald? Gruß Deine Lieben.«[44] In den darauffolgenden Briefen schrieb sie über die Tausenden von Toten und die »tote Stadt«, die er mit Sicherheit nicht mehr wiedererkennen würde, sowie über das Elend der Obdachlosen: »Die Menschen sind fertig.«[45] Als Anfang März die ersten Briefe aus Dresden bei Johannes Hähnlein eingingen und er nun wusste, dass seine Familie lebte und unverletzt geblieben war, fühlte er sich vom »Druck befreit«. Um sie zuversichtlich zu stimmen, erinnerte er seine Frau an ihren gemeinsamen Leitspruch »Keine Angst vor morgen«: »Ich glaube nur eins, das Schicksal, welches uns bis jetzt durch alle Wirrnisse geführt hat, wird uns auch glücklich durch das noch vor uns Stehende führen. […] Wenn ich manchmal so zurückblicke auf unser bisheriges Leben, so muss ich wirklich sagen, leicht war es nicht, so manchen Rück- und Schicksalsschlag hats gegeben, aber dennoch sind wir unbeirrt unseren Weg gegangen und waren doch eigentlich glücklich. Und gerade unser Kampf hat uns doch über all das alltägliche Leben der Menschen herausgehoben. So haben wirs gehalten und es ist immer noch gut ausgegangen.«[46]

So schmerzvoll die Zerstörung Dresdens für Johannes Hähnlein auch war, so klar und deutlich galt sie für ihn auch als Zeichen für ein baldiges Kriegsende. Dazu schrieb er seiner Frau: »Aber Klärchen, denke dran, was ich immer nur gesagt habe, wenn Dresden an die Reihe kommt, da ist der Krieg bald alle. So wird es wohl werden, noch ein paar Wochen, dann ists entschieden.«[47]

Für einige wenige Menschen in Dresden verband sich die Bombardierung der Stadt paradoxerweise mit der Rettung ihres eigenen Lebens. Am 13. Februar 1945 erhielt die sogenannte Halbjüdin Henny Brenner ein Schreiben vom Vertrauensmann der »Reichsvereinigung der Juden in Deutschland« für den Bezirk Dresden, nach dem sie sich auf Anweisung der Gestapo am 16. Februar 1945 in der Zeughausstr. 1 einzufinden habe. Sie müsse mit einem Arbeitseinsatz außerhalb Dresdens rechnen.[48] Zu diesem Zeitpunkt zählten Henny Brenner und ihre

43 Vgl. Hermann (Hg.), Dresden 1943–1945, S. 306 f.
44 Ebd., S. 315.
45 Ebd., S. 316 f.
46 Ebd., S. 326.
47 Ebd., S. 329.
48 Vgl. Brenner, »Das Lied ist aus.«, S. 7 f. und 86–97. Hier auch die folgenden Zitate.

Mutter zu den etwa 174 noch verbliebenen Juden und Jüdinnen in Dresden, die bis zu diesem Zeitpunkt als »privilegiert« galten, weil sie einen nichtjüdischen Ehepartner hatten und/oder für »einsatzfähig« gehalten wurden.[49]

Ihnen sei klar gewesen, erinnerte sich Henny Brenner später, dass der »Arbeitseinsatz« eigentlich Konzentrationslager und damit den Tod bedeuten würde. Die Familie hatte bereits an Untertauchen gedacht und Hennys Vater damals halb im Ernst, halb im Spaß gesagt: »Das einzige, was uns retten kann, ist ein Angriff auf Dresden!« Das bis zu diesem Zeitpunkt als unwahrscheinlich Geltende trat tatsächlich ein, zumal an dem Tag, als die Aufforderung zum »Arbeitseinsatz« kam. Als die Brenners nach dem Bombenangriff aus dem Keller stiegen, rissen sie sich die gelben Sterne von den Mänteln, rannten durch das brennende Dresden und gelangten schließlich auch zur Zeughausstraße: »[Wir] sahen dort das Haus der jüdischen Gemeinde in Flammen. Zwei Tage später hätten wir uns dort treffen sollen zum Abtransport. Welche Ironie, dass wir mit dem Deportationsbescheid im Rucksack nun vor dem brennenden Gebäude standen!« In den folgenden Wochen lebte die Familie versteckt in einem leerstehenden Haus und war schockiert darüber, »dass nach dem Angriff, dem völligen Chaos, die Gestapo nichts Besseres zu tun hatte, als nach den wenigen noch in Dresden lebenden Juden zu suchen. Wir fühlten, wie lang ein Vierteljahr sein kann.« Familie Brenner blieb bis zum unmittelbaren Kriegsende verfolgt und von der Gesellschaft ausgegrenzt – auch in der weitgehend zerstörten Stadt. Die Brenners zählten zu den ca. 70 Dresdner Juden und Jüdinnen, die durch die Bombardierung Dresdens der Deportation und damit dem Tod entgangen sind.[50]

3. »Seit den Angriffen auf Dresden ist bei uns sehr viel anders geworden.«

Für Eva Windsberg veränderte der Angriff auf Dresden alles. Das Mädchen, das 1942 wegen der Bombardierungen ihrer Heimatstadt mit ihrer Familie nach Niedersedlitz nahe Dresden evakuiert worden war und 1945 acht Jahre alt wurde, nahm kurz vor den alliierten Angriffen noch an der Hochzeit des Sohnes der Fabrikbesitzer teil, in deren Firma ihre Familie Unterschlupf gefunden hatte. Sie war ein Blumenkind. Dann sei die schöne Zeit von einem Tag auf den anderen vorbei gewesen, erinnerte sie sich. Beim ersten Angriff auf Dresden hatten alle zusammen im Keller der Schuhfabrik gesessen, den zweiten Teil erlebte Eva Windsberg vor der Tür des Luftschutzkellers in der Papierfabrik gegenüber. Sie und ihre

49 Vgl. Oliver Reinhard, Von der »Friedensoase« zur Trümmerwüste: Dresden im Bombenkrieg, In: Oliver Reinhard/Matthias Neutzner/Wolfgang Hesse (Hg.), Das rote Leuchten. Dresden und der Bombenkrieg, Dresden 2005, S. 58–109, hier 97.

50 Vgl. ebd., S. 97.

Tante waren zu spät gekommen, die Tür war schon verschlossen. Sie haben auf der Erde liegend in den Himmel geschaut: »Es war zwar Nacht, aber der Himmel war hell und voller Kerzen, Kugeln. Es war ein schrecklicher Krach.« Sie hatte geweint, bis die Tür des Luftschutzkellers aufgemacht wurde und die Familie wieder zusammen war. Am folgenden Morgen saß Eva Windsberg am Fenster und sah den Treck der aus Dresden kommenden Menschen, die den Angriff überlebt hatten und durch Niedersedlitz zogen:[51] »Karren, beladen mit der letzten Habe, die Hühner und die Großeltern, den kleineren Kindern, mit dem Hausrat und den letzten Vorräten. Kranke, alte und junge, vielfach verbunden, alles war auf dem Karren. Wer laufen konnte, lief nebenher, gezogen wurden alle Wagen von Pferden und Rindern oder auch von den Leuten selbst. Es war ein schauriges Erlebnis.«[52] Später wurde in der Nähe eine Fabrik gestürmt. Es hatte sich herumgesprochen, dass dort Lebensmittel lagerten. Viele Menschen standen unten vor dem Gebäude, während oben aus den Fenstern alles herausgeworfen wurde, was zu finden war – ohne Rücksicht auf diejenigen, die unten warteten. Dabei wurden viele verletzt.[53]

Die im Februar 1945 fast 14-jährige Sonja D. erinnerte sich, die Erschütterungen durch die Bomben auf Dresden bis in ihren Heimatort, ins nahe gelegene Rochwitz, gespürt zu haben. Die Wände in den oberen Räumen des kleinen Hauses platzten; der Himmel war erleuchtet, ein Sturm brach los und es stank. Auch am nächsten Tag flogen noch brennende Akten, Stofffetzen und Balken durch die Luft. Sonja D. war schlecht vor Angst, von dem Qualm und dem Geruch nach Verbranntem. Und gleich am Folgetag kamen schon die ersten »verbrannten, verrußten Leute« zu ihnen, selbst eine Frau mit zwei kleinen Jungen aus Ostpreußen, die knapp zwei Wochen blieben.[54]

Johanna Danne und ihre Familie aus Niederschlesien erlebten die Luftangriffe auf Dresden ebenfalls aus der Entfernung, in Sacka, einem Dorf, das etwa 25 Kilometer nördlich von Dresden entfernt liegt. Es war ein reiches Dorf, denn viele Bewohner gingen in der sächsischen Hauptstadt einer Arbeit nach und verdienten offenbar genug Geld. In der Nacht zum 14. Februar 1945 wurde die Familie von Johanna Danne wegen Fliegeralarms aus den Betten geholt. Alle Leute standen in den Höfen und starrten zum Himmel: »Es war taghell. Die Beleuchtung war weiß und rosa in ungeheurer Höhe. Ganz sachte und langsam schwebten die Gebilde, welche wie strahlende herrliche Christbäume aussahen, zur Erde. Eigentlich hatte noch keiner Ähnliches gesehen. Vermutungen machten die Runde. Bis plötzlich das Dröhnen der Flieger und sofort das Bombengrollen begann. ›Mein Gott, das ist ja Dresden!‹«[55]

51 Windsberg, So erlebte ich das Kriegsende, S. 277 f.
52 Ebd., S. 278.
53 Vgl. ebd.
54 Interview von Francesca Weil mit Sonja D. am 14.8.2013, S. 7.
55 Danne, Nur drei Tage?, S. 36 f.

Am nächsten Tag war die Stimmung in Sacka an einem Tiefpunkt angelangt, nur ganz wenige Bewohner kehrten von der Nachtschicht aus Dresden zurück. Nach zwei weiteren Bombennächten benötigte man im Dorf Unterkünfte für die ausgebombte Dresdner Bevölkerung. Die Familie von Johanna Danne musste deswegen am Folgetag weiterziehen. Nach zehn Tagen Hoffnung und Sicherheit waren alle zutiefst erschüttert, hatten sie doch nicht damit gerechnet, »dass die Flieger jetzt auch diese Gegend heimsuchten«.[56] Sie fuhren weiter – von Tieffliegern und deren Angriffen begleitet – über Großenhain und Meißen in Richtung Nossen.[57]

Die 14-jährige Barbara L. in Obercarsdorf schrieb ihrer Mutter in Leipzig zu den Folgen der Bombardierung Dresdens und der Flucht der Menschen aus der Stadt folgende Zeilen: »Wir hatten jetzt längere Zeit keinen Fliegeralarm mehr, aber wie die Flieger in Dresden gewesen waren, da hat's ganz schön gekracht. Hilde hat jetzt immer viel zu tun, durch die vielen Flüchtlinge. Die müssen ja was durchgemacht haben, wenn Hilde da manchmal so erzählt, schrecklich.«[58] In den letzten Briefen der Kinder an ihre Eltern vor Kriegsende berichteten sie über die rasanten Veränderungen im Dorf, über die zahlreichen Flüchtlinge, die es zu versorgen und unterzubringen galt. Doch Barbara L. beruhigte die Mutter auch, u. a. mit Verweisen auf das schöne Wetter: »Na, jedenfalls um uns brauchst Du Dir keine Sorgen zu machen. Wir haben es hier so schön. Jetzt möchte ich eigentlich gar nicht weg von hier. Gestern war das Wetter einfach prima, so schön warm und die Sonne schien den ganzen Tag. Es riecht richtig nach Frühling.«[59] In einem seiner letzten Briefe im April 1945 schilderte der 12-jährige Valentin seinem Vater ebenfalls ausführlich die veränderte Situation im Dorf:

> »Seit den Angriffen auf Dresden ist bei uns sehr viel anders geworden. In Obercarsdorf sind ungefähr über 200 Bombengeschädigte und Flüchtlinge untergebracht. Ich glaube kaum, dass das reicht. Böhms haben einen Mann und eine Frau, die vor 14 Tagen ein Baby, ein kleines Mädel bekommen hat. Augenblicklich ist auch noch ihre Mutter da. Frau Münzner hat 2 Frauen und einen kleinen Jungen. Wir haben auch jemanden, einen Bekannten aus Dresden, er kommt aber immer erst gegen Abend. Kinder sind jetzt 8 Stück auf dem Hof da: Wenn man das Pflichtjahrmädel und den Lehrling mitrechnet, dann sind's 10. Wir hatten in letzter Zeit auch nicht regelmäßig Schule, doch morgen scheint der Ernst des Lebens wieder loszugehen.«[60]

56 Ebd., S. 37 f.

57 Vgl. ebd., S. 38.

58 Brief von Barbara L. an Hilde L. vom 29.1.1945 (Privatarchiv Barbara B., unpag.); vgl. Brief von Barbara L. an Hilde L. vom 25.2.1945 (ebd.); vgl. Brief von Valentin L. an Carl L. vom 9.4.1945(ebd.), vgl. Brief von Barbara L. an Hilde L. vom 14.4.1945 (ebd.); vgl. Brief von Hilde L. an Barbara L. vom 2.4.1945 (ebd.), vgl. Brief von Hilde L. an Barbara und Valentin L. vom 8.4.1945(ebd.), vgl. Brief von Hilde L. an Valentin L. vom 3.8.1945 (ebd.). Hier auch die folgenden Zitate.

59 Brief von Barbara L. an Hilde L. vom 15.3.1945 (ebd.).

60 Brief von Valentin L. an Carl L. vom 9.4.1945 (ebd.).

Und Barbara L. beruhigte die Mutter in Leipzig erneut: »Um uns mach' Dir bitte gar keine Sorgen, uns geht es wirklich sehr gut. Und gehungert haben wir auch noch nicht. Und das ist jetzt wohl die Hauptsache, dass das nicht vorkommt.« Sie beklagte lediglich, dass der Postverkehr offenbar nicht mehr gut funktioniere.[61]

Ähnliche Erlebnisse und Eindrücke wie die Kinder in Niedersedlitz, Rochwitz, Sacka und Obercarsdorf schilderte Hobbyheimatforscher Artur Kühne aus Wilsdruff, der sich am 13. Februar 1945, mittags noch über die Plinsen gefreut hatte, die es zur Fastnacht und »trotz Schwere der Zeit« gab. 21.45 Uhr schrillte der Luftalarm und am Himmel über Dresden sah er Hunderte von britischen Leuchtkugeln. Die ansonsten schwarze Nacht war hell erleuchtet; »ein Wabern und Rauschen erfüllte die Luft« – über, vor, hinter ihnen.[62] Am nächsten Tag trug er Angaben zu zwei weiteren Luftangriffen auf Dresden in sein Tagebuch ein und berichtete über die Ankunft und Durchfahrt von Flüchtenden aus der sächsischen Hauptstadt Richtung Westen, die ihre Wohnorte auch aus Angst vor der Roten Armee verlassen haben: »Den ganzen Nachmittag über quillts die Dresdner und Bahnhofstraße herein: Fußgänger, sich gegenseitig führend, Rauchbrille, stark geschwollene, entzündete Augen, bepackte Fahrräder. Handwagen mit Betten, Koffern, Hausgerät, Lastkraftwagen, Militärautos! Rauchgeschwärzte Gesichter. Wunden, verbunden und verbunden! […] Etwa 275 Personen übernachten im Flüchtlingslager in der Schule. Nudeln gibt's mit Rindfleisch. Hausmeister Josiger nimmt sie alle warm väterlich tröstend auf.«

Zehntausende Dresdner kamen nicht dem Aufruf Mutschmanns nach, in der Stadt zu bleiben und mit anzupacken, sondern verließen sie, weil sie ihnen nicht länger Obdach und Sicherheit bot.[63]

Am 15. Februar beschrieb Kühne den städtischen Marktplatz als »Heereslager«: an- wie abrollende und verweilende Militärlastkraftwagen, schlesische Treckwagen mit Dachaufbau aus Teerpappe sowie angebundenen Pferden und Kühen, Handwagen mit dem Allernötigsten, Familien zu Fuß unterwegs, militärisch bewachte Züge von gefangenen Russen und Russinnen. Am Folgetag begegnete ihm eine Frau mit Tränen in den Augen, die ihm erzählte: »Mein Mann ist gefallen. Ich habe meinen einzigen Sohn verloren. Ich arbeitete in der [Maschinenfabrik] Universelle auf der Zwickauer Straße [in Dresden], bin in Filzlatschen nach Wilsdruff gelaufen, habe alles verloren, und der Leiter der Nationalsozialistischen Volkswohlfahrt will mir nichts geben. Ich war Nationalsozialistin, war Mitglied der Nationalsozialistischen Volkswohlfahrt. Bei mir ists aus.«

61 Brief von Barbara L. an Hilde L. vom 14.4.1945 (ebd.).

62 Tagebuchaufzeichnungen von Artur Kühne, Transkription Mario Lettau, S. 22 f. Hier auch die folgenden Zitate.

63 Vgl. Widera, Dresden 1945–1948, S. 45.

In ihrer Not und Verzweiflung wandte sich offenbar eine Reihe von Menschen schon vor Kriegsende vom nationalsozialistischen Regime ab und tat es mitunter auch öffentlich kund. Die Stimmung unter den Dresdnern und Dresdnerinnen wurde in Anbetracht der Lage generell als mutlos und gebrochen bezeichnet. Fragen wie diese standen im Raum: »Wozu leben wir noch? Um zu warten, bis die Russen kommen?«[64]

4. »An Adolfs ›Volksgemeinschaft‹ lässt sich mit Fug und Recht zweifeln!«

Am 27. Februar, am 6. April und in der Nacht vom 10. auf den 11. April 1945 griffen US-amerikanische und später auch britische Luftflottenverbände erneut Leipzig an. Den Bombardierungen fielen insgesamt ca. 2100 Menschen zum Opfer. Die Innenstadt lag in Trümmern, 40 Prozent der Wohnungen im Stadtgebiet waren zerstört. Allein am 27. Februar forderte der Bombenangriff unter der Bevölkerung 1000 Tote und 30000 Obdachlose.[65]

Annerose N., die 1945 16 Jahre alt wurde, schrieb am Folgetag, dem Geburtstag ihrer Mutter, einen Brief an selbige in ihr Tagebuch. Darin schilderte sie detailliert, wie die Familie den Angriff am 27. Februar erlebt hatte. Sie saßen bereits im Keller, als das Wohnhaus, in dem sie lebten, getroffen wurde. Nach dem Angriff versuchte die Familie, so viel wie möglich aus ihrer zerstörten und brennenden Wohnung zu retten. Den Einsturz des Hauses befürchtend, konzentrierten sie sich schließlich auf das Ausräumen des Kellers, in dem vor allem Lebensmittel aufbewahrt wurden. Trotz der widrigen Umstände erinnerte sie sich an den Geburtstag der Mutter: »Wichtig war, dass einer von uns die zum Bäcker gebrachten Geburtstagskuchen holte. Ich spurtete los. Die Kuchenformen haben wir wenigsten auf diese Weise gerettet!«[66] Die Familie hatte fleißige Helfer, erlebte aber auch Schadenfreude unter den Nachbarn und musste aufpassen, dass die von ihnen geretteten Habseligkeiten nicht gestohlen wurden: »Etwa 17 Uhr brannten Karl-Ludwigs Zimmer sowie Damen- und Herrenzimmer lichterloh. Kommentar unseres Lebensmittelhändlers D. von gegenüber: ›Jetzt brennen bei dem Dokder da ob'n de Ölbilder!‹ So sprach er in satter Zufriedenheit und dachte nicht daran, auch nur einen Finger zum Helfen zu krümmen. An Adolfs ›Volksgemeinschaft‹ lässt sich mit Fug und Recht zweifeln! Denn, wie die Schießhunde

64 Zit. in Matthias Neutzner, »Wozu leben wir noch? Um zu warten bis die Russen kommen?« Die Dresdner Bevölkerung vom 13. Februar bis 17. April 1945. In: Dresden – Das Jahr 1945, Dresdner Hefte, 13 (1995) 41, S. 7–18, hier 9.

65 Vgl. Birgit Horn-Kolditz, Alltag in Trümmern – Leipzig am Ende des Krieges. In: Ulrich von Hehl (Hg.), Stadt und Krieg. Leipzig in militärischen Konflikten vom Mittelalter bis ins 20. Jahrhundert, Leipzig 2014, 421–459, hier 422 f.

66 Brief von Annerose N. an ihre Mutter vom 28.2.1945 (Museumsstiftung Post und Telekommunikation, Sig. 3.2002.0943, unpag.).

mussten wir aufpassen, dass uns die mühselig aus dem Keller geretteten Sachen (beispielsweise die Perser-Brücken) nicht auf der Straße geklaut wurden.«[67]

Für die Nacht kam die Familie bei einer Bekannten unter, wo sie trotz aller Umstände ab Mitternacht den Geburtstag der Mutter feierte. Nach einem erneuten Luftalarm hatte Annerose N. große Angst. In ihrem Tagebuchbrief schrieb sie über ihre Gefühle: »Ehrlich gesagt, ich musste an Dresden denken und hatte schlicht und ergreifend Schiss! Bei noch keinem Alarm hatte ich bisher Angst gehabt, aber letzte Nacht – das war zu viel für mich!«[68] Vier Tage darauf wies das Wohnungsamt Familie N. Zimmer in einer freistehenden, möblierten Wohnung zu.[69] Annerose N. beschrieb nach dem Umzug nicht nur die konkreten Veränderungen im alltäglichen Leben ihrer Familie, sondern auch ihre Wünsche für die unmittelbare Zukunft:

> »Im Vergleich zu den unendlich vielen Flüchtlingen, die irgendwo durch deutsche Lande ziehen, wohnen wir zwar komfortabel, aber eigentlich ist's zum Kotzen! […] Schule, das heißt Unterricht, findet so gut wie nicht mehr statt. Die Klassenräume sind Auffanglager geworden. […] Die Einkauferei ist mühseliger denn je, und so manche Stunde verwartet man vor den verschiedensten Läden […]. Noch an unseren Endsieg zu glauben, kostet verdammt viel Mühe! Aber wir können unseren Karl-Ludwig und seinen Opferwillen doch nicht verraten! Liebe, liebe Eltern, lasst uns in gemeinsamem Optimismus fest zusammenhalten und vor allen Dingen am Leben bleiben! Und – wenn wir schon besetzt werden müssen, dann bitte, bitte vom Ami und nicht vom Russen! Mein Gott – waren denn alle unsere Opfer umsonst?!«[70]

Demnach konnte sie sich mittlerweile mit einer Besetzung durch die Alliierten arrangieren, obwohl sie große Angst vor den Soldaten der Roten Armee hatte. Darüber hinaus glaubte Annerose N. offenbar immer noch daran, dass ihre Familie, vor allem ihr Bruder Karl-Ludwig als Soldat, Opfer für den Krieg und damit für den erhofften »Endsieg« des Deutschen Reiches gebracht hätten. Thea D. dachte ebenso, wenn auch verbunden mit einer optimistischeren Haltung als Annerose N. Die 18-jährige Leipzigerin machte sich zu dieser Zeit jedoch vor allem Gedanken um die Schule, die sie vernachlässigt hatte, und dachte intensiv über ihr weiteres Leben, einen möglichen Beruf, die Ehe und den Tod nach. Angeblich wäre es schön für sie gewesen, »in treuer Pflichterfüllung den Heldentod sterben« zu dürfen. So notierte sie in ihr Tagebuch, dass sie sich gerne bewiesen hätte: »Ich würde mich heute nicht scheuen, als Wehrmachthelferin nahe der tobenden Front Dienst zu tun oder einen Brand größeren Ausmaßes nach einem feigen Terrorangriff der Feinde helfen zu löschen, nur um zu zeigen, dass auch ein Mädel die Fähigkeiten und den Mut besitzt, eine gewaltige Tat zu vollbringen! Leider war mir bis jetzt keine Gelegenheit gegeben worden, meinen Vorsatz

67 Ebd.
68 Ebd.
69 Vgl. Brief von Annerose N. an ihre Eltern vom 11.3.1945 (ebd.).
70 Ebd.

auszuführen. Dann wäre mir gleichzeitig gezeigt, ob ich mich überschätzt und in mir selbst getäuscht hätte.«[71]

In den Osterferien musste Thea D. neben der Erledigung zahlreicher Schulaufgaben am Flüchtlingseinsatz und an der Luftschutzwache teilnehmen. Sie beschwerte sich zwar über die Fülle an Aufgaben, fügte jedoch einschränkend hinzu: »Aber ich will nicht klagen, uns hier in Leipzig geht es noch ganz gut. Man muss nur an die armen Menschen in West- und Ostdeutschland denken, die vor dem raschen Feindansturm Hals über Kopf flüchten müssen. Man sieht ja das Elend täglich in unserem Auffanglager.« Danach füllte sie ihre Tagebuchseiten mit der Niederschrift von zwölf Träumen und der detaillierten Beschreibung eines Kinobesuchs.[72] Den Krieg, obwohl er die aufgeschriebenen Gedanken nicht dominierte, blendete sie dabei nicht aus: »Die Zeit, in der wir leben, ist hart und schwer. Viele Opfer fordert die Furie des Krieges auch von uns in der Heimat. – Erst vor wenigen Tagen wütete der Feind mit seinen terroristischen Absichten auch in unserer Stadt, und viele unserer Lieben haben uns für immer verlassen. Doch überall sind unzählige fleißige Hände am Werk, die Schäden wieder zu beheben – denn das Leben geht weiter.«[73]

Ihre Tagebucheinträge lesen sich in Hinblick auf den gewünschten deutschen »Endsieg« wesentlich zuversichtlicher, aber auch stärker von nationalsozialistischer Propaganda geprägt als die Aufzeichnungen der fast gleichaltrigen Annerose N. Wenige Tage später dachte Thea D. darüber nach, wie lange dieser Krieg noch dauern würde. Sie dankte ihrem persönlichen Optimismus, denn sie glaubte nach wie vor noch an einen Sieg der Wehrmacht und die Überlegenheit der »deutschen Herrenrasse« als Voraussetzung dafür: »Kann die Gerechtigkeit zulassen, dass ein Volk wie das deutsche von brutalen Feinden mit den schändlichsten Mitteln ausgerottet werden soll?« Sie wünschte sich, dem »Werwolf« beizutreten, um so ihre Liebe zum Vaterland beweisen zu können.[74]

Auch Max Börner, 1945 ca. 60 Jahre alt, versuchte mit abstrusen Erklärungen Zuversicht zu verbreiten, ärgerte sich – wie Annerose N. – über die Diebstähle, welche die Leipziger und Leipzigerinnen untereinander begingen, und empfand

71 Tagebuch von Thea D. 1944/45, Eintrag vom 25.3.1945 (Deutsches Tagebucharchiv, Sign. 389,1, unpag.).

72 Vgl. Einträge vom 25.3.1945 und vom 1.4.1945 (ebd., unpag.).

73 Eintrag vom 24.3.1945 (ebd., unpag.).

74 Vgl. Eintrag vom 3.4.1945 (ebd., unpag.). Die Organisation der »Werwolf« wurde im Herbst 1944 zur Durchführung besonderer Aufgaben hinter den feindlichen Linien auf deutschem Boden gebildet. Sie sollte nach der Besetzung »im Rücken des Feindes den Sabotagekampf und Kleinkrieg ohne Beschränkung in den Mitteln aufnehmen sowie die deutsche Bevölkerung von jeglicher Zusammenarbeit mit den Alliierten abhalten.« Doch die Aufrufe zur Bildung von »Werwolf«-Kommandos fanden unter der Bevölkerung nur wenig Zuspruch. Am 5. Mai untersagte die Regierung Dönitz die »Werwolf«-Aktionen als illegale Kampftätigkeit. Vgl. Gerd R. Ueberschär/Rolf-Dieter Müller, 1945. Das Ende des Krieges, Darmstadt 2005, S. 49f.

sich als Opfer des Krieges. In einem Brief vom 23. März beklagte er sich beispielsweise über die Umstände, welche die permanenten Luftalarme auslösten: »Aber die fortdauernden Alarme, von denen wir jetzt durchschnittlich täglich 4 hatten, es sind auch schon 5 gewesen, lassen einen zu nichts kommen. Die Schlepperei der nötigsten Sachen in den Keller und dann wieder hinauf und das unfruchtbare Sitzen unten bilden die Hauptarbeit des Tages und dann ist man immer müde und abgespannt.«[75] Max Börner bedauerte sich zwar selbst, aber auch er wollte noch immer einen Sinn im Krieg sehen und die Hoffnung auf den »Endsieg« nicht aufgeben:

> »Das ganze Geschehen jetzt ist ja so furchtbar, dass man an der Menschheit verzweifeln möchte, bei näherem Nachdenken müssen wir aber nur einen höheren Willen darin erkennen. Ein höherer Offizier hat den schönen Ausspruch getan: ›In den Weltkrieg 1914 ist die Armee mit Gott gezogen und ohne Gott wiedergekommen, in diesen Krieg ist sie ohne Gott hinausgezogen und wird hoffentlich und wahrscheinlich mit Gott zurückkehren!‹ Also das Eine wird uns noch bleiben! Wir wollen also die Hoffnung nicht verlieren. Und wenn wir dem Feindterror unseren Lebenswillen und den anstürmenden Russen unsere geistigen Waffen entgegensetzen, kann uns der Sieg nicht fehlen!«[76]

Die Menschen – so auch Annerose N., Thea D. und Max Börner – brauchten diese Erklärungen offenbar für die Bewältigung des Alltags, aber auch für das Durchhalten an sich; diese scheinbare Sinnhaftigkeit ließ sie mehr oder weniger verzweifelt verharren und aushalten. Außerdem dokumentierte Max Börner Anzeichen für den endgültigen Zerfall der sächsischen Gesellschaft: »Es wird ja jetzt furchtbar gestohlen, sogar den Ausgebombten die Luftschutzkoffer, so ist auch S. vieles aus ihrem Keller, was sie noch hatten in Sicherheit bringen können, gestohlen worden.« Die Fakten ergänzte er mit dem zynischen Kommentar in Hinblick auf die zweifelhafte Wahrhaftigkeit der nationalsozialistischen Propaganda: »Das ist eben, weil das deutsche Volk jetzt ›zu einer wirklichen, festen Einheit verschmolzen ist‹!«[77]

Gleichwohl setzten viele Menschen selbst noch in den Trümmern ihrer Häuser und Städte auf Ablenkung. Am 1. April 1945, 17 Tage vor dem Einmarsch der US-amerikanischen Truppen in Leipzig, ging Hilde L. ein letztes Mal während des Krieges ins Kino und sah sich den 1941 gedrehten Film »Friedemann Bach« an.[78] Wie in Leipzig war auch anderenorts im Deutschen Reich nach den Luftangriffen die Nachfrage nach Kinokarten so hoch wie zuvor. Infolge der Bombardierungen äußerten die Kinobesucher ihren Anspruch auf Filmvorführungen umso stärker, einmal mehr weil die Theater seit Herbst 1944 geschlossen waren. Neue Filme

---

75 Max Börner, »Setzen wir dem Ansturm der Russen unsere geistigen Waffen entgegen und dem Luftterror unseren Lebenswillen, dann muss uns der Sieg werden! Heil Hitler!« Briefe aus dem Frühjahr 1945. In: Lehmstedt (Hg.), Leipzig in Trümmern, S. 116–121, hier 116.

76 Ebd., S. 117.

77 Ebd., S. 119.

78 Vgl. Brief von Hilde L. an Barbara L. vom 2.4.1945 (Privatarchiv Barbara B., unpag.).

wurden jedoch immer seltener gezeigt.[79] Doch die Ängste holten auch Hilde L. immer wieder ein. Am 8. April schilderte sie ihren Kindern in Obercarsdorf die täglich mehrfachen Alarme in der westsächsischen Großstadt. Bis Anfang August 1945 sollte sie nichts von Barbara und Valentin L. hören – die Post funktionierte nicht mehr; an einen Besuch im Erzgebirge war aufgrund der komplizierten Verkehrsverhältnisse nicht zu denken. Die Ungewissheit war für die Mutter quälend.[80]

Unter den zehn Angriffen der westalliierten Luftflotten von Februar bis April 1945 auf Chemnitz, die insgesamt mehr als 3 700 Todesopfer forderten, war der amerikanisch-britische Doppelschlag am 5. März der folgenschwerste. Binnen einer Stunde verwandelte sich die Stadt in ein Flammenmeer. 2 100 Menschen verloren ihr Leben; die Innenstadt existierte faktisch nicht mehr.[81] Werner B., damals acht Jahre alt und in Frankenberg nahe Chemnitz lebend, erinnerte sich an die letzten Kriegswochen und vor allem an das zerstörte Chemnitz. Seit dem Winter 1944/45 hatten er und seine Mutter wegen der Luftalarme und -angriffe halbe Nächte im Keller verbracht. Sie kamen manchmal nur stundenweise heraus; die Familie habe praktisch »da unten im Keller gelebt«. Nach der Bombardierung von Dresden haben sie im 50 Kilometer entfernten Frankenberg »tagelang am Abendhimmel den roten Schimmer vom brennenden Dresden gesehen. Tagelang.«[82]

Die Familie holte 1945 mehrfach Briketts aus dem zerstörten Haus ihrer Verwandten in Chemnitz, manchmal auch der Achtjährige alleine. Nach den Angriffen erkannte er die Stadt nicht mehr wieder.[83] Laut Tagebuch einer anonymen Person verließen viele obdachlose Chemnitzer die Stadt, um sich – ausgestattet mit ihrem geretteten Habe – in der Umgebung neue Unterkünfte zu suchen. Außerdem waren die folgenden Tage vom größten Durcheinander geprägt: »... niemand konnte sich wiederfinden. Auch die staatlichen und städtischen Behörden waren durcheinander und von allem ausgeschalten. Die Belegschaften der Firmen und Ämter meldeten sich zur Arbeit nicht mehr, die Ausländer hatten sich selbständig gemacht und das Weite gesucht, war doch auch der weitaus größte Teil der Lager mit vernichtet worden.«[84]

Als letzte sächsische Großstadt traf es wiederholt Plauen. Am 10. April 1945, sechs Tage vor dem Einmarsch US-amerikanischer Truppen, wurde die vogtländische Großstadt in Westsachsen weitgehend dem Erdboden gleichgemacht. Fast 900 Menschen starben.[85] Die 14 Luftangriffe auf Plauen forderten insgesamt

79 Vgl. Stargardt, Der deutsche Krieg 1939–1945, S. 590.
80 Brief von Hilde L. an Barbara und Valentin L. vom 8.4.1945 (Privatarchiv Barbara B., unpag.); Brief von Hilde L. an Valentin L. vom 3.8.1945 (ebd.).
81 Vgl. Behring, Das Kriegsende 1945, S. 228.
82 Interview von Francesca Weil mit Werner B. am 16.3.2013, S. 3 f.
83 Vgl. ebd., S. 8.
84 Tagebuch einer anonymen Person aus Chemnitz 1945–1949 (Schlossbergmuseum Chemnitz), Transkriptionstext von Rainer Behring, S. 4 f.
85 Vgl. Behring, Das Kriegsende 1945, S. 229.

mindestens 2340 Menschenleben. In der Nacht vom 3. auf den 4. April griff das britische Bomber Command die Innenstadt direkt an. Ein Plauener, der in dieser Nacht obdachlos wurde, schrieb am 4. April einen Brief an seine ins erzgebirgische Grumbach evakuierte Familie, in dem er ausführlich berichtete, wie er die Nacht unversehrt überleben konnte:

»Heute Nacht ist nun also doch das eingetroffen, von dem ich glaubte, es würde an uns vorübergehen. Wir sind ausgebombt! […] Ich selbst bin wie durch ein Wunder unversehrt geblieben. […] Wache nach 12 Uhr auf, höre Flugzeuggeräusche, sprang aus dem Bett und kam bis zur Flurgarderobe, dort schlug es mich hin und ich kriegte allerhand Brocken drauf, konnte nichts sehen, nicht atmen vor Dreck, nach kurzer Besinnung über Trümmer und durch halsbrecherische Kletterei in den Keller, dann durch die Hempelsche Wohnung ins Freie und im Laufschritt in den Hausschuhen nach Chrieschwitz in den Felsenkeller. Zum Glück habe ich angezogen im Bett gelegen. Als ich an der Hammerbrücke war, kam endlich Alarm, also hatte ich ihn nicht etwa verschlafen. Wäre ich auch nur einen Bruchteil einer Minute länger im Bett liegen geblieben, würde ich wohl kaum noch leben, denn in dem Bett liegt allerhand Mauerwerk und andere Sachen von der Kramerschen Seite.«[86]

Als eine britische Untersuchungskommission nach dem Krieg die Faktoren für den Sieg der Alliierten über das »Dritte Reich« benannte, wurde die flächendeckende Zerstörung deutscher Städte nicht erwähnt.[87] Im September 1945 fassten US-amerikanische Wissenschaftler ihre Erkenntnisse über den alliierten Luftkrieg zusammen: »Weit mehr als jede andere militärische Aktion, die der letztendlichen Besetzung Deutschlands voranging, erteilten diese Angriffe den Deutschen eine massive Lektion über die Nachteile eines Krieges. Das war eine schreckliche Lehre. Sie wird die deutsche Nation nachhaltig prägen.«[88]

5. »Sie erschießen jede Frau, die nicht mehr weitergehen kann.«

Die Luftangriffe trafen mitunter auch die KZ-Häftlinge in den sächsischen Rüstungsbetrieben oder in ihren angrenzenden Lagern. In den 54 Außenlagern bzw. -kommandos in sächsischen Städten und Dörfern hausten Anfang des Jahres 1945 über 32000 Häftlinge, die Zwangsarbeit leisten mussten.[89] Vor Kriegsende wurden Tausende von ihnen »evakuiert« und auf »Todesmärsche« durch fast ganz Sachsen getrieben.[90] Die Häftlinge sollten keinesfalls »in die

86 Zit. nach Gerd Naumann, Plauen – Germany. Center Coordinates 50° 29' N – 12° 08' E. Im Bombenkrieg 1944/45, Plauen 2011, S. 129 f.

87 Vgl. ebd., S. 137.

88 Zit. nach Matthias Neutzner, Vom Anklagen zum Erinnern. Die Erzählung vom 13. Februar. In: Reinhard/Neutzner/Hesse, Das rote Leuchten, S. 128–163, hier 128.

89 Vgl. Ulrich Fritz, KZ-Außenlager, S. 152.

90 Ausführlich vgl. Katrin Greiser, Die Todesmärsche von Buchenwald. Räumung, Befreiung und Spuren der Erinnerung, Göttingen 2008; Daniel Blatman, Die Todesmärsche 1944/45. Das letzte Kapitel des nationalsozialistischen Massenmords, Reinbek bei Hamburg 2011.

Hände des Feindes« fallen, hätten sie doch dem Gegner umgehend belastende Informationen zur Verfügung stellen können.[91] Die genaue Zahl der Todesopfer dieser »Endphase-Verbrechen« ist unbekannt, doch kann für Sachsen von einer Zahl im vierstelligen Bereich ausgegangen werden.[92]

Bereits Ende Januar 1945 waren die »Evakuierungstransporte« aus den Lagern in Osteuropa nach und durch Sachsen geschickt worden. Von den Außenlagern der KZ Buchenwald, Flossenbürg und Groß-Rosen in Sachsen gingen nicht nur Räumungstransporte aus, sie dienten häufig auch als Zwischenstationen. Unmittelbar vor Kriegsende führten zahlreiche »Todesmärsche« auf dem Weg in das von den Alliierten noch unbesetzte »Protektorat Böhmen und Mähren« über sächsisches Territorium.[93] Die »Todesmärsche« zogen demnach durch viele Regionen Sachsens. Zahlreiche Sachsen und Sächsinnen waren nicht nur Augenzeugen oder Mitwisser des letzten Massenverbrechens des NS-Regimes, sondern auch direkt beteiligt: als Totengräber, Mittäter der Wachmannschaften und in einigen Fällen auch als Mörder. Sie ließen die Todesopfer und Spuren der Verbrechen »vor der eigenen Haustür« verschwinden, organisierten Quartiere für die Häftlinge und die Wachmannschaften und fingen geflüchtete Häftlinge wieder ein.[94] Personen aus allen gesellschaftlichen Gruppen gehörten dazu: Uniformierte und Zivilisten, Frauen und Männer, Kinder und Jugendliche.[95]

Ein außergewöhnlich grausamer Fall aus Herzogswalde nahe Wilsdruff zeigt, dass auch Kinder und Jugendliche gewalttätig gegenüber KZ-Häftlingen wurden. Einer 20-jährigen ungarischen Jüdin war es im Februar 1945 gelungen, aus einem »Todesmarsch« von KZ-Häftlingen, der durch die ostsächsische Gemeinde zog, zu fliehen und sich in einer Scheune zu verbergen. Dort wurde sie von einem Hitlerjungen entdeckt und zum Bürgermeister gebracht. Dieser hielt den Jungen dazu an, die Frau auf einem Handwagen aus dem Ort zu schaffen, und meinte, dann könne man mit ihr tun, was man wolle. Daraufhin prügelten sechs acht- bis 18-jährige Jungen, es waren noch weitere dazugekommen, die wehrlose Frau mit Ästen qualvoll zu Tode und warfen sie in einen Bach. Dabei planten die drei Älteren den Mord und führten ihn durch, die drei Jüngeren übernahmen »Hilfsarbeiten«.[96]

---

91 Vgl. Sven Keller, Volksgemeinschaft am Ende. Gesellschaft und Gewalt 1944/45, München 2013, S. 423.

92 Auskunft von Ulrich Fritz, Stiftung Bayerischer Gedenkstätten, vom 13.8.2013.

93 Vgl. Fritz, Verwischte Spuren, S. 49 f.

94 Vgl. Martin Clemens Winter, Die Todesmärsche in Sachsen. Verbrechen, Ahndung und Gedenken 1945–1949. In: Schmeitzner/Vollnhals/Weil (Hg.), Von Stalingrad zur SBZ, S. 157–173, hier 159 f. und 173.

95 Vgl. ebd., S. 164.

96 Vermutlich begrub man die Tote Ende Februar 1945 auf dem Friedhof von Mohorn. Die drei jugendlichen Mörder wurden im September 1946 vom »Großen Jugendgericht« in Dresden (Münchner Platz) zu mehreren Jahren Jugendhaft mit Zwangsarbeit verurteilt. Vgl. Winter, Gewalt und Erinnerung, S. 117.

Neben diesen Verbrechen von Selbstjustiz und der Beteiligung an anderen Verbrechen gab es aber auch in Sachsen Versuche, Häftlinge zu verstecken und bis zum Kriegsende zu versorgen. Welches Ausmaß diese Hilfeleistungen annahmen, lässt sich quantitativ nicht nachvollziehen; organisierte Rettungsaktionen wie in anderen Regionen sind für Sachsen jedoch nicht bekannt.[97] Rettende Hilfeleistungen erfuhren beispielsweise sieben polnisch-jüdische Frauen aus dem HASAG-Frauenlager in Leipzig. Diese Frauen gelangten während des »Todesmarsches« und nach der Aufteilung des großen Trosses in kleinere Gruppen nach Krummenhennersdorf im Raum Freiberg. Hier versteckten sie sich, ausgehungert und körperlich sehr geschwächt, in den Mühlenwerken. Dort entdeckte sie der Sohn des Besitzers, Hans Wünschmann, der seine Mutter, Martha Wünschmann, darüber informierte. Sie brachte die sieben Frauen ins Haus und versteckte sie in der Wärmekammer über der Bäckerei. Hier hielten sie sich die letzten Kriegswochen auf. Der Familie war sehr wohl bewusst, dass sie sich selbst in eine lebensbedrohende Situation gebracht hatte, bei Entdeckung der Frauen hätte man mit ihnen »kurzen Prozess« gemacht. Dennoch half Familie Wünschmann den Frauen in den letzten Kriegswochen, die dadurch überleben konnten.[98]

Die Frauen um Felicja Bannet-Schäftler und Felicja Karay aus dem Leipziger Frauenlager der HASAG berichteten dagegen nicht von Hilfeleistungen durch die sächsische Bevölkerung während des »Todesmarsches«. Sie schilderten in ihren später angefertigten Zeugnissen den beschwerlichen Marsch, die Erschießungen, die Erkrankungen und vieles mehr als einen Albtraum. Bevor sie selbst »evakuiert« wurden, hatten in den ersten Apriltagen 1945 noch Transporte aus der Nähe der Ostfront das Lager erreicht, darunter auch ein Frauentransport aus dem Vernichtungslager Auschwitz. Die Arbeit in der Fabrik ging zu dieser Zeit noch weiter, die Frauen aus Auschwitz wurden mit einbezogen. Die Atmosphäre im Leipzig-Schönfelder Frauenlager war extrem gereizt.[99]

Am 13. April 1945 begann die »Evakuierung« des Lagers; die HASAG war bereits Tage vorher geschlossen worden. In Blöcken eingeteilt marschierten die Frauen während der Nacht aus Leipzig heraus: »Auf den Straßen war es ruhig, keine Menschenseele war zu sehen und wunderbarerweise gab es keine Bombenangriffe. […] Auf beiden Seiten des Zuges gingen Aufseherinnen und SS-Männer mit Gewehren. Die Frauen marschierten in Fünferreihen, jede in eine Decke gehüllt. Sie wurden angetrieben, denn die Aufseher befürchteten Luftangriffe:

97 Vgl. Winter, Die Todesmärsche in Sachsen, S. 163.

98 Nach den Berichten des Enkels Georg Wünschmann und seiner Mutter Anneliese sowie des Heimatchronisten Werner Pietzsch. Privatarchiv Hans Brenner. Zit. in: Hans Brenner/Wolfgang Heidrich/Klaus-Dieter Müller/Dietmar Wendler (Hg.), NS-Terror und Verfolgung in Sachsen. Von den Frühen Konzentrationslagern bis zu den Todesmärschen, Dresden 2018, S. 396f.

99 Vgl. Karay, Wir lebten, S. 193.

›Schneller!‹ Das Klappern hunderter Absätze zerriss die nächtliche Stille. Der Weg und die Zukunft waren ungewiss.«[100]

Doch sehr schnell wurde allen klar, dass der Marsch für nicht wenige der Frauen ein Weg in den Tod bedeuten sollte. Die Aufseherinnen setzten sich sehr schnell als erste ab; die Frauen wurden letztlich nur noch von SS-Männern begleitet: »Sie erschießen jede Frau, die nicht mehr weitergehen kann. Der Weg ist voller Leichen, auch männlicher. Die Toten werden in den Straßengraben geworfen. Zwischen ihnen liegt ein sterbender Mann. Einer der SS-Männer ruft seinem Kollegen zu: ›Guck mal, der stirbt, wo er doch morgen frei sein könnte!‹«[101] Jeden Tag liefen die anfangs 2000 Frauen ungefähr dreißig Kilometer, in schmutzstarren Streifenkleidern, verlaust, mit kalkweißen Gesichtern und Augen voller Todesangst: »So schleppten wir uns vorwärts wie Geister, wie von einem anderen Planeten.«[102] Später marschierten sie aufgeteilt in kleineren Gruppen von 200 bis 300 Frauen. Das Verhalten der SS-Aufseher sollte sich bis zum letzten Moment nicht ändern, im Gegenteil, sie erschossen immer mehr Frauen. Die Bevölkerung verhielt sich nach Ansicht der Frauen auch nicht viel besser:

»›Die deutschen Bauern flohen in entsetzlicher Angst, wenn sie uns nur von weitem sahen. Generell verhielten sie sich zu uns feindselig. Oftmals sahen wir, dass an den Hauswänden *Die Juden sind unser Unglück* geschrieben stand. Sie hatten Angst, die Häuser zu verlassen. Im günstigsten Fall stellten sie Eimer mit Wasser für uns an den Straßenrand, die anfangs von den SS-Männern mit Absicht umgeworfen wurden.‹ Vielleicht bekamen die Deutschen doch Gewissensbisse beim Anblick dieser bis zum Skelett abgemagerten Gestalten, die sich durch die Kälte, durch Schmutz und Schlamm vorwärtsschleppten? Sprachen sie den Satz aus, der in einigen Zeugnissen [von Holocaustüberlebenden] wiederkehrt: ›Das wird unsere ewige Schande sein‹?«[103]

In den kleinen Ortschaften, durch welche die Todesmärsche zogen, hatten viele Bewohner und Bewohnerinnen Angst sowohl vor den Häftlingen als auch vor den SS-Aufsehern, die in der Regel erst ab den letzten Apriltagen flohen. Diese Furcht ließ sie mitunter vor Hilfeversuchen zurückschrecken. Zudem herrschte aber auch Gleichgültigkeit gegenüber den Leiden der Marschierenden; die Mehrheit der Bevölkerung war mit dem eigenen Überleben, ihrer Angst und ihrer selbstkonstruierten Opferrolle befasst. So konnten selbst sterbend auf dem Weg zurückgebliebene Häftlingen kaum mithilfe rechnen.[104]

Häftlinge, die nicht mit auf den »Todesmarsch« gehen konnten, weil sie zu krank waren oder im Sterben lagen, wurden in den Lagern zurückgelassen, häufig aber auch vor dem Abmarsch von der SS ermordet. Eines der grausamsten Massaker auf sächsischem Boden fand im KZ-Außenlager Leipzig-Thekla,

100 Ebd., S. 196.
101 Vgl. ebd., S. 197.
102 Ebd.
103 Ebd., S. 199. Hervorhebung im Original.
104 Vgl. Keller, Volksgemeinschaft am Ende, S. 299.

einem Außenlager des KZ Buchenwald, statt. Hier hatte man seit 1943 KZ-Häftlinge unter menschenunwürdigen Bedingungen untergebracht, die zur Arbeit in den Erla-Werken, die hauptsächlich das Militärflugzeug »Messerschmidt Me 109« produzierten, gezwungen wurden. Die absehbare Kriegsniederlage des NS-Regimes hatte fatale Folgen für die Häftlinge: Am 13. April 1945 wurde das KZ geräumt und die Insassen auf einen 500 Kilometer langen »Todesmarsch« geschickt. 304 von ihnen waren jedoch zu krank, um den Marsch antreten zu können, oder lagen im Sterben. Die dort stationierten SS-Männer befahlen den im Lager Verbliebenen, die Fenster einer Baracke zu vernageln und sich anschließend in dem Gebäude einzufinden. Unter Aufsicht von SS und Volkssturm übergoss man den Holzbau mit brandbeschleunigenden Chemikalien und setzte die Baracke in Brand. Etliche Häftlinge, die nicht in den entzündeten Flammen umkamen und im dichten Rauch die Flucht versuchten, wurden erschossen oder starben beim Versuch, den Stacheldrahtzaun des Lagers zu überwinden. Mindestens 80 Häftlinge kamen dabei ums Leben, weitere erlagen später ihren Verletzungen.[105]

6. »Besonders die Wehrmacht müsste sich schämen.«

Der sächsische NSDAP-Gauleiter Mutschmann versuchte in den letzten Kriegswochen, die Volkssturmeinheiten zusammenzustellen, die Lebensmittelsituation zu stabilisieren und vor allem die Kriegsproduktion in Gang zu halten. Dabei galt sein besonderes Augenmerk der Herstellung von modernen Panzerfäusten, u.a. in der Leipziger HASAG. Für Mutschmann hatte Leipzig eine besondere rüstungspolitische Bedeutung. So beorderte er seinen Gau-Stellvertreter Werner Vogelsang, den NSDAP-Kreisleiter von Annaberg, noch im April 1945 nach Leipzig, um dem dortigen »Defätismus« Einhalt zu gebieten.[106]

Als die Propagandaparolen zum Durchhalten und Weiterkämpfen kaum noch oder keine Wirkung mehr zeigten, erreichten der Terror und die damit verbundenen Drohungen innerhalb des Deutschen Reiches eine neue Stufe.[107] Beides

105 Das KZ-Außenlager Leipzig-Thekla war ein Außenlagerkomplex aus drei Lagern, jeweils eins in Leipzig-Thekla, Leipzig-Abtnaundorf und Leipzig-Heiterblick. Das Kriegsendphaseverbrechen vom 18. April 1945 fand im Lager von Abtnaundorf statt. Deshalb wird in diesem Zusammenhang zum einen vom Außenlager Leipzig-Thekla, zum anderen vom »Massaker in Abtnaundorf« gesprochen. Vgl. ausführlich Maximilian Schulz, KZ-Alltag in Leipzig. Das Außenlager Leipzig-Thekla 1943–1945. In: Detlev Brunner/Alfons Kenkmann (Hg.), Leipzig im Nationalsozialismus. Beiträge zur Zwangsarbeit, Verfolgung und Widerstand, S. 69–89. Darüber hinaus vgl. Karl-Heinz Rother/Jelena Rother, Die Erla-Werke GmbH und das Massaker von Abtnaundorf, Leipzig 2013.

106 Vgl. Schmeitzner, Der Fall Mutschmann, S. 52.

107 Vgl. Kershaw, Das Ende, S. 303.

sollte bis zum Ende des Krieges anhalten. Dutzende Todesurteile wurden gegen deutsche Soldaten und Zivilisten, die nicht mehr kämpfen wollten, in den letzten Kriegswochen ausgesprochen.[108] Nach wie vor an den »Endsieg« glaubend, beteiligte sich Mutschmann auch maßgeblich an den Drohungen gegenüber der sächsischen Bevölkerung. In einem Aufruf vom 17. April 1945, einen Tag bevor US-amerikanische Truppen Leipzig erreichten und die »Offensive Berlin« der sowjetischen Truppen Richtung Sachsen begann, drohte er den Menschen wiederholt mit scharfen Worten:

»Der Feind ist in den Sachsengau eingedrungen und bedroht unsere Heimat mit Hunger und Elend, mit Tod und Verderben. Für jeden deutschen Menschen gibt es da nur eins: Widerstand und Kampf bis zum letzten. In geschlossener Abwehr kämpfen Wehrmacht, Volkssturm und Bevölkerung gemeinsam. Wer in dieser Not des Volkes gegen die Anordnungen der Partei und des Staates handelt und der nationalen Ehre unseres Volkes Schande macht, wird aus der Volksgemeinschaft ausgelöscht. Jede Feindbegünstigung, sei es die Annahme von Geschenken, das Heraushängen weißer Tücher aus den Fenstern oder irgendeine Form der Anbiederung an den Feind, ist Landesverrat und wird mit dem Tode bestraft.«[109]

Einerseits wollte Mutschmann mit diesen Drohungen die Kampfbereitschaft der Sachsen anheizen, andererseits beförderte er damit Alltagsdenunziationen, die den Terror gegen die eigene Bevölkerung vorantrieben und Angst schürten. Mitunter führten diese Denunziationen zum Tod, was u. a. auch und vor allem fahnenflüchtige Wehrmachtsangehörige betraf. So erkundigte sich beispielsweise der damalige Hauptwachtmeister Willi B. im mittelsächsischen Döbeln, der auch Söhne an der Front hatte, im März 1945 beim Wehrbezirkskommando, ob der in seiner Stadt weilende Fleischermeister, Unteroffizier W., überhaupt »auf Urlaub gemeldet sei«. Der offiziell eingetragene Urlaub wurde ihm bestätigt. Als Willi B. Anfang April des Jahres erfuhr, dass W. wiederholt in Döbeln weilte, fragte er erneut beim Wehrkreiskommando nach. Diesmal war W. nicht in den Urlaubslisten des Wehrkreiskommandos aufgeführt. Daraufhin sollte W. zur Prüfung seiner Urlaubspapiere ins Wehrbezirkskommando bestellt werden. Willi B. brachte ihn persönlich vor Ort. Hier stellte sich heraus, dass W. tatsächlich gegen die Urlaubsvorschriften verstoßen hatte, woraufhin er zur Arrestanstalt geführt wurde. Auf dem Weg dorthin begegnete ihm Kampfkommandant Adler und erklärte: »Das ist ein Döbelner, der bleibt hier, den brauchen wir als abschreckendes Beispiel, der wird hier erschossen.« W. kam vor das Standgericht Döbeln und wurde wegen Fahnenflucht hingerichtet.[110]

108 Vgl. Schmeitzner, Der Fall Mutschmann, S. 52.

109 Deutschland darf und wird nicht untergehen. Abwehrkampf im Geiste derer, die ihr Herzblut für das Vaterland gaben – Aufruf des Gauleiters. In: Der Freiheitskampf vom 17.4.1945.

110 Am 25.7.1947 wurde Willi B. wegen eines Verbrechens gegen die Menschlichkeit nach dem Gesetz Nr. 10 des Alliierten Kontrollrats zu zwei Jahren Zuchthaus und drei Jahren Verlust der bürgerlichen Ehrenrechte verurteilt. Vgl. DDR-Justiz und NS-Verbrechen, Band VII, S. 526f.

Mittlerweile gelang es Mutschmann mit seinen Drohungen jedoch immer seltener, die Kampfbereitschaft der sächsischen Bevölkerung wie gewünscht zu mobilisieren, denn diese »von ideologischem Fanatismus und Realitätsverlust gekennzeichneten Aufrufe« fanden bald keine flächendeckende Resonanz mehr.[111] In der Zivilbevölkerung verengte sich – so Keller – spätestens zur Zeit des Einmarsches der Alliierten vor Ort »der Bezugsrahmen des Denkens und Handelns« auf das unmittelbare Lebensumfeld: die Familie, den materiellen Besitz und in den Trümmerlandschaften der bombardierten Großstädte mitunter auf das »bloße, nackte Leben«.[112] Dazu schrieb Annerose N. aus Leipzig, deren Familie ihre Wohnung während des schwerwiegenden Luftangriffs vom 27. Februar verloren hatte, im März 1945 in ihr Tagebuch: »Die Klassenräume sind zu Auffanglager [für Flüchtlinge] geworden, und wir müssen irgendwelche Listen führen. Wer, warum, woher usw. [...] Augenblicklich geht's nur ums nackte Leben und ums Überleben.«[113]

Letzteres traf auch auf die Soldaten der deutschen Wehrmacht zu. Den Verbänden der US-amerikanischen Armee schlug in Sachsen nur noch vereinzelt Widerstand entgegen. Die deutschen Einheiten flohen zumeist schon vor dem Einrücken der Amerikaner; die geräumten Ortschaften – häufig mit gehissten weißen Tüchern versehen – wurden den Amerikanern kampflos übergeben. Nur vereinzelt kam es zu militärischen Auseinandersetzungen, vor allem im Raum Leipzig, wo zu dieser Zeit ebenfalls noch einige Soldaten und Volkssturmführer wegen Desertation hingerichtet wurden.[114]

Teile der 3. US-Armee erreichten am 13. April 1945 sächsisches Gebiet, in den darauffolgenden Tagen rückten sie bei Rochlitz bis zur Zwickauer Mulde, zu den westlichen Vororten von Chemnitz und nach Zwickau und Plauen vor. Verbände der 1. US-Armee nahmen am 18./19. April Leipzig ein und schlossen nördlich von Rochlitz zur Mulde auf.[115] In Leipzig blieben am 18. April nur noch einige isolierte Verteidigungsstützpunkte übrig, darunter das von 150 Mann gesicherte Neue Rathaus. Hier begingen am Morgen des 19. April der Oberbürgermeister Alfred Freyberg und weitere städtische und NSDAP-Funktionäre gemeinschaftlich Suizid. Der letzte Kampfkommandant von Leipzig, Oberst Hans von Poncet, verschanzte sich mit ca. 200 Mann um das Völkerschlachtdenkmal, kapitulierte jedoch angesichts der Sinnlosigkeit der Verteidigung am Morgen des 20. April. Rund 200 deutsche Soldaten, Hitlerjungen und Volkssturmmänner verloren ihr

111 Vgl. Behring, Das Kriegsende 1945, S. 233.
112 Vgl. Keller, Volksgemeinschaft am Ende, S. 366.
113 Brief von Annerose N. an ihre Eltern vom 11.3.1945 (Museumsstiftung Post und Telekommunikation, Sig. 3.2002.0943, unpag.).
114 Vgl. Behring, Das Kriegsende 1945, S. 233.
115 Vgl. ebd.

Leben während des Kampfes um Leipzig, auf amerikanischer Seite beliefen sich die Zahlen auf 20 Tote und 60 Verwundete.[116]

Die Einnahme Leipzigs und die Tage davor beschrieb Thea D. in ihrem Tagebuch ausführlich: »Leipzig ist nun unterdessen Frontstadt geworden. Was das bedeutet, kann nur derjenige ermessen, der selbst in einer Frontstadt seine Heimat sieht und sein Hab und Gut und all seine Lieben bedroht weiß«, hielt sie am 14. April 1945 fest. Komplett fertig lag ihre Ausrüstung des Deutschen Roten Kreuzes (DRK) zur Hand, die sie sich selbst angefertigt hatte, denn stündlich konnte der Alarmbefehl sie wegrufen: »Ich soll als DRK-Helferin meine Pflicht tun. Und wie gern!«[117] Ihre Tagebuchseiten füllten sich mit Beschreibungen von Luftangegriffen und Artilleriebeschüssen, von Menschenschlangen an Geschäften, da Lebensmittel freigegeben worden waren, und von Gerüchten, die in Windeseile durch die Stadt kursierten – die Menschen machten sich nach Meinung von Thea D. gegenseitig verrückt.[118]

Am 24. April 1945 folgte der nächste Tagebucheintrag: »Schreckliche Tage liegen hinter uns, denn: Leipzig wurde von den Alliierten besetzt.« Am 17. April, früh 2.30 Uhr gab es Panzeralarm, woraufhin alle Menschen in Thea D.s Haus das, was sie für unentbehrlich hielten, in den Keller schleppten. Am Folgetag waren kaum alle Hausbewohner und -bewohnerinnen in den Keller geeilt, als es in den umliegenden Straßen zu heftigen Kämpfen kam. Viele Maschinengewehre tackten; zwischendurch hörten sie den hellen Abschuss eines Karabiners und den dumpfen Knall der Panzerfaust. Dazu feuerte unablässig die feindliche Artillerie. Die Geräusche wurden zunehmend lauter, sie kamen näher. Thea D. vernahm schließlich Schritte von Soldaten auf den Treppen im Haus. Als ein wenig Ruhe eingetreten war, eilte sie gemeinsam mit ihrem Vater in die Wohnung, um nach dem Rechten zu sehen. In jedem Zimmer waren Fenster zerschlagen oder Mauern durchschossen, die Fußböden mit Granatsplittern übersät. Etliche Stunden dauerte dieser Kampf, dann rollten US-amerikanische Panzer in den Leipziger Stadtteil Stötteritz.[119] Über die Beschreibung der Erlebnisse hinaus ließ Thea D. in ihren Aufzeichnungen auch ihren Gefühlen freien Lauf:

»Ich war wie zerschlagen: Leipzig in Feindeshand! Unvorstellbar! Unmöglich! Und doch war es Wirklichkeit. Da liefen 3 oder 4 Tommies auf der Straße und niemand machte sie unschädlich? Und doch standen so viele Zivilisten vor den Häusern. Ich konnte es einfach nicht fassen. Es war, als sei hier die Höchstgrenze meines Denkens erreicht. […] Der ganze Kampf hier in Stötteritz hatte den Feind aber nur 1 ½ Tage aufgehalten. Hätten wir nicht besser verteidigen können? Wir Männer, Frauen und

116 Vgl. Manfred Zeidler, Endkampf um Sachsen. In: Schmeitzner/Vollnhals/Weil (Hg.), Von Stalingrad zur SBZ, S. 175–186, hier 177.

117 Tagebuch von Thea D. 1944/45, Eintrag vom 14.4.1945 (Deutsches Tagebucharchiv Emmendingen, Sign. 389,1, unpag.).

118 Vgl. ebd.

119 Vgl. ebd., Eintrag vom 24.4.1945.

Mädchen. Es war eine Schande. Besonders die Wehrmacht müsste sich schämen! Die meisten Soldaten versorgen sich mit Zivilsachen und türmen. Da soll ein Reich bestehen bleiben können? Pfui, pfui und nochmals pfui. […] Ich hatte mir den wirklichen Krieg ganz anders vorgestellt, vielmehr von uns fordernd. Ich bin enttäuscht!!! Wie soll all das kommende Elend noch enden?«[120]

Auch Friedrich Michael, Lektor und Assistent beim Insel Verlag, erlebte die letzten Kämpfe um Leipzig aus nächster Nähe, äußerte sich jedoch nicht wütend und enttäuscht wie Thea D., sondern freute sich letztendlich über das Kriegsende. Am 17. April 1945 war laut seiner Tagebucheintragungen schönes Wetter in der Stadt gewesen. Gegen drei Uhr früh gab es Feindalarm. Am Vormittag ging er zum Volkssturm zur Waisenhausstraße, wo sich allerdings nur 30 Mann der Kompanie eingefunden hatten. Es wurden Freiwillige für den Kampf gesucht, aber niemand meldete sich. Die Situation war nach Friedrich Michaels Meinung peinlich. Nach zehn Uhr wurden alle mit Dienstbefehlen für die nicht Erschienenen nach Hause geschickt. Kurz nach 17 Uhr erfolgte die Ankündigung, dass mit Feindalarm zu rechnen sei. Abends hörte er sehr starkes Artilleriefeuer, später auch in unmittelbarer Nähe kleinere Waffen. Die meisten Hausbewohner und -bewohnerinnen schliefen im Keller; Familie Michael blieb in ihrer Wohnung und beobachtete das Feuer. Nachts wurden sie mehrfach durch Schüsse geweckt. Vom frühen Morgen des 18. April an nahm die Familie starke Gefechtstätigkeit im Bereich der Galopprennbahn im Süden Leipzigs wahr. Im Laufe des Vormittags kam schließlich die Nachricht, dass der Volkssturm aufgelöst worden sei. Die Stadtteile Lindenau, Plagwitz und Schleußig waren bereits besetzt. Die Amerikaner beschossen auch das Haus, in dem Familie Michael lebte; ein Geschoß landete in ihrem Schlafzimmer, ein weiteres im Balkonzimmer. Später folgte eine heftige Detonation, durch die eins der großen Fenster im Eckzimmer zerstört wurde. Friedrich Michael beschrieb die Situation als »ungemütlich«, dennoch schlief die Familie wieder in der Wohnung.[121] Zwei Tage später wurde dem Verlagslektor das Ende des Krieges in Leipzig erstmalig bewusst: »Merkwürdig, man geht aus, ohne die Sachen in den Keller zu bringen, man hört Flugzeuge über sich und bleibt in der Wohnung. Man legt Dinge auf den Schreibtisch, die man sonst in einer Mappe mit sich herumtrug. Wir waren heute schon früh im Garten und haben Kartoffeln gelegt.«[122]

Solche positiven Gefühle verband Annerose N. zu diesem Zeitpunkt mit dem Kriegsende nicht; sie klagte wie Thea D., allerdings weniger ob der Besetzung durch die amerikanischen Truppen, sondern mehr wegen der angeblich unnötig erbrachten Opfer. In einem Brief an ihre Eltern vom 18. April 1945 haderte sie mit der Situation:

120 Ebd.
121 Vgl. Michael, »Abends kommt die Nachricht, …«, S. 65.
122 Ebd., S. 66.

»Gestern 17:15 Uhr gab's Alarm ohne Entwarnung und heute früh war Leipzig vom Ami besetzt. Das war's dann gewesen. Der Krieg ist für uns aus, wir brauchen nicht mehr in den Keller – aber glücklich sind wir ganz und gar nicht! Soll denn alles umsonst gewesen sein? Alle Opfer? Ohne jeden Sinn? Ich könnte pausenlos heulen! [...] Tja, liebster Papi, du hast ja mit deiner Devise so recht: ›Wenn ich mich schon treten lassen muss, dann lieber vom amerikanischen Lackschuh als vom russischen Knobelbecher!‹ Das ist unsere einzige Freude, dass der Ami vor dem Russen hier war. [...] Noch hat Deutschland nicht kapituliert, und es schwirren die wildesten Gerüchte. Wir wollen mit dem Ami gemeinsame Sache machen gegen den Russen. Keine schlechte Idee. Abwarten und Tee trinken, sofern man den hat.«[123]

Die Lebensmittelsituation in Leipzig war zu diesem Zeitpunkt prekär, vor allem für diejenigen, die während der Bombardierungen und Angriffe vieles verloren hatten. Annerose N. schrieb in diesem Zusammenhang über einen »tollen Hamsterkauf« von Kästen mit sogenanntem Dickfix. Sie aßen es früh als Marmelade, mittags als Pudding, abends als Süßspeise, »mal gelb gefärbt mit Orangen- oder Bananen-Aroma, mal rot gefärbt mit Erdbeer-Aroma, ›gezuckert‹ mit Süßstoff. Köstlich, aber im Prinzip nichts als Wasser!«[124] Für den April 1945 waren die Lebensmittelrationen erneut gekürzt worden; »Hamsterkäufe« nahmen noch mehr zu und »Schwarzmärkte« breiteten sich immer weiter aus. Bereits am 5. des Monats hatte die NSDAP-Führung »Richtlinien für das Leben unter einfachsten Verhältnissen« herausgegeben, in denen zugegeben wurde, dass die »zur Zeit zur Verfügung stehenden Lebensmittelrationen [...] im Reichsgebiet unter dem Erhaltungsminimum [liegen]. Es droht somit in absehbarer Zeit eine Hungersnot.« Die Verfasser der Broschüre verwiesen zudem auf die Verwertung von Baumrinde, Baumflechten und Sägemehl, von Kastanien und Eicheln bis hin zum Fang von Fröschen.[125]

Zum Hunger hinzu kam langes Warten in scheinbar endlosen Schlangen an den Lebensmittelläden in dem Wissen, am Ende vielleicht doch nichts mehr erwerben zu können, weil die Waren ausgegangen waren. So erging es u. a. der Familie von Annerose N. Auch der 1. Mai 1945, laut Tagebucheintrag ein herrlicher Frühlingstag, war von »Nahrungsbeschaffung« für die Familie bestimmt. Annerose N. traf ihren Vater in der Gohliser Straße, er kam vom Fleischer, sie war auf dem Weg zum Bäcker. Als er ihr sagte: »Hitler soll gefallen sein.«, war ihre Reaktion darauf: »Nun ist alles aus.« Und sie fügte hinzu: »Von der Parteien Gunst und Hass verwirrt, schwankt sein Charakterbild in der Geschichte.« Nach dieser Information um »eine Riesenenttäuschung reicher« nahm sie den

123 Brief von Annerose N. an ihre Eltern vom 18.4.1945 (Museumsstiftung Post und Telekommunikation, Sig. 3.2002.0943, unpag.).

124 Ebd.

125 Vgl. Corni/Gies, Brot – Butter – Kanonen, S. 579–582.

»Kampf um ein Dreipfundbrot« auf. Der Gedanke, dass noch eins übrig bleiben würde, bis sie beim Bäcker an der Reihe gewesen sei, bewegte sie mehr als »Adolfs Heldentod«.[126]

Irmgard B.'s Gedanken waren dagegen in den letzten Kriegswochen von einer generellen Sehnsucht nach Frieden getragen. Sie lebte im westsächsischen Zwickau, das die US-amerikanischen Truppen, abgesehen von wenigen Gefechten wie in Cainsdorf, weitgehend kampflos einnehmen konnten; sie besetzten am 17. April 1945 den westlich der Mulde gelegenen Stadtkern. Wenn die Stadt auch von alliierten Flächenbombardements verschont geblieben war, so hatte es doch auch in Zwickau gezielte Luftangriffe auf dortige Betriebe der Rüstungsindustrie und die Infrastruktur gegeben. Die damals 23-jährige Zwickauerin arbeitete für die Reichsbahn am Bahnhof von Cainsdorf, das südlich an Zwickau angrenzte und circa 15 Minuten Radweg von ihrem Wohnort entfernt lag.[127]

Bei Luftalarm schloss Irmgard B. jedes Mal den Luftschutzkeller für Bewohner und Bewohnerinnen in der Umgebung und Fahrgäste auf. Sie dagegen musste bei Notbeleuchtung weiterhin ihren Dienst versehen und vor allem ankommenden Zügen mit einer roten Lampe entgegenlaufen, damit sie bei Fliegeralarm verdunkelt stehen blieben. Sonst hätten sie angreifenden Flugzeugen den Weg zum Bahnhof weisen können. Das sei eine Aufgabe gewesen, die sich mit viel Angst verbunden habe, meinte sie im Rückblick. Trotz aller getroffenen Vorsichtsmaßnahmen erlebte sie am Cainsdorfer Bahnhof aber auch Angriffe: »Einmal hatten wir kurz vor unserem Bahnhof am helllichten Tag einen Tieffliegerangriff auf einen Personenzug, bei dem es viele Verwundete und Tote gab. Das hat sich auch sehr in mein Gedächtnis eingegraben, vor allem die vielen Hilfeschreie. So hatten wir den Krieg vor der Haustür.«[128]

Als die Züge in Zwickau und Umgebung angegriffen wurden, »haben wir alle schon gewusst, dass das mit dem Krieg nichts wird. Jeder hat das gewusst«, erinnerte sich Irmgard B.[129] Sie hörte damals einen englischen deutschsprachigen Sender. Als sie und ihr persönliches Umfeld erfahren haben, dass die deutsche Wehrmacht an allen Fronten zurückgedrängt wurde, »haben sie sich gesagt, das wird nichts mehr. Aber sie durften das ja bloß denken. Wehe, sie haben das gesagt. […] Also da hat schon Angst [vor Verfolgung und Terror] mitgespielt, da durften wir halt nicht zu viel sagen.« Doch auch die Angst vor den sowjetischen Truppen spielte im Umfeld von Irmgard B. eine große Rolle; so hatten

126 Brief von Annerose N. an ihre Eltern vom 1.5.1945 (Museumsstiftung Post und Telekommunikation, Sig. 3.2002.0943, unpag.).

127 Vgl. Interview von Francesca Weil mit Irmgard B. im Jahr 2013, S. 1.

128 Ebd.

129 Ebd., S. 9.

beispielsweise Kollegen einmal ihr gegenüber geäußert: »Na, warte ab, wenn der Russe erst seine ganzen asiatischen Leute vor holt, was denkt ihr, was dann los ist. Das bissel Deutschland, das schieben die zusammen.«[130]

Doch zuerst kamen US-amerikanische Truppen nach Zwickau. Als sie am 17. April 1945 über die Gleise kommend in Cainsdorf einmarschierten und auf alles schossen, was sich bewegte, wollte Irmgard B. nur noch nach Hause, zu ihrer zehn Monate alten Tochter, die während ihrer Arbeitsschichten von ihrer Mutter und ihrer Großmutter betreut wurde. Sie fuhr mit ihrem Fahrrad über die Muldenbrücke, während sich die amerikanischen Soldaten mit den verbliebenen deutschen am anderen Flussufer ein Gefecht lieferten. Gerade in dem Moment, als sie die Brücke passiert hatte, flog diese durch eine Sprengung mit »unvorstellbarem Getöse in die Luft«. Irmgard B. meinte, sie müsse »ein ganzes Heer von Schutzengeln« gehabt haben. Auf dem Weg nach Hause lagen viele Tote am Straßenrand, vor allem Wehrmachtssoldaten – »ein grausiges Bild«. Sie erreichte völlig aufgelöst ihr Haus. Alle Bewohner und Bewohnerinnen standen im Hof und im Haus und harrten der Dinge, die da kommen sollten: »Als ich ankam, waren ungefähr 15 Personen, meine Mutter, Großmutter, Kinderwagen versammelt. Ich grüßte allgemein mit dem über zehnjährigen eingebläuten Gruß ›Heil Hitler‹. Keine Antwort, nur eine Ohrfeige von meiner Mutter. Zu Recht, wie ich fand. Ich wachte auf, Hitler war tot. Das war's.«[131]

Am 8. Mai 1945 hatten amerikanische Verbände kurzzeitig vor Stollberg im Erzgebirge gestanden und die Stadt mehrere Tage unter Artilleriebeschuss genommen. Stollberg war mit Flüchtlingen belegt gewesen; es gab dort viele Lazarette. Um viele Opfer zu vermeiden, hatten vier besonnene Bürger den stellvertretenden Bürgermeister Johannes Friedrich zum Hissen von weißen Flaggen bewegt. Am 21. April hatte Friedrich eigenverantwortlich eingewilligt, die Stadt den amerikanischen Truppen kampflos zu übergeben und zu diesem Zweck weiß zu flaggen. Am Abend dieses Tages erreichten jedoch Oberleutnant Schwalbe, der eine nach ihm benannte Panzerjägerkompanie mit 120 Mann anführte, und zwei Begleiter Stollberg. Schwalbe war für sein rücksichtsloses Vorgehen bekannt; die Kompanie hatte sich von Potsdam aus ins Erzgebirge abgesetzt und lavierte dort zwischen den Fronten, befasste sich mit der Dokumentierung der nicht mehr vorhandenen Stärke der Wehrmacht und verhinderte aufkommende Friedensbestrebungen in der Zivilbevölkerung. Auf Befehl Schwalbes erschossen Angehörige der Kompanie nicht nur Zivilisten, sondern auch Soldaten aus den eigenen Reihen. In der Stadt angekommen, veranlasste der Oberleutnant einen seiner Züge, durch die Straßen zu ziehen, lautstark an den Türen zu klopfen und die Bevölkerung aufzufordern, die weißen Flaggen einzuziehen. Bürgermeister Friedrich erklärte

130 Ebd.
131 Ebd., S. 2.

er für verhaftet. Später ließ er Angehörigen seiner Kompanie einen schriftlichen Befehl zukommen, auf dem stand, dass Friedrich »auf der Flucht« zu erschießen sei. Einer der Fahrer der Kompanie, Heinz S., führte den Befehl aus und erschoss den stellvertretenden Bürgermeister. Oberleutnant Schwalbe fiel nach weiteren Verbrechen an mehreren Zivilisten am 24. April.[132] Stollberg gehörte schließlich zu dem westerzgebirgischen Gebiet mit ca. 500 000 Einheimischen und Flüchtlingen, das 42 Tage als »Niemandsland« bezeichnet unbesetzt blieb, bevor es Anfang Juli 1945 in die Sowjetische Besatzungszone (SBZ) eingegliedert wurde.[133]

7. »Die deutschen Soldaten sind abgerückt, haben uns im Stich gelassen.«

Der Armeegeneral, Oberbefehlshaber der alliierten Streitkräfte und spätere amerikanische Präsident, Dwight David Eisenhower, hielt sich an die Absprache mit der sowjetischen Armeeführung. Die amerikanischen Truppen verblieben entlang einer Linie von Dessau bis Grimma der Mulde folgend, südlich an den Rand von Chemnitz und südwestlich bis Oelsnitz im Vogtland.[134] Wie Annerose N. exemplarisch beschrieb, konnten sich viele Sachsen und Sächsinnen mit einer amerikanischen Besetzung wesentlich besser arrangieren als mit einer sowjetischen. Die Angst vor der sich nähernden Roten Armee war groß, vor allem infolge der langjährigen nationalsozialistischen Propaganda und der Erzählungen der Flüchtlinge aus Ostpreußen und Oberschlesien über massenhafte Vergewaltigungen und Verwüstungen. Auch aus diesem Grund wurde im Osten Sachsens wesentlich erbitterter gegen die sowjetischen Truppen gekämpft, als das in Westsachsen gegen die amerikanischen Truppen der Fall war.[135] Die Kämpfe in Ostsachsen kosteten bis zu 20 000 sowjetischen und polnischen sowie bis zu 8 000 deutschen Soldaten das Leben.[136]

Am 16. April 1945 erfolgte der massive Angriff der 1. Ukrainischen Front von der Lausitzer Neiße aus gegen das östliche Sachsen. Verbandsteile drehten jedoch bald Richtung Berlin ab, um die Eroberung der Reichshauptstadt sicherzustellen. Die verbliebenen Verbände setzten ihren Vorstoß nach Sachsen fort. Doch Teilen der deutschen Heeresgruppe Mitte gelang am 23. April noch einmal

---

132 Heinz S. wurde am 20.12.1949 wegen Beihilfe zu Verbrechen gegen die Menschlichkeit zu zehn Jahren Zuchthausstrafe verurteilt. Vgl. DDR-Justiz und NS-Verbrechen, Band VII, S. 157–159 und 161.

133 Ausführlich vgl. Pritchard, Niemandsland, S. 205–222.

134 Vgl. Behring, Das Kriegsende 1945, S. 234.

135 Vgl. ebd.

136 Vgl. Reiner Groß, Geschichte Sachsens, Leipzig 2001, S. 277 f.

ein kurzer Vorstoß Richtung Osten.[137] Bereits vorher, ab dem 18. April, entbrannten schwere Kämpfe um Bautzen.[138] Während dieser letzten militärischen Auseinandersetzungen kam es zu zahlreichen Kriegsverbrechen vonseiten deutscher Soldaten, aber auch zu Plünderungen, Vergewaltigungen, Tötungen von Zivilisten wie Zivilistinnen und nicht zuletzt zu einem Massaker an mehr als 300 Volkssturmmännern durch sowjetische und polnische Soldaten. Die Angehörigen des Volkssturms wurden in dem ostsächsischen Dorf Niederkaina nahe Bautzen vermutlich von polnischen Soldaten, die im Verband der 1. Ukrainischen Front kämpften, erschossen bzw. in einer Scheune bei lebendigem Leib verbrannt, bevor diese vor den deutschen Truppen – bei deren letzten Vorstoß eingekesselt – panikartig flohen.[139]

Die damals 23-jährige Elsa S., aus Drehsa im Kreis Bautzen stammend, bekam die Kämpfe in Ostsachsen, aber auch das Massaker in Niederkaina unmittelbar mit. In armen Verhältnissen aufgewachsen, hatte sie bereits als Achtjährige täglich für ein paar Pfennige als Hofarbeiterin auf einem Rittergut gearbeitet, später als Hauswirtschaftsmädchen und als Arbeitsmaid beim RAD. Für unpolitisch hielt sich Elsa S. nicht, schließlich war sie in die Schule gegangen und dort den Einflüssen der nationalsozialistischen Ideologie ausgesetzt gewesen. Aber sie beschäftigte sich nicht tagtäglich mit Politik und dem Kriegsgeschehen, weil sie viel und schwer arbeiten musste und keine Zeit dafür hatte:[140] »Uns ist es ja auch als Kinder auch eingebläut wurden, wir haben eben an den Führer geglaubt. Und auf der anderen Seite, wenn man von früh bis abends arbeitet, hat man ja an keine Politik gedacht. Man hat wohl gelesen, dass immer wieder Männer fallen. Von mir ist ja auch der Freund gefallen. […], aber du hast deine Arbeit gemacht, du hast ja kein Radio gehabt und höchstens mal eine Zeitung am Sonnabend.«[141]

Vom Krieg und seinen unmittelbaren Auswirkungen bekam Elsa S. erst richtig etwas mit, als die sowjetischen Truppen zum ersten Mal das Dorf erreichten: »Bis dann die Russen wirklich kamen. Ich sehe sie heute noch, wie sie unten in Drehsa – es waren ja alles Pferdegespanne – reinkamen. Da hatten wir schon Angst.«[142] An die Morde in Niederkaina erinnerte sich Elsa S. detailliert, weil unter den toten Volkssturmmännern auch Männer aus ihrem Dorf waren; einige von ihnen waren jedoch vor der Ermordung freigelassen worden:

---

137 Vgl. Zeidler, Endkampf um Sachsen, S. 180f.

138 Vgl. Behring, Das Kriegsende 1945, S. 235.

139 Vgl. ebd., S. 235f.; vgl. ausführlich dazu Theodor Seidel, Kriegsverbrechen in Ostsachsen. Die vergessenen Toten von April/Mai 1945, Berlin 2001.

140 Vgl. Interview von Francesca Weil mit Elsa S. im Jahr 2013, S. 1f. und 9.

141 Ebd., S. 10.

142 Ebd., S. 6.

»Unsere hatten bei Weißenberg zugemacht, die Wehrmacht. Jetzt waren die Russen hier im Kessel drin. Da haben sie dann die ganzen Männer aussortiert, waren ja meistens auch bloß Ältere und Verwundete. Und die sollten nach Bautzen. Und wir hatten auch einen Russen aus dem Ersten Weltkrieg, der ist hier geblieben, hat hier geheiratet. Und er hat in Neu-Puschwitz die Wache überredet, dass die Drehsaer raus konnten. Ein Teil, die konnten heim. Und die anderen, die jünger waren, sind dann nach Niederkaina gekommen, wo dann die Scheune [gebrannt hat]. Die haben die Russen dann angebrannt. Da sind aus Drehsa auch einige verbrannt, die haben sie nicht rausgelassen. Die konnten ja nicht zurück. Die Russen konnten nicht mehr raus. Wollten sie nach Bautzen, Bautzen war ja auch umkämpft und dort waren auch Deutsche. Und da haben sie die in die Scheune eingesperrt, so als Gefangene. Das war Volkssturm.«[143]

Elsa S. sprach auch von den Vergewaltigungen, die in Nachbardörfern passiert waren; unter den Opfern gab es nach ihrer Erinnerung auch 13- und 14-jährige Mädchen, die nach Mehrfachvergewaltigungen gestorben sind. Sie selbst hatte sich vorsichtshalber auf dem Heuboden »vergraben«.[144] An ein ähnliches Geschehen erinnerte sich die damals sechsjährige Ingrid Gösel, die in der Nacht vom 5. auf den 6. April 1945 mit ihren Eltern aus dem bombardierten, brennenden Chemnitz zu Verwandten nach Augustusburg geflüchtet war. Auf ihrem Fußmarsch in die 15 Kilometer entfernte Kleinstadt hatte sich nicht eine einzige Tür geöffnet, um den vom Ruß geschwärzten und erschöpften Menschen eine Unterkunft für die Nacht zu bieten; auch das sechsjährige Mädchen musste die lange Strecke durchmarschieren. Als schließlich die sowjetischen Truppen Augustusburg erreichten, sperrten sie alle Hausbewohner und -bewohnerinnen in Keller ein und setzten vor jedes Kellerfenster einen Soldaten mit aufgepflanztem Bajonett.[145] Zu den Vergewaltigungen im Ort schrieb Ingrid Gösel in ihren Erinnerungen:

»Als erstes holten sie ein junges Mädchen heraus, sie wurde nie wieder gesehen und blieb verschollen. Das zweite im Keller befindliche junge Mädchen wurde aus Angst von den Hausbewohnern unter den Kartoffeln in einer damals üblichen Kartoffelhorde versteckt. Als ein Russe auch dieses Mädchen holen wollte und es nicht mehr vorfand, ging er von Keller zu Keller. Mit dem Bajonett stach er in jede Kartoffelhorte hinein. Ich war 6 Jahre alt, neugierig und lief hinter dem Russen her. Die Eltern sagten aus Angst kein Wort, um mich zurück zu halten. Diese Bilder vergesse ich nie. Zum Glück verfehlte er das Mädchen und nahm wohl an, es sei doch irgendwie geflohen.«[146]

Mädchen und Frauen wurden auch in Sachsen von sowjetischen Soldaten schwer misshandelt und brutal vergewaltigt; zuverlässige Zahlen über das Ausmaß der Vergewaltigungen gibt es jedoch nicht. Bekannt ist aber auch, dass die Mehrheit der sowjetischen Offiziere Ausschreitungen ihrer Soldaten gegenüber der

143 Ebd., S. 5 f.
144 Ebd., S. 6.
145 Vgl. Erinnerungen von Ingrid Gösel aus dem Jahr 2013 (Privatarchiv Ingrid Gösel), S. 3.
146 Ebd.

Zivilbevölkerung unterbinden wollte, was jedoch nicht immer gelang.[147] Die Vergewaltigungen entsprachen jedoch der Erwartungshaltung vieler Menschen, hatte doch die nationalsozialistische Propaganda jahrelang davor gewarnt. Sie wurden aber auch als Racheakte begriffen.[148]

Nach den letzten schweren Kämpfen in Ostsachsen waren die deutschen Truppen so geschwächt, dass den Verbänden der Ukrainischen Front, die am 6. Mai von Berlin kommend Sachsen auf breiter Front von Nord nach Süd besetzten, kaum noch Widerstand entgegengebracht wurde.[149] Meißen wurde am 6. Mai kampflos übergeben. Der Meißner NSDAP-Kreisleiter Hellmut Böhme hatte bereits Anfang März 1945 überlegt, persönliche Vorsorge zu treffen, falls die sowjetischen Truppen in Meißen einziehen sollten. In seinem Tagebuch war zu diesem Zeitpunkt von der angespannten militärischen Lage und der »augenblicklichen Machtlosigkeit unseres Reiches« die Rede. Das hatte jedoch nach wie vor nichts an seinem unerschütterlichen Glauben an Hitler geändert.[150] Während dieser Zeit waren Trecks mit Tausenden von Flüchtlingen aus dem Osten durch Meißen über die Elbbrücke gezogen und »noch ist kein Ende abzusehen«. Meißen war mittlerweile befestigt worden, 20 Kilometer vor der Stadt hatte man Stellungen und Panzersperren gebaut.[151] Böhme hatte geklagt:

> »Es ist eine unerhört harte Zeit geworden, und jeder spürt, dass das Leben unseres ganzen Volkes auf dem Spiele steht. Neben den harten Bedrohungen der Fronten im Osten und Westen hat der Feind eine Luftoffensive gestartet, die jeden Tag das Land mit Tausenden von Bomben übergießt und eine Stadt nach der anderen in Trümmern legt. Kein Tag vergeht ohne mehrmaligen Fliegeralarm. Die Nerven sind zum Zerreißen gespannt. Die augenblickliche Machtlosigkeit unseres Reiches stellt den Glauben des Volkes auf eine harte Probe. Millionen Menschen sind in Deutschland heimatlos geworden und haben Heim und Haus und allen Besitz verloren. In allen Schulen liegen diese Bedauernswerten auf Stroh in Massenlagern und die Partei allein ist es, die ihnen hilft und sie betreut.«[152]

Anfang April 1945 hatte Hellmut Böhme wegen der täglichen Luftalarme und Angriffe auf viele sächsische Städte endgültig Vorsorge getroffen, »um Unersetzliches zu sichern vor der Zerstörung«. Dafür hatte er einen Metallkasten bauen lassen,

147 Vgl. Behring, Das Kriegsende 1945, S. 236. Ausführlich vgl. Norman M. Naimark, Die Russen in Deutschland. Die Sowjetische Besatzungszone 1945 bis 1949, Berlin 1997, S. 86–168. Auch amerikanische, britische und französische Soldaten haben viele deutsche Frauen vergewaltigt. Vgl. Miriam Gebhardt, Als die Soldaten kamen. Die Vergewaltigung deutscher Frauen am Ende des Zweiten Weltkriegs, München 2016. Gebhardt schreibt von 900 000 Vergewaltigungen im Zeitraum von 1945 bis 1955, wovon etwa ein Drittel von Soldaten der Westalliierten begangen wurden. Vgl. Miriam Gebhardt, Wir Kinder der Gewalt. Wie Frauen und Familien bis heute unter den Folgen der Massenvergewaltigungen bei Kriegsende leiden, München 2019, S. 16.

148 Vgl. Widera, Dresden 1945–1948, S. 57.

149 Vgl. Behring, Das Kriegsende 1945, S. 235.

150 Vgl. Tagebuch des NSDAP-Kreisleiters Hellmut Böhme, Transkriptionstext Annekatrin Jahn, S. 44f.

151 Vgl. ebd., S. 46.

152 Ebd., S. 45.

das seiner Meinung nach Wertvollste hineingelegt und ihn vergraben. Bevor er auch sein Tagebuch darin verstaute, nahm er im festen Glauben an Hitler und das Deutsche Reich in seinem üblichen pathetischen Stil letzte Eintragungen vor: »Er birgt, was wirklich wertvoll ist für meine Kinder und Kindeskinder. Sollte uns das Schicksal vorzeitig ablösen und den Sieg nicht mehr erleben lassen, so sollen doch die Kinder aus diesem Schatz ersehen, wie wir gelebt, geliebt und geglaubt haben. Auch diese Chronik lege ich nun in die Truhe. Gebe Gott, dass ich sie selbst bald schon nach siegreich beendetem Kriege wieder hervorholen kann. [...] Nun lege ich das Buch in die Truhe im Glauben an den Führer und an den Sieg! Es lebe der Führer, es lebe unser liebes Reich!«[153]

Am 27. April 1945 hatte sich Herbert Böhme, Superintendent der evangelisch-lutherischen Landeskirche Meißen, bemüht, den Meißner Bürgermeister Walther Kaule davon zu überzeugen, die Stadt den heranrückenden sowjetischen Truppen kampflos zu übergeben. Er war daraufhin verhaftet worden. NSDAP-Kreisleiter Hellmut Böhme hatte ein sofortiges Todesurteil gefordert. Zur Urteilsvollstreckung in das Landesgerichtsgefängnis Dresden überstellt, konnte Herbert Böhme jedoch am 7. Mai von der Roten Armee befreit werden. Am 5. Mai wurde in einer Ratssitzung die kampflose Übergabe der Stadt Meißen angekündigt. Während ein Teil der Bevölkerung der Evakuierungsaufforderung des Meißner NSDAP-Kreisleiters nachkam, versammelten sich zahlreiche Meißner Bürger und Bürgerinnen am Morgen des 6. Mai auf dem Markt vor dem Rathaus. Sie waren unschlüssig, ob sie dem Evakuierungsaufruf Folge leisten und die Stadt vor dem Eintreffen der Roten Armee verlassen sollten. Ab 10.00 Uhr fand im Rathaus eine Beratung der Ratsherren statt. Willy Anker, einem ehemaligen Sozialdemokraten, gelang es, an der Besprechung teilzunehmen. Ein Hauptmann der Wehrmacht forderte die Bevölkerung vom Rathausbalkon aus auf, die Stadt bis 12.00 Uhr zu räumen. Danach trat Anker auf den Balkon und riet den Ausharrenden, in der Stadt zu bleiben, den Widerstand und die Plünderungen einzustellen sowie Ruhe und Ordnung zu bewahren. Die ersten sowjetischen Truppen erreichten Meißen gegen 15.00 Uhr. Die Stadt fiel kampflos. NSDAP-Kreisleiter Hellmut Böhme nahm sich noch am selben Tag in seinen Diensträumen das Leben.[154]

Wilsdruff wurde dagegen wie Bautzen zur Festung erklärt und infolge der Gefechte stark zerstört. Der Ortschronist Artur Kühne beobachtete in den letzten Kriegstagen vor allem die Unsicherheit und Angst der Stadtbewohner und -bewohnerinnen. Die meisten Einwohner und Einwohnerinnen hatten sich ebenso wie die in Meißen mit der Frage beschäftigt, ob sie vor den nahenden sowjetischen Einheiten fliehen sollten oder nicht. Einige Bürger und Bürgerinnen der Stadt flüchteten, von denen jedoch eine ganze Reihe wieder zurückkehrte. Die

153 Ebd., S. 47.
154 Ausführlich vgl. Gerhard Steinecke, Unser Meißen – 1929–2004, Meißen 2004, S. 112–116.

Straßen Richtung Westen waren verstopft, an ein Wegkommen war eigentlich nicht mehr zu denken. Als die sowjetische Armee am 7. Mai in Wilsdruff einrückte, wurde die Flucht endgültig unmöglich. Die Stadt hatte den ganzen Tag unter heftigem Artilleriebeschuss gestanden, bevor die Rote Armee sie schließlich am Abend übernahm. »Die deutschen Soldaten sind abgerückt, haben uns im Stich gelassen. Wozu dann der harte Beschuss den ganzen Tag über mit den riesigen Schäden?«, fragte sich Kühne. Am 8. Mai standen die Wilsdruffer laut Kühne »vor einem Nichts. Kein Wasser, kein Gas, kein Licht. Von 488 Gebäuden 13 zerstört und ausgebrannt, 233 beschädigt! Lebensmittel müssen schleunigst beschafft, die Trümmer beseitigt werden.« Eine Reihe von Toten war zu beklagen, auch durch Suizid. Immerhin wählte man einen vorläufigen Bürgermeister. In der darauffolgenden Nacht zogen sowjetische Soldaten durch die Stadt auf der Suche nach Frauen; Kühne notierte: »Die Stadt ist voll von Plünderungs- und Vergewaltigungsgeschichten.« Am nächsten Tag verließen die sowjetischen Truppen Wilsdruff – mit vollbeladenen Beutewagen.[155]

Barbara L., die wie ihr Bruder Valentin bis ins Frühjahr 1945 hinein in regem Briefwechsel mit ihrer Mutter Hilde L. in Leipzig gestanden hatte, erinnerte sich rückblickend an den Einmarsch sowjetischer Truppen im erzgebirgischen Obercarsdorf: »Es war ein Montag, der 7. Mai 1945. Das ganze Haus glich einem aufgeregten Bienenschwarm, es wurde geräumt, Koffer gepackt, laufend rannten wir in den Keller – das Gewölbe im Wohnhaus. Die Tiefflieger waren heute besonders aktiv. Russen? Deutsche? Amerikaner?« Als Panzerrasseln zu hören war und ein erster Schuss fiel, rannten alle in den Keller – »etwa 50 Personen saßen und hockten auf unseren Winterkartoffeln«. Drei sowjetische Panzer standen auf dem Hof, einer brannte nach einem Beschuss. Schließlich fingen auch die Scheune und das Seitengebäude des Hofes Feuer. Bevor die Panzer wieder verschwanden, briet »eine sehr kräftige Soldatin« Eier und Speck in der Küche. Bis in die Nacht hinein löschte die Familie den Brand; am nächsten Morgen flüchteten sie mit einem schwer beladenen Wagen und gelangten bis Oberbärenburg. Hier verbrachten sie die Nacht auf dem Fußboden liegend in einer Großküche – irgendwann rief jemand »Der Krieg ist aus!« Am 9. Mai wollte die Familie wieder nach Obercarsdorf zurückkehren, doch als sie sowjetischen Soldaten begegneten, die ihnen die Uhren abnahmen und die jungen Frauen eindeutig belästigten, entschieden sie sich, mehrere Tage in einem Walddickicht zu campieren. Als sie letztendlich in ihr Dorf zurückkehrten, fand das unbeschwerte Leben, wie sie es während der Zeit in der Natur empfunden hatten, ein jähes Ende: »Polen und Russen haben geplündert und zerstört, Tiere geschlachtet, Frau B. vergewaltigt, Sachen geklaut usw.«[156]

155 Tagebuchaufzeichnungen Artur Kühne, Transkriptionstext Mario Lettau, S. 34–38.
156 Vgl. Barbara L., Meine Erinnerungen an das Kriegsende 1945 (Privatarchiv Barbara B., unpag.).

Chemnitz wurde schließlich am 8. Mai, am Tag der bedingungslosen Kapitulation der deutschen Wehrmacht, als letzte deutsche Großstadt von den sowjetischen Truppen eingenommen.[157] Die anonyme Person hielt zu den Ereignissen in ihrem Tagebuch kurz und knapp fest: »Früh 8 Uhr Einzug der Amerikaner in Chemnitz, aber um 10 Uhr war Stadtübergabe an die Russen. Später hat ein russischer Kommissar eine Rede gehalten; der Krieg sei aus, die deutsche Wehrmacht vernichtet. Sie (die Russen) kämen nicht als Plünderer, wie sie immer von Goebbels hingestellt worden seien, sondern brächten Arbeit und Brot. Ein jeder soll wieder an seine Arbeitsstätte gehen.«[158]

Am 9. Mai fiel auch das mittelsächsische Kriebstein und damit auch die Firma Kübler & Niethammer unter die Hoheit der sowjetischen Militärverwaltung. Bereits am 22. April waren die örtlichen Bahn- und Straßenbrücken über die Zschopau von deutschen Truppen gesprengt worden. Dadurch waren alle Verkehrsverbindungen unterbrochen und die Papierfabriken der Familie Niethammer stillgelegt worden.[159]

Dresden hatte die Rote Armee bereits am 7. und 8. Mai 1945 innerhalb von 24 Stunden eingenommen. Drei Wochen zuvor, am 16. April, hatte NSDAP-Gauleiter Mutschmann noch mit Drohungen versucht, die Dresdner dazu zu bewegen, ihre Stadt im Falle eines sowjetischen Angriffs mit allen Mitteln und bis zum Letzten zu verteidigen: »Männer und Frauen! Bewahrt in diesen schweren Tagen Ruhe und Besonnenheit wie bisher. Lasst euch nicht von Gerüchten beeinflussen. Wer dem Feind auf diese oder andere Weise Vorschub leistet, wird unbarmherzig ausgemerzt. Ich erwarte von jedem einzelnen den letzten Einsatz für die Ehre, die Freiheit und das Leben unseres Volkes.«[160]

Bis zuletzt verblieben viele Dresdner in der Ungewissheit, ob Dresden angegriffen würde oder nicht. Sie hörten in der Ferne die sowjetische Artillerie und hatten Angst vor dem Einmarsch der Roten Armee. In ihrem letzten Feldpostbrief vom 6. Mai an ihren Mann schrieb Klara Hähnlein zur angespannten Situation und den damit verbundenen Gerüchten: »Unsere Ruinen sollen nun auch noch herhalten. Nun, die tollsten Gerüchte gehen um. Einmal heißt es, Dresden soll Freie Stadt sein, bis jetzt, kein Wörtchen wahr. Einmal hörten wir eine ¾ Stunde Trommelfeuer. Alles ist gespannt, vor den Häusern stehen die Leute. Die Angst

157 Vgl. Behring, Das Kriegsende 1945, S. 235.

158 Tagebuch einer anonymen Person aus Chemnitz 1945–1949 (Schlossbergmuseum Chemnitz), Transkriptionstext von Rainer Behring, S. 7.

159 Vgl. Broschüre zum 100. Bestehen der Firma Kübler & Niethammer 1956 (Sächsisches Wirtschaftsarchiv Leipzig, Bestand U 47 Kübler & Niethammer, Papierfabrik Kriebstein, F 1049), S. 44–47.

160 Dresden wird bis zum letzten mit allen Mitteln verteidigt. Aufruf des Gauleiters und Reichsstatthalters an die Bevölkerung. In: Der Freiheitskampf vom 16.4.1945.

vor den Russen ist groß, es sind viele Gerüchte im Gange.«[161] Der »Verteidigungsbereich Dresden« wurde Anfang Mai zwar von der Wehrmacht geräumt,[162] dennoch wurde mancherorts noch verbissen gegen die Rote Armee gekämpft. Der Kampf um Straßenzüge und Häuser in der sächsischen Hauptstadt kostete allein über 200 sowjetischen Soldaten das Leben.[163]

Seit den verheerenden Luftangriffen auf Dresden im Februar 1945 hatte Mutschmann die Geschäfte als Reichsstatthalter von seinem »Gaujägerhof« im nahe Dresden gelegenen Grillenburg und die Geschäfte als Gauleiter von der Gau-Behelfszentrale im Lockwitzgrund südlich von Dresden aus geführt. Da seine Stadtvilla während der Angriffe zerstört worden war, hatte er sich mit seiner Frau und 14 Familien des engeren Parteigefolges auch privat in Grillenburg niedergelassen.[164] Mutschmann traf sich am 5. Mai ein letztes Mal mit den verbliebenen NSDAP-Kreisleitern des Gaues Sachsen im Dresdner Vorort Lockwitzgrund. Zu diesem Treffen kamen ungefähr 15 Personen aus den Kreisleitungen. Die Sitzung hatte er nach eigenem Ermessen einberufen; dort war von ihm die Direktive erteilt worden, »die Ordnung bis zum letzten Tag aufrecht zu erhalten, um die Frage der Flüchtlinge und ihrer Versorgung zu regulieren«. Zusätzlich hatte Mutschmann angeordnet, alle nicht transportablen Dokumente zu verbrennen.[165] Als am 7. Mai Verbände der Roten Armee in Dresden einmarschierten, befand er sich in der Gau-Behelfszentrale im Lockwitzgrund. Dort erlitt Mutschmann nach Aussagen seines Gauhauptstellenleiters Alexander Mackowski einen völligen Zusammenbruch. Doch er nahm sich nicht – wie andere Gau- und Kreisleiter – das Leben, sondern entschied sich für die Flucht ins Erzgebirge.[166]

Der Zusammenbruch des »Dritten Reiches« im Frühjahr 1945 wurde von einer Welle von Selbstmorden begleitet.[167] Dazu zählten in Sachsen nicht nur der Meißner NSDAP-Kreisleiter, die Parteifunktionäre um den Leipziger Oberbürgermeister, Personen der restlichen Gauregierung und der langjährige Plauener Kreisleiter Alfons Hitzler,[168] sondern viele andere mehr. Allein in Dresden gab es im Mai 1945 unter den über 1 000 Todesfällen 350 Suizide.[169] Manche Nationalso-

161 Hermann (Hg.), Dresden 1943–1945, S. 332. Statt »Freier Stadt« meinte Klara Hähnlein »Offene Stadt«. Dabei handelt es sich um eine Stadt, die nicht mehr verteidigt wird und gemäß Kriegsrecht weder angegriffen noch bombardiert werden darf. Vgl. ebd.

162 Vgl. Behring, Das Kriegsende 1945, S. 235.

163 Vgl. Reinhard, Von der »Friedens-Oase« zur Trümmerwüste, S. 107.

164 Vgl. Schmeitzner, Der Fall Mutschmann, S. 49 f.

165 Vgl. Übersetzung eines Auszuges aus dem Verhörprotokoll Martin Mutschmanns durch Hauptmann Chacaturov vom 19. Mai 1945 (HAIT, Kopie der Akte Martin Mutschmann, S. 1).

166 Vgl. Schmeitzner, Der Fall Mutschmann, S. 55.

167 Vgl. Christian Goeschel, Selbstmord im Dritten Reich, Berlin 2017, S. 230.

168 Vgl. Schmeitzner, Der Fall Mutschmann, S. 54 und 56.

169 Vgl. Widera, Dresden 1945–1948, S. 58.

zialisten begingen Selbstmord aus Furcht vor Konsequenzen wegen der eigenen Taten oder Entscheidungspositionen,[170] andere, nachdem sie von Hitlers Tod gehört hatten; viele konnten sich zudem ein Leben nach dem Zusammenbruch des »Dritten Reiches« nicht mehr vorstellen. Für manchen NS-Führer galt der Suizid als »heroisches Selbstopfer«, was ihm erlaube, ein Stück Ehre zu bewahren. Ihrer Meinung nach unterschied sie das zudem von der Masse der deutschen Bevölkerung, die nicht mehr bereit gewesen wäre zu kämpfen.[171]

Hitler selbst glaubte gegen Ende des Krieges im Angesicht der kommenden Niederlage, dass es das deutsche Volk nicht wert sei zu überleben. Ungefähr einem Monat vor seinem eigenen Selbstmord am 30. April 1945 hatte er gegenüber seinem Reichsminister für Bewaffnung und Munition, Albert Speer, erklärt: »Wenn der Krieg verloren geht, wird auch das Volk verloren sein. Dieses Schicksal ist unabwendbar [...] Denn das Volk hätte sich als das schwächere erwiesen, und dem stärkeren Ostvolk gehöre dann ausschließlich die Zukunft. Was nach diesem Kampf übrigbleibe, seien ohnehin nur die Minderwertigen, denn die Guten seien gefallen.«[172]

Die Appelle zu Selbstaufopferung hatten zu diesem Zeitpunkt ihre Zugkraft verloren. Deutschland wurde bis zum 8. Mai 1945 zu einer Nation von Millionen Migranten und Flüchtlingen, Millionen Soldaten und Zivilisten versuchten in der Ferne zu überleben. Die meisten Menschen stellten jetzt endgültig Familie und Heimat über Reich und Volk.[173] Dass sie Opfer gebracht hätten und selbst Opfer waren, glaubten zahlreiche Menschen nach wie vor. Viele Dresdner Bürger und Bürgerinnen hielten seit den Bombenangriffen im Februar 1945 die eigene Stadt für die größte Opferstadt des Zweiten Weltkrieges. Seit die Zahl der Todesopfer in Dresden auf über 250 000 hoch stilisiert und durch den nationalsozialistischen Propagandaapparat der ausländischen Presse zugespielt worden war,[174] dauerte der Mythos von Dresden als Opferstadt, die eine vergleichsweise einzigartige Zerstörung erlitten habe, an.[175]

170 Vgl. Keller, Volksgemeinschaft am Ende, S. 207.

171 Vgl. Goeschel, Selbstmord im Dritten Reich, S. 234 f. und 239.

172 Max Domarus (Hg.), Hitler. Reden und Proklamationen. Kommentiert von einem deutschen Zeitgenossen, München 1965, Band II/2, S. 2213 f. Zit. nach Goeschel, Selbstmord im Dritten Reich, S. 237.

173 Vgl. Stargardt, Der deutsche Krieg 1939–1945, S. 573 f.

174 Vgl. Matthias Neutzner, Vom Alltäglichen zum Exemplarischen. Dresden als Chiffre für den Luftkrieg der Alliierten. In: Reinhard/Neutzner/Hesse, Das rote Leuchten, S. 110–127.

175 Ausführlich zur Geschichte der Zahlenangaben vgl. Rolf-Dieter Müller/Nicole Schönherr/Thomas Widera (Hg.), Die Zerstörung Dresdens 13. bis 15. Februar 1945. Gutachten und Ergebnisse der Dresdner Historikerkommission zur Ermittlung der Opferzahlen, Göttingen 2010.

VI. »Befreit und trotzdem voller Angst.« Sowjetische und US-amerikanische Besatzung (Mitte April bis Juli 1945)

1. »Es ist alles verloren.«

Die bedingungslose Kapitulation der deutschen Wehrmacht trat am 8. Mai 1945, um 23.00 Uhr in Kraft. Der Zweite Weltkrieg war in Europa zu Ende. Im Osten des Deutschen Reiches hatte man in den letzten Monaten erbitterter gekämpft als im Westen; von Januar bis Mai 1945 waren rund eine Million sowjetischer wie auch deutscher Soldaten gefallen. Die rücksichtslose Durchhaltestrategie der Nationalsozialisten hatte die Zivilbevölkerung nicht geschützt, sondern lediglich den Krieg verlängert.[1] Die hartnäckigen und verlustreichen letzten Kämpfe auf deutschem Boden in Sachsen waren ebenfalls dieser Vorgehensweise geschuldet. Der sächsische NSDAP-Gauleiter Martin Mutschmann hatte mit seinen propagandistischen Durchhalteparolen, den damit verbundenen Drohungen und dem Terror gegenüber der eigenen Bevölkerung bis zum Schluss maßgeblichen Anteil daran.

Als Mutschmann schließlich Anfang Mai 1945 einsehen musste, dass »alles verloren« war, wollte er nur noch sich selbst, seine Ehefrau und die verbliebenen Reste der Gauleitung vor einer drohenden Verhaftung in Sicherheit bringen. Am 7. Mai begab sich Mutschmann von Grillenburg noch einmal in seine Gau-Behelfszentrale nach Lockwitzgrund. Von der Tatsache überrascht, dass die Rote Armee schon fast ganz Dresden eingenommen hatte, setzte er sich in Richtung Erzgebirge nach Altenberg ab, wohin zuvor die letzten Funktionäre und seine Ehefrau zu fliehen versucht hatten. Am 14. Mai folgten sie schließlich den anderen NS-Funktionären und Minna Mutschmann nach Oberwiesenthal. Einen Tag später in der kleinen Stadt im Landkreis Annaberg angekommen, trafen sie jedoch niemanden mehr an. Einige der Funktionäre hatten zu diesem

1 Vgl. Clemens Vollnhals, Ernüchterung, Pragmatismus, Indifferenz. Die deutsche Gesellschaft nach der Katastrophe. In: Andreas Kötzing/Francesca Weil/Mike Schmeitzner/Jan Erik Schulte (Hg.), Vergleich als Herausforderung, Göttingen 2015, S. 139–158, hier 143.

Zeitpunkt Suizid begangen, andere waren untergetaucht oder verhaftet worden, so auch Minna Mutschmann am 14. Mai in Rittersgrün, einer kleinen Gemeinde im Obererzgebirge. Am 16. Mai flüchteten Martin Mutschmann und sein Begleiter weiter nach Tellerhäuser, wo der Gauleiter seine Frau mittlerweile vermutete. Hier kamen sie in einem abseits gelegenen Bauernhaus unter. Der neue sozialdemokratische Oberbürgermeister von Oberwiesenthal, Hermann Klopfer, und der Gendarmerie-Chef der Stadt nahmen den einst mächtigen NS-Funktionär noch am Abend fest – sie waren einem Hinweis aus dem Ort gefolgt. Von Tellerhäuser aus wurde Mutschmann am nächsten Tag nach Annaberg verlegt, wo er von Paul Schwarzer, dem wenige Tage zuvor ernannten Leiter des KPD-Unterbezirksverbandes, erstmalig vernommen wurde. Der Annaberger Bürgermeister Max Schmitt (KPD) führte den ehemaligen Gauleiter am 17. Mai auf dem hiesigen Marktplatz öffentlich vor und demütigte ihn. Informationen über diese öffentliche Abrechnung erreichten schließlich auch Moskau. Innerhalb von 24 Stunden wurde Mutschmann in das Chemnitzer Polizeigefängnis überführt, wo ihn schließlich der sowjetische Geheimdienst übernahm.[2] Seine Machtfülle hatte Mutschmann schon Tage vorher mit der Besetzung Dresdens durch die Rote Armee endgültig verloren; jetzt musste er sich der Verantwortung für sein verbrecherisches Handeln im nationalsozialistischen Regime stellen.

2. »Erneuerung unseres Volksdenkens«

Sachsen war zu diesem Zeitpunkt im Westen von amerikanischen Verbänden und im Osten von sowjetischen Truppen besetzt. Da die deutschen Verwaltungen beinahe zusammenbrachen, wurden die sowjetischen Militärs in den kommenden Wochen zum »wichtigsten potenziellen Ordnungsfaktor« in den von ihnen besetzten Gebieten. Sie bemühten sich um die Herstellung von Sicherheit, die Ankurbelung der Wirtschaft und damit einhergehend um die eigene Versorgung und die der sächsischen Bevölkerung. Doch alles ging nur langsam vonstatten. Es wurden Orts- und Stadtkommandanturen eingerichtet, die traditionell die Militärbefehlshaber leiteten, die diejenigen Einheiten befehligten, welche die jeweiligen Orte besetzt hatten. Häufige Improvisationen aufgrund fehlender Instruktionen, die regelmäßig praktizierte mündliche Weitergabe von Befehlen und die Selbstherrlichkeit örtlicher Kommandanten trugen dazu bei, die Konzeptionslosigkeit der anfänglichen sowjetischen Besatzungspolitik verbergen zu können.[3] Die sowjetische Militärverwaltung war jedoch zu kei-

2 Ausführlich vgl. Schmeitzner, Der Fall Mutschmann, S. 56–69.

3 Vgl. Widera, Dresden 1945–1948, S. 60f.

nem Zeitpunkt »ein nach einheitlichen Kriterien organisierter, monolithischer Besatzungsapparat«.[4]

Die sowjetischen Besatzer verhandelten mit den örtlichen Eliten u.a. auch über die Konstituierung neuer Verwaltungsspitzen.[5] Am strukturellen Aufbau der Verwaltungen veränderte die Sowjetische Militäradministration in Deutschland (SMAD), die oberste Besatzungsbehörde, zuerst nichts Wesentliches. Die Ämter arbeiteten nach der Entlassung bekannter aktiver NSDAP-Mitglieder zunächst mit dem vorhandenen Personal weiter.[6] Das hatte vor allem pragmatische Hintergründe: Die deutsche Bevölkerung sollte möglichst schnell in die Bewältigung der unmittelbaren Kriegsfolgen eingebunden werden, wobei für den administrativen Wiederaufbau vorerst möglichst alle politischen Strömungen – mit Ausnahme belasteter Nationalsozialisten – hinzugezogen wurden. Dies war deshalb so wichtig, da die SMAD mit der Lösung notwendigster Aufgaben wie der Versorgung der Bevölkerung, der Instandsetzung der Infrastruktur und weiterer wirtschaftlicher und politischer Probleme allein vollkommen überfordert gewesen wäre. Die Mitarbeit deutscher Verwaltungen war dringend erforderlich. Bei der Durchsetzung ihrer Direktiven und Befehle stützte sich die SMAD in den Kommunen und Landkreisen auf ihre jeweiligen Stadt- und Kreiskommandanturen, die vor Ort direkten Einfluss auf die Verwaltungen besaßen.[7]

In den besetzten Gebieten beteiligten sich außerdem spontan und von unten gebildete Antifaschistische (Antifa-) Ausschüsse maßgeblich am organisatorischen Aufbau der Kommunal- und Kreisverwaltungen. Mitglieder der Antifa-Gruppen übernahmen beispielsweise Aufgaben in den Verwaltungen oder arbeiteten parallel zu den Behörden.[8] Die Dresdnerin Johanna Hähnlein, die bis 1933 der KPD angehört hatte und ihrer politischen Überzeugung während der NS-Zeit treu geblieben war, auch wenn sie sich nicht öffentlich dazu bekannt hatte, gehörte im Mai 1945 zu den Gründerinnen und Gründern des Antifa-Ausschusses in Dresden-Neustadt.[9] Ihr Mann Johannes Hähnlein, der im Strafbataillon 999 hatte kämpfen müssen, war zu diesem Zeitpunkt bzw. nach seinem letzten militärischen Einsatz in Kroatien in einem Kriegsgefangenenlager bei Zagreb. Dort leistete er nach eigenen Angaben als zweiter Vorsitzender des Lagerausschusses antifaschistische Arbeit unter den deutschen Kriegsgefangenen.[10]

---

4 Stefan Creutzberger, Die sowjetische Besatzungsmacht und das politische System der SBZ, Weimar 1996, S. 40.

5 Vgl. Widera, Dresden 1945–1948, S. 63.

6 Vgl. Henning Mielke, Die Auflösung der Länder in der SBZ/DDR, Stuttgart 1995, S. 20f.

7 Vgl. ebd., S. 20–28.

8 Vgl. Jeannette Michelmann, Aktivisten der ersten Stunde. Die Antifa in der Sowjetischen Besatzungszone, Köln 2002, S. 356.

9 Vgl. Hermann (Hg.), Dresden 1943–1945, S. 13f.

10 Vgl. ebd., S. 19f.

Auch im obererzgebirgischen Kreis Annaberg hatte sich wenige Tage vor der bedingungslosen Kapitulation der deutschen Wehrmacht ein Antifa-Ausschuss um den bereits im Zusammenhang mit der Verhaftung Mutschmanns erwähnten Paul Schwarzer zusammengeschlossen. Der Ausschuss wurde vorrangig parteipolitisch wirksam, gründete einen sogenannten KPD-Unterbezirksverband und trat öffentlich als solcher und nicht als Antifa-Ausschuss in Erscheinung. Paul Schwarzer war seit der ersten Zusammenkunft von Annaberger Kommunisten zuständig für die »Bündelung der kommunistischen Kräfte im Unterbezirksmaßstab«.[11] Bereits am Abend des 9. Mai 1945 nahm nach einer kurzen Besprechung und unter Mitwirkung eines Vertreters der sowjetischen Kommandantur der KPD-Verband seine Arbeit im Landkreis nach zwölf Jahren wieder auf.[12] Dieser basisdemokratisch gegründete Annaberger KPD-Unterbezirksverband, dem mittlerweile auch Sozialdemokraten angehörten, übertrug im Einverständnis mit dem ersten sowjetischen Stadtkommandanten von Annaberg, Mologow, Paul Schwarzer die Führung.[13]

Der Verband leistete jedoch auch einen Beitrag zur Arbeit in den Verwaltungsbehörden. Als Beauftragter der Roten Armee beurlaubte Paul Schwarzer am 14. Mai 1945 den Landrat von Annaberg, Freiherrn von Wirsing.[14] Wenige Tage zuvor, am 11. Mai, hatte es der »Arbeitsausschuss der revolutionären Arbeiterschaft« in der an Annaberg angrenzenden Stadt Buchholz in die Hand genommen, von Wirsing zur Beurlaubung des langjährigen deutschnationalen Bürgermeisters Horst Schimpf zu veranlassen.[15] Von Wirsing hatte zunächst eine zögernde Haltung eingenommen, bis ihm gesagt worden war, dass in Buchholz die Ratsherren und der Ortsgruppenleiter ebenso wie das Rathaus in der Hand der Arbeiterschaft seien und er an den bereits vollzogenen Tatsachen nichts mehr ändern könne. Daraufhin hatte er die vom »Arbeitsausschuss der revolutionären Arbeiterschaft« bestimmten Genossen als kommissarische Bürgermeister von Buchholz anerkannt.[16]

11 Vgl. Bericht an die Bezirksleitung der KPD Sachsen (SächsHStA Dresden, I/A/021, unpag.).

12 Vgl. Lothar Uhlig/Lothar Klapper, 125 Jahre Landkreis Annaberg 1874–1999. Die Verwaltung im Wandel der Zeit, Annaberg 1999, S. 99.

13 Vgl. Beitrag zum Forschungsauftrag – Grundriss der Geschichte der Arbeiterbewegung. Erste Begebenheiten nach dem Sieg der Roten Armee 1945 (StA Chemnitz, SED-BL V/5/268, Bl. 179).

14 Vgl. Kopie des Schreibens des antifaschistischen Ausschusses Annaberg von 1945 (Privatarchiv von Freiherrn Dr. von Wirsing, unpag.).

15 Vgl. Aktenvorgänge über die Buchholzer Selbstverwaltung nach der Kapitulation im Mai 1945. Bericht über die Ereignisse kurz nach der Kapitulation vom 11.7.1945 (Stadtarchiv Annaberg-Buchholz, Akte 3, Band 2/1945, Bl. 1).

16 Vgl. ebd., Bl. 7.

Nach der Beurlaubung von Wirsings schlug Paul Schwarzer mit Mologows Genehmigung vor, den zuletzt bei der Betriebskrankenkasse des Deutschen Reiches tätigen Karl Köglsperger als kommissarischen Amtsleiter des Landkreises einzusetzen.[17] Köglsperger, 1899 in Breslau geboren, hatte von 1918 bis 1945 als Angestellter bei verschiedenen Krankenkassen gearbeitet, davon 1933 bis 1934 in Annaberg. Von 1922 bis zu ihrem Verbot war er nach eigenen Angaben Mitglied der Sozialdemokratischen Partei Deutschlands gewesen.[18] Köglsperger wollte entsprechend seinen Aussagen, seine ganze Person und das fachliche Können in den Dienst des Wiederaufbaus Deutschlands und der »Erneuerung unseres Volksdenkens« stellen. Dass er dazu in der Lage sei, begründete er so: »Aus der Sozialversicherung hervorgegangen, kenne ich die Not des arbeitenden Menschen. Ich betrachte es schon deshalb als Lebensaufgabe, besonders der arbeitenden Klasse eine ausreichende Lebens- und Existenzgrundlage zu schaffen, insbesondere aber den Arbeiter kulturell zu heben, damit auch er Persönlichkeit wird und niemals mehr für Phrasen unsere hohen sozialistischen Menschheitsideale opfert.«[19]

Die Verwaltung des Landratsamtes gliederte sich in zehn Arbeitsgebiete mit je einem verantwortlichen Referenten, wobei der Landrat dafür die Verantwortung trug, dass die Verwaltung nach den Weisungen der Besatzungsbehörde handelte.[20] Damit war auch unmissverständlich klar, dass den örtlichen antifaschistischen Aktionsausschüssen bzw. -komitees und dem KPD-Unterbezirksverband unter Führung Schwarzers nicht mehr das Recht zukam, Verwaltungsaufgaben wahrzunehmen.[21] Seit dem Sommer wurden zudem sukzessive Funktionen der Kommandanten auf die deutschen Verwaltungen übertragen; deren Kontrolle entwickelte sich allmählich zum Tätigkeitsschwerpunkt der Besatzungsoffiziere.[22]

17 Vgl. Begebenheiten in Annaberg nach dem Sieg der Roten Armee 1945 (StA Chemnitz, SED-BL V/5/268, Bl. 181); Vgl. zum Antifa-Komitee in Annaberg (SächsHStA Dresden, I/A/021, Bericht an die BL der KPD Sachsen, Bl. 3).

18 Vgl. Lebenslauf Karl Köglsperger (Kreisarchiv Annaberg, Personalakte Karl Köglsperger, unpag.).

19 Ebd.

20 Vgl. Bericht über die Dienstbesprechung mit den Bürgermeistern des Kreises vom 18.6.1945 (SächsHStA Dresden, Amtshauptmannschaft Annaberg, Akte 926, unpag.); vgl. Jan Foitzik, Sowjetische Militäradministration in Deutschland (SMAD), 1945–1949, Berlin 1999, S. 81.

21 Vgl. BPA/Forschungsarbeiten (StA Chemnitz, Akte V/7/183), S. 13. Instrukteure des Komitees Freies Deutschland aus Dresden lösten den »Abweichler-Kreis« um Paul Schwarzer im Juni 1945 auf, weil er den Absichten einer KPD-Gründung durch in der Sowjetunion geschulte Genossen zuwider lief. Paul Schwarzer entbanden sie wegen seiner angeblichen »radikalen, sektiererischen, der Politik des Zentralkomitees widersprechenden Handlungsweise« von seinen Funktionen. Vgl. Erste Begebenheiten in Annaberg nach dem Sieg der Roten Armee (ebd., Bl. 186).

22 Vgl. Jan Foitzik, Sowjetische Militäradministration in Deutschland (SMAD), 1945–1949, Berlin 1999, S. 83.

Die Kommandanten sollten ihre Maßnahmen durch die deutsche Verwaltung »mittelbar« verwirklichen und kontrollieren, wobei ihr Verhalten gegenüber den Behörden »korrekt und hart« zu sein hatte und eine bedingungslose Erfüllung der Befehle durch die Bevölkerung sicherzustellen war. Dabei durften auch deutsche Verwaltungsstellen Beschlüsse im »Rahmen ihrer räumlichen Kompetenz« fassen, deren öffentliche Verkündung aber Einzelgenehmigungen durch die Militärbehörde bedurfte.[23]

Im Kreisgebiet von Annaberg erteilte ausschließlich der Landrat Anordnungen und Weisungen.[24] Als hauptsächliche Funktionen der Selbstverwaltung galten dabei ausdrücklich die Wiederherstellung normaler Lebensverhältnisse vor Ort, die Sicherung der öffentlichen Ordnung und Hilfeleistungen für die Rote Armee.[25] Des Weiteren bestand eine Grundaufgabe darin, die »Faschisten aus der Verwaltung nach den erlassenen Richtlinien« zu entfernen.[26] Jeder im öffentlichen Dienst Beschäftigte im Landkreis Annaberg musste daraufhin einen Personalbogen ausfüllen und beim Landrat einreichen. Die in Moskau geschulten Instrukteure des Komitees Freies Deutschland aus Dresden, die für die Auflösung der spontan und von unten geschaffenen Antifa-Ausschüsse im Kreis und für den Sturz des angeblich »allein herrschenden« Leiters des KPD-Unterbezirksverbandes, Paul Schwarzer, gesorgt hatten, beurteilten in ihrem Bericht vom Juni 1945 Landrat Köglsperger als einen »guten und verständigen« Fachmann in Verwaltungsfragen.[27]

3. »... damit wir uns über Wasser halten.«

Den 8. Mai 1945 empfanden die meisten Sachsen und Sächsinnen nicht als einen Tag der Befreiung, sondern als Tag des Zusammenbruchs.[28] Sie befanden sich in existenzieller Not, trauerten um verlorene Angehörige und hatten den Besitz, die Arbeitsstelle oder gar die Heimat verloren.[29] Die Mehrheit der Bevölkerung belasteten zahlreiche Alltags- und Überlebensprobleme, sowohl in Westsachsen als auch im Osten des Landes. Trotz erster begrenzter Überlebenshilfe durch die Verteilung von Nahrungsmitteln aus Truppenbeständen, welche die Versor-

23 Vgl. ebd., S. 333.

24 Vgl. Niederschrift über die Bürgermeisterbesprechung am 14.8.1945 im Landratsamt Annaberg (SächsHStA Dresden, Amtshauptmannschaft Annaberg, Akte 926, unpag.).

25 Vgl. Foitzik, Sowjetische Militäradministration, S. 333.

26 Vgl. Bericht über die Dienstbesprechung mit den Bürgermeistern des Kreises am 18.6.1945 (Vgl. SächsHStA Dresden, Kreistag/Kreisrat Annaberg, Akte 164/1, Bl. 4).

27 Vgl. Bericht an die BL [Bezirksleitung] der KPD Sachsen (ebd., I/A/021, unpag.); vgl. Erste Begebenheiten in Annaberg nach dem Sieg der Roten Armee (StA Chemnitz, SED-BL, KL Annaberg, Akte V/5/268, Bl. 168). Ausführlich zu den Begebenheiten vgl. Weil, Entmachtung im Amt.

28 Vgl. Widera, Dresden 1945–1948, S. 63.

29 Vgl. Vollnhals, Ernüchterung, Pragmatismus, Indifferenz, S. 153.

gungsengpässe und damit die Not der hungernden Deutschen in Ostsachsen für kurze Zeit linderten, stießen die sowjetischen Militärs bei einem Großteil der sächsischen Bevölkerung auf Ablehnung.[30] Nicht zuletzt fühlten sie sich den sowjetischen Besatzern willkürlich ausgeliefert.[31] Dazu trugen vor allem die massenhaften Vergewaltigungen deutscher Mädchen und Frauen, die zahllosen Plünderungen und die mutwilligen Verwüstungen durch sowjetische Soldaten bei. Hinzu kamen unentgeltliche oder gering bezahlte Arbeitseinsätze für die Streitkräfte. Während Frauen und Mädchen zu Aufräum- und Versorgungsarbeiten verpflichtet wurden, mussten arbeitsfähige Männer in erster Linie Ausräum-, Demontage- und Transportarbeiten übernehmen.[32]

Die 23-jährige Elsa S. aus dem ostsächsischen Drehsa kochte auf dem nahegelegenen gleichnamigen Schloss gemeinsam mit drei weiteren Frauen für die vor Ort stationierten sowjetischen Truppen, wofür sie jeden Tag einen Teller Grütze bekamen. Das Schloss ließen die Militärs von Arbeitern aus der Umgebung ausräumen. Die sowjetischen Verbände nahmen u.a. Möbel und Teppiche mit und beschlagnahmten auch zahlreiche Kühe. Zudem schlachteten die sowjetischen Besatzer ganze Tierherden. Einige Dorfbewohner und -bewohnerinnen mussten für sie auf dem Feld arbeiten: »Die Russen hatten auch etwas Feld bewirtschaftet. Und auf einem Teil mussten wir uns alle aus dem Dorf hinstellen und dann wurde gefragt: Wer will beim Russen arbeiten? Da hat sich natürlich niemand gemeldet. Also haben sie die einfach rausgesucht: Du musst hierher. Onkel und Tante waren auch beim Russen, die haben natürlich kein Geld bekommen. Geld war damals sowieso nicht so wichtig. Aber da bekamen sie mal, wenn die viel Quark hatten, einen Eimer Quark. Wenn sie viele Würste hatten, kriegten sie einen ganzen Eimer Wurst. Und so ging das.«[33]

Die große und berechtigte Furcht vor den sowjetischen Soldaten nahm in den ersten Wochen der Besetzung Ostsachsens nicht ab. Angst vor Vergewaltigung hatte auch Ingeborg B.s Familie. Sie kehrte Mitte Mai 1945 von Königstein, wo das Mädchen häufig mit anderen Kindern »Flüchtlinge« und »Lebensmittelkartenvergabe« gespielt hatte, nach Dresden zurück. Mit einem einachsigen Karren ausgestattet, auf dem sie alle Habseligkeiten mit sich führten, die sie von Verwandten und Bekannten bekommen hatten, liefen sie zur Elbe. Über Nacht versteckten sie sich aus Furcht vor den sowjetischen Truppen in einem Frachthäuschen der Schifffahrt. In Dresden angekommen, zogen sie zuerst in den Keller ihres zerstörten Hauses. Später wechselten sie in das zugehörige Waschhaus, das

30 Vgl. Silke Satjukow, Besatzer. »Die Russen« in Deutschland 1945–1994, Göttingen 2008, S. 51 und 53.

31 Vgl. Widera, Dresden 1945–1948, S. 63.

32 Ausführlich vgl. Satjukow, Besatzer, S. 45–53.

33 Interview von Francesca Weil mit Elsa S. im Jahr 2013, S. 7.

der Vater der Neunjährigen als Herberge hergerichtet hatte. Ihre Mutter und sie suchten unterdessen in den Trümmern und Ruinen nach Brennmaterial:[34] »Der Vater hat Herdplatten gemacht, dann haben wir uns aus den Kellern die halbverkohlten Kartoffeln geholt und haben die verbrannt, damit wir Befeuerung hatten. Und Mutti und ich sind in die Häuser und haben Linoleum in den Treppenaufgängen herausgerissen und Holz aus den Fensterbänken. Mutti und ich, wir sind wirklich in die Trümmer gegangen und haben uns alles zusammengesucht, zum Heizen. Einen verbeulten Eimer hatten wir auch.«[35]

Außerdem hatte die Familie in den Trümmern Salz gefunden, das sie teilweise verkaufte, »damit wir uns über Wasser halten«. Der Vater baute aus gefundenen versilberten Tabletts und Fensterwirbeln mehrere Reibeeisen und veräußerte sie ebenfalls.[36]

Viele Sachsen und Sächsinnen lebten wie Ingeborgs B.s Familie in derartigen Notbehausungen und in Kellern. Infolge der massiven Kriegszerstörungen herrschte ein erheblicher Wohnungsmangel. Etwa ein Drittel des sächsischen Wohnraums war zerstört, unbewohnbar oder wies gravierende Mängel auf.[37] Auch das Wohnhaus von Hanna Hausmann-Kohlmann war nur noch eine Ruine. In der Bombennacht vom 13. auf den 14. Februar 1945 hatte sie alles verloren; das Haus, in dem sie gelebt hatte, war zerstört worden. Wo die Künstlerin seither wohnte, geht aus ihren Aufzeichnungen nicht hervor. Am 21. Juni des Jahres nahm sie die Eintragungen in ihr Tagebuch wieder auf. In den folgenden Wochen schrieb sie über die wenigen Möglichkeiten, gut zu essen. Sie schwärmte von Erdbeeren und Kirschen (»War das eine ungeahnte Freude! Ich war wirklich glücklich!«) und von gemeinsamen Besuchen mit ihrem Vater bei Bekannten in einem Dorf, die auch immer Speisen für sie bereithielten (»Bei D. bekamen wir gut zu essen, Gräupchen mit Schinken.«). Ein anderes Mal wurden sie auch wieder »glänzend beköstigt«. Sie aßen Rührei, Brot mit Butter und tranken Milch, außerdem konnten sie Speck, Brot, zehn Eier und ein Hühnchen mitnehmen. Nach dem Essen genoss Hanna Hausmann-Kohlmann einen Abendspaziergang und schlief »wundervoll und herrlich satt«. Dennoch war ihre Ernährung generell nicht ausreichend: »Nur der Hunger quält und das Gewicht schwindet immer mehr.«[38]

Ihre größte Freude jedoch war es, wieder malen zu können, »wenn auch das Sujet so traurig war, fühlte ich mich doch wieder in meinem Element«. So malte sie u. a. die zerstörte Albertbrücke an der Elbe und die Trümmer der Frauenkirche am Neumarkt. Wie bereits während des Krieges fanden auch zu dieser Zeit politi-

34 Vgl. Interview von Francesca Weil mit Ingeborg B. am 12.8.2013, S. 10–12.

35 Ebd., S. 12.

36 Vgl. ebd.

37 Vgl. Andreas Thüsing, Landesverwaltung und Landesregierung in Sachsen 1945–1952, Frankfurt a. M. 2000, S. 32.

38 Hanna Hausmann-Kohlmann, Tagebuch Nr. 12 (SLUB, Mscr. Dresden App. 2386), S. 215–219.

sche Themen kaum Eingang in ihre Aufzeichnungen. Die sowjetischen Besatzung thematisierte die Dresdner Künstlerin bis in den Sommer hinein kaum in ihrem Tagebuch, aber auch sie hatte Angst vor den sowjetischen Soldaten. Aus ihren Zeilen geht indirekt hervor, dass sie nichts mit den sowjetischen Soldaten zu tun haben wollte. Sie war froh, wenn sie beim Malen nicht von den »Russen« belangt wurde, und genoss die Zeit auf dem Dorf u.a. auch, weil dort im Gegensatz zu Dresden keine »Russen« zu sehen waren. Über die Ereignisse während der Bombardierungen Dresdens im Februar 1945 mochte und konnte sie nicht schreiben, auch Jahre später nicht, doch sie war allein schon beruhigt darüber, dass es keine Luftalarme mehr gab. Durch diese Ruhe und ihre künstlerische Betätigung fand sie zu einer »gehobenen Stimmung« zurück. Traurig war es für sie vor allem dann, wenn sie an der Ruine ihres ehemaligen Hauses nach persönlichen Habseligkeiten suchte. Hin und wieder fand sie dort tatsächlich noch etwas von ihrem Eigentum, beispielsweise unversehrtes Porzellan und Teile ihres Schmucks.[39]

Eva Windsberg, die mit ihrer Familie seit 1942 als Bombenevakuierte in Niedersedlitz nahe Dresden in einer Schuhfabrik lebte und 1945 acht Jahre alt wurde, thematisierte im Gegensatz zu Hanna Hausmann-Kohlmann in ihren Erinnerungen die Angst vor den sowjetischen Soldaten: »Und dann war der Krieg zu Ende. Mein Großvater hing ein weißes Betttuch heraus. Die Fabrikbesitzer waren fort. Die ersten Russen kamen auf Fahrrädern, sie wurden noch begrüßt. Aber was danach kam, bestand nur aus Angst und Schrecken. Im Keller war die Hausmeisterwohnung. Dorthin mussten viele Frauen mit den Russen. Was geschah, weiß ich nicht, aber man sagte mir, es sei ganz schlimm. Zwei meiner Tanten lebten lange Zeit im Garten in einer verborgenen Laube. Wir Kinder durften nicht zu ihnen. Keiner sollte von ihnen wissen wegen der Russen.«[40]

Eva Windsberg beschrieb auch die Lebensmittelknappheit in dieser Zeit, welche die Menschen erfinderisch machte: »Zum Essen ›erfand‹ meine Großtante ganz tolle Sachen. Da wurden zum Beispiel aus Reibekuchen die eingelegten Heringe!« Die Kinder wiederum schickte man zur Bahnlinie, wo sie aus dort liegen gebliebenen Waggons Nahrungsmittel holten, u.a. Zucker – »Jeder versuchte, etwas Essbares zu ergattern.« Eva Windsberg vermisste zudem ihre Freundin aus dem Nachbarhaus. Sie lebte nicht mehr; ihre Familie hatte sich, als die sowjetischen Truppen Dresden erreichten, im Wald erhängt. Als der Vater von Eva Windsberg aus dem Krieg zurückkam, wurde er umgehend verhaftet und in ein nahe gelegenes Lager verbracht.[41]

Selbst die überlebenden Jüdinnen mussten sich vor den sowjetischen Soldaten fürchten. Die von den Nationalsozialisten als »Halbjüdin« bezeichnete Henny

39 Vgl. ebd.
40 Windsberg, So erlebte ich das Kriegsende, S. 278.
41 Vgl. ebd.

Brenner, die gemeinsam mit ihren Eltern den Holocaust nur überlebt hatte, weil durch die Bombardierung Dresdens ihre Deportation verhindert worden war, fasste ihre Erinnerungen über die unmittelbare Nachkriegszeit mit den Worten »Befreit und trotzdem voller Angst« zusammen. Als die sowjetischen Kampftruppen am 8. Mai 1945 über die Brücke, das »Blaue Wunder«, nach Dresden hereinrollten, freute sich Familie Brenner zuerst. Doch bald merkten sie, dass sich Mutter und Tochter ebenso wie die anderen Frauen vor den sowjetischen Soldaten in Acht nehmen mussten. Nach Henny Brenner befanden sie sich wiederholt in einer Opferrolle. Sie riefen den sowjetischen Soldaten zwar zu: »Evrej (Jude)«, doch diese lachten nur und antworteten: »Nix Evrej, Hitler alle kaputt, du Spion!« Zusammen mit anderen Frauen mussten sie sich im Keller verstecken. Als sie wieder einmal von einem Trupp Soldaten entdeckt wurden, rezitierte Henny Brenner das »Schma Jisrael« (»Höre Israel!«), ein jüdisches Glaubensbekenntnis, und zeigte ihnen ihren gelben Stern. Unter den Soldaten war glücklicherweise ein jüdischer Offizier, der sie beschützte. Die Brenners bekamen schließlich auf einer sowjetischen Kommandantur Ausweise auf Deutsch und Russisch, die sie als Verfolgte des NS-Regimes auswiesen. Die Papiere garantierten ihnen jedoch nicht immer Schutz, mitunter wurden sie trotzdem ausgeraubt.[42] Die Familie versuchte zu dieser Zeit, ihre Verwandten wieder zu finden, was teilweise gelang; von manchen gab es jedoch keine Lebenszeichen mehr. Als einige wenige Dresdner Bekannte aus den Konzentrationslagern zurückkehrten und berichteten, was ihnen und anderen widerfahren war, begannen die Brenners in voller Tragweite zu begreifen, was tatsächlich geschehen war.[43]

Henny Brenners Vater erhielt trotz vieler Bemühungen nicht die Genehmigung, wieder ein Kino zu eröffnen, und die Eltern bekamen später nur eine kleine Rente. Trotz dieser Enttäuschungen freuten sich die Brenners in erster Linie – sie hatten das NS-Regime überlebt: »Eine ganze Familie, das war nicht häufig der Fall!« Sie waren froh darüber, dass sie nicht mehr bei jedem Klingeln zusammenzucken und das Erscheinen der Gestapo befürchten mussten. Sie konnten wieder auf die Straße gehen, ohne durch das Tragen des gelben Sterns gebrandmarkt zu sein. Darüber hinaus genossen sie es, durch Parkanlagen zu spazieren und sich auf eine Bank zu setzen, auf der während der NS-Zeit »Für Juden verboten« gestanden hatte.[44] Doch ihr Leben war noch weit entfernt von der Normalität von vor 1933; es sollte sich auch in den folgenden Jahren in Dresden nicht nur zum Vorteil hin verändern.

Die anonyme Person in Chemnitz schrieb im Mai 1945 ebenfalls wie Hanna Hausmann-Kohlmann in Dresden, Eva Windsberg in Niedersedlitz und

42 Vgl. Brenner, »Das Lied ist aus.«, S. 99 f.
43 Vgl. ebd., S. 101 f.
44 Vgl. ebd., S. 102–105.

Annerose N. in Leipzig über die prekäre Ernährungssituation. Die Bäcker in der Stadt öffneten nur noch ab 15.00 Uhr nachmittags. Diejenigen, die nichts zu verkaufen hatten, mussten öffentlich bekannt geben, dass es wegen Mehlmangels vorübergehend kein Brot gebe. In der Markthalle wurde im Mai lediglich etwas Porree verkauft; wenige Tage später war sie leer. Das Frischgemüse, das in die Stadt geliefert wurde, hat nur ein verschwindend geringer Teil der Bevölkerung erhalten. Aufgrund der Situation schlussfolgerte der anonyme Tagebuchschreiber: »Es ist eine große Ernährungskatastrophe für Chemnitz im Anzug.« Viele Menschen meldeten sich zur Arbeit, um Lebensmittelkarten zu erhalten, die es seit Mai 1945 zwar wieder gab, aber ohne dass die Ressourcen für die vielen Bedürftigen reichten.[45] Artur Kühne aus Wilsdruff listete in seinem Tagebuch während der Zeit von Mai bis Juli penibel die monatlichen Essensrationen auf, beschrieb aber vor allem, wie sich die Frauen vor den sowjetischen Soldaten in Sicherheit brachten, was nicht immer gelang. Detailliert berichtete er über die zahllosen Plünderungen und Verwüstungen durch sowjetische Soldaten: Uhren, Kleidung, Schreibmaschinen, Musikinstrumente, Schmuck, Wein, Pferde, Kühe, ganze Tierherden, Hühner und Lebensmittel – nichts war vor ihnen sicher. Über den Hunger schrieb Kühne in diesen Wochen nicht.[46]

Zu dieser Zeit blieben viele Geschäfte geschlossen; die Menschen lebten von Vorräten, »organisierten« Lebensmitteln sowie von sporadisch erfolgten Zuteilungen aus sowjetischen Armeebeständen und beschlagnahmten deutschen Reserven. Die unrechtmäßigen Wege der Eigenversorgung, die »Hamsterfahrten« zu den Bauern und Bäuerinnen in der Umgebung, die bereits während des Krieges beschritten wurden, dienten auch in der Nachkriegszeit noch lange der Essensbeschaffung. Den Nahrungsmangel in den Großstädten konnten sie dennoch nicht kompensieren. Einbruchsdiebstähle, bei denen Nahrungsmittel entwendet wurden, nahmen zu. Häufig fanden sich diese auf den »Schwarzmärkten« wieder. Illegalen Handel hatte es auch bereits in den Kriegsjahren gegeben, an bekannten Treffpunkten des städtischen Alltags wie Verkehrsknotenpunkten, in Kneipen und Cafés oder am Rande legaler Märkte.[47] Elsa S. aus Drehsa in Ostsachsen erzählte, dass sie zwei Kühe und damit Milch gehabt hätten. Etwas Milch mussten sie abliefern, aber nicht zu viel. Den Rest konnten sie behalten und betrieben damit u. a. auch »Schwarzhandel«: »Musstest eben Butter ›schieben‹, Eier ›schieben‹, damit du wieder einen Pflug bekamst oder eine Egge.«[48]

45 Vgl. Tagebuch einer anonymen Person aus Chemnitz 1945–1949 (Schlossbergmuseum Chemnitz), Transkriptionstext von Rainer Behring, S. 10.

46 Vgl. Tagebuch Artur Kühne, Transkriptionstext Mario Lettau, S. 38–46.

47 Vgl. Thomas Widera, Soziale Ressourcen? Wohnungsnot und Schwarzmarkt in Dresden 1942 bis 1948. In: Schmeitzner/Vollnhals/Weil (Hg.), Von Stalingrad zur SBZ, S. 385–405, hier 392 und 398 f.

48 Interview von Francesca Weil mit Elsa S. im Jahr 2013, S. 14.

Auch Werner B. erinnerte sich, nach dem Krieg viel gehungert zu haben. Manchmal weinte sich der damals Neunjährige vor Hunger in den Schlaf oder musste später, ohne etwas gegessen zu haben, in die Schule gehen. Er entsann sich der »Panjewagen und Pferdchen« beim Truppeneinmarsch, aber ebenso einiger Hilfeleistungen durch sowjetische Soldaten. Schlechte Erfahrungen hatte die Familie mit ihnen nicht gemacht. Die Soldaten wurden angehalten, sich Privatquartiere zu suchen. Die Familie von Werner B. nahm einen Panzerfahrer auf, der im Wohnzimmer auf dem Sofa schlief, aber nur abends zum Schlafen kam und früh zum Dienst ging. Er brachte einmal »einen Kanten feuchtes, schwarzes Kommissbrot mit, wie wir es überhaupt noch nicht kannten«, ein anderes Mal rote Rübensuppe und anderes mehr. Das bekam jedoch sein Vorgesetzter mit, der Oberleutnant und zuständig für die Versorgung der Truppe war. Dem Offizier gefielen die Familie und deren Wohnung und so zog er schließlich selbst ein. Das war ein großer Vorteil für die Familie von Werner B.: »Dieser Offizier war für die Versorgung zuständig, hatte in Chemnitz zu einer Fleischerei engste Beziehungen, die ihn zu beliefern hatte, und war mit der Tochter des Fleischers liiert. Das heißt also, die kam manchmal zu uns zu Besuch und da wurde dann auch gefeiert. Dadurch, dass dieser Offizier bei uns wohnte, hatten wir öfter mal ein bisschen mehr zu essen.«[49]

Irmgard B. in Zwickau musste auch viel tun, um die Familie satt zu bekommen, aber in erster Linie freute sie sich über das Ende des Krieges. In der Stadt war die Zwickauer Mulde bis Anfang Juli 1945 die Grenze zwischen sowjetisch und US-amerikanisch besetztem Gebiet. Hinter diese vorgegebene Grenze hatten sich die amerikanischen Truppen nach der Einnahme der Stadt wieder zurückgezogen. Irmgard B.s Familie hatte sich gewünscht, dass die Amerikaner bei ihnen geblieben wären, doch sie wohnte auf der »russischen Seite« der Mulde. Eigentlich war es untersagt, über die Brücke in den amerikanisch besetzten Teil zu gehen. Aber Irmgard B.s Familie hatte sehr viel in der Stadt zu tun und »Zwickau war halt unsere Stadt zum Einkaufen«. Jedes Mal, wenn die junge Frau die Mulde überqueren wollte, drückte sie den sowjetischen Wachen eine Flasche Schnaps in die Hand, dann durfte sie über die Brücke gehen. – »Aber es war halt alles ein bissel mit einem Risiko verbunden.«[50] Irmgard B. erinnerte die Nachkriegszeit insgesamt als eine »schlimme Zeit« und berichtete über ihre eigenen »Hamsterfahrten«, die schwierige Beschaffung von Nahrungsmitteln und Brennmaterialien:

»Dann hatten wir halt nichts mehr zu essen. Dann sind wir halt übers Land gefahren und haben gesehen; und wir hatten dann auch nichts mehr zu heizen, dann waren die Zaunlatten dran. Dass man wenigstens eine warme Stube hatte. Ja, es war eine schlimme Zeit. Und dadurch, dass ich immer noch bei der Bahn gearbeitet habe, hatte ich ja freie Fahrt und bin über Land gefahren und habe alles

49 Interview von Francesca Weil mit Werner B. am 16.3.2013, S. 5 und 10f.

50 Interview von Francesca Weil mit Irmgard B. im Jahr 2013, S. 2f.

eingetauscht, was man so konnte. Bettwäsche und Mangeltücher und alles hab ich dann hingegeben für ein paar Kartoffeln oder Getreide oder so. Ja, das war eine schlimme Zeit.«[51]

Während die Beschaffung von Nahrungsmitteln in dieser Phase schwierig blieb, ging es offenbar in anderer Hinsicht etwas schneller vorwärts. So meinte u.a. die anonyme Person in Chemnitz, dass die Aufräumarbeiten gut vorangetrieben würden.[52] Anfang Juni 1945 bedauerte sie zudem die aus dem Sudetenland angekommenen Flüchtlinge: »Auf dem Bahnhof macht sich ein neues Elend breit, die Flüchtlinge aus dem Sudetengau, die nicht weiterkommen. Es ist ein wahres Elend, die armen Vertriebenen da nun liegen zu sehen, und es kann nicht geholfen werden.«[53] Sie waren vor den im Sudetenland eingerückten sowjetischen und US-amerikanischen Truppen geflohen oder seit Mai 1945 durch erste, weniger koordinierte Vertreibungen unter teilweise unmenschlichen Bedingungen ihrer Heimat beraubt worden.[54]

Die anonyme Person berichtete darüber hinaus davon, dass Chemnitzer Großfirmen wie die Astra Werke, der Hermann Pfauter Maschinenbau, die Bernhard Escher AG, die J. E. Reinecker Maschinenbau AG und die Werkzeugmaschinenfabrik Union in der zweiten Junihälfte bereits vollständig demontiert und in die Sowjetunion verlagert worden seien. Zum Abmontieren mussten 280 Mann gestellt werden; mehr als die Hälfte der Beschäftigten sollte »freiwillig« mit an die neuen Standorte gehen.[55] Die Demontagen von Industriebetrieben und -ausrüstungen sowie von Teilen der Infrastruktur, insbesondere von Gleis- und Kommunikationsanlagen, auf dem sowjetisch besetzten Territorium sollten sowohl der Wiedergutmachung eines Teils der Kriegsschäden, d.h. als materielle Reparationen, als auch der Beseitigung des deutschen Kriegspotenzials dienen. Von Anfang April bis August 1945 kam es jedoch zu rigorosen Demontagen, für die eine »Trophäenkommission« zuständig war. Von der Bevölkerung wurden diese Maßnahmen häufig als willkürlich und kontraproduktiv empfunden, was zusätzlich zum Unmut der sächsischen Bevölkerung gegen die Besatzungsmacht beitrug.[56]

51 Ebd.

52 Vgl. Tagebuch einer anonymen Person aus Chemnitz 1945–1949 (Schlossbergmuseum Chemnitz), Transkriptionstext von Rainer Behring, S. 10.

53 Ebd., S. 11.

54 Zur Einordnung der Vertreibung der Sudetendeutschen als Zwangsmigration am Ende des Zweiten Weltkrieges vgl. Wolfgang Benz, Ausgrenzung, Vertreibung, Völkermord. Genozid im 20. Jahrhundert, München 2006, S. 125–148.

55 Vgl. Tagebuch einer anonymen Person aus Chemnitz 1945–1949 (Schlossbergmuseum Chemnitz), Transkriptionstext von Rainer Behring, S. 13.

56 Wie sich später zeigen sollte, hatten die Demontagen einschneidende negative Folgen für die wirtschaftliche Entwicklung in der SBZ und in der späteren DDR. Vgl. Klaus Neitmann/Jochen Laufer, Demontagen in der Sowjetischen Besatzungszone und in Berlin 1945 bis 1948, Berlin 2014, S. XXV f.

Die Menschen in den sowjetisch besetzten Gebieten waren verärgert über die Vorgehensweise der Besatzungsmacht, aber nach wie vor auch voller Angst und von Ohnmachtsgefühlen geplagt. Doch eine Reihe von ihnen war ebenso fest entschlossen, sich wieder zu amüsieren, kurz die Probleme zu vergessen, sich zu erholen und der tristen Gegenwart zu entfliehen. Dafür nutzten sie wie während der Kriegsjahre Kinobesuche, die im Gegensatz zu den westlichen Besatzungszonen in den sowjetischen besetzten Gebieten unerwartet schnell möglich waren.[57] In Chemnitz öffnete bereits am 20. Juni 1945 das erste Kino seit der Zerstörung der Stadt wieder seine Pforten.[58] Die Besucherzahlen erreichten 1945 jedoch aufgrund der Gesamtsituation insgesamt nur noch 15 Prozent des Vorjahres.[59]

Mitte Juni zogen sich die amerikanischen Truppen aus dem Chemnitztal zurück.[60] Durch die Stadt zog viel sowjetische Infanterie. Für den anonymen Tagebuchverfasser waren es aber vor allem die großen russischsprachigen Wegweiser, anhand derer eine langsame »Russifizierung« der Stadt sichtbar wurde.[61] Zu dieser Zeit hielten sich in Sachsen auch immer noch hartnäckig Spekulationen und Gerüchte über die sich etablierende Besatzungsmacht. Die geäußerten Vermutungen und Behauptungen entsprachen offenbar den Wünschen und Hoffnungen der Menschen. So wurde einmal getuschelt: »Sachsen soll von den Russen geräumt werden«, ein anderes Mal hat man gemunkelt: »Sachsen, Thüringen und die Provinz Sachsen bekommt der Amerikaner und der Russe die Ostseehäfen.« Jeder Tag bringe neue Berichte, meinte die anonyme Person.[62]

4. »Reibungen mit der Militärregierung vermeiden«

Am 8. Mai 1945 waren insgesamt rund 50 000 Quadratkilometer mit mehr als acht Millionen Einwohnern und Einwohnerinnen, darunter auch zahlreiche KZ-Häftlinge, Zwangsarbeiter und Zwangsarbeiterinnen sowie Flüchtlinge auf dem Gebiet der vereinbarten SBZ von US-amerikanischen und einigen britischen Verbänden besetzt.[63] Vielfach fanden die Truppen stark zerstörte Städte vor. Allein in Leipzig

57 Vgl. Ina Merkel, Kapitulation im Kino. Zur Kultur der Besatzung im Jahr 1945, Berlin 2016, S. 19.

58 Vgl. Tagebuch einer anonymen Person aus Chemnitz 1945–1949 (Schlossbergmuseum Chemnitz), Transkriptionstext von Rainer Behring, S. 13.

59 Vgl. Merkel, Kapitulation im Kino, S. 21.

60 Vgl. Tagebuch einer anonymen Person aus Chemnitz 1945–1949 (Schlossbergmuseum Chemnitz), Transkriptionstext von Rainer Behring, S. 12.

61 Vgl. ebd., S. 10.

62 Ebd., S. 12 f.

63 Vgl. Thüsing, Landesverwaltung, S. 31. Westmecklenburg und Schwerin wurden zuerst von US-amerikanischen, aber hier auch von britischen Verbänden besetzt. Wie in anderen Gebieten der festgelegten SBZ auch, zogen sich die westalliierten Verbände bis zum 1.7.1945 hinter die beschlossene Demarkationslinie zurück. Auf der Konferenz von Jalta vom 4.–11.2.1945 hatten

hatten die Bombenangriffe zwischen dem 20. Oktober 1943 und dem 10. April 1945 ganze Stadtteile in Trümmerwüsten verwandelt. 93 000 der 225 000 Wohnungen waren zerstört, ebenso 830 öffentliche Gebäude wie Schulen, Theater, Museen und Universitätsinstitute sowie zahlreiche Produktionsstätten vor allem der grafischen Industrie und des Maschinenbaus.[64]

Wie in Leipzig wurden auch in den anderen von US-amerikanischen Truppen eingenommenen westsächsischen Städten, Dörfern und Kreisen örtliche und regionale Militärregierungen gebildet. Als Verwaltungsinstanzen sorgten sie zunächst für Ordnung und Sicherheit und kümmerten sich darum, Seuchen und Unruhen zu vermeiden und die Mindestversorgung der Bevölkerung abzusichern. Außerdem ging es ihnen um den Neuaufbau des öffentlichen Lebens, einschließlich der dafür notwendigen Verwaltungsstrukturen in den Kommunen. Dabei überließen sie jedoch den deutschen Stellen den Neuaufbau; die Militärregierungen überwachten – ähnlich wie die sowjetischen Militärkommandanturen – lediglich die Führung der Amtsgeschäfte.[65] Zunächst wurden alle Verwaltungshierarchien aufgehoben und sämtliche Befugnisse den lokalen Militärregierungen und den von ihnen eingesetzten Bürgermeistern vor Ort übertragen. Neue Mittel- und Landesinstanzen sollten erst später gebildet werden, wobei man für die Übergangszeit ein gewisses Chaos in Kauf nahm.[66] Doch in den amerikanischen Militärbehörden herrschte Personalmangel. In Leipzig mit seinen rund 570 000 Einwohnern und Einwohnerinnen, darunter 43 814 zu versorgende Ausländer und Ausländerinnen in städtischen Lagern, gehörten der Militärregierung beispielsweise lediglich 16 Offiziere und 25 Soldaten an.[67]

Trotz des Personalmangels mussten die Dienststellen ihren oben genannten Aufgaben nachkommen und sicherstellen, dass die Verwaltungen in den Kommunen und Landkreisen neu aufgebaut wurden. Hinzu kamen weitere Aufgaben, die ebenfalls rascher Organisation und Durchführung bedurften: die Erschließung neuer Bezugsgebiete für Lebensmittel, die Versorgung, Unterbringung und Rückführung der ehemaligen Zwangsarbeiter und Zwangsarbeiterinnen, die Beseitigung der Trümmer in den Straßen und die Entnazifizierung der Verwaltungsapparate. Bereits wenige Tage nach der Ernennung neuer Bürgermeister begannen die Stadtverwaltungen unter der Regie der lokalen amerikanischen Militärregierungen mit der Entlassung belasteter NS-Funktionäre.[68]

---

sich Churchill, Roosevelt und Stalin auf die Gebiete der vier Besatzungszonen in Deutschland nach dem Krieg geeinigt.

64 Vgl. Keiderling, Aufstieg und Niedergang der Buchstadt Leipzig, S. 144.

65 Vgl. Thüsing, Landesverwaltung, S. 31.

66 Vgl. Nora Blumberg, Mitteldeutschland unter amerikanischer Besatzung. Neuaufbau der Verwaltung und Bemühungen um überregionale Zusammenarbeit am Beispiel von Leipzig. In: Schmeitzner/Vollnhals/Weil (Hg.), Von Stalingrad zur SBZ, S. 189–203, hier 190.

67 Vgl. ebd., S. 191.

68 Vgl. ebd., S. 191 f.

Bei den neu einzusetzenden Bürgermeistern entschieden sich die Leiter der lokalen Militärregierung oft für parteilose Politiker oder ehemalige Mitglieder bürgerlicher Parteien. Die Wahl fiel häufig auf politisch konservativ eingestellte Personen, vielmals Juristen, während KPD-Mitglieder ausdrücklich ausgeschlossen wurden. Die kommissarischen Bürgermeister hatten formal die Entscheidungsgewalt innerhalb ihrer Kommunen inne; sie waren jedoch den lokalen Militärregierungen gegenüber untergeordnet.[69] In Leipzig entschied sich der erste Leiter der örtlichen Militärregierung Colonel Jim Dan Hill, den Rechtsanwalt und Notar Wilhelm Johannes Vierling als Bürgermeister einzusetzen. Vierling war kein erfahrener Verwaltungsfachmann, dennoch gelang es unter seiner Führung, funktionsfähige Verwaltungsstrukturen und eine einigermaßen arbeitsfähige Stadtverwaltung aufzubauen.[70] Er war dabei jederzeit darauf bedacht, »Reibungen mit der Militärregierung zu vermeiden«.[71]

So kam er auch der Forderung der amerikanischen Militärregierung in Leipzig nach, den Opfern des Massakers in Abtnaundorf schnellstmöglich eine feierliche Gedenkstunde und ein würdevolles Begräbnis zu widmen – es war eine der ersten Amtshandlungen Vierlings. US-amerikanische Verbände waren bei der Einnahme der Stadt auf den Lagerteil des KZ-Außenlagers Leipzig-Thekla in Abtnaundorf gestoßen, der kurz vorher von der SS in Brand gesteckt worden war. Wie bereits beschrieben, hatten dabei zahlreiche Häftlinge auf grausame Art und Weise ihr Leben verloren. Die Opfer dieser Gräueltaten sollten von Deutschen an prominenter Stelle begraben werden. Die Militärregierung befahl dem neuen Leipziger Bürgermeister Vierling, 75 Särge bereitzustellen und hundert Zivilisten auszuwählen, welche die Gräber auf dem Südfriedhof ausheben sollten. Darüber hinaus wurden alle städtischen Beamten und etwa hundert bedeutende Leipziger Persönlichkeiten angewiesen, dem Massenbegräbnis beizuwohnen. Ein Reporter berichtete anschließend, dass an dem Begräbnis am 27. April 1945 auf dem Südfriedhof fast 900 Leipziger Bürger »vollkommen freiwillig« teilgenommen hätten.[72]

Zu diesen Leipzigern zählte auch Friedrich Michael, Lektor und Assistent im Insel Verlag. Laut Michael hätten die Amerikaner erwartet, dass sich an der Trauerfeier »redlich denkende Leipziger Bürger« beteiligen. Am Tag nach der Zeremonie notierte er in sein Tagebuch:

69 Vgl. ebd., S.193.

70 Vgl. ebd., S. 194 und 202.

71 Nora Blumberg, Leipzig unter amerikanischer Besatzung. Einblicke in die Arbeit der Stadtverwaltung unter Provisional Military Government Detachment A. Unveröffentlichte Magisterarbeit, Leipzig 2011, S. 34. Ich danke Nora Michalski, dass sie mir ihre Magisterarbeit zur Verfügung gestellt hat.

72 Vgl. ebd.

»Die Feier auf dem Südfriedhof gestern früh war schlicht und schön. Viele bekannte Gesichter: Tiemann, Korff, Litt, Weickmann, Meiner, Klemm. Etwa achtzig Särge waren in zwei Reihen auf dem Schmuckstreifen der Hauptzufahrt zur Kapelle bei den Gräbern aufgestellt, dazwischen ein kleines Pult. Einer Prozession der Arbeiter schritten drei amerikanische Militärgeistliche voran. Die Arbeiter kamen mit ihren Fahnen, Russen, Polen, Franzosen, Belgier, hinter der Fahne je etwa zehn Paare, von denen die Frauen Blumensträuße trugen. Hinter ihnen allein Bürgermeister Dr. Vierling. Wir alle schlossen uns an. Die drei Geistlichen verlasen Gebete. Ein Hornist blies ein Signal. Dann defilierten die Arbeitskameraden, senkten die Fahnen, die Frauen legten die Blumen auf die Särge. Der Vertreter des Militär-Gouvernements sprach mit dem Bürgermeister. Danach rückten alle ab. Es wurde nichts Aktuelles, nichts Politisches gesprochen, es war eine rein kirchlich-militärische Zeremonie.«[73]

5. »Ansteher vom Dienst«

Das zweifellos größte Problem für die Stadtverwaltung von Leipzig stellte zu dieser Zeit wie vielerorts die dringend notwendige Versorgung der Bevölkerung mit Lebensmitteln dar – das hatten auch die amerikanischen Dienststellen erkannt. Für die Stadtverwaltung galt es, neue Gebiete zu erschließen, aus denen für Leipzig Nahrungsmittel bezogen werden konnten. Bestehende Liefervereinbarungen scheiterten oft an Reisebeschränkungen, fehlenden Strecken- und Fahrzeugfreigaben oder am mangelnden Benzin. Wie in anderen sächsischen Gebieten auch war in Leipzig der Kaloriensatz pro Kopf und Tag während der ersten Zuteilungsperiode für Lebensmittel unter amerikanischer Besatzung mit um die 900 Kalorien so niedrig, dass bei einer dauerhaften Vergabe dieser Rationen mit dem Hungertod vieler Menschen gerechnet werden musste.[74] Darüber informierte ein Bericht der medizinischen Fakultät der Universität Leipzig vom 27. Juni an die amerikanische Militärregierung. Er ließ den Schluss zu, dass sich in Leipzig eine Ernährungskatastrophe anbahnte: »Da der gesunde Mensch, wenn er im Bett ruht, in 24 Std. ca. 1 500 Kalorien zur Erhaltung seiner Körpersubstanz braucht, bedeuten die 925 Kalorien pro Tag bei längerer Dauer dieser Zuteilung den sicheren Hungertod.«[75]

Trotz der verschärften Lebensmittelsituation konnten Unruhen unter der Leipziger Bevölkerung weitestgehend vermieden werden. Auch nach dem Besatzungswechsel Anfang Juli 1945 kam es nicht zu einer sofortigen Besserung der Ernährungslage in der Stadt. Im Gegenteil, nach dem Einzug der sowjetischen Truppen sanken die Rationen erst einmal weiter. Es gab weiterhin Lieferschwierigkeiten, Lieferverweigerungen aus den angrenzenden Gebieten, Mangelwirtschaft, unzureichende Zuteilungen, sodass die »Hamsterfahrten« auf das Land

73 Michael, »Abends kommt die Nachricht, …«, S. 67 f.
74 Vgl. Blumberg, Mitteldeutschland, S. 195 f.
75 Zit. nach Blumberg, Leipzig unter amerikanischer Besatzung, S. 95.

und der »Schwarzmarkt« auch künftig wichtige Bezugsquellen für die Versorgung blieben.[76] So schilderte beispielsweise Hanskarl Hoerning aus Leipzig in seinem Tagebuch, dass er hin und wieder auf den »schwarzen Markt« gegangen sei.[77]

Das Thema Hunger schlug sich auch in anderen privaten Niederschriften nieder. Die Leipzigerin Annerose N. schrieb in einem Tagebuchbrief vom 2. Juli 1945 an ihre Eltern im Rückblick über die Wochen der US-amerikanischen Besatzung, darunter auch über ihre Versuche, Essen für die Familie zu besorgen: »Wir hatten Frieden! Vor allem keine Alarme mehr! Und im Übrigen Hunger!« Sie bezeichnete sich als den familiären »Ansteher vom Dienst«. Mitunter stand sie mindestens zwei, drei Stunden vor einem Lebensmittelladen an und »ergatterte glücklich« ein paar eingesalzene Rübenblätter. Die tägliche »Kardinalsfrage« lautete: »Wo bekommen wir was zu essen her?« Bei den Amerikanern zu betteln, verbot ihr ein gewisser Stolz. Mit den amerikanischen Truppen hatte es sich ihrer Meinung nach »ganz erträglich angelassen«. Einige Soldaten hatten in den Villen hinter ihrer Unterkunft gewohnt. Gestört fühlte sie sich lediglich von den Plattenspielern, die Tag und Nacht »irgendwelche grässliche amerikanische Dudelmusik geplärrt« hätten. Und sie fügte hinzu: »An Sonntags-Soldaten sah man mehr Schwarze als sonst was.« Im Haus erzählte man sich aufregende Geschichten über die »Freundschaften« der Nachbarstochter mit amerikanischen Soldaten – »Da rebelliert meine deutsche Seele schon beim Gedanken!«, kommentierte Annerose N. das Verhalten der jungen Frau. Sie bastelte zu dieser Zeit ihre alte Wohnung als Modell »en miniature«, um es ihrem Vater zum 60. Geburtstag zu schenken, und lernte englische, französische und deutsche Gedichte auswendig, weil ihr der Alltag ohne Schule »doch recht doof« erschien. Aber viel Zeit für diese Aktivitäten hatte sie nicht, da sie ständig für Lebensmittel sorgen musste.[78]

Auch die 18-jährige Leipzigerin Thea D. lernte zu dieser Zeit freiwillig englische Gedichte, weil die Schulen geschlossen waren und sie »das ziellose Leben recht überdrüssig« fand. Außerdem stellte sie fest, dass sie in den vergangenen Tagen viel älter geworden sei. Sie trauerte nach der Besetzung Leipzigs durch US-amerikanische Verbände dem nationalsozialistischen Deutschland hinterher und wollte die Realität nicht wahrhaben: »Es ist erschütternd, wenn man sich

76 Vgl. ebd., S. 105 f.

77 Hanskarl Hoerning, »Dann kommt wiedermal ein amerikanischer Viermotorbomber 6–10mal über uns, und wirft Flugblätter ab (zwei fallen in unseren Garten), worauf steht, dass Frieden ist.« Tagebuch 1945. In: Lehmstedt (Hg.), Leipzig in Trümmern, S. 16–33, hier 26.

78 Brief von Annerose N. an ihre Eltern vom 2.7.1945 (Museumsstiftung Post und Telekommunikation, Sig. 3.2002.0943, unpag.).

überlegt, dass das Ende des so gesunden und lebensfähigen Dritten Reiches eine solche Niederlage und gleichzeitig vollständige Zerrüttung sein soll. Vernunftmäßig ist ein gutes Ende nicht abzusehen, aber gefühlsmäßig ist der Krieg nicht verloren.«[79] Und sie schwor, ihre Gesinnung als Deutsche nicht aufzugeben: »Jetzt erst bin ich vollständig klar geworden, wie ich mich den neuen Dingen gegenüber verhalten muss, es hat zwar lange gedauert, ehe mir die Erkenntnis kam, meinen deutschen Stolz und meine Ehre bis zum Letzten zu verteidigen, ich weiß, dass ich durch und durch Deutsche bin und kenne infolgedessen auch die Pflichten, die mir dadurch auferlegt worden sind. [...] Ich bin ein freier Mensch, nicht jedermann hat mir zu befehlen. Ich bin Deutsch und frei!«[80]

Die 17-jährige Leipzigerin Susanne Glöckner, die im nationalsozialistischen Regime als »Mischling zweiten Grades« erniedrigt und wie Henny Brenner und ihre Familie aus der Gesellschaft ausgegrenzt worden war, freute sich dagegen über die Besetzung durch die US-amerikanischen Truppen. Mit ihrem Einmarsch hatte es für sie endlich ein Ende mit den Versuchen der Nationalsozialisten gegeben, vor dem eigenen Untergang noch weiterhin andere Menschen zu ermorden. Susanne Glöckner erinnerte sich etwas verklärt an die amerikanischen Soldaten, hatte doch ihr Leben und das ihrer Familie von deren Sieg abgehangen: »Sie trugen weiße Gamaschen. Heute würde ich sagen, sie kamen wie Gralsritter. Es war der schönste Tag in meinem Leben. Wir wussten, dass uns nichts mehr passieren kann. Wir waren erlöst. Der Spuk war vorbei.«[81]

Der ungefähr 60 Jahre alte Max Börner, ebenfalls in Leipzig lebend, meinte in einem seiner Briefe aus der Zeit, dass der Einzug der Amerikaner ziemlich ruhig vonstatten gegangen sei. Er machte sich allerdings Sorgen wegen der Ausquartierungen aus den Wohnungen zugunsten der amerikanischen Besatzer oder von Rückkehrern aus Konzentrationslagern. Für Letztere würden jedoch vorzugsweise die Wohnungen von ehemaligen NSDAP-Mitgliedern genommen. Die Amerikaner hätten sich sehr anständig verhalten, meinte Börner, »am meisten werden die Neger gelobt, die in vielen Fällen der Hausfrau sogar das Essen aus der Küche bringen und ihre Wohnung sauber halten«.[82] Werner B. in Frankenberg begegnete den Amerikanern nur einmal, denn die Kleinstadt wurde von sowjetischen Truppen besetzt. Doch vorab seien drei amerikanische Soldaten in einem Jeep gekommen: »Haben sich auf eine Verkehrsinsel gestellt, die Füße hoch aufs Armaturenbrett, haben uns Kinder angeguckt, gegrinst und Schokolade gegessen.«[83]

79 Tagebuch von Thea D. 1944/45, Eintrag vom 26.4.1945 (Deutsches Tagebucharchiv Emmendingen, Sign. 389,1, unpag.).
80 Ebd., Eintrag vom 10.5.1945 (ebd.).
81 Lorenz (Hg.), Ausgestoßen, S. 288.
82 Börner, »Setzen wir dem Ansturm der Russen unsere geistigen Waffen entgegen, ...«, S. 121.
83 Interview von Francesca Weil mit Werner B. am 16.3.2013, S. 10.

Johanna Danne, die Anfang des Jahres 1945 mit ihrer Familie aus Lüben in Niederschlesien vor den sowjetischen Truppen geflüchtet war, erlebte den Einmarsch der Amerikaner in Rudelswalde, einem kleinen Dorf in der Nähe der westsächsischen Kleinstadt Crimmitschau. Die 12-Jährige und ihre Familie waren dort Anfang März angekommen und von einer Familie auf einem Bauernhof, der dem ihrigen in Niederschlesien ähnelte, aufgenommen worden.[84] Viele im Dorf hofften, dass die amerikanischen Truppen auch nach Rudelswalde kommen würden; die weißen Betttücher lagen schon an den Fenstern bereit. Aber noch immer habe es auch Leute im Ort gegeben, »die das ›Heil Hitler‹ hören wollten«, erinnerte sich Johanna Danne. Die Menschen waren sehr verunsichert. Die erste Konfrontation mit einem Amerikaner schilderte Johanna Danne folgendermaßen: »Plötzlich stand ein amerikanischer Soldat vor der Haustür mit dem Gewehr im Anschlag und verlangte ›ham and eggs‹. Gut, dass Christa Englisch gelernt hatte. Sein Gewehr ließ er aber schnell sinken. Er zupfte Thea am Arm, nuschelte was von ›Fedd‹ [fat]. Was auch die gute Frau Franke erleichterte. Thea natürlich auch, dass er wirklich nur Fett für die Eier wollte.« Als amerikanische Flieger in der Umgebung landeten, bekamen alle, die sich in ihre Nähe trauten, Kaugummi und Zigaretten. Für Johanna Danne war es wichtig, in ihren Erinnerungen zu erwähnen, dass man nach dem 8. Mai, »als endlich dieser schreckliche Krieg vorbei war«, wieder ganz normal »Guten Morgen, Frau so-und-so« sagen konnte.[85]

6. »Schwerer Abschied«

Am 8. Mai 1945, dem Tag der bedingungslosen Kapitulation der deutschen Wehrmacht, arbeitete Friedrich Michael, Lektor und Assistent im Leipziger Insel Verlag, in seinem Garten im Stadtteil Stötteritz: »Ich habe noch einmal drei Reihen Kartoffeln gelegt. Es ist sehr schön dort im Garten an einem solchen sonnigen Tag, und die Berührung mit der Erde hat etwas wunderbar Wärmendes, Beruhigendes.« Abends hörte er im Rundfunk von der Kapitulation Deutschlands; in seinem Tagebuch ließ er seinen Emotionen freien Lauf: »Die Nachricht, die ja zu erwarten war, hat mich doch im ersten Augenblick überwältigt, denn sie hat zu Bewusstsein gebracht, was wirklich geschehen ist.«[86]

Friedrich Michael lebte im US-amerikanisch besetzten Leipzig und hatte bereits vor Kriegsende Kontakte zu Amerikanern gehabt. Bald stellte sich heraus, dass diese an Michael und anderen Verlegern wie Verlagsmitarbeitern ein weiterführendes Interesse hatten, doch zunächst kamen von ihrer Seite harsche

84 Vgl. Danne, Nur für 3 Tage?, S. 41.
85 Ebd., S. 46 f.
86 Michael, »Abends kommt die Nachricht, …«, S. 70.

Kritik und damit verbundene Forderungen. Bereits vorher, am 1. Mai, hatte sich Friedrich Michael mit dem amerikanisch-deutschen Buchwissenschaftler Hellmut Lehmann-Haupt und dem US-Major Douglas Waples in seinen Verlagsräumen getroffen. Letzterer gehörte der amerikanischen Information Control Division (ICD) an, welche die Kontrolle der deutschen Informationsmedien vorbereitete. Man unterhielt sich über »Buchhandelsdinge«. Am darauffolgenden Tag besuchten ihn die beiden in seiner Wohnung. Gut vorbereitet legte Michael eine Niederschrift vor, in der er darlegte, was der Insel Verlag zukünftig bringen könnte und möchte. Waples meinte daraufhin, dass es nicht genüge, »gute Bücher« herauszubringen, sondern es komme darauf an, »notwendig erscheinende Bücher« zu verlegen. Das solle keine Propagandaliteratur sein, aber »Bücher aus neuem Geist«. Und es sei besser, wenn diese Bücher von deutschen Autoren geschrieben würden. Man verstehe in Amerika nicht, dass es in Deutschland »eine kulturelle Schicht« gegeben haben soll, die nichts mit den Untaten der Nazis gemein gehabt hätte, ja sogar nichts davon gewusst haben will. Lehmann-Haupt und Waples waren sich darin einig, dass, wenn in einem Land Menschen Johann Wolfgang Goethe, Friedrich Hölderlin, Hans Carossa lesen und gleichzeitig Dinge möglich sein würden wie die Untaten der Hitler-Regierung, dann seien die Werke von Goethe, Hölderlin und Carossa nicht nur überflüssige, sondern geradezu schädliche Bücher. Es gehe nicht an, kulturelles Leben und politische Taten zu trennen. Amerika wolle sich in Deutschland dafür einsetzen, dass so etwas wie unter den Nationalsozialisten nicht wieder möglich wird. Vor allem würde es darauf ankommen, der »irregeleiteten Jugend« einen neuen Weg zu weisen. Michael schwebte daraufhin vor, Theodor Litt, einen bekannten Kultur- und Sozialphilosophen und Pädagogen, zu fragen, ob er eine Rede an die deutsche Jugend schreiben könne.[87]

Theodor Litt war ab 1931 Rektor der Universität Leipzig gewesen; aufgrund seiner antinationalsozialistischen Haltung und der daraus resultierenden Vortragsverbote hatte er sich 1937 in den Ruhestand versetzen lassen. Am 13. Mai 1945 besuchte Michael Theodor Litt und trug ihm vor, was ihn im Zusammenhang mit dem Besuch der Amerikaner beschäftigte. Als Michael die Wandlung der geistigen Haltung in Deutschland erwähnte, stellte Litt gleich die Zwischenfrage: »Glauben Sie an diese Wandlung? Halten Sie die Zahl derer, die sich wirklich schon einem Neuen zuwenden, für groß?« Michael musste ehrlicherweise verneinen.[88] Doch er sollte sich schon bald nicht mehr mit diesem Thema auseinandersetzen, sondern sich eher konkreten Fragen der unmittelbaren Zukunft zuwenden und damit verbundene Entscheidungen treffen.

87 Vgl. ebd., S. 69–71.
88 Vgl. ebd.

Die amerikanischen Alliierten interessierten sich auch für sogenannte intellektuelle Reparationen, d. h. neben finanziellen Wiedergutmachungen und materiellen Gütern auch für Personen, die als intellektuelle Köpfe hinter deutschen Entwicklungen gestanden hatten. Obwohl die rechtliche Legitimation nicht eindeutig war, forderten die Amerikaner u. a. am 22. Juni 1945 über 40 Angehörige der Universität Leipzig auf, ihr Forschungsmaterial zu packen und gemeinsam mit ihren Familien die Stadt zu verlassen, und deportierten sie zwangsweise in die amerikanische Besatzungszone. Die Universität Leipzig verlor dadurch schlagartig einen Großteil ihres besten wissenschaftlichen Personals.[89] Die amerikanischen Alliierten hatten darüber hinaus auch ein großes Interesse an den Leipziger Verlagen, ihren Leitern und Mitarbeitern.

Parallel zum Gespräch bei Friedrich Michael traf sich – ebenfalls am 1. Mai – Captain Haimoff, wie US-Major Waples Offizier der US-amerikanischen ICD, mit Vertretern des Börsenvereins, d. h. mit sechs Verlegern, darunter ihr Wortführer Hans Brockhaus. Der Amerikaner forderte eine aktuelle Zustandsbeschreibung des Leipziger Verlagswesens; ihrem Bericht sollten die Verleger zudem konkrete Wünsche und Pläne für die Zukunft beifügen. Das daraufhin von den Verlegern angefertigte Exposé beschrieb die Situation nach den alliierten Luftangriffen von 1944: Demnach waren zu diesem Zeitpunkt von 100 bedeutenden Verlagen 32 völlig und 21 teilweise zerstört. Seitdem hatte sich die Lage weiter verschlechtert. Im Ergebnis der Analyse stellten die Verleger den Börsenverein als diejenige Institution dar, der man den Wiederaufbau des deutschen Buchhandels anvertrauen müsse.[90]

Was sowohl Friedrich Michael als auch die Verlegerrunde um Hans Brockhaus zu diesem Zeitpunkt noch nicht wussten, waren die Vereinbarungen der Besatzungsmächte über die Einteilung Deutschlands in vier Zonen, denen zufolge Leipzig künftig in der SBZ liegen würde. Damit verknüpft war der Auftrag der ICD, ausgewählte Personen und Einrichtungen des Leipziger Buch- und Verlagswesens für eine schnelle Übersiedlung in die amerikanische Besatzungszone zu gewinnen. Den Amerikanern schwebte vor, im Raum Frankfurt am Main und Wiesbaden eine Zweigstelle des Börsenvereins mithilfe bedeutender Leipziger Firmen aufzubauen. Major Waples schien für die Umsetzung des Planes die ge-

89 Vgl. Nadin Schmidt, Menschliche Reparationen. Der Wissenschaftstransfer nach 1945 an den Universitäten Leipzig und Dresden. In: Schmeitzner/Vollnhals/Weil (Hg.), Von Stalingrad zur SBZ, S. 353–365, hier 353 und 356. Auch die Sowjetunion deportierte deutsche Wissenschaftler und ihre Familien ins eigene Land, allerdings später als die Amerikaner. Vgl. ausführlich Nadin Schmidt, Die Deportation der wissenschaftlichen Intelligenz an den Universitäten der SBZ nach 1945 und deren Re-Integration an den Universitäten der Bundesrepublik Deutschland und der Deutschen Demokratischen Republik (http://ul.qucosa.de/api/qucosa%3A15594/attachment/ATT-0/; 23.6.2019).

90 Vgl. Keiderling, Aufstieg und Niedergang der Buchstadt Leipzig, S. 145 f.

eignete Person zu sein, hatte er sich doch im Zivilleben u. a. mit dem allgemeinen Buchhandel und speziell mit den Verhältnissen im Leipziger Verlagswesen befasst.[91]

Am 30. Mai 1945 bat Wilhelm Klemm, Besitzer der Dieterichsschen Verlagsbuchhandlung und des Kommissionshauses Carl Friedrich Fleischer sowie zeitweiliger Leiter des Alfred Kröder Verlages, Friedrich Michael zu sich und informierte ihn über den Stand der Dinge: eine Kommission der Amerikaner, u. a. mit Major Waples, Lehmann-Haupt und Captain Haimoff, habe ihn wissen lassen, dass Leipzig möglicherweise in die sowjetische Zone einbezogen werde, die amerikanische Militärverwaltung vorsorglich einen Börsenverein in Frankfurt am Main ins Leben rufen werde und einige bedeutende, nicht »nazistisch-anrüchige Verlage« mitnehmen wolle. Mit diesem Plan konnte sich Friedrich Michael sofort anfreunden. Am Abend desselben Tages wurden bereits Details der Übersiedlung besprochen. Michael wollte zwar noch mit Anton Kippenberg, dem Leiter des Insel Verlages, sprechen, sagte aber bereits zu.[92] Von nun an begann er mit den Vorbereitungen für die Übersiedlung: Formulare bei den Amerikanern ausfüllen, Papiere wie Bücher ordnen und sichern.[93] Anfang Juni kamen einige, von den Amerikanern ausgewählte Buchhändlerpersönlichkeiten zusammen. Neben Friedrich Michael und Wilhelm Klemm gehörten Hans Brockhaus und Bruno Hauff vom Georg Thieme Verlag dazu. Die Amerikaner erklärten ihnen die Bedingungen des Umzugs. Die US-Armee würde die Familien nach Wiesbaden, dem Sitz des amerikanischen Hauptquartiers, bringen. Dort erhielten sie die gleiche Verpflegung wie die sonstige Bevölkerung und müssten – wie die ehemaligen Wissenschaftler der Universität Leipzig auch – ein Jahr vor Ort bleiben.[94]

Am 4. Juni fuhr Friedrich Michael »bei schönstem Sommerwetter« mit Haimoff zu Anton Kippenberg nach Schloss Wahlbeck. Unterwegs sah er die »vielfache Zerstörung, mitten in der Sommerlandschaft überall Wracks von Autos, Flugzeugen; ausgebrannte Eisenbahnzüge in Bahnhöfen. Die Straßen waren gut instand, sehr bevölkert von amerikanischen Transporten, Lastwagen, auf denen fremde Arbeiter abtransportiert wurden, und von ganzen Gruppen Displaced Persons.«[95] Kippenberg war von dem geplanten Vorhaben der Übersiedlung sehr überrascht, meinte aber später, er komme auch nach Wiesbaden, und erklärte sich damit einverstanden, dass vorerst Friedrich Michael die Leitung der dortigen Zweigstelle des Insel Verlages übernimmt. Danach suchte Michael im Keller die Matern, die

91 Vgl. ebd., S. 146f.
92 Vgl. Michael, »Abends kommt die Nachricht, …«, S. 75.
93 Vgl. ebd., S. 76.
94 Vgl. Keiderling, Aufstieg und Niedergang der Buchstadt Leipzig, S. 147.
95 Michael, »Abends kommt die Nachricht, …«, S. 77.

Formen zur Herstellung von Druckplatten, für Wiesbaden aus und ließ sie in den Autoanhänger verladen. Mittlerweile stellte sich bei ihm die Vorfreude auf den Wechsel nach Wiesbaden ein und er genoss den Weg zurück nach Leipzig: »Auf der Rückfahrt gibt es wundervolle Kirschen, die ein Junge vom Baum an der Straße gepflückt hat und die ihm die Amerikaner abkaufen. – Wie belebend solche Fahrt durch die frische Luft doch wirkt. Man ist aufgemöbelt. Das Abenteuer des Wiesbadener Unternehmens wird verlockender, wenn man sich vom Haus gelöst hat. Aber der bevorstehende Umzug zeigt abends wieder alle Schwierigkeiten dieser Loslösung.«[96]

Friedrich Michael begann zu packen; der Umzug sollte bald vonstatten gehen. Währenddessen traf er auch noch einmal Theodor Litt, der bereits große Teile einer an die Jugend gerichteten Schrift fertiggestellt hatte: »Umkehr und Einkehr. Gedanken für junge Deutsche«. Michael vertraute seinem Tagebuch an, dass er sich diese Veröffentlichung für den Insel Verlag wünsche, da sie für den neuen Start wichtig sein könnte. Er sehe dabei aber Schwierigkeiten, da Anton Kippenberg einer solchen Veröffentlichung mit Sicherheit nicht zustimmen würde.[97]

Als die für den 11. Juni geplante Abreise der Verleger misslang, mussten die Michaels noch einmal in ihre Wohnung zurückkehren – und hatten ein merkwürdiges Erlebnis: »Freunde, die sich Sachen holen wollen. Wir waren für die Zurückbleibenden sozusagen erledigt, man erscheint als Eindringling!«[98] Am nächsten Tag erfolgte die Abreise endgültig. Vor Wilhelm Klemms Haus versammelten sich Ilse Mank, Mitarbeiterin bei Dieterich, Kurt Georg Schauer, Verleger und Buchhistoriker, der den neuen deutschen Börsenverein in Frankfurt einrichten sollte, mit Frau und zwei Kindern, Bruno Hauff, Leiter des Georg Thieme Verlags, mit Frau und Sohn, Karl Pfannkuch, Chefredakteur bei Brockhaus, mit zwei Kindern, Herr Löbmann, Fleischer-Kommission, mit Frau und Tochter, Friedrich Michael und Familie, Hans Brockhaus mit Frau und Tochter sowie die amerikanischen Vertreter Haimoff und Lehmann-Haupt. Vor der Abreise nahm man »schweren Abschied« von Fritz Brockhaus, der in Leipzig blieb und den hiesigen Brockhaus Verlag bis 1952 leiten sollte. Auf den Straßen, vor allem auf der »Reichsautobahn«, war viel Verkehr: »Man begegnet vor allem vielen Transporten fremder Arbeiter, die auf amerikanischen Wagen nach Osten abgeschoben werden. Sie sind meistens mit roten Fahnen geschmückt, an einigen große Plakate mit dem überlebensgroßen Bild Stalins.« Nach der Ankunft in Wiesbaden stellte sich heraus, dass alle im Wagen übernachten mussten. Der letzte Satz in Friedrich Michaels Tagebuch nach dem Eintreffen in der hessischen Stadt lautet: »Wie anders kam ich 1938 hier an! Wie anders empfängt mich die Stadt!«[99]

96 Ebd.
97 Vgl. ebd., S. 78.
98 Ebd., S. 80.
99 Ebd., S. 80 f.

Die Überführung von Führungspersönlichkeiten des Leipziger Buchhandels war nicht zuletzt ein Entzug höchstwichtiger Fachkräfte aus der SBZ, von dem zudem ein Signal ausging. Mit zeitlicher Verzögerung setzte eine regelrechte Standortflucht von Berufskollegen und ihren Belegschaften aus Leipzig ein.[100] Ihnen folgten sowohl vor als auch nach dem Besatzungswechsel noch viele weitere Menschen aus Sachsen.

7. »Unvorbereitet und kraftlos wurden wir von der Freiheit überrascht.«

Neben den deutschen Flüchtlingen bevölkerten zur Zeit der doppelten Besatzung auch viele Gruppen von ehemaligen Zwangsarbeitern und Zwangsarbeiterinnen, KZ-Häftlingen und Kriegsgefangenen die Straßen Sachsens. Mitunter waren Zwangsarbeiter aber auch schon vor der Besetzung durch die alliierten Truppen (kurzfristig) freigekommen, in den meisten Fällen infolge der Bombardierung und Zerstörung ihrer Lager. So war es auch in Leipzig geschehen. In der Nacht vom 10. auf den 11. April 1945 hatte die Royal Air Force ihre letzten Großangriffe auf Leipzig gestartet, maßgeblich waren der Leipziger Stadtteil Lindenthal und der Rangierbahnhof Wahren getroffen worden. Nach der Bombardierung hatte sich Otto Hase, Kantonist, Ortschronist und Leiter des Flüchtlingsauffanglagers in einer Schule in Lindenthal, »ein entsetzliches Bild der Zerstörung« geboten – die Baracken, in denen ca. 300 ausländische Zwangsarbeiter untergebracht worden waren, hatten angefangen zu brennen. Am Morgen des 11. April waren ungefähr 200 bis 300 Holländer, Belgier, Franzosen, Italiener, Tschechen, Polen und Russen, die auf dem Rangierbahnhof seit Jahren Zwangsarbeit leisten mussten, die Straße heruntergeströmt und hatten Aufnahme im Auffanglager verlangt. Den Angehörigen der einzelnen Nationen hatte Otto Hase daraufhin je ein Klassenzimmer zugewiesen. Zuerst hatte er Angst gehabt, doch nach seinen Angaben hatten sich alle friedlich zusammengefunden. Nahrungsmittel hatten sich die Zwangsarbeiter vom zerstörten Verladebahnhof geholt – dort war alles vorhanden gewesen: Butter, Mehl, Erbsen, Kartoffeln, Brot, Fleisch, Speck, Konserven, Wein, Schnaps, Eier u. a. m. Auf einem aus Ziegelsteinen zusammengesetzten, kleinen Herd mit Holzfeuer wurde gekocht. Es vergingen einige Tage ohne Zwischenfälle, Differenzen zwischen den Angehörigen der einzelnen Nationen gab es nicht. Am 13. April 1945 hatte man in Lindenthal bereits die amerikanische Artillerie gehört. Als der nur zum Teil bewaffnete Volkssturm, der auch in der Schule sein Quartier hatte, passiv geblieben war, hatten die Italiener und Tschechen den Ort in Richtung Heimat verlassen. Am 14. April 1945 wurden die anderen Zwangsarbeiter von den Volksturmabteilungen fortgebracht; wohin,

100 Vgl. Keiderling, Aufstieg und Niedergang der Buchstadt Leipzig, S. 148.

erfuhr Otto Hase nicht.[101] Was aus den ehemaligen Zwangsarbeitern geworden ist, bleibt eine offene Frage. Bis zur amerikanischen Besetzung Leipzigs sollte es immerhin noch fünf Tage dauern.

Nach der Besetzung durch amerikanische und sowjetische Verbände waren große Gruppen ehemaliger Zwangsarbeiter und Zwangsarbeiterinnen, KZ-Häftlinge und Kriegsgefangener, sogenannte Displaced Persons, auf den Straßen Sachsens unterwegs. Mit dem Begriff wurden die Millionen von verschleppten oder deportierten Menschen in Mitteleuropa bezeichnet, die sich nach der Befreiung durch die Alliierten außerhalb der Grenzen ihrer Heimatländer befanden. Dazu zählten Zwangsarbeiter und Zwangsarbeiterinnen, Überlebende der Konzentrationslager sowie politische Gefangene und Kriegsgefangene der Nationalsozialisten und ihrer Verbündeten.[102] Der Begriff wurde vom Obersten Hauptquartier der Alliierten Expeditionsstreitkräfte geprägt.[103] Auf dem Territorium des Deutschen Reiches befanden sich bei Kriegsende 1945 etwa elf Millionen Displaced Persons, davon ungefähr 4,5 Millionen auf dem Gebiet der SBZ.[104] Geert S., der das Kriegsende zuhause erlebt hatte, begegnete einigen von ihnen während der amerikanischen Besetzung Leipzigs. Er musste in einer Arbeitskolonne Kasernen aufräumen und saubermachen. Die Kasernen im Norden Leipzigs fungierten als Auffanglager für Displaced Persons.[105]

Unter der sächsischen Bevölkerung gab es mitunter Kritik am Verhalten von Displaced Persons, ohne dabei zu berücksichtigen, unter welch fürchterlichen Bedingungen diese Menschen im »Dritten Reich« ausgebeutet worden waren und unmenschliches Leid hatten ertragen müssen. Dabei zeigt sich auch, dass in Sachsen rassistische Vorurteile und Stereotype keinesfalls von heute auf morgen verschwanden, sondern fester Bestandteil des Gedankenguts vieler Menschen waren. Die anonyme Person in Chemnitz berichtete davon, dass auf den Straßen der Stadt Tausende von »Ostarbeitern« unterwegs seien, die Lebensmittelläden plündern und ihren Besitzern Fahrräder und Handwagen abnehmen würden. Schließlich seien sie zuerst an Knotenpunkten wie dem Hauptbahnhof und später in Durchgangslagern gesammelt und anschließend nach Dresden abtransportiert worden. Die anonyme Person stieß sich dabei an der hinterlassenen Unordnung: »Das reine Zigeunerlager vor dem Hauptbahnhof und

101 Otto Hase, »Ein entsetzliches Bild der Zerstörung. Zwischen den Trümmern lagen tote Menschen.« Alarme und Luftalarme in Lindenthal. In: Lehmstedt (Hg.), Leipzig in Trümmern, S. 113–115, hier 114f.

102 Vgl. https://ome-lexikon.uni-oldenburg.de/begriffe/displaced-persons-dps/; 22.6.2019.

103 Vgl. http://lernen-aus-der-geschichte.de/Online-Lernen/content/9135; 22.6.2019.

104 Vgl. Christian Pletzing/Marcus Velke, Statt eines Vorwortes: Lernen aus der Geschichte? Zur Relevanz der Displaced Persons Forschung. In: Diess. (Hg.), Lager – Repatriierung – Integration. Beiträge zur Displaced Persons-Forschung, München 2016, S. 7–15, hier 8.

105 Vgl. Erinnerungen von Geert S. vom 28.4.2013 (Privatarchiv Geert S., unpag.).

wir bekommen die berühmte ausländische Sauberkeit zu spüren.«[106] Während sich der Tagebuchschreiber über »die Russen und Polen« empörte, empfand er – wie vorher für die sudetendeutschen Flüchtlinge auch – für die heimkehrenden deutschen Soldaten großes Mitleid: »Sonst eine seltsame Ruhe. Franzosen, Gefangene und Zivil, kommen in Scharen gezogen, um der Heimat entgegen zu eilen, ebenso die deutschen Soldaten, genau wie 1813 (der Herr hat sie geschlagen – führerlos). Es ist furchtbar, sich dieses ansehen zu müssen.«[107] Den »Ostarbeitern« warf er dagegen unredliches Handeln vor, einmal mehr weil es ihnen seiner Meinung nach in letzter Zeit doch recht gut ergangen sei: »Wenn nur erst die Ausländerplage weg wäre. [...] Wer hätte derartiges von den Ostarbeitern erwartet, zumal sie mit mehr Lebensmitteln bedacht worden sind und ihre mitgebrachten Lumpenanzüge in gute Anzüge umtauschen konnten.«[108] Von Mitte Mai bis Mitte Juli 1945 wurden Tausende von ehemaligen »Ostarbeitern«, die in der Stadt in einem Durchgangslager warten mussten, aus Chemnitz in Richtung Osten abtransportiert.[109]

Dass die letzten Kriegstage auch ohne Zerstörungen und Plünderungen ablaufen konnten, zeigen dagegen die Erinnerungen von Sonja R. Ihr Vater sei nicht nur mit anderen ehemaligen Kommunisten den sowjetischen Truppen bei ihrem Eintreffen im ostsächsischen Weißig nahe Freital entgegengegangen, sie hätten auch für eine Befriedung des Dorfes gesorgt. So hätten sie dem versammelten Volkssturm ermöglicht, unbemerkt zu verschwinden, und sich mit den sowjetischen Gefangenen, die vor allem als Zwangsarbeiter im Dorf waren, versöhnt.[110]

Mitunter haben ehemalige Zwangsarbeiter Familien, die ihnen während der Kriegszeit geholfen haben, nicht bestohlen. Werner B. aus Frankenberg erzählte, dass die sowjetischen Kriegsgefangenen auch in ihrer Stadt durch die Häuser gezogen seien und hier und da Sachen entwendet hätten, nachdem man die Wachmannschaft abgezogen habe. Als sie in das Haus der Familie von Werner B. gekommen seien, habe die Mutter die Wohnungstür fest verschlossen und schließlich gehört, wie einer der Kriegsgefangenen gesagt habe: »Hier Tito. Weitergehen.« Bei Tito, der eigentlich Dieter hieß, handelte es sich um Werner B.s kleineren, damals fünfjährigen Bruder. Frankenberger Familien, darunter Werner und Dieter B.s Mutter, hatten die Zwangsarbeiter heimlich mit zusätzlichen Lebensmittel versorgt; dafür waren sie mit kunsthandwerkliche Geschenken bedacht worden, welche die Zwangsarbeiter aus einfachsten Materialien gefertigt hatten. Dem kleinen Dieter war es am leichtesten gefallen, das Essen durch das

106 Tagebuch einer anonymen Person aus Chemnitz 1945–1949 (Schlossbergmuseum Chemnitz), Transkriptionstext von Rainer Behring, S. 7–10.
107 Ebd., S. 8.
108 Ebd.
109 Vgl. ebd., S. 16.
110 Interview von Francesca Weil mit Sonja R. am 14.8.2013, S. 8.

sehr kleine Fenster in die Räume der Gefangenen hineinzureichen bzw. die kleinen Kunstwerke herauszuholen.[111]

Nina Petriwna L., die ukrainische »Ostarbeiterin« in Leipzig, beteiligte sich nicht an Plünderungen, sie zog auch nicht wie andere durch die Straßen Sachsens. In ihren Erinnerungen beschrieb sie die Ereignisse in den ersten viereinhalb Monaten des Jahres 1945, das »dritte Jahr unserer Schinderei«, als die »schlimmsten« in ihrer Zeit in Sachsen. Sowohl die Rüstungsfirma »Edmund Becker & Co« in Leipzig, in der sie hatte arbeiten müssen, als auch das Lager in Rückmarsdorf, in dem sie untergebracht war, waren immer häufiger von den alliierten Luftverbänden bombardiert worden. Aus der Gefangenschaft befreit wurden die Lagerinsasseninnen schließlich von amerikanischen Truppen, später kamen sowjetische Verbände:[112] »Die ganze Nacht durch wurde wild geschossen und etwas später kam auch die Infanterie. Drei Tage herrschte absolutes Chaos im Lager. Alle Wächter flohen. Am dritten Tag kam der sowjetische Major Kusnizow in einem Pkw mit kleinen roten Fähnchen. Wir waren sehr froh, ihn zu sehen und zu hören. Der Major sagte, dass wir alle nach Hause geschickt werden. Auf uns warten Mütter, auf uns wartet das Vaterland. Praktisch haben wir uns zwei Wochen lang selbst bewacht, damit die SS-Wachmannschaften uns in der Nacht nicht töten konnten.«[113]

Dann kam eine Kolonne von Autos, mit denen man die Lagerinsasseninnen an die Elbe brachte, wo sowjetische Soldaten auf sie warteten. Die ehemaligen Zwangsarbeiterinnen wurden in Sammelpunkte bzw. Durchgangslager gebracht, wo sie drei Monate auf ihre Ausreise in die Sowjetunion warten mussten. Hier untersuchte man sie auch auf Geschlechtskrankheiten. Als eine ausreichende Menge von Menschen zusammengekommen war, wurden sie mit einem Zug voller »abgewrackter Waggons« in Richtung Heimat abtransportiert.[114]

Nur einige der Frauen aus dem KZ-Außenlager Leipzig-Schönefeld »versorgten« sich mithilfe von sowjetischen Soldaten auf unrechtmäßige Art und Weise mit Nahrung, Kleidung und sogar mit Schmuck. Die nicht an den Plünderungen beteiligten Frauen verurteilten sie dafür nicht, denn es gab ihrer Meinung nach keinen Grund, die Deutschen, die ganz Europa ausgeraubt hatten, zu bedauern. Den meisten Frauen stand allerdings nicht der Sinn nach Bereicherung, ihre Gedanken kreisten vielmehr unmittelbar um Leben und Gesundheit.[115]

Die Frauen um Felicja Bannet-Schäftler und Felicja Karay, die seit dem Sommer 1944 für die Leipziger HASAG Zwangsarbeit geleistet hatten und seit dem

111 Interview von Francesca Weil mit Werner B. am 16.3.2013, S. 6 f.

112 Vgl. Erinnerungen an meinem Geburtstag oder eine Warnung an die kommenden Generationen. Schreiben von Nina Petriwna L. vom 3.10.2005 (Sammlung Archiv Gedenkstätte Zwangsarbeit Leipzig, unpag.).

113 Ebd.

114 Vgl. ebd.

115 Vgl. Karay, Wir lebten zwischen Granaten und Gedichten, S. 202.

13. April 1945 auf einem »Todesmarsch« durch Sachsen geirrt waren, wussten zuerst nicht, was sie tun sollten, als die SS-Wachen Ende des Monats vor den näher rückenden Fronten flohen. Einige Frauen beschlossen, sich von den anderen zu trennen und in kleinen Gruppen weiterzugehen.[116]

In autobiografischen Zeugnissen über die Zeit des Holocausts, die im Archiv der Gedenkstätte Yad Vashem in Jerusalem aufbewahrt werden, erzählte eine Reihe von ihnen, wie ihnen auf ihrem weiteren Weg sächsische Frauen und Männer sowie sowjetische Soldaten begegnet sind. Eine dieser Gruppen sah ein einzeln stehendes Haus und ging hinein, die angetroffene Deutsche war furchtbar erschrocken, gab ihnen jedoch zu essen und ließ sie sich waschen. Am Abend traf der Bürgermeister ein und teilte den Frauen mit, dass sie nicht bleiben dürften, sondern ein Flüchtlingslager aufsuchen müssten. Sie fanden schließlich eine verlassene Villa, in der Essen vorrätig war und sich Kleidung befand.[117] Fünf weitere Frauen wurden nach ihrer Befreiung durch die Amerikaner in der Nähe des nordsächsischen Dorfes Olganitz zum Haus des Bürgermeisters geschickt, »das sich als eine mit vielen guten Dingen gefüllte Villa entpuppte«. Weil sie verlaust waren, schickte der Bürgermeister die Frauen auf den Dachboden; sie bekamen keine Decken und keine Kleidung. – »Die Suppe wurde uns wie Kühen im Eimer gebracht.« Als die sowjetischen Truppen kamen, vertrieben sie den Bürgermeister und forderten die Frauen auf, es sich im Haus bequem zu machen. Hier nähten sie sich aus Decken und Gardinen die ersten Kleider.[118] Eine andere kleine Gruppe Frauen suchte ebenfalls in einem Dorf Hilfe, aber nur eine einzige Frau gewährte sie ihnen unter der Bedingung, dass sie »von ihrer guten Tat« erzählen sollten, wenn die sowjetischen Truppen kämen. Sie waren einverstanden und bekamen von ihr Essen und Kleidung. Als die sowjetischen Soldaten eintrafen und im ganzen Dorf plünderten und vergewaltigten, blieb die Frau wegen des Eingreifens der ehemaligen Häftlinge verschont.[119] Andere Frauen wiederum wurden von sowjetischen Soldaten gerettet, bevor sie von den Wachmannschaften getötet wurden oder Suizid begehen konnten.[120] Die kleinen Gruppen des ehemaligen Häftlingszugs von ca. 2000 Frauen fanden sich aufgrund des Durcheinanders schließlich an den verschiedensten Orten wieder. Viele von ihnen gingen letztendlich in die Durchgangslager, die mittlerweile für alle Displaced

116 Vgl. ebd., S. 200.

117 Vgl. ebd., S. 200f.

118 Vgl. ebd., S. 202. Zit. aus Zeugnissen von Maria Schächter-Lewinger (Archiv Yad Vashem Jerusalem, 0-33/1802), Eda Lewin-Jewin (Archiv Yad Vashem Jerusalem, 0-33/1838) und Felicja Schächter-Karay (Archiv Yad Vashem Jerusalem, 0-33/1812).

119 Vgl. ebd., S. 203. Zit. aus dem Zeugnis von Sara Iwanska-Shalem (Archiv Yad Vashem Jerusalem, 0-33/3332).

120 Vgl. ebd., S. 201. Zit. aus dem Zeugnis von Sara Fajszewicz (Archiv Yad Vashem Jerusalem, M-1/E/179/1655).

Persons errichtet worden waren. Antisemitismus und damit verbundene Verachtung schlug ihnen auch dort noch entgegen. Als mehreren Frauen im Oschatzer Durchgangslager Essen ausgeteilt wurde, hörten sie eine Deutsche zu einer anderen sagen: »Sieh' nur, was diese Frauen für böse Augen haben!«[121]

Viele der Frauen befanden sich nach den »Todesmärschen« in einem sehr schlechten Gesundheitszustand, der sich mitunter nach der Befreiung durch mittlerweile unverträgliche, weil zu schwere Nahrung noch verschlimmerte; manche der Frauen starben daran.[122] Als die ehemaligen Häftlinge nach einiger Zeit besser aussahen, mussten auch sie sich vor sexueller Gewalt durch sowjetische Soldaten schützen; grausame Vergewaltigungen sollten wohl Einzelfälle bleiben.[123]

Für viele Frauen war das größte Problem, dass sie kein Ziel hatten, wohin sie gehen sollten; sie kannten niemanden – sie wurden »unvorbereitet und kraftlos [...] von der Freiheit überrascht«. Von den ehemaligen jüdischen Zwangsarbeiterinnen aus dem Lager Leipzig-Schönefeld ging schließlich ein Teil nach Polen zurück und suchte seine Angehörigen. Die Frauen blieben mitunter auch dort. Ein anderer Teil wanderte nach Amerika aus; die meisten warteten in den Flüchtlingslagern auf ihre Ausreise nach Palästina.[124]

8. »Seit dem gestrigen Sonntag sind wir vom Russen besetzt!«

Viele Menschen in Westsachsen fürchteten sich vor dem Besatzungswechsel. Die US-amerikanischen Verbände waren ihnen am wenigsten unangenehm, vor den sowjetischen Einheiten »zitterten« sie. Über den ganzen Mai hinweg beobachteten die Amerikaner nicht abreißende Flüchtlingszüge aus Sachsen in Richtung Westen. In der ersten Juniwoche 1945 veröffentlichte die sowjetische Regierung schließlich die Vereinbarungen über den Grenzverlauf zwischen der sowjetischen Zone und den Besatzungsgebieten der Westmächte. Zwar wuchs daraufhin in Mitteldeutschland die Überzeugung, dass sich die amerikanischen Truppen bald zurückziehen würden, doch keiner war sich wirklich sicher – weder in der Bevölkerung noch unter den Politikern. Es kursierten weiterhin Gerüchte, Desinformationen, Halbwahrheiten und Spekulationen.[125] Dennoch sorgten in dieser Zeit viele Firmen dafür, wertvolle Maschinen, wichtige Unterlagen und Mitarbeiter in die westlichen Gebiete zu transportieren, um sie so dem sowjetischen Zugriff zu

121 Vgl. ebd., S. 202. Zit. aus Brief von Matylda Woliniewska vom 19.4.1994 (Archiv Yad Vashem Jerusalem, 0-33/4237).
122 Vgl. ebd., S. 202 f.
123 Vgl. ebd., S. 203.
124 Vgl. ebd.
125 Vgl. Klaus-Dietmar Henke, Die amerikanische Besatzung Deutschlands, München 1995, S. 729–731.

entziehen.[126] Der Abzug der amerikanischen Alliierten aus Sachsen erfolgte wie andernorts auch in einer Blitzaktion am Wochenende vom 30. Juni auf den 1. Juli 1945: »Seit Tagen in allen Einzelheiten vorbereitet, kam er – an sich für niemanden mehr ganz unerwartet – letztlich für alle dann doch überraschend.«[127] Die Angst vor den sowjetischen Soldaten erwies sich zu dieser Zeit weitgehend als unbegründet; die neue Besatzungsmacht trat mittlerweile viel disziplinierter auf, als es die Bevölkerung seit den Gräueltaten der sowjetischen Truppen im Osten des Deutschen Reiches erwartet hatte.[128]

Zum Besatzungswechsel Anfang Juli 1945 schrieb Annerose N. aus Leipzig: »Na, der Film ist jetzt zu Ende. Keine Dudelmusik mehr, keine Jeeps, keine Nigger! Dafür erbärmliche Panjewagen und unvorstellbar dreckige Russkis!«[129] Später wurde sie richtig wütend und machte sich Gedanken über die Zukunft Deutschlands und damit verbundene Gerüchte: »Nun haben wir den Salat! Seit dem gestrigen Sonntag sind wir vom Russen besetzt! Scheiße, Ober-Riesenscheiße!! Verzeiht, aber mir ists gerade so! […] Seit gestern bangen wir nun um Armbanduhren und Ringe. Es ist zum Kotzen. Doch – seit dem 8. Mai haben wir bedingungslos kapituliert. Wir sind Freiwild für die ganze Welt. Es gehen Gerüchte, dass wir zu einem absoluten Agrarland gemacht werden sollen. Stalins Worte, dass die Hitlers kommen und gehen, das deutsche Volk aber bleibt, machen seit heute die Runde. Na, wir werden's merken, wie's weitergeht.«[130]

Darüber hinaus wunderte sich Annerose N. über den plötzlichen Gesinnungswandel von einer Reihe von Leipzigern und Leipzigerinnen. Sie war entsetzt über die riesengroßen Spruchbänder wie »Wir grüßen unsere sowjetischen Freunde« an vielen Hausfronten und Brückengeländern und »verstand die Welt nicht mehr«: »Gestern haben die gleichen Leute noch ›Heil Hitler‹ gerufen und heute kommunistisch rot geflaggt! Entschuldige, aber ein derartiges Verhalten unserer deutschen ›Volksgenossen‹ geht in mein sechzehnjähriges Gehirn nicht rein!«[131]

Ähnliche Gedanken brachte auch Thea D. am 5. Juli 1945 zu Papier. Sie beobachtete, dass viele Menschen, ganz besonders Arbeiter, die Rote Armee mit Blumen, roten Fahnen und Plakaten begrüßten. Sie würden wohl meinen, sie kämen als Befreier. Dabei wüssten sie nicht, »dass die Russen unseren Untergang bedeuten. Unkultivierte Menschen wollen uns jetzt erziehen und belehren und uns zu ihren Sklaven machen«, sinnierte Thea D. Darüber hinaus stellte sie fest, dass in der Stadt schon alle Geschäfte geplündert worden seien. Das wenige, was »wir

126 Ausführlich vgl. ebd., S. 731–735.
127 Ebd., S. 738.
128 Vgl. ebd., S. 738 f.
129 Brief von Annerose N. an ihre Eltern vom 2.7.1945 (Museumsstiftung Post und Telekommunikation, Sig. 3.2002.0943, unpag.).
130 Ebd.
131 Brief von Annerose N. an ihre Eltern vom 5.9.1945 (ebd.).

im armen Deutschland« noch besitzen, würde ihnen auch noch weggenommen, meinte die 18-Jährige. Doch das würde nicht lange währen. Wenn die deutsche Wirtschaft abgewirtschaftet sei, würden die Leute zur Besinnung kommen und erkennen, dass das alles nur dem Kommunismus zu verdanken sei, schrieb Thea D. Doch vorerst sei eine traurige Zeit für die Menschen angebrochen. Ihre Meinung begründete sie u. a. auch mit rassistischen Bemerkungen nationalsozialistischer Prägung über die Soldaten der Roten Armee:

»Nicht genug damit, dass wir den Krieg verloren haben, nun ist der Russe in Leipzig eingezogen. Dürftige Leiterwagen mit abgemagerten, verdreckten Pferden bewegen sich durch die Straßen der inneren Stadt. Und auf diesen Wagen hocken stumpfsinnig, lässig blinzelnd die russischen Soldaten. Ab und zu sausen im rasenden Tempo deutsche Markenwagen mit den Kommandeuren vorbei, aber gleich sieht man wieder die tierischen Gesichter der Asiaten. Flintenweiber in schmutzigen, zerschlissenen Uniformen sind in diesem Bild des Elends und der unkultivierten Menschheit keine Seltenheiten. Der Ansturm der Steppe! Oh, wüssten nun alle, was das überhaupt bedeutet!«[132]

Wie viele andere erinnerte auch Irmgard B. aus Zwickau die großen Unterschiede in der Ausstattung der beiden Armeen: »Also, als die Russen gekommen sind, die sind ja mit dem Pferdewagen gekommen. [...] Die Amis sind hochmotorisiert mit diesen Jeeps durch die Gegend gefahren und großen Autos.« Sie entsann sich auch der zahlreichen Plünderungen durch Soldaten der Roten Armee: »Haben sich natürlich auch dicke Beute genommen, wie sie wollten. Ja, ich mein', wir waren ja schließlich die Verlierer. Unser Deutschland.« Als die US-amerikanischen Verbände Westsachsen und damit auch Teile Zwickaus endgültig verließen, gab es nach Irmgard B. »auch viele junge Mädchen, die dann gleich mit fort sind, die sind gleich mit rüber nach dem Westen«.[133]

Hanskarl Hoerning erläuterte in seinem Tagebuch – wahrscheinlich zum eigenen Selbstverständnis – die schnelle Anpassungsbereitschaft der Menschen, über die sich Annerose N. und Thea D. so ausführlich mokierten; er pries seine opportunistische Lebenshaltung. Bereits vor Kriegsende hatte der Leipziger in sein Tagebuch geschrieben, dass sein Denken und Arbeiten nicht politisch, sondern »zivilistisch« sei. Sein Interesse gelte ausschließlich den Naturgesetzen und spannenden Büchern.[134] Als er Anfang Juli 1945 die sowjetischen Kolonnen in die sächsische Messestadt einmarschieren und die Amerikaner abziehen sah, beobachtete er, dass viele Leute, »meist Antifaschisten«, rote Fahnen aus den Fenstern hängten, und machte seinen vermeintlich unpolitischen Standpunkt noch einmal deutlich: »Auch in diesem Punkte sage ich wieder: Ich bin kein Politiker

132 Tagebuch von Thea D. 1944/45, Eintrag vom 5.7.1945 (Deutsches Tagebucharchiv Emmendingen, Sign. 389,1, unpag.).

133 Interview von Francesca Weil mit Irmgard B. im Jahr 2013, S. 2 f.

134 Vgl. Hoerning, »Dann kommt wiedermal ein amerikanischer Viermotorbomber 6–10mal über uns,...«, S. 19.

und bleibe unparteiisch. Ich musste zwar mit den Nazis gut Freund sein, aber es war Zwang. Hätte ich mich widersetzt, so hätte ich mich und meine Angehörigen in Gefahr gebracht. Das wollte ich aber nicht. Und so werde ich mich auch jetzt, so weit wie möglich, von politischen Dingen fernhalten. Werde ich gezwungen oder mit Drohungen (wie es bei den Nazis Mode war) aufgefordert, so werde ich mich nicht widersetzen und mich fügen.«[135]

Auf diese Art und Weise sollten es zu dieser Zeit und auch später viele Menschen handhaben, die nicht in die von den Westalliierten besetzten Gebiete flohen und in der SBZ verblieben. Sie passten sich (wiederholt) an.

9. Ausblick

Das Leben vieler Menschen in Sachsen veränderte sich nach dem Zusammenbruch des »Dritten Reiches«, unter sowjetischer Besatzung und später in der DDR sowohl in persönlicher und beruflicher als auch in politischer Hinsicht. Sie bestimmten den Verlauf ihres Lebens jedoch auch maßgeblich mit. Ein Teil der Menschen blieb in der SBZ, machte sogar beruflich oder politisch Karriere; andere wiederum passten sich an. Der eine oder andere übte sich in Kritik an den neuen politischen Verhältnissen. Nicht wenige Menschen verließen die SBZ bzw. die spätere DDR in Richtung Westen. Andere wiederum sollten das Kriegsende nicht lange überleben.[136]

Letzteres traf auf den einst mächtigen sächsischen NSDAP-Gauleiter Martin Mutschmann zu. Ende August 1945 wiesen die Westalliierten den Wunsch der sowjetischen Seite zurück, Martin Mutschmann als Hauptkriegsverbrecher nach Nürnberg zu den dort geplanten Prozessen überstellen zu können. Der ehemalige Gauleiter befand sich seit Mai 1945 in Moskau, wo er mehrfach von verschiedenen sowjetischen Diensten verhört wurde. Im Sommer des Jahres vernahmen Vertreter des sowjetischen Geheimdienstes auch seine Frau Minna Mutschmann und eine Reihe seiner engsten Mitarbeiter. Einige von ihnen stellten sich in den Verhören gegen Mutschmann und charakterisierte ihn als grausamen, despotischen und machtsüchtigen Alleinherrscher, so auch Werner Vogelsang, der ehemalige NSDAP-Kreisleiter von Annaberg und letzte kurzzeitige stellvertretende Gauleiter. Mutschmanns ehemaliger Vertrauter, der frühere sächsische Wirtschaftsminister Georg Lenk, mit dem er sich in den 1940er-Jahren überworfen hatte,

135 Ebd., S. 26.

136 Es ließ sich nicht von allen 31 Personen, die in diesem Buch mehrfach vorkommen, nachvollziehen, wie sich ihr Leben nach dem Zweiten Weltkrieg weiterentwickelte. Außerdem umfassen die Angaben zu den Personen unterschiedlich lange Zeiträume und sind mehr oder weniger detailliert.

profilierte sich in Moskau zum Hauptbelastungszeugen gegen den ehemaligen Gauleiter. Letztendlich rechneten die einstigen Weggefährten mit ihm ab, wollten sich aber auch durch Schuldzuweisungen an Mutschmann selbst vor hohen Strafen bewahren. Anfang des Jahres 1947 fand schließlich eine geheime Gerichtsverhandlung statt. Vor Gericht bekannte sich Mutschmann gegenüber den erhobenen Vorwürfen für nicht schuldig und gab nur die Verbrechen zu, die ihm bewiesen werden konnten. Seine eigene Verantwortung lehnte er mit Hinweisen auf NS-Funktionäre in höheren Instanzen, fehlende Zuständigkeiten und mangelhafte Informationen ab. In der Urteilsbegründung kamen allerdings mehrere Anklagepunkte als nachgewiesen zur Sprache: Mutschmann sei einer der engsten Mitarbeiter Hitlers gewesen; er habe demokratische Organisationen zerschlagen und deren Mitglieder in Konzentrationslagern inhaftieren, foltern und ermorden lassen. Darüber hinaus habe er zur Vorbereitung und Entfesselung des Zweiten Weltkrieges und zum Überfall auf die Sowjetunion, zur »Ausrottung« sowjetischer Kriegsgefangener und zur »Versklavung« sowjetischer Zivilisten und Zivilistinnen maßgeblich beigetragen. Mutschmann wurde für schuldig gesprochen; die Verhandlung endete mit dem Urteil »Tod durch Erschießen«. Am 14. Februar 1947 wurde das Urteil vollstreckt.[137] Dagegen hatten sich andere ehemalige sächsische NSDAP-Funktionäre einer Bestrafung oder Verurteilung durch Flucht oder Suizid entzogen. Dazu zählte der Meißner NSDAP-Kreisleiter Hellmut Böhme, der sich am 6. Mai 1945, während des Einzugs der sowjetischen Truppen in die Stadt in seinen Diensträumen das Leben genommen hatte.[138]

Auch Martin Menzel sollte das Kriegsende nur um wenige Monate überleben. Sein schrecklicher Tod war jedoch anderen und grausamen Umstän-

137 Ausführlich vgl. Schmeitzner, Der Fall Mutschmann, S. 89–127. Der ehemalige Annaberger NSDAP-Kreisleiter und letzte Stellvertreter Mutschmanns in der Gauleitung, Werner Vogelsang, kam bereits einige Monate vorher zu Tode. Der sowjetische Geheimdienst verhaftete Werner Vogelsang im Mai 1945 in seinem erzgebirgischen Heimatort Schlettau und verbrachte ihn zuerst nach Moskau. Ob er anschließend in ein sibirisches Straf- und Arbeitslager kam und dort verstarb oder nach einem geheimen Gerichtsverfahren ebenfalls zum Tode verurteilt wurde, ist unklar. Bekannt ist lediglich sein Todesdatum: der 27.7.1946. Vgl. Schreiben des Bürgermeisters von Schlettau an den Kreisrat zur Befragung über Entnazifizierung vom 19.9.1947 (SächsHStA Dresden, Kreistag/Kreisrat Annaberg, Akte 826, Bl. 102); vgl. Schmeitzner, Der Fall Mutschmann, S. 118 f. Mutschmanns Ehefrau Minna kam nach mehreren Gefängnisaufenthalten und Verhören durch den sowjetischen Geheimdienst letztendlich am 17.1.1946 ins sowjetische Speziallager Bautzen. Im Zuge der Auflösung dieser Lager im Jahr 1950 gehörte sie zu den 3 400 Internierten, die den DDR-Behörden übergeben wurden. Sie wurde im Rahmen der Waldheimer Prozesse am 16. Juni 1950 zu einer Zuchthausstrafe von 20 Jahren verurteilt. Im Zuge einer dritten Amnestie-Welle konnte Minna Mutschmann am 31. Dezember 1955, nach nur fünf Jahren Haft, das Frauengefängnis Hoheneck verlassen. 1957 unternahm sie eine Reise zu ihrem Schwager nach Nordrhein-Westfahlen, von der sie nicht wieder in die DDR zurückkehrte. Dort starb sie 1971 mit 87 Jahren. Ausführlich vgl. Schmeitzner, Der Fall Mutschmann, S. 143–152.

138 Vgl. Steinecke, Unser Meißen, S. 116.

den geschuldet. Nach späteren Aussagen seines Sohnes war Martin Menzel im Frühjahr 1945 bei Neuruppin in sowjetische Gefangenschaft geraten. Im Juli 1945 erfolgte die Entlassung. Die von einem Bekannten angebotene Möglichkeit, sich für einige Zeit nach Kanada abzusetzen, schlug Martin Menzel aus. Er wollte unbedingt am 2. August, dem Geburtstag seiner Frau, zuhause sein. In Dittelsdorf angekommen, wurde er vier Tage später auf das Gemeindeamt zu einem ersten Verhör bestellt. Am nächsten Tag kam die Familie gerade vom »Hamstern«, d.h. von einer Betteltour bei einem Bauern in Eckartsberg, zurück, als ihnen Dorfbewohner entgegenliefen und vor der Polizei warnten, die nach ihm suchen würde. Doch Martin Menzel blieb unbesorgt und meinte, er habe sich nichts vorzuwerfen. Am 7. August wurde er mit der Aufforderung, er solle das Nötigste für ein paar Tage packen, abgeholt. Zunächst verhörte und inhaftierte man ihn in Zittau im Keller des Amtsgerichtes. Von Zittau ging es nach Bautzen und im Oktober in das sowjetische Speziallager Nr. 1 Mühlberg/Elbe.[139] Das Speziallager des sowjetischen Geheimdienstes existierte von 1945 bis 1948. Es war eins von zehn Isolierungslagern für tatsächliche und vermeintliche Funktionäre des »Dritten Reiches«, für Kriegsgefangene und Zivilisten. Jeder dritte Insasse von Mühlberg verstarb infolge der katastrophalen Verhältnisse im Lager. Das waren mindestens 6765 von mehr als 21800 Menschen.[140]

In einem aus dem Lager geschmuggelten Kassiber schrieb Martin Menzel, dass er sehr krank gewesen sei und eine Blutvergiftung gehabt habe. In einem zweiten, etwas längeren Kassiber – datiert vom 15. Dezember 1945 – schilderte er, dass er nach der Krankheit erst wieder alles habe lernen müssen, wie ein zweijähriges Kind. Er sei zerlumpt wie ein Bettler; seine Socken seien nur noch ein einziges Loch. Die weiteren Notizen sprechen von der Hoffnung, Weihnachten 1945 wieder zuhause zu sein. Doch es sollte der letzte persönliche Gruß bleiben. 1946 erkrankte Martin Menzel erneut. Er starb am 28. Juli 1946 – unter den katastrophalen menschenunwürdigen Bedingungen sowjetischer Internierung, ohne ein ordentliches Gerichtsverfahren, in dem er sich seiner Schuld oder Mitverantwortung hätte stellen können. Die Nachricht vom Tod erhielt die Familie erst im Jahre 1950 von einem ehemaligen Mitinternierten.

Nach dem Kriegsende hatte Hildegard Menzel kein Einkommen. Für sie begann die »schlechte« oder »schlimme Zeit«. Hildegard Menzel und ihr Sohn Rüdiger gingen weiterhin »hamstern«. Später konnte sie nur durch Handarbeiten etwas Geld erwirtschaften, und das bis ins hohe Alter. Zunächst war es ihr Lebensunterhalt, später ein Zubrot zur kärglichen Mindestrente. Ihr Leben war –

139 Vgl. Achim Kilian, Mühlberg 1939–1948. Ein Gefangenenlager mitten in Deutschland, Köln 2001.

140 6765 Todesfälle sind in den Mühlberg-Akten aufgeführt. Auf Listenmängel wird jedoch immer wieder hingewiesen. Vgl. ebd., S. 316.

wie bereits während des Krieges – geprägt von Verzicht. Letztendlich lebte sie bis zu ihrem Tod am 2. März 1986 in der Erinnerung an ihren Ehemann. Erst 1992 bekam die Familie vom Internationalen Suchdienst des Deutschen Roten Kreuzes die offizielle Mitteilung von Martin Menzels Tod. Als Todesursache wurde Myokarditis, eine Herzerkrankung, angegeben.[141]

Der ehemalige Landrat von Annaberg und Kontrahent von NSDAP-Kreisleiter Werner Vogelsang in Verwaltungsangelegenheiten, Freiherr von Wirsing, wurde nicht wie andere, ehemals hohe Beamte interniert, sondern lebte bis zu seinem Tod 1964 in Annaberg. Er zählte zu denjenigen, die zwar in der SBZ und der späteren DDR blieben, sich aber kritisch zu den neuen politischen Verhältnissen äußerten. Nach seiner Beurlaubung durch Paul Schwarzer ging Freiherr von Wirsing per 1. Juli 1945 in Pension. Eine Internierung blieb ihm erspart. Letzteres begründete er damit, dass er wohl nur zum »Beamtenadel« und nicht zum sogenannten Junkertum gezählt habe. Außerdem galt der nationalkonservative von Wirsing nur als nominelles Mitglied der NSDAP, was ihm der Antifa-Ausschuss von Annaberg 1945 schriftlich bestätigte.[142]

1953 machte der Landrat im Ruhestand mit mehreren Schreiben an Wilhelm Pieck, den Präsidenten der DDR, schließlich noch einmal von sich Reden. In mehrseitigen Schriftstücken erklärte er die 1950 eingeführten Wahlen per Einheitslisten für nicht verfassungsgemäß und das Wahlgesetz für unzureichend.[143] Knapp drei Wochen darauf erging ein Schreiben von Max Opitz, Staatssekretär und Chef der Präsidialkanzlei, an die Annaberger Kreisleitung der Sozialistischen Einheitspartei Deutschlands (SED). In diesem forderte er deren 1. Sekretär auf, »sich um diese Person besonders zu kümmern«, da von Wirsing »feindliche Formulierungen« gebrauche.[144] An dieser Stelle wurde der Briefwechsel offenbar eingestellt, der ehemalige Landrat jedoch – so zumindest die Aktenlage – mit keinerlei spürbaren Konsequenzen belangt.

Freiherr von Wirsing pflegte über postalische Kontakte zu ehemaligen Kollegen in der Bundesrepublik hinaus auch persönliche Verbindungen zu früheren Beamten des Landratsamtes und einstigen Bürgermeistern des Landkreises, die noch vor Ort lebten und erreichbar waren. Initiiert durch von Wirsing und organisiert von Johannes Adler, früherer Regierungsinspektor und persönlicher

141 Vgl. Dokumentationszentrum der Stiftung Sächsische Gedenkstätten, Karteikarte 73194, Martin Menzel; DRK-Suchdienst an Rüdiger Menzel vom 8.8.1995 (Privatarchiv Wieland Menzel, unpag.). Alle Angaben zu Martin und Hildegard Menzel vgl. ausführlich Menzel/Reschke/Weil (Hg.), »Erbarmen kann es keines geben.«, S. 25–27.

142 Vgl. Kopie des Schreibens des Antifaschistischen Ausschusses Annaberg von 1945 (Privatarchiv von Freiherrn Dr. von Wirsing).

143 Vgl. Herbstwahl und deutsche Einheit. Eingabe von Wirsings vom Mai 1954 (BStU, BV Karl-Marx-Stadt, Akte Allg. P 1062/64, Bl. 16–19).

144 Schreiben von Staatssekretär Max Opitz an den 1. Sekretär der SED-Kreisleitung Annaberg vom 12.7.1954 (ebd., Bl. 2).

Sekretär von Wirsings in der Amtshauptmannschaft, trafen sie sich seit 1960 ein bis drei Mal im Jahr.[145] Nachdem der Polizei im Juli 1962 bekannt wurde, dass sich »ehemalige Angestellte des Landratsamtes und alte Nazi-Bürgermeister« in »abgelegenen Gaststätten« und »unter Führung des ehemaligen Amtshauptmanns Freiherr von Wirsing« treffen würden, eröffnete die Abteilung Kriminalpolizei des Volkspolizeikreisamtes Annaberg das Gruppen-Ermittlungsverfahren »Weiße Spange«.[146] Grund dafür war, dass die Veranstaltungen aus Sicht der Kriminalpolizei »konterrevolutionäre Bestrebungen« vermuten ließen und deshalb eine »operative Bearbeitung« erfordern würden.[147] Daraufhin wurden mehrere »operative Maßnahmen« eingeleitet.[148] Polizisten beobachteten die betreffenden Personen und überprüften sie auf ihre Vergangenheit, vor allem in der NS-Zeit.[149] Alle Befragungen und Beobachtungen führten zu dem Ergebnis, dass die Treffen keinen politischen Charakter trügen. 1964 schloss das mittlerweile ebenfalls involvierte Ministerium für Staatssicherheit der DDR den angelegten Aktenvorgang, da von Wirsing verstorben war.[150]

Auch Artur Kühne, der Chronist aus Wilsdruff, blieb wie von Wirsing in seinem Heimatort, somit in der SBZ und später in der DDR. Bis zu seinem Tod am 4. September 1950 leitete er das von ihm 1919 gegründete Heimatmuseum ehrenamtlich weiter. Wegen seiner Mitgliedschaft in der NSDAP konnte Kühne nach 1945 zwar nicht mehr wie bis 1933 als Lehrer oder Schulleiter arbeiten. Doch die neue Wilsdruffer Stadtverwaltung sah die ehemalige Parteizugehörigkeit Kühnes nicht als problematisch an. Sie betrachtete ihn als ehemaliges nominelles Mitglied und hob besonders seine jahrzehntelange Arbeit für die Heimatsammlung hervor. Nach seinen Tagebuchnotizen Ende der 1940er-Jahre zu urteilen, stand er politisch mittlerweile der Liberal-Demokratischen Partei Deutschlands nahe.[151]

Hanna Hausmann-Kohlmann lebte bis zu ihrem Tod im Jahr 1984 in ihrer Heimatstadt Dresden, wo sie weiterhin ihrem künstlerischen Schaffen nachging. Von 1948 bis 1956 gestaltete sie Porträts von Solisten und Dirigenten der Dresdner Staatstheater in der von ihr bereits seit 1938 angewandten Technik des

145 Vgl. Protokoll der Befragung des ehemaligen Bürgermeisters von Elterlein, Kurt Römer, durch die Abteilung Kriminalpolizei des Volkspolizeikreisamtes Annaberg am 4.4.1963 (ebd., Bl. 69); Aufklärungsbericht der Abteilung Kriminalpolizei des Volkspolizeikreisamtes Annaberg vom 10.7.1962 (ebd., Bl. 31).

146 Der Vorgang wurde so benannt, weil Johannes Adler ein Abzeichen – ähnlich der Ehrennadel der Volkspolizei, aber in Weiß gehalten – auf der linken Rockseite trug. Vgl. Beobachtungsprotokoll zur Veranstaltung in der Finkenburg vom 9.7.1962 (ebd., Bl. 30).

147 Vgl. Beschluss über die Einleitung des Gruppen-Ermittlungsverfahrens Nr. B 704/62 vom 17.7.1962 (BStU, BV Karl-Marx Stadt, Kriminalakte B 704/62 zu Allg. P 1062/64, Bl. 9).

148 Vgl. Operativplan zur Kriminalakte »Weiße Spange« Nr. 704/62 vom 17.7.1962 (ebd., Bl. 11).

149 Vgl. Angeforderte Berichte zu ehemaligen Bürgermeistern (ebd., Bl. 72 f., 75–77).

150 Vgl. Aktennotiz der Kreisdienststelle Annaberg vom 8.4.1964 (ebd., Bl. 43). Ausführlich zu Freiherr von Wirsing vgl. Weil, Unangepasst in zwei Diktaturen?

151 Vgl. Lettau, Artur Kühne, S. 11.

Scherenschnitts sowie charakteristische Figuren für die Programmhefte und die »Dramaturgischen Blätter«. Ihre Leidenschaft für farbenprächtige Bühnenbilder brachte sie dazu, Szenen in unzähligen großformatigen Pastellen und kleinen Aquarellen festzuhalten. Sie blieb freischaffend, nur in Einzelfällen übernahm sie Auftragsarbeiten für das Staatstheater. Außerdem arbeitete sie als Illustratorin im Auftrag verschiedener Dresdner Tageszeitungen. Regional bekannt wurde sie durch die hier veröffentlichten Schwarzweiß-Porträts von Dresdner Persönlichkeiten.[152] Mit Politik schien sie sich offensichtlich nach wie vor nicht zu befassen.

In Dresden lebten auch weiterhin die beiden Kommunisten Klara und Johannes Hähnlein. Sie traten der SED bei und engagierten sich politisch entsprechend ihrer über viele Jahre erhalten gebliebenen Überzeugungen. Klara Hähnlein arbeitete von 1945 bis 1946 in der Dresdner Stadtverwaltung. Dann gab sie den Dienst aus gesundheitlichen Gründen auf, übernahm jedoch als Hausfrau ehrenamtliche Aufgaben. Von 1954 bis 1956 war sie wieder in der Stadtverwaltung angestellt. Später hatte sie Funktionen und Ehrenämter in der SED und in anderen Organisationen in der Stadt und in ihrem Wohngebiet inne. Sie war anerkannte Verfolgte des Naziregimes und Trägerin staatlicher und gesellschaftlicher Auszeichnungen. 1974 verstarb Klara Hähnlein in Dresden.[153] Ihr Mann, Johannes Hähnlein, der seine Frau mehrere Jahre überlebte, wurde im Mai 1946 aus dem Kriegsgefangenenlager bei Zagreb entlassen und kehrte nach einer Quarantänezeit in Hoyerswerda zu seiner Familie zurück. Ab August 1946 arbeitete er im SED-Bezirksvorstand Ostsachsen; 1948 wechselte er zur Deutschen Volkspolizei und wurde 1948 Stellvertreter des Kommandeurs einer Grenzbereitschaft in Pirna. Nachdem Johannes Hähnlein 1951 seinen Dienst quittieren musste, übernahm er Tätigkeiten in mehreren Betrieben und Kombinaten in Dresden und in Ostsachsen; er war Personalleiter, Abteilungsleiter, Vorsitzender der Betriebsgewerkschaftsorganisation und hatte Aufgaben beim Ausbau der Kampfgruppen inne. Johannes Hähnlein war wie seine Frau anerkannt als Verfolgter des Naziregimes und dazu Träger des Vaterländischen Verdienstordens in Bronze, der Medaille für Kämpfer gegen den Faschismus. Er verstarb 1987 in Dresden.[154]

Geert S. blieb ebenfalls in Sachsen, in seiner Heimatstadt Leipzig. Seine Schwester, Nora S., war im Juni 1944 während des RAD an einer schweren Krank-

152 Vgl. Anka Ziefer, Mit dem Zeichenstift im Zuschauerraum. Theaterpastelle von Hanna Hausmann-Kohlmann aus der Sammlung des Kunstfonds. In: Dresdener Kunstblätter. Vierteljahresschrift der Staatlichen Kunstsammlungen Dresden, 51 (2007) 1, S. 52–61, hier 52 f.

153 Vgl. Hermann (Hg.), Dresden 1943–1945, S. 14.

154 Dem Befehl 2/49 der Deutschen Verwaltung des Innern entsprechend erfolgte eine »Ausgrenzung ehemaliger deutscher Kriegsgefangener in westlichen Staaten und Jugoslawien aus der Volkspolizei«. D.h. Hähnlein musste seinen Dienst bei der Polizei quittieren, weil er Kriegsgefangener in Jugoslawien gewesen war. Vgl. ebd., S. 21–23.

heit verstorben.[155] Der Vater der Geschwister wurde 1945 aus dem Schuldienst entlassen, weil er NSDAP-Mitglied gewesen war. Daraufhin arbeitete die Mutter wieder als Bibliothekarin und versorgte die Familie nicht nur finanziell, sondern auch mit Büchern, die aus politischen Gründen auf dem Index standen. Geert S. ging zurück an die Thomasschule zu Leipzig, wo er später sein Abitur ablegte. Während dieser Zeit trat er in einen »akademischen Schülerkreis« ein, bei dessen Zusammenkünften unterschiedliche Politikauffassungen diskutiert wurden. 1946 wurde er Mitglied der Freien Deutschen Jugend (FDJ), der Jugendorganisation in der SBZ/DDR; zwei Jahre später verließ er sie wieder, weil er ihre »diktatorische Absicht« erkannt hatte. Um studieren zu können, sah er sich 1951 gezwungen, der FDJ wieder beizutreten. Von 1951 bis 1954 absolvierte Geert S. ein Studium der Landwirtschaft an der Universität Rostock. 2013 lebte er in Leipzig.[156] Von Irmgard B. aus Zwickau, Sonja D. aus Rochwitz und Sonja R. aus Weißig ist lediglich bekannt, dass sie in ihren Heimatorten verblieben.

Auch Barbara L. wohnte 2013 immer noch in ihrer Heimatstadt Leipzig. Die letzten Briefe der Geschwister L. an ihre Mutter aus dem Jahr 1945 zeugen von den Kontinuitäten und Veränderungen nach Kriegsende in der kleinen ostsächsischen Gemeinde Obercarsdorf. Erst im August 1945, nach vier Monaten der Ungewissheit, hatte ihre Mutter, Hilde L., in Leipzig wieder Post von ihren Kindern Barbara und Valentin L. erhalten, die damals bei Verwandten im erzgebirgischen Obercarsdorf lebten. Sie berichteten von dem vielen Obst und Gemüse, dass sie bereits geerntet hatten und noch ernten werden. Seit dem 11. August mussten die Kinder wieder in die Schule gehen und u.a. Russisch lernen, was ihnen gar keinen Spaß bereitete. Barbara berichtete, dass es in der nahe gelegenen größeren Stadt Dippoldiswalde schon wieder fast jeden Samstag Tanz gegeben habe. Und auch sie schrieb abschätzig über die sowjetischen Soldaten: »In Dipps [Dippoldiswalde] müssen im Roten Hirsch [einem ehemaligen Gasthaus] 36 Familien die Wohnung räumen für die Russen. Dort geht's her. Ein paar Russenweiber sind in der Küche, und oben gucken die Russen zum Fenster raus. In Carsdorf ist keine Besatzung. Wir haben bloß einen neuen Bürgermeister.«[157] Barbara L. beschwerte sich, dass im Dorf nichts los sei, kein Kino, es würden höchstens mal Puppenspieler vorbeikommen. Hunger litten die Kinder nicht, im Gegenteil, nach ihren Briefen zu urteilen haben sie ausreichend essen können.[158] Das Mädchen besuchte regelmäßig ihre Großmutter in Dresden und brachte ihr Kartoffeln, Obst und hin und wieder Quark. Die Kinder wussten, dass es in der Großstadt um die Nah-

155 Vgl. Todesanzeige, eingelegt in das Tagebuch von Nora S. (Privatarchiv Geert S., unpag.).
156 Vgl. ebd.
157 Brief von Barbara L. an Hilde L. vom 12.8.1945 (Privatarchiv Barbara B., unpag.).
158 Vgl. Brief von Barbara L. an Hilde L. vom 20.8.1945 (ebd.).

rungsmittelversorgung viel schlechter stand als auf den Dörfern.[159] In den Briefen im Herbst des Jahres 1945 geht es vor allem um die Schule und damit verbundene Schwierigkeiten, um Lebensmittelbeschaffung und die Arbeit, welche die Mutter in Leipzig wieder aufnehmen wollte. Gerüchte über die Besatzungsmacht kursierten offenbar immer noch. Barbara L. schrieb ihrer Mutter dazu: »Hier ist auch mal so etwas erzählt worden, dass die Russen bis 3. Dezember fort müssen, aber es ist schon so viel erzählt worden, wir glauben nicht mehr alles.«[160] Anfang November konnte Hilde L. ihre Kinder offenbar erstmalig besuchen.[161] Mitte Mai 1946 kehrten die Kinder endgültig zu ihrer Mutter nach Leipzig zurück; der Vater war mittlerweile an einer schweren Krankheit gestorben.

Von der Leipzigerin Susanne Glöckner, die von den Nationalsozialisten als »Mischling zweiten Grades« eingestuft worden war, ist nur bekannt, dass sie zumindest bis zu ihrem Abitur in Leipzig verblieb. Sie ging zurück an ihre ehemalige Schule, in die Klasse, aus der man sie entfernt hatte. In diesen ersten Monaten nach Kriegsende gab es ihrer Meinung nach tatsächlich auch »das Phänomen der Belohnung des Anstands«: Der Lateinlehrer, der stets versucht hatte, sie zu schützen, war nun Rektor der Schule. Schließlich legte sie gemeinsam mit ihren vormaligen Mitschülern und Mitschülerinnen das Abitur ab.[162] Von Annerose N. weiß man, dass sie und ihre Familie ebenfalls mindestens bis Ende 1945 in der westsächsischen Großstadt blieben. Für die Jugendliche fing im Oktober des Jahres die Schule ebenfalls wieder an. Ihr Vater wurde Ende November aus dem Schuldienst entlassen; ihre Mutter begann daraufhin wieder als Lehrerin in der Schule zu arbeiten, in der sie sich schon während des Krieges stundenweise verpflichtet hatte. Bis Ende des Jahres 1945 stand das Thema der Nahrungsmittelbeschaffung weiter im Mittelpunkt ihrer Tagebuchbriefe. Ihr Bruder Karl-Ludwig galt weiterhin als vermisst.[163] Das traf auch auf Max M., den Lehrer und Kirchenkantor aus dem erzgebirgischen Jahnsdorf, zu. Das Bau-Pionier-Ersatz- und Ausbildungsbataillon, dem Max M. zuletzt angehört hatte, war im Frühjahr 1945 von Oschatz aus zuerst nach West- und dann nach Ostsachsen verlegt worden. Ein letztes Lebenszeichen von ihm erhielt die Familie über einem Unbekannten, der ihn am 24. Mai 1945 in sowjetischer Gefangenschaft angetroffen hatte.[164]

Der Unternehmer Wilhelm Niethammer aus Kriebstein und seine Familie gehörten zu denjenigen, die frühzeitig die SBZ verließen. Unmittelbar nach dem

159 Vgl. Brief von Valentin L. an Hilde L. vom 2.9.1945 (ebd.).

160 Brief von Barbara L. an Hilde L. vom 28.10.1945 (ebd.).

161 Vgl. Brief von Barbara L. an Hilde L. vom 4.11.1945 (ebd.).

162 Vgl. Lorenz (Hg.), Ausgestoßen, S. 288.

163 Vgl. Briefe von Annerose N. an ihre Eltern vom 25.11.1945, vom 22.12.1945 und vom 2.1.1946 (Museumsstiftung Post und Telekommunikation, Sign. 3.2002.0943, unpag.).

164 Vgl. Brief eines Unbekannten aus Weixdorf an Frau M. vom 24.5.1945 (Privatarchiv Wolfram M., unpag.).

Krieg war es für Niethammer die vordringlichste Aufgabe gewesen, die von der deutschen Wehrmacht zerstörten Brücken vor Ort wiederherzustellen. Nachdem das gelungen war, konnte am 27. Juli 1945 der Bahnbetrieb wieder aufgenommen werden. Am 6. August wurden in Kriebstein die Maschinen der Firma Kübler & Niethammer wieder in Gang gesetzt.[165] Am 22. Oktober 1945 verhaftete man Wilhelm und Gerhard Niethammer völlig überraschend. Zusammen mit allen Familienangehörigen wurden sie zuerst in das Lager Radeberg verbracht, das während der NS-Zeit als Arbeitserziehungslager genutzt worden war, und danach auf die Insel Rügen.[166] Damit zählten sie zu den 1400 Personen aus Sachsen, darunter vor allem adlige und bürgerliche Grundbesitzer, Pächter und deren Familienangehörige, die auf die Insel deportiert und dort interniert wurden.[167] Bald darauf erfolgte die Enteignung der Niethammers. Nach einem im März 1946 erlassenen Demontagebefehl wurden die Betriebe um das Stammwerk Kriebstein bis Oktober des Jahres vollständig abgebaut. Die Familie hatte sich mittlerweile gezwungenermaßen in den Westen Deutschlands abgesetzt. 1950 trat Wilhelm Niethammer in den Vorstand der Papierfabrik Weißenstein AG bei Pforzheim ein und wurde deren Direktor.[168] Wie Niethammer gelang es auch Friedrich Michael, der Leipzig bereits im Juni 1945 Richtung Westen verlassen hatte, wieder in gehobener Stellung Fuß zu fassen. Er baute – wie von den Amerikanern geplant – in Wiesbaden eine Dependance des Insel Verlages auf. Nach dem Tod von Anton Kippenberg leitete er den Verlag von 1950 bis 1960. Er starb 1986 hochbetagt.[169]

Von der damals neunjährigen Eva Windbergs ist lediglich bekannt, dass sie in den Westen Deutschlands zurückkehrte. Bis Ende des Jahres 1946 lebte sie noch in Niedersedlitz bei Dresden. Dann siedelte sie in ihre Heimatstadt Merdingen in Baden-Württemberg über.[170] Die 12-jährige Johanna Danne musste mit ihrer Familie am 20. September 1945 von Westsachsen nach Thüringen weiterziehen, nachdem von zentraler Stelle verkündet worden war, dass alle Flüchtlingstrecks den Kreis Zwickau zu verlassen hätten. Die Feindseligkeit der sächsischen Bevölkerung gegenüber Flüchtlingen war unterdessen größer geworden, die Lebensmittel wurden immer knapper, die Familie hatte nichts für Tauschgeschäfte zur Verfügung. Über Kahla zogen sie weiter nach Freienorla in Thüringen. Hier wurde die Familie auf drei Höfe aufgeteilt, wo sie hart arbeiteten

165 Ausführlich vgl. Broschüre zum 100. Bestehen der Firma Kübler & Niethammer 1956 (Sächsisches Wirtschaftsarchiv Leipzig, Bestand U 47 Kübler & Niethammer, Papierfabrik Kriebstein, F 1049), S. 44–47.

166 Vgl. ebd.

167 Im Winter 1945 auf der Insel sich selbst überlassen, starben viele Internierte. Andere flohen in die westlichen Besatzungszonen. Ausführlich vgl. Lars-Arne Dannenberg/Matthias Donath (Hg.), Rotgrüne Löwen. Die Familie von Schönberg in Sachsen, Meißen 2014.

168 Ausführlich vgl. Steinberg, Unternehmenskultur im Industriedorf, S. 73–75.

169 Vgl. Neue Deutsche Biographie, Band 17, Berlin 1994, S. 424f.

170 Vgl. Windbergs, So erlebte ich das Kriegsende, S. 279.

und sehr einfach lebten. Ab November 1945 gingen Johanna und ihre Schwester wieder in die Schule, ab Juli 1947 lernte sie den Beruf einer Verkäuferin beim »Konsum« im thüringischen Jena. Später stellte sie einen Antrag auf Familienzusammenführung bei der sowjetischen Kommandantur; sie wollte zu ihren Eltern und Geschwistern, die mittlerweile in Hachen in Westfalen weilten. Dem Antrag wurde stattgegeben. In Hachen erhielt sie nach dem ersten Gang zum Arbeitsamt sofort eine Stelle in einer Buchhaltung. Sie verdiente hier zwar weniger als in Jena, konnte sich aber mehr dafür kaufen. Hinzu kam: »Die politischen Schulungen gab es nicht mehr. Niemand fragte und bestimmte.«[171] Ihre Übersiedlung hatte demnach nicht nur persönliche, sondern auch politische Gründe.

Letzteres traf auch auf Henny Brenner und ihre Familie zu. Sie verließen Sachsen 1952 in Richtung West-Berlin. Ihr Vater hatte sich Jahre zuvor in Dresden einen Gewerbeschein besorgt und ein Geschäft mit Textilartikeln eröffnet. Für das hier verdiente Geld und für Textilien erhielt der Vater bei den Bauern auf dem Land so viel Lebensmittel, dass die Familie während der »schlechten Zeit« keinen Hunger leiden musste. Er war Mitte Sechzig und sah das Geschäft eigentlich nur als Übergangslösung an; dafür träumte er sein Leben lang von einem eigenen Kino. Henny Brenner versuchte in den ersten Jahren nach dem Krieg etwas »gesellschaftliches Leben nachzuholen«, ging ins Theater, war im Sommer an der Ostsee und im Winter Skifahren. Der Mittelpunkt ihres gesellschaftlichen Lebens war jedoch die wiedergegründete jüdische Gemeinde. Mit ihrer Mutter besuchte sie regelmäßig die Gottesdienste. 1947 gab es in Dresden nur 135 Gemeindemitglieder, die meisten von ihnen waren osteuropäische Juden und Jüdinnen, die nach ihrer Befreiung als Displaced Persons in Deutschland geblieben waren.[172]

Als zu Beginn der 1950er-Jahre immer mehr jüdische Menschen in der DDR verhaftet wurden, darunter auch gute Bekannte der Brenners, bekamen sie erneut große Angst. Der Schauprozess gegen Rudolf Slánský in der Tschechoslowakei im November 1952 war der Höhepunkt der antisemitischen Hetze in Osteuropa und in der DDR.[173] Zu dieser Zeit beschloss die Familie, ihre Heimat zu verlassen. Nach zahlreichen Vorbereitungen flüchteten die Brenners am 6. Dezember 1952 nach West-Berlin. Die Eltern erhielten hier eine Wiedergutmachungsrente als NS-Verfolgte und konnten sich eine kleine Wohnung in Tempelhof leisten. 1953 heiratete Henny Brenner, bekam einen Sohn und zog zu ihrem Mann nach Bayern.[174]

Die ehemalige ukrainische »Ostarbeiterin« Nina Petriwna L. hatte die SBZ bereits im Sommer 1945 verlassen, mit einem Sammeltransport von Displaced Persons in einem Zug nach Dnipropetrowsk. Die ukrainische Großstadt war zu

171 Vgl. Danne, Nur für 3 Tage?, S. 55–65 und 92–121.
172 Vgl. Brenner, »Das Lied ist aus.«, S. 105–108.
173 Ausführlich vgl. Jan Gerber, Ein Prozess in Prag: das Volk gegen Rudolf Slánský und Genossen, Göttingen 2016.
174 Vgl. Brenner, »Das Lied ist aus.«, S. 112–119.

diesem Zeitpunkt völlig zerstört. Auf dem Bahnhof angekommen, wurde den Menschen gesagt, dass sie nun weiter zu Fuß nach Hause gehen müssten. Nina Petriwna L. erinnerte sich an diesen Moment: »Froh gingen alle bzw. rannten nach Hause.«[175] Tausende ehemalige »Ostarbeiter« und »Ostarbeiterinnen«, KZ-Häftlinge und sowjetische Kriegsgefangene fanden jedoch kein Zuhause mehr vor und wenn doch, nicht mehr die Menschen, die sie erhofft hatten, die während der Jahre in der grausamen Gefangenschaft ihr »Zielpunkt in der Zukunft« waren – wie es Viktor E. Frankl, ein Holocaust-Überlebender und Psychologe – nannte. Sie waren entsetzt, enttäuscht, da sie als mittlerweile wieder freie Menschen in ihre »alten Leben« zurückkehren wollten und es nicht konnten.[176]

175 Vgl. Erinnerungen an meinem Geburtstag oder eine Warnung an die kommenden Generationen. Schreiben von Nina Petriwna L. vom 3.10.2005 (Sammlung Archiv Gedenkstätte Zwangsarbeit Leipzig, unpag.).

176 Viktor E. Frankl, … trotzdem Ja zum Leben sagen. Ein Psychologe erlebt das Konzentrationslager, 7. Auflage, München 1995, S. 147.

VII. Resümee

Die sächsische Bevölkerung lebte – wie die des Deutschen Reiches insgesamt – 1943 bis 1945 nicht in einem statischen »Zustand totalitärer Uniformität«[1]. Es wurde durchaus unterschiedlich über Hitler, die NS-Führung und den Krieg reflektiert. Diese Überlegungen und Haltungen konnten sich zudem über die Zeit hinweg entwickeln bzw. verändern. Hinzu kamen vermehrte Unzufriedenheit und von der nationalsozialistischen Ideologie abweichende Meinungen.[2] Letztere spiegeln sich kontinuierlich im Briefwechsel des Dresdner Ehepaares Hähnlein wider und zeigen sich ebenso deutlich – in ihrer Dynamik – anhand der Tagebuchaufzeichnungen der jugendlichen Nora S. aus Leipzig. Sie hat sich im Laufe der Kriegsjahre immer mehr moralisch und politisch vom Nationalsozialismus entfremdet und von den Appellen und Anforderungen des Regimes »innerlich« zurückgezogen.[3] Annerose N., die ebenfalls in der westsächsischen Großstadt lebte, reflektierte ihre politische Haltung als »deutsch-national (nicht nationalsozialistisch)« und begann, aufgrund der unmittelbar erlebten Kriegsereignisse in Leipzig an der vom NS-Regime postulierten »Volksgemeinschaft« zu zweifeln.[4]

Das Ehepaar Hähnlein hielt wie auch die Familie von Sonja R. in Weißig nahe Freital über die NS-Zeit hinweg an seiner kommunistischen Gesinnung fest, verbarg sie aber aufgrund erfahrener Repressionen sowie im Interesse der Sicherheit der Familie und leistete keinen Widerstand. Fundamentaler Widerspruch wurde eher in persönlichen Aufzeichnungen festgehalten und vor allem im privaten Bereich bekundet, innerhalb von Familien und Freundes- wie Kollegenkreisen

1 Longerich, »Davon haben wir nichts gewusst!«, S. 25.

2 Vgl. ebd.

3 Vgl. Stargardt, Der deutsche Krieg 1939–1945, S. 18.

4 Die »Volksgemeinschaft« war eine von den Nationalsozialisten propagierte, rassistisch begründete, egalitäre Einheit aller deutscher »Volksgenossen«. Zum Begriff der »Volksgemeinschaft« ausführlich vgl. Detlef Schmiechen-Ackermann, ›Volksgemeinschaft‹. Mythos der NS-Propaganda, wirkungsmächtige soziale Verheißung oder soziale Realität im ›Dritten Reich‹? Einführung. In: ders. (Hg.), ›Volksgemeinschaft‹. Mythos der NS-Propaganda, wirkungsmächtige soziale Verheißung oder soziale Realität im ›Dritten Reich‹?, Paderborn 2012, S. 13–53.

oder beschränkt auf die unmittelbare Nachbarschaft beziehungsweise innerhalb noch bestehender Strukturen traditioneller sozialer Milieus, u. a. im sozialistischen wie kommunistischen Umfeld.[5] Das war möglich, wenn man sich untereinander vertrauen konnte und kein Wort nach außen drang. Karl-Heinz K. aus Dresden beschrieb die Janusköpfigkeit dieses Handelns: »Wir wussten, dass man zuhause das erzählen kann, unterwegs etwas anderes. Dieses Schizophrene, das Doppelte, das hatten wir damals schon intus.«[6]

Kritik wurde auch öffentlich geäußert, dies war jedoch mit großen Risiken verbunden. Die Aufforderung zur Denunziation sogenannter Volksverräter funktionierte auch in Sachsen bis in die letzten Kriegswochen hinein.[7] Öffentliche wie nicht öffentliche Kritik an Partei, Regierung und Kriegsführung schlossen zudem nicht zwangsläufig aus, sich dem NS-Regime weitgehend oder vollkommen zugehörig zu fühlen. Viele Menschen in Sachsen zogen das nationalsozialistische Regime nicht generell in Zweifel. Dazu zählten der Lehrer und Kantor Max. M. aus Jahnsdorf, der Ortschronist Artur Kühne aus Wilsdruff und der nationalkonservative Annaberger Landrat, Freiherr Adolf von Wirsing. Letzterer war während der NS-Zeit zwar ein eigensinniger, zugleich aber auch ein angepasster Beamter. Grund hierfür war u. a. sein Verständnis von Pflicht als treuer Staatsdiener.

Auch das Ehepaar Menzel stellte die NS-Diktatur bis zum Schluss nicht grundsätzlich infrage, selbst dann nicht, als dem Justizbeamten Martin Menzel während seiner Tätigkeit im »Generalgouvernement« bewusst wurde, dass die nationalsozialistischen Massenverbrechen im Fall einer Niederlage der Wehrmacht folgenschwere Konsequenzen für die deutsche Bevölkerung nach sich ziehen konnten. Sinnlos erschien ihm der Krieg erst, als die Deutschen millionenfach selbst davon betroffen waren. Der Krieg wurde von Hildegard und Martin Menzel nicht als verbrecherischer Vernichtungskrieg gegen Millionen Menschen anderer Nationalitäten wahrgenommen, sondern hinter dem in den Briefen formulierten »Gefühl des permanenten Verzichts« vor allem als ein persönliches Erlebnis zunehmender Trennung reflektiert.

Auch die Menschen, die in ihren Niederschriften scheinbar unpolitisch wirkten wie die Dresdner Künstlerin Hanna Hausmann-Kohlmann, die Leipzigerin Hilde L. oder die vogtländische Bäuerin Wally M., zweifelten das NS-Regime in ihren persönlichen Aufzeichnungen nicht an. Sie hatten sich offensichtlich

5 Vgl. Longerich, »Davon haben wir nichts gewusst!«, S. 25 f.

6 Interview von Francesca Weil mit Karl-Heinz K. im Jahr 2013, S. 3.

7 Vgl. Dresden wird bis zum Letzten mit allen Mitteln verteidigt. Aufruf des Gauleiters und Reichsstatthalters an die Bevölkerung. In: Der Freiheitskampf vom 16.4.1945; Deutschland darf und wird nicht untergehen. Abwehrkampf im Geiste derer, die ihr Herzblut für das Vaterland gaben – Aufruf des Gauleiters. In: Der Freiheitskampf vom 17.4.1945. Zu Denunziationen in Sachsen vgl. DDR-Justiz und Verbrechen. Sammlung ostdeutscher Strafurteile wegen nationalsozialistischer Verbrechen. Zum wachsenden Terror des NS-Regimes gegen die eigene Bevölkerung vgl. Kershaw, Das Ende, S. 528 f.

angepasst. Doch auch Tatenlosigkeit und Schweigen bestätigten und stützten das nationalsozialistische Regime.[8] Der Unternehmer Wilhelm Niethammer in Kriebstein hatte dagegen zwischen Übereinstimmung und Konflikten mit dem nationalsozialistischen System laviert. Im Interesse des Fortbestandes des eigenen Unternehmens und jenseits von ideologischen Übereinstimmungen ging es ihm vor allem darum, wirtschaftspolitische Spielräume pragmatisch auszunutzen.[9] Vor seiner Betriebsbelegschaft gab er sich jedoch bis in die letzten Kriegswochen hinein als zugehörig zu jenen zu erkennen, die an das nationalsozialistische Deutsche Reich und den Sieg der deutschen Wehrmacht glaubten.

Unter der sächsischen Bevölkerung gab es Menschen, die bis zuletzt von der nationalsozialistischen Ideologie zutiefst überzeugt waren, eng verbunden mit rassistischen und antisemitischen Einstellungen. Dazu zählten nicht nur NSDAP-Funktionäre wie der Gauleiter Martin Mutschmann und der Meißner Kreisleiter Hellmut Böhme, sondern auch Menschen ohne Parteiämter wie beispielsweise die junge Leipzigerin Thea D. In zahlreichen privaten Aufzeichnungen spiegeln sich – wie u. a. in denen von Thea D., von Martin und Hildegard Menzel, von Wilhelm Niethammer, aber auch von Annerose N. – die Geringschätzung oder gar Verachtung von Menschen anderer Ethnien und damit die rassistische Überhöhung der Deutschen als überlegene Nation wider. Eine Reihe von Niederschriften macht auf eindrückliche Art und Weise deutlich, wie sehr rassistische Auffassungen die Empathie von Menschen einengen konnten, auch wenn sie privat durchaus innige, gefühlvolle Beziehungen führten und in ihrem unmittelbaren Umfeld aufeinander eingehen konnten. Das eine schloss das andere nicht aus. Rassistische Kategorien bestimmten auch weiterhin und über das Kriegsende hinaus die Vorstellungswelt der Deutschen, selbst wenn sie auf Distanz zum Nationalsozialismus gegangen waren.[10]

Seit 1943 warteten immer mehr Menschen in Sachsen auf das Ende des Krieges, aber aus den unterschiedlichsten Gründen und verbunden mit verschiedensten Hoffnungen. Sie waren wie Annerose N. die Sorge um die Väter, Brüder und Söhne an der Front leid, sie verzweifelten wie Hildegard und Martin Menzel an der langjährigen Trennung von Ehepaaren und Familien. Sie hofften auf einen schnellen »Endsieg« der deutschen Wehrmacht, waren sich aber nach der Wende im Kriegsgeschehen auch bewusst, dass der Krieg länger dauern würde und die »persönlich zu erbringenden Opfer« größer als zunächst angenommen werden. Dass sie viele Opfer gebracht hätten, was doch nicht umsonst geschehen sein dürfe, glaubten u. a. Annerose N., ihre Eltern und das Ehepaar Menzel.

8 Vgl. Markus Roth, »Ihr wisst, wollt es aber nicht wissen«. Verfolgung, Terror und Widerstand im Dritten Reich, München 2015, S. 268.
9 Vgl. Steinberg, Unternehmenskultur im Industriedorf, S. 161.
10 Vgl. Dietmar Süß, »Ein Volk, ein Reich, ein Führer«. Die deutsche Gesellschaft im Dritten Reich, München 2017, S. 248.

Doch spätestens im Verlaufe des Jahres 1944 griffen in der sächsischen Bevölkerung vor allem Gefühle der Angst, der Hilfslosigkeit und Niedergeschlagenheit um sich. Diese Emotionen wurden – trotz vieler Versuche, weitgehend Normalität zu leben – durch die Zerstörung Leipzigs durch alliierte Bomberflotten im Dezember 1943, die zahllosen Luftalarme, die damit allgegenwärtige Bedrohung durch die Alliierten und durch die schweren Niederlagen der Wehrmacht seit der Schlacht um Stalingrad gefördert. Sie schlugen selten in Verweigerung und offenen Protest um, sondern mündeten wie im ganzen Deutschen Reich in einen verzweifelten Durchhaltewillen.[11] Letzterer war weniger der nationalsozialistischen Propaganda geschuldet und immer häufiger verbunden mit abstrusen Begründungsversuchen, dem unerschütterlichen Glauben an Hitlers angebliche Führungsstärke und nicht zuletzt an ein militärisches Wunder. Der Großteil der sächsischen Bevölkerung hielt sich mittlerweile ausschließlich für Opfer, mitunter sahen sie ihr Selbstmitleid sogar durch Äußerungen von Hitler bestätigt. So schrieb Hildegard Menzel am 6. November 1943 an ihren Mann: »Uns geht es scheinbar wie dem Führer, auch für uns bedeutet das Jahr 1943 ein Unglücksjahr, und werde ich aber bestimmt froh sein, wenn das erstmal vorüber sein wird.«[12]

Viele Sachsen und Sächsinnen wurde tatsächlich Opfer des Krieges, vor allem durch die verheerenden alliierten Luftangriffe auf die sächsischen Großstädte und die schweren wie verlustreichen letzten Bodenkämpfe im Deutschen Reich, die im Frühjahr 1945 auf sächsischem Boden stattfanden. Später waren es vor allem die Mädchen und Frauen, die unter dem mitunter grausamen Vorgehen sowjetischer Truppen gegen die Zivilbevölkerung leiden mussten. Die Bombardierungen deutscher Städte und die Besetzung der Heimat wurden jedoch nicht als Reaktionen auf einen vom nationalsozialistischen Regime initiierten Angriffs- und späteren Vernichtungskrieg wahrgenommen. Die sächsische Mehrheitsgesellschaft sah die alliierten Luftangriffe auf deutsche Städte als Ursache für ihre Leiden an; die meisten Menschen empfanden sich immer mehr als Opfer eines Krieges, ohne nach den Ursachen zu fragen.[13] Außerdem spielte bei vielen die Angst vor der »jüdisch-bolschewistischen« Rache im Falle einer militärischen Niederlage des Deutschen Reiches eine große Rolle. Sie war verknüpft mit dem weit verbreiteten Unwillen, die Ursache für diese Furcht zuzugeben und den Massenmord an den europäischen Juden und Jüdinnen als solchen wahrzunehmen.

Die Konsequenzen, die mit den erhöhten Anforderungen an die Arbeitspflicht der Bevölkerung während des »totalen Kriegs« einhergingen, thematisierte kaum jemand. Dass es auch in Sachsen Männer, aber vor allem Frauen gab, die sich dem

11 Vgl. Schneider, In der Kriegsgesellschaft, S. 122.
12 Brief von Hildegard Menzel an Martin Menzel vom 6.11.1943 (Privatarchiv Wieland Menzel, unpag.).
13 Vgl. Stargardt, Der deutsche Krieg 1939–1945, S. 562.

Arbeitsdienst zu entziehen versuchten, geht zwar aus den Propagandareden und Drohungen Martin Mutschmanns und anderer NSDAP-Funktionäre hervor.[14] In den Privatdokumenten wurde die Dienstpflicht jedoch nur selten kritisiert, und wenn, dann eher aus persönlichen, nicht aus politischen Gründen. Ansonsten wurde der obligatorische Arbeitsdienst ohnehin kaum erwähnt oder in Nebensätzen abgetan; die mit dem »totalen Einsatz« verbundene Propaganda spielte auch kaum eine Rolle. Offenbar nahm ein Großteil der Menschen diese Arbeitseinsätze – in den meisten Fällen in der Rüstungsindustrie – als selbstverständlich und zwangsläufig hin, ohne darüber nachgedacht zu haben, dass sie damit zur Verlängerung des verheerenden Krieges beitrugen.

Darüber hinaus waren es andere Ereignisse, die den Alltag der sächsischen Bevölkerung seit 1943 maßgeblich(er) beeinträchtigten und damit des Notierens wert erschienen – der Tod von Angehörigen oder die Ungewissheit, was Verwandten und Bekannten an den Fronten und in den bombardierten Städten geschehen war, die Einberufungen der Männer und Jugendlichen, die Lebensmittel- einschließlich der Selbstversorgung, die zwangsweise Aufnahme und gegebenenfalls die Unterstützung von Bombengeschädigten und Flüchtlingen sowie nicht zuletzt die zunehmenden Luftalarme und die folgenschweren Bombenangriffe auf die sächsischen Großstädte. Der Alltag gestaltete sich in den Großstädten wesentlich komplizierter als auf den Dörfern. Auf dem Land war nicht nur die Bedrohung durch Bombardierungen geringer, hier funktionierte zudem die Selbstversorgung zur Sicherstellung des Lebensunterhalts besser.

Doch nach wie vor – ob in der Stadt oder auf dem Land – prägten auch Vergnügungen wie Kino-, Theater-, Zoo- und Restaurantbesuche das zunehmend komplizierter werdende Alltagsleben. Die Menschen nutzten nicht nur die Möglichkeiten zur Unterhaltung, die der nationalsozialistische Staat zur Stabilisierung des Durchhaltewillens anbot. Sie organisierten – wenn es die Umstände zuließen – eigenständig Vergnügungen, unternahmen Ausflüge in die Umgebung, begingen in kleinen wie großen Kreisen Weihnachtsfeiern, gestalteten private Feiern mit Festessen und schlenderten ausgiebig durch Geschäfte. Mitunter wurde der Wunsch nach Lebensfreude – wie bei Max M. und Hilde L. – und ihr Erhalt über die Kriegszeit hinweg ausdrücklich thematisiert.

Viele Menschen in Sachsen wollten sich ablenken, sich für kurze Zeit amüsieren und scheinbare Normalität leben. Der Wunsch nach Unterhaltung und Vergnügungen sollte sich bis in den Februar des Jahres 1945 hinein nur unwesentlich verändern. Als 1944 die zahllosen Luftalarme in großen Teilen Sachsens den Alltag der Bevölkerung maßgeblich beeinträchtigten, gingen die Menschen

14 Vgl. beispielsweise »Sprecht nicht vom Nationalsozialismus, lebt ihn!« Gewaltige Frauenkundgebung – Der Gauleiter, Frau Rühlemann und Pg. Walter sprachen. In: Der Freiheitskampf vom 26.5.1944.

weiterhin und sogar vermehrt ihren Ablenkungen und kleinen Freuden nach. Hierbei bestanden auch noch die meisten Handlungsspielräume für Eigeninitiativen.

Der Großteil der Kinder und Jugendlichen in Sachsen lebte bis zu Beginn des Jahres 1945 unter friedensähnlichen Umständen. Im Gegensatz zu anderen Regionen Deutschlands konnten die meisten von ihnen bis dahin ohne große Angst in die Schule, aber auch – wenn es die familiären Situationen zuließen – ins Kino und Theater gehen oder Ausflüge genießen. Die Familien sorgten für Lebensmittel, mitunter auch auf unrechtmäßigen Wegen wie durch »Hamsterfahrten« und »Schwarzmarkteinkäufe«. Viele Sachsen und Sächsinnen, auch die Kinder und Jugendlichen, vor allem auf den Dörfern, litten bis Ende des Jahres 1944 – trotz der generellen Verschlechterung der Versorgungslage – selten so großen Hunger wie die Menschen in anderen Gebieten des Deutschen Reiches.

Der Kriegsalltag beeinträchtigte das Leben der Kinder und Jugendlichen dennoch maßgeblich: Eine ganze Reihe von ihnen verbrachte viel Zeit voller Angst in den Kellern und Luftschutzbunkern; sie erlebten die zerstörerischen Bombardierungen unmittelbar. Oft fehlten die Väter in den Familien; aufgrund von Evakuierungen wurden Eltern und Kinder häufig jahrelang voneinander getrennt; die Sorge um die Väter und Brüder an den Fronten und um Verwandte in den bombenbedrohten Gebieten wuchs; die Ankunft zahlloser Flüchtlinge und ihre Erzählungen wirkten beängstigend. Doch viele Erwachsene forderten von den Kindern auch während des Krieges Anpassung ein, ob in der Schule, in den nationalsozialistischen Organisationen oder im alltäglichen Leben; manchmal ging es auch nur darum, die Kinder nicht aus der Gemeinschaft ausgegrenzt zu wissen. Kamen die Kinder in Kontakt mit Zwangsarbeitern, Zwangsarbeiterinnen oder KZ-Häftlingen, wurden sie in der Regel aufgefordert, darüber zu schweigen oder gar wegzuschauen.

Kinder sind prinzipiell immer Opfer von Kriegen, mitunter blieben damit verbundene Traumatisierungen lebenslang erhalten. Der 1936 in Dresden geborene Karl-Heinz K. beschrieb die mit den Bombardierungen verbundenen Folgen: »Das war ja eine derartige Panik auch, dass sind solch unauslöschliche Eindrücke. Die vergisst man einfach nie. Und wenn zum Beispiel jemand mit seinem Rasenmäher arbeitet und das so ein brummendes Geräusch ist ... automatisch denkt man: Es kommt die Bombe. Das ist ein derartiges Trauma. Ich weiß, die Bomber kommen nicht mehr. Das ist alles klar. Und ich will das auch nicht ständig wieder lebendig werden lassen. Aber das kommt einfach, ist einfach immer wieder da. Das ist immer wieder da.«[15] Die psychischen und mentalen Verletzungen der Kinder des Zweiten Weltkrieges kamen häufig erst ans Tageslicht, als die Betroffenen ins Rentenalter eintraten. Bis dahin und vor allem in den ersten Jahrzehnten

15 Interview von Francesca Weil mit Karl-Heinz K. im Jahr 2013, S. 4.

nach Kriegsende galt es, »nach vorne zu schauen«, leistungsorientiert Neues zu schaffen. Gerade die »Kriegskinder« sollten sich maßgeblich am Aufbau einer neuen Gesellschaft beteiligen. Zu einer tiefgründigen Auseinandersetzung mit den Erlebnissen während des Zweiten Weltkrieges kam es – wie auch bei den meisten Erwachsenen – folglich nicht.[16]

Kinder und Jugendliche waren jedoch nicht nur passive Objekte oder stumme bzw. unkritische Zeugen der Taten von Erwachsenen, sondern ebenfalls nachdenkende, (mit)handelnde, partizipierende und erlebende Akteure ihres Umfeldes.[17] Das belegt beispielsweise das eigenständige Handeln der neunjährigen Ingeborg B., die während der Bombardierung Dresdens im Februar 1945 allein durch die Stadt irrte, nach ihren Eltern suchte und sie letztendlich auch fand. Doch der Krieg drang darüber hinaus auch in die Vorstellungswelt der Kinder und Jugendlichen ein und »focht seine Kämpfe auch in ihrem Inneren aus«,[18] was die Tagebuchaufzeichnungen von Nora S., Annerose N. und Thea D. zwar auf unterschiedliche Art und Weise, aber unmissverständlich zeigen. Als Opfer von staatlicher Indoktrination und Leidtragende des deutschen Angriffskrieges waren die Kinder und Jugendlichen aber zugleich auch Teil des NS-Systems und der verbrecherischen Welt, die sie umgab. Sie konnten mitunter sogar selbst zu Tätern werden.[19] Das beweist die gemeinschaftlich geplante und letztendlich aus freien Stücken begangene Ermordung einer geflüchteten Jüdin durch Kinder und Jugendliche im ostsächsischen Herzogswalde eindrücklich. Sie war kein Einzelfall.[20]

16 Mittlerweile gibt es zahlreiche, auch interdisziplinäre Forschungen zu den deutschen »Kriegskindern«, ihren Traumatisierungen und deren Folgen für die nächsten Generationen. Vgl. u. a. Hartmut Radebold (Hg.), Kindheiten im Zweiten Weltkrieg und ihre Folgen, 3. Auflage, Gießen 2012; Luise Reddemann, Kriegskinder und Kriegsenkel in der Psychotherapie. Folgen der NS-Zeit und des Zweiten Weltkrieges erkennen und bearbeiten – eine Annäherung, 5., erweiterte Auflage, Stuttgart 2015; Hartmut Radebold/Gereon Heuft/Insa Fooken (Hg.), Kindheiten im Zweiten Weltkrieg. Kriegserfahrungen und deren Folgen aus psychohistorischer Sicht, Weinheim 2006.

17 Vgl. den Beitrag von Saskia Handro auf dem ersten großen Kriegskinderkongress 2005. Zit. in Lu Seegers, Die Generation der Kriegskinder und ihre Botschaft für Europa sechzig Jahre nach Kriegsende. 14.4.–15.4.2005. Frankfurt am Main (Tagungsbericht). In: H-Soz-Kult vom 1.5.2005; Jürgen Zinnecker, Einleitung. In: Hans-Heino Ewers/Jana Mikota/Jürgen Reulecke/Jürgen Zinnecker (Hg.), Erinnerungen an Kriegskindheiten. Erfahrungsräume, Erinnerungskultur und Geschichtspolitik unter sozial- und kulturwissenschaftlicher Perspektive, Weinheim 2006, S. 11–17, hier 12.

18 Vgl. Lu Seegers, Einführung. In: Lu Seegers/Jürgen Reulecke (Hg.), Die »Generation der Kriegskinder«. Historische Hintergründe und Deutungen, Gießen 2009, S. 11–30, hier 20.

19 Vgl. Alfons Kenkmann/André Postert/Francesca Weil, Kindheiten im Zweiten Weltkrieg in internationaler Perspektive. Eine Einleitung. In: Diess. (Hg.), Kindheiten im Zweiten Weltkrieg, Halle (Saale) 2018, S. 9–22, hier 20.

20 Weitere Beispiele hierfür aus Sachsen ausführlich vgl. Winter, Gewalt und Erinnerung im ländlichen Raum.

Die Ausgrenzung der wenigen noch in Sachsen verbliebenen Jüdinnen und Juden inmitten der Gesellschaft weitete sich mit der Wende im Kriegsverlauf im Jahr 1943 nochmals aus: Sie hatten wie Henny Brenner und ihre Eltern mühselige und anstrengende Tage als Zwangsarbeiterinnen und Zwangsarbeiter zu bewältigen; die Versorgung mit Lebensmitteln war äußerst prekär. Aber vor allem lebten sie in ständiger, unbeschreiblicher Angst vor Erniedrigung, Demütigung, Gewalt und vor allem vor der Deportation in den sicheren Tod. Mitunter war es schon schwierig, den alltäglichen Weg zur Arbeit zu bestreiten, auf dem sie belästigt und beleidigt wurden. Hier schwieg die übergroße Mehrheit der Sachsen und Sächsinnen oder schaute weg, wenn sie nicht selbst an den Erniedrigungen beteiligt war.

Sowohl die verbliebenen ortsansässigen Jüdinnen und Juden als auch die (jüdischen) Zwangsarbeiterinnen und Zwangsarbeiter wie Felicja Bannet-Schäftler, Felicja Karay und Nina Petriwna L. waren aufgrund ihrer Kleidung und ihrer Kennzeichnungspflicht vielerorts weithin sichtbar. Spätestens seit dem Sommer 1944, mit der Errichtung der vielen KZ-Außenlager in Sachsen, nahmen sie zu Tausenden teilweise ganz offen und doch ausgegrenzt am öffentlichen Leben und am Alltag teil.[21] Das Mitleid der sächsischen Bevölkerung ihnen gegenüber hielt sich in Grenzen; aufgrund rassistischer und antisemitischer Überzeugungen, aber auch infolge der eigenen Lebenssituationen und der zunehmenden Angst vor den Konsequenzen eines verlorenen Krieges nahmen sie die gnadenlose Ausbeutung dieser Menschen und ihr unsägliches Leid kaum bzw. gar nicht zur Kenntnis.

Als im Frühjahr 1945 Tausende, darunter viele jüdische, KZ-Häftlinge auf die »Todesmärsche« durch Sachsen getrieben wurden, registrierten die Deutschen sie nur noch selten als Opfer bzw. überhaupt noch als Menschen. Sie distanzierten sich innerlich von den Leidenden; ihr Anblick löste vor allem Grauen und – statt Empathie – Selbstmitleid aus.[22] Als die alliierten Armeen Sachsen im Frühjahr 1945 näher rückten, verkörperten die Häftlinge – so Keller – »auf beängstigende Weise das Bewusstsein eigener Täterschaft, eigenen Wegsehens und eigenen Schweigens, und daran anknüpfend die Furcht vor Rache und Bestrafung«.[23]

Nach dem Ende des Krieges konnten Begegnungen von Jüdinnen und Juden mit der deutschen Bevölkerung extreme Verbitterung hervorrufen. Die ehemaligen, vor allem jüdischen KZ-Häftlinge fragten sich, wozu sie alles erduldet hatten, wenn sie in Deutschland »überall nichts anderes vorgesetzt bekommen als die üblichen Redewendungen: ›wir haben von nichts gewusst …‹ und ›wir haben auch gelitten‹«.[24] Nicht zuletzt konnten solche Äußerungen die ohnehin schon

21 Vgl. Bräu, Zwangsarbeit – Rüstung – Volksgemeinschaft, S. 338 f.
22 Vgl. Keller, Volksgemeinschaft am Ende, S. 300.
23 Ebd., S. 301.
24 Frankl, … trotzdem Ja zum Leben sagen, S. 146.

tiefsitzenden und multiplen Traumatisierungen überlebender Holocaust-Opfer, die sich häufig mit Fragen der »Überlebensschuld« auseinandersetzten, noch verstärken.[25]

Spätestens im Frühjahr und Frühsommer 1945, zur Zeit der sowjetischen und amerikanischen Besatzung, ergriff auch den Großteil der sächsischen Bevölkerung ein »nationales Selbstmitleid«. Zu dieser Zeit fühlten sich viele Sachsen und Sächsinnen immer mehr als Opfer eines Regimes und eines Krieges, mit dem sie im Nachhinein nichts mehr zu tun haben wollten. Einzig Hitler und eine kleine NS-Führungsriege waren aus ihrer Sicht für die begangenen Verbrechen verantwortlich; sich selbst rechneten sie der »schweigenden Mehrheit der anständig gebliebenen Unpolitischen« zu.[26] Eine Dresdnerin schrieb in diesem Zusammenhang bereits im Juni 1945 an ihre Enkelin: »Wir sind ein armes, belogenes, betrogenes Volk geworden, von einer verantwortungslosen Regierung an den Abgrund gehetzt.«[27]

Die sächsische Gesellschaft wuchs aufgrund der Kriegsereignisse keinesfalls zu einer geschlossenen Gemeinschaft, zu einer »großen Familie« zusammen, wie es nationalsozialistische Propagandisten ständig behauptet und gefordert hatten. Es waren die individuellen Kontakte und Beziehungen, die Verwandten und Bekannten, die Freundeskreise, die Nachbarschaften und losen Gruppierungen mit gleicher politischer Gesinnung, die für immer mehr Menschen in Sachsen zunehmend eine Bedeutung hatten. Hier fand man Rückhalt und Unterstützung, konnten Sorgen, Leid, Unmut, Kritik, aber auch Vergnügen geteilt werden.

Nicht nur die Furcht vor der drohenden Besatzung, vor allem durch die sowjetischen Truppen, die Angst vor dem Terror des NS-Regimes und die Dienstbeflissenheit der Staatsbeamten ermöglichten den Erhalt des nationalsozialistischen Regimes einschließlich der Fortsetzung des Krieges mit allen Mitteln. Sondern auch die unreflektierte Teilnahme an der Dienstpflicht überwiegend in der Rüstungsindustrie, die weitgehende Akzeptanz der gnadenlosen Ausbeutung von Tausenden von Zwangsarbeiterinnen und Zwangsarbeitern sowie deren Leiden und nicht zuletzt die Nutzung vieler Gelegenheiten, dem Leben neben dem harten Arbeitsalltag nach wie vor schöne Seiten abzugewinnen, trugen dazu bei. Die Mehrheit der sächsischen Bevölkerung hatte mit ihrem Handeln – wenn auch in unterschiedlichem Ausmaß – Anteil am Erhalt des

25 Ausführlich zum Holocaust und damit verbundenen Traumatisierungen vgl. u. a. José Brunner/ Nathalie Zajde (Hg.), Holocaust und Träume. Kritische Perspektiven zur Entstehung und Wirkung eines Paradigmas, Göttingen 2011; Bella Liebermann, Das Trauma der Holocaust-Überlebenden. Ihre Anamnese am Beispiel eines narrativen Interviews, 2., überarbeitete Auflage, Oldenburg 2014; Zentralwohlfahrtstelle der Juden in Deutschland (Hg.), Shoah – Flucht – Migration. Multiple Traumatisierungen und ihre Auswirkungen, Berlin 2018.

26 Vollnhals, Ernüchterung, Pragmatismus, Indifferenz, S. 146.

27 Brief von Johanna B. an Barbara L. vom 10.6.1945 (Privatarchiv Barbara B.).

nationalsozialistischen Deutschen Reiches und damit an den Dimensionen des verheerenden Vernichtungskrieges. Die späte sächsische Kriegsgesellschaft war zum einen durch eine massive Dynamisierung und Mobilisierung des Alltags, d.h. durch Deportationen, Bombardierungen, Flucht- und Evakuierungsbewegungen gekennzeichnet, zum anderen geprägt von Gewalterfahrungen, unterschiedlicher gesellschaftlicher Teilhabe und Veränderungen in den sozialen Beziehungen.[28] Die Folgen von Propaganda, Zwang und Terror durch die »Mobilisierung von oben« wirkten auch in den Jahren des »totalen Krieges« mit dem Alltagshandeln, der »Selbstmobilisierung von unten« zusammen.[29]

Der Umgang mit den Displaced Persons nach Kriegsende und die Meinungen über die sowjetischen wie auch über die (afro-)amerikanischen Soldaten zeigen, dass Antisemitismus und Rassismus nicht einfach oder gar schnell, mitunter überhaupt nicht aus den Köpfen der Menschen verschwanden. Hinzu kam die Bereitschaft Vieler, sich den neuen wie ehemals den alten Gegebenheiten einfach anzupassen. Unmittelbar nach der jeweiligen Besatzung, von Mitte April bis Ende Juni 1945 bekannten sich ehemalige Sozialdemokraten wie auch Kommunisten wieder öffentlich zu ihren Überzeugungen. Eine Reihe dieser Menschen wie Klara und Johannes Hähnlein brachten sich zu dieser Zeit wie auch später engagiert in den Aufbau der neuen Gesellschaft ein. Diejenigen, die diese politischen Positionen nicht vertraten oder nicht anpassungsbereit waren, verließen Sachsen meist so schnell wie möglich bzw. solange es noch möglich war in Richtung Westen.

Nicht nur die erhalten gebliebenen antisemitischen und rassistischen Haltungen oder der weiterhin bestehende Wunsch nach Vergnügungen verdeutlichen, dass das Jahr 1945 nicht für eine »Stunde Null« stand. Große Teile der sächsischen Bevölkerung erlebten die Jahre 1943 bis 1949 insgesamt als eine Zeit der extremen Ausnahmesituation, die neben dem radikalen politischen und gesellschaftlichen Umbruch auch Kontinuitäten einschloss.[30] Der Krieg war zwar seit dem 8. Mai 1945 in Europa zu Ende, es herrschten Ruhe und zunehmend Sicherheit. Doch der Hunger, den die Menschen – vor allem in den bombardierten Städten – bereits vor Kriegsende erfahren hatten, blieb erhalten und nahm bis in den »Hungerwinter 1946/47« hinein noch drastisch zu. Bestehen blieben mithin auch »Schwarzmärkte« und »Hamsterfahrten«.[31]

28 Vgl. Echternkamp, Im Kampf an der inneren und äußeren Front, S. 4; vgl. Dietmar Süß, Tod aus der Luft. Kriegsgesellschaft und Luftkrieg in Deutschland und England, München 2011, S. 16.

29 Vgl. Jörg Echternkamp, Die deutsche Kriegsgesellschaft. Ein mobilisierte »Volksgemeinschaft«? (http://www.bpb.de/geschichte/deutsche-geschichte/der-zweite-weltkrieg/199403/die-deutsche-kriegsgesellschaft; 15.8.2018).

30 Vgl. Schmeitzner/Vollnhals/Weil, Einleitung. In: Diess. (Hg.), Von Stalingrad zur SBZ, S. 9–23, hier 9.

31 Ausführlich vgl. Widera, Soziale Ressourcen?

Im Mai 1945 erinnerte sich der Lektor des Leipziger Insel-Verlages Friedrich Michael an eine großartige Feier, die ein Jahr zuvor und trotz des Krieges mit vielen Gästen festlich zelebriert worden war. Daraufhin stellte er sich in seinem Tagebuch grundsätzliche Fragen: »Gerade an solchem Tag kommt einem wieder zu Bewusstsein, wie man eigentlich jene Tage hat erleben können – man wusste doch schon: es kann nicht gut enden. Und doch lebte man, als ob alles in Ordnung wäre. Es ist das, was die anderen nicht verstehen: wie uns Deutschen das möglich war. Wie soll man es erklären?«[32] Mit seinen Gedanken und Fragen traf er den Schwerpunkt einer eigentlich erforderlichen Auseinandersetzung aller Deutschen mit ihrer nationalsozialistischen Vergangenheit. Doch sie fand lange Zeit nicht statt. In der DDR, der früheren SBZ, verschonte die herrschende SED-Führung hinter einer Fassade des Antifaschismus die Menschen davor, sich jeweils ganz individuell mit ihrer nationalsozialistischen Vergangenheit auseinandersetzen zu müssen. Das schloss das größte Menschheitsverbrechen, die Ermordung von Millionen europäischer Jüdinnen und Juden, ein. Schuld wurde in der Erinnerung abgespalten.[33] Die Entwicklung des kollektiven Opferbewusstseins, die spätestens mit der Kriegswende im Jahr 1943 ihren Anfang nahm, fand hier – wie in der Bundesrepublik auch – ihre Fortsetzung.

32 Michael, »Abends kommt die Nachricht, …«, S. 73.
33 Vgl. Vollnhals, Ernüchterung, Pragmatismus, Indifferenz, S. 155.

VIII. Anhang

Abkürzungsverzeichnis

AG	Aktiengesellschaft
Antifa	Antifaschismus, antifaschistisch
BDM	Bund Deutscher Mädel
BL	Bezirksleitung
BPA	Bezirksparteiarchiv
BStU	Der Bundesbeauftragte für die Unterlagen des Staatssicherheitsdienstes der ehemaligen Deutschen Demokratischen Republik
DAF	Deutsche Arbeitsfront
DDR	Deutsche Demokratische Republik
DRK	Deutsches Rotes Kreuz
FAB	Friedrich Arnold Brockhaus
FDJ	Freie Deutsche Jugend
g	Gramm
GEDOK	Gemeinschaft Deutscher und Oesterreichischer Künstlerinnenvereine aller Kunstgattungen
Gestapo	Geheime Staatspolizei
HASAG	Hugo und Alfred Schneider Aktiengesellschaft
HJ	Hitlerjugend
IAK	Internationales Antifaschistisches Komitee
ICD	Information Control Division
Jg.	Jahrgang
KdF	Kraft durch Freude
KL	Konzentrationslager
KLV	Kinderlandverschickung
KPD	Kommunistische Partei Deutschlands
KZ	Konzentrationslager
NS	Nationalsozialismus, nationalsozialistisch
NSDAP	Nationalsozialistische Deutsche Arbeiterpartei
NSV	Nationalsozialistische Wohlfahrt
RAD	Reichsarbeitsdienst
RV-Bezirk	Reichsverteidigungsbezirk
RVK	Reichsverteidigungskommissar
SA	Sturmabteilung
SächsHStA	Sächsisches Hauptstaatsarchiv
SBZ	Sowjetische Besatzungszone
SD	Sicherheitsdienst des Reichsführers SS
SED	Sozialistische Einheitspartei Deutschlands
SLUB	Sächsische Landesbibliothek – Staats- und Universitätsbibliothek Dresden
SMAD	Sowjetische Militäradministration in Deutschland
StA	Staatsarchiv
SS	Schutzstaffel
uk.	unabkömmlich
USA	United States of America

Quellen- und Literaturverzeichnis

Ungedruckte Quellen

Brief von Johanna B. an Barbara L. vom 10.6.1945 (Privatarchiv Barbara B., unpag.).
Briefe von Valentin und Barbara L. an Hilde L. und von Hilde L. an Barbara und Valentin L. (Privatarchiv Barbara B., unpag.).
Briefe von Wally M. an Erich G. (Museumsstiftung Post und Telekommunikation Berlin, Bestand Feldpostbriefe, 3.2008.1747.2).
Briefe von Hildegard Menzel an Martin Menzel und von Martin Menzel an Hildegard Menzel (Privatarchiv Wieland Menzel, unpag.).
Briefe von Max M. an Irene M. und an seine Frau (Privatarchiv Wolfram M.).
Broschüre zum 100. Bestehen der Firma Kübler & Niethammer 1956 (Sächsisches Wirtschaftsarchiv Leipzig, Bestand U 47 Kübler & Niethammer, Papierfabrik Kriebstein, F 1049).
Erinnerungen an meinem Geburtstag oder eine Warnung an die kommenden Generationen. Schreiben von Nina Petriwna L. vom 3.10.2005 (Archiv Gedenkstätte Zwangsarbeit Leipzig, unpag.).
Erinnerungen von Barbara L. an das Kriegsende 1945 (Privatarchiv Barbara B., unpag.).
Erinnerungen von Geert S. vom 28.4.2013 (Privatarchiv Geert S.).
Erinnerungen von Ingrid Gösel aus dem Jahr 2013 (Privatarchiv Ingrid Gösel).
Landesregierung, Ministerium des Inneren, Abt. Allg. und innere Verwaltung in Dresden (SächsStA Chemnitz, Amtshauptmannschaft Annaberg 30041, Akte 464).
Manuskripte und Unterlagen von Wilhelm Niethammer und seiner Firma (Sächsisches Wirtschaftsarchiv Leipzig, Bestand U 47 Kübler & Niethammer, Papierfabrik Kriebstein, Akten 27, 127, 152, 570, 661).
Personalakte Freiherr von Wirsing (Kreisarchiv Annaberg).
Tagebuch des NSDAP-Kreisleiters Hellmut Böhme (Stadtarchiv Meißen), Transkriptionstext von Annekatrin Jahn.
Tagebuchaufzeichnungen von Artur Kühne 1944/45, Transkriptionstext von Mario Lettau.
Tagebuch von Felicja Bannet-Schäftler (Archiv Yad Vashem Jerusalem 0–33/4096).
Tagebücher von Hanna Hausmann-Kohlmann (SLUB, Mscr. Dresden App. 2386).
Tagebuchbriefe von Annerose N. an ihre Eltern (Museumsstiftung Post und Telekommunikation, Sign. 3.2002.0943, unpag.).
Tagebuch von Nora S. (Privatarchiv Geert S., unpag.).
Tagebuch von Thea D. 1944/45 (Deutsches Tagebucharchiv Emmendingen, Sig. 389,1, unpag.).
Tagebuch einer anonymen Person aus Chemnitz 1945–1949 (Schlossbergmuseum Chemnitz), Transkriptionstext von Rainer Behring.
Text des Interviews von Francesca Weil mit Sonja R. am 14.8.2013.
Text des Interviews von Francesca Weil mit Sonja D. am 14.8.2013.
Text des Interviews von Francesca Weil mit Werner B. am 16.3.2013.
Text des Interviews von Francesca Weil mit Ingeborg B. am 12.8.2013.
Text des Interviews von Francesca Weil mit Walter W. am 30.7.2013.
Text des Interviews von Francesca Weil mit Margarete S. im Jahr 2013.
Text des Interviews von Francesca Weil mit Elsa S. im Jahr 2013.
Text des Interviews von Francesca Weil mit Karl-Heinz K. im Jahr 2013.

Gedruckte Quellen

Ausgestoßen. In: Lorenz, Kriegskinder, S. 283–289.

Ausgeträumt: Bomben ersticken auch Wünsche. In: Lorenz, Kriegskinder, S. 119–124.

Brenner, Henny: »Das Lied ist aus.« Ein jüdisches Schicksal in Dresden, Zürich 2001.

Börner, Max: »Setzen wir dem Ansturm der Russen unsere geistigen Waffen entgegen und dem Luftterror unseren Lebenswillen, dann muss uns der Sieg werden! Heil Hitler!« Briefe aus dem Frühjahr 1945. In: Lehmstedt (Hg.): Leipzig in Trümmern, S. 116–121.

Danne, Johanna: Nur 3 Tage? Mit 12 Jahren auf der Flucht von Niederschlesien über Sachsen nach Thüringen …, Dresden 1995.

Der Freiheitskampf. Die Gauzeitung der NSDAP, Jg. 1943–1945.

Hase, Otto: »Ein entsetzliches Bild der Zerstörung. Zwischen den Trümmern lagen tote Menschen.« Alarme und Luftalarme in Lindenthal. In: Lehmstedt (Hg.): Leipzig in Trümmern, S. 113–115.

Hoerning, Hanskarl: »Dann kommt wiedermal ein amerikanischer Viermotorbomber 6–10mal über uns, und wirft Flugblätter ab (zwei fallen in unseren Garten), worauf steht, dass Frieden ist.« Tagebuch 1945. In: Lehmstedt (Hg.): Leipzig in Trümmern, S. 16–33.

Karay, Felicja: Wir lebten zwischen Granaten und Gedichten. Das Frauenlager der Rüstungsfabrik HASAG im Dritten Reich, Köln 2001.

Klemperer, Victor: Die Tagebücher 1933–1945. Eine kritische Gesamtausgabe, Berlin 2007.

Lehmstedt, Mark (Hg.): Leipzig in Trümmern. Das Jahr 1945 in Briefen, Tagebüchern und Fotografien, Leipzig 2004.

Lettau, Marion (Hg.): Arthur Kühne, Wilsdruffer Tagebuch 1939–1949, Wilsdruff 2015.

Lorenz, Hilke: Kriegskinder. Das Schicksal einer Generation, Berlin 2005.

Menzel, Wieland/Reschke, Robin/Weil, Francesca (Hg.): »Erbarmen kann es keines geben«. Ein Briefwechsel im Zweiten Weltkrieg, Halle (Saale) 2017.

Michael, Friedrich: »Abends kommt die Nachricht, dass morgen Friedenstag sein soll mit Reden Churchills und des englischen Königs. Schreckliche Empfindungen über diesen Kriegsausgang.« Tagebuch Januar bis Juni 1945. In: Lehmstedt (Hg.): Leipzig in Trümmern, S. 53–81.

Procházka, Bedřich: Kommt die Arbeit nicht zu Dir, Geh' Du zu ihr. Meine Erlebnisse als tschechischer Zwangsarbeiter, Leipzig 2008.

Windsberg, Eva: So erlebte ich das Kriegsende. In: Rellecke, Werner (Hg.): Unauslöschlich. Erinnerungen an das Kriegsende. Ein Lesebuch, Dresden 1995, S. 276–279.

Literaturverzeichnis

Baganz, Carina: Erziehung zur »Volksgemeinschaft«? Die frühen Konzentrationslager in Sachsen 1933–34/37, Berlin 2005.

Bailey, Ronald H.: Der Partisanenkrieg, Amsterdam 1980.

Bajohr, Frank/Wildt, Michael: Einleitung. In: Bajohr/Wildt (Hg.): Volksgemeinschaft. Neuere Forschungen zur Gesellschaft des Nationalsozialismus, Frankfurt a. M. 2009, S. 7–23.

Becker, Maximilian: Mitstreiter im Volkstumskampf. Deutsche Justiz in den eingegliederten Ostgebieten 1939–1945, München 2014.

Benz, Wolfgang: Ausgrenzung, Vertreibung, Völkermord. Genozid im 20. Jahrhundert, München 2006.

–/Distel, Barbara (Hg.): Flossenbürg. Das Konzentrationslager Flossenbürg und seine Außenlager, München 2007.
Bering, Rainer, Das Kriegsende 1945. In: Vollnhals (Hg.): Sachsen in der NS-Zeit, S. 224–238.
Blank, Ralf: Kriegsalltag und Luftkrieg an der »Heimatfront«. In: Echternkamp (Hg.): Die deutsche Kriegsgesellschaft 1939 bis 1945, Band 9/1, Politisierung, Vernichtung, Überleben, S. 357–461.
Blatman, Daniel: Die Todesmärsche 1944/45. Das letzte Kapitel des nationalsozialistischen Massenmords, Reinbek bei Hamburg 2011.
Blumberg, Nora: Leipzig unter amerikanischer Besatzung. Einblicke in die Arbeit der Stadtverwaltung unter Provisional Military Government Detachment A. Unveröffentlichte Magisterarbeit, Leipzig 2011.
–: Mitteldeutschland unter amerikanischer Besatzung. Neuaufbau der Verwaltung und Bemühungen um überregionale Zusammenarbeit am Beispiel von Leipzig. In: Schmeitzner/Vollnhals/Weil (Hg.): Von Stalingrad zur SBZ, S. 189–203.
Bräu, Ramona: Zwangsarbeit – Rüstung – Volksgemeinschaft. Die Leipziger Rüstungsfirma Hugo Schneider AG im »Dritten Reich« – ein Versuch einer Einordnung. In: Susanne Schötz (Hg.): Leipzigs Wirtschaft in Vergangenheit und Gegenwart. Akteure, Handlungsspielräume, Wirkungen (1400–2011), Leipzig 2012, S. 337–353.
Brenner, Hans/Heidrich, Wolfgang/Müller, Klaus-Dieter/Wendler, Dietmar (Hg.): NS-Terror und Verfolgung in Sachsen. Von den Frühen Konzentrationslagern bis zu den Todesmärschen, Dresden 2018.
Brödel, Marco: Der kommunistische Wiederstand in Leipzig und seine Deutung. Das Internationale Antifaschistische Komitee im Spiegel der DDR-Geschichtspolitik. In: Brunner/Kenkmann (Hg.): Leipzig im Nationalsozialismus, S. 47–68.
Browning, Christopher: Ganz normale Männer. Das Reserve-Polizeibataillon 101 und die »Endlösung« in Polen, Reinbek 1993.
Brunner, Detlev/Kenkmann, Alfons (Hg.): Leipzig im Nationalsozialismus. Beiträge zu Zwangsarbeit, Verfolgung und Widerstand, Leipzig 2016.
Brunner, José/Zajde, Nathalie (Hg.): Holocaust und Träume, Kritische Perspektiven zur Entstehung und Wirkung eines Paradigmas, Göttingen 2011.
Buddrus, Michael: Totale Erziehung für den totalen Krieg. Hitlerjugend und nationalsozialistische Jugendpolitik. Texte und Materialien zur Zeitgeschichte Band 13/1, München 2003.
Chiari, Bernhard (Hg.): Die polnische Heimatarmee. Geschichte und Mythos der Armija Krajowa seit dem Zweiten Weltkrieg, München 2003.
–: Die Heimatarmee als Spiegelbild polnischer nationaler Identität. In: Chiari (Hg.): Die polnische Heimatarmee, S. 1–25.
Corni, Gustavo/Gies, Horst: Brot – Butter – Kanonen. Die Ernährungswirtschaft in Deutschland unter der Diktatur Hitlers, Berlin 1997.
Creutzberger, Stefan: Die sowjetische Besatzungsmacht und das politische System der SBZ, Weimar 1996.
Dalinger, Brigitte/Zangl, Veronika (Hg.): Theater unter NS-Herrschaft, Göttingen 2018.
Dannenberg, Lars-Arne/Donath, Matthias (Hg.): Rotgrüne Löwen. Die Familie von Schönberg in Sachsen, Meißen 2014.
DDR-Justiz und NS-Verbrechen. Sammlung ostdeutscher Strafurteile wegen nationalsozialistischer Tötungsverbrechen. Bearbeitet von Strafrecht pleging »van Hameln«, München 2008.

Dehn, Stephan: Die Kreisleiter der sächsischen NSDAP in den Jahren 1937 bis 1942. Eine soziographische Annäherung. In: Heydemann/Schulte/Weil (Hg.): Sachsen und der Nationalsozialismus, S. 59–76.

–: Die nationalsozialistische Propaganda in der Spätphase des Zweiten Weltkrieges. In: Schmeitzner/Vollnhals/Weil (Hg.): Von Stalingrad zur SBZ, S. 47–60.

Diewald-Kerkmann, Gisela: Politische Denunziation im NS-Regime oder Die kleine Macht der »Volksgenossen«, Bonn 1995.

Echternkamp, Jörg (Hg.): Die Deutsche Kriegsgesellschaft 1939 bis 1945. Das Deutsche Reich und der Zweite Weltkrieg, Band 9/I und II, München 2004.

–: Im Kampf an der inneren und äußeren Front. Grundzüge der deutschen Gesellschaft im Zweiten Weltkrieg. In: Echternkamp (Hg.): Die deutsche Kriegsgesellschaft 1939 bis 1945, Band 9/1, S. 1–92.

Engwert, Andreas/Kill, Susanne (Hg.): Sonderzüge in den Tod: die Deportationen mit der Deutschen Reichsbahn. Eine Dokumentation der Deutschen Bahn AG, Köln 2009.

Essner, Cornelia/Conte, Edouard: »Fernehe«, »Leichentrauung« und »Totenscheidung«. Metamorphosen des Eherechts im Dritten Reich. In: Vierteljahrshefte für Zeitgeschichte, 44 (1996) 2, S. 201–227.

Fink, Sebastian: Belegschaft im Wandel. Die Riesaer Stahlwerke 1943 bis 1949. In Schmeitzner/Vollnhals/Weil (Hg.): Von Stalingrad zur SBZ, S. 445–463.

Foitzik, Jan: Sowjetische Militäradministration in Deutschland (SMAD), 1945–1949, Berlin 1999.

Frankl, Viktor E.: … trotzdem Ja zum Leben sagen. Ein Psychologe erlebt das Konzentrationslager, 7. Auflage, München 1995.

Fritz, Ulrich: KZ-Außenlager in Sachsen. In: Schmeitzner/Vollnhals/Weil (Hg.): Von Stalingrad zur SBZ, S. 139–156.

–: Verwischte Spuren. Die ehemaligen Außenlager des KZ Flossenbürg in Sachsen. In: Dachauer Hefte, 24 (2008), S. 46–62.

Gebhardt, Miriam: Als die Soldaten kamen. Die Vergewaltigung deutscher Frauen am Ende des Zweiten Weltkriegs, München 2016.

–: Wir Kinder der Gewalt. Wie Frauen und Familien bis heute unter den Folgen der Massenvergewaltigungen bei Kriegsende leiden, München 2019.

Gerber, Jan: Ein Prozess in Prag: das Volk gegen Rudolf Slánský und Genossen, Göttingen 2016.

Goeschel, Christian: Selbstmord im Dritten Reich, Berlin 2017.

Gontermann, Walter: Geboren im Krieg – Erfahrungen aus der Kriegs- und Nachkriegszeit. In: Janus, Ludwig (Hg.): Geboren im Krieg. Kindheitserfahrungen im 2. Weltkrieg und ihre Auswirkungen, 2. Auflage, Gießen 2012.

Gottwald, Alfred B./Schulle, Diana: Die »Judendeportationen« aus dem Deutschen Reich von 1941–1945: eine kommentierte Chronologie, Wiesbaden 2005.

Greiser, Katrin: Die Todesmärsche von Buchenwald. Räumung, Befreiung und Spuren der Erinnerung, Göttingen 2008.

Groß, Reiner: Geschichte Sachsens, Leipzig 2001.

Hädicke, Wolfgang: Dresden. Eine Geschichte von Glanz, Katastrophe und Aufbruch, München 2006.

Haikal, Mustafa: Exkurse und Dokumente zur Geschichte der Hasag. In: UFZ-Umweltforschungszentrum Leipzig-Halle GmbH (Hg.): Leipzig Permoserstraße. Zur Geschichte eines Industrie- und Wissenschaftsstandorts, Leipzig 2001, S. 54–73.

Fuchs-Heinritz, Werner: Biografische Forschung, Eine Einführung in die Praxis und Methoden, 3., überarbeitete Auflage, Wiesbaden 2005.
Held, Steffen: Von der Entrechtung zur Deportation: Die Juden in Sachsen. In Vollnhals (Hg.): Sachsen in der NS-Zeit, S. 200–223.
Henke, Klaus-Dietmar: Die amerikanische Besatzung Deutschlands, München 1995.
Herbert, Ulrich (Hg.): Europa und der »Reichseinsatz«. Ausländische Zivilarbeiter, Kriegsgefangene und KZ-Häftlinge in Deutschland 1938–1945, Essen 1991.
–: Fremdarbeiter. Politik und Praxis des »Ausländer-Einsatzes« in der Kriegswirtschaft des Dritten Reiches, Neuauflage Bonn 1999.
Hermann, Christian (Hg.): Dresden 1934–1936. Ein Briefwechsel in schwerer Zeit, Leipzig 2016.
– (Hg.): Dresden 1943–1945. Ein Briefwechsel im Kriege, Leipzig 2018.
Heß, Ulrich: Text zur Dokumentation »Fremden- und Zwangsarbeit in Sachsen 1939–1945. Dokumente einer Archivausstellung. In: Sächsischen Staatsministerium des Innern (Hg.): Fremd- und Zwangsarbeit in Sachsen 1939–1945.
Heydemann, Günther/Schulte, Jan Erik/Weil, Francesca (Hg.): Sachsen und der Nationalsozialismus, Göttingen 2014.
–/Schulte/Weil: Einleitung. In: Heydemann/Schulte/Weil (Hg.): Sachsen und der Nationalsozialismus, S. 9–19.
Horn-Kolditz, Birgit: Alltag in Trümmern- Leipzig am Ende des Krieges. In: Hehl, Ulrich von (Hg.): Stadt und Krieg. Leipzig in militärischen Konflikten vom Mittelalter bis ins 20. Jahrhundert, Leipzig 2014, S. 421–459.
Irrgang, Astrid: Feldpost eines Frontsoldaten. In: Aus Politik und Zeitgeschichte, (2007) 14/15, S. 41–46.
Jockheck, Lars: »Banditen« – »Terroristen« – »Agenten« – »Opfer«. Der polnische Widerstand und die Heimatarmee in der Presse-Propaganda des »Generalgouvernements. In: Chiari (Hg.): Die polnische Heimatarmee, S. 431–471.
John, Matthias: Pressekonzentration in Sachsen während der Zeit des Nationalsozialismus. Das Beispiel der Stadt Thum, Berlin 2013.
Jonas, Michael: Weiblicher Arbeitsdienst in Deutschland 1932–1945. Organisationsgeschichte und Dienststellenverzeichnis, Zweibrücken 2015.
Keiderling, Thomas: Aufstieg und Niedergang der Buchstadt Leipzig, Markkleeberg 2012.
Keller, Sven: Volksgemeinschaft am Ende. Gesellschaft und Gewalt 1944/45, München 2013.
Kenkmann, Alfons/Postert, André/Weil, Francesca: Kindheiten im Zweiten Weltkrieg in internationaler Perspektive. Eine Einleitung. In: Kenkmann/Postert/Weil (Hg.): Kindheiten im Zweiten Weltkrieg, Halle (Saale) 2018, S. 9–22.
Kershaw, Ian: Das Ende. Kampf in den Untergang. NS-Deutschland 1944/45, München 2011.
Kilian, Achim: Mühlberg 1939–1948. Ein Gefangenenlager mitten in Deutschland, Köln 2001.
Kilian, Katrin: Die anderen zu Wort kommen lassen. Feldpostbriefe als historische Quelle aus den Jahren 1939 bis 1945. Eine Projektskizze. In: Militärgeschichtliche Zeitschrift, 60 (2001).
Knopf, Sabine: Buchstadt Leipzig. Der historische Reiseführer, Berlin 2011.
Kramer, Nicole: Volksgenossinnen an der Heimatfront. Mobilisierung, Verhalten, Erinnerung, Göttingen 2011.
Kundrus, Birthe, »Dieser Krieg ist der große Rassenkrieg«. Krieg und Holocaust in Europa, München 2018.
Latzel, Klaus: Deutsche Soldaten – nationalsozialistischer Krieg? Kriegserlebnis – Kriegserfahrung 1939–1945, Paderborn 1998.

Liebermann, Bella: Das Trauma der Holocaust-Überlebenden. Ihre Anamnese am Beispiel eines narrativen Interviews, 2., überarbeitete Auflage, Oldenburg 2014.

Link, Jörg W.: »Erziehungsstätte des deutschen Volkes« – Die Volksschule im Nationalsozialismus. In: Horn, Klaus-Peter/Link, Jörg W. (Hg.): Erziehungsverhältnisse im Nationalsozialismus. Totaler Anspruch und Erziehungswirklichkeit, Bad Heilbrunn 2011.

Longerich, Peter: »Davon haben wir nichts gewusst!« Die Deutschen und die Judenverfolgungen 1933–1945, München 2007.

–: Politik der Vernichtung. Eine Gesamtdarstellung der nationalsozialistischen Judenverfolgung, München 1998.

Lüdtke, Alf: Alltagsgeschichte. Zur Rekonstruktion historischer Erfahrungen und Lebensweisen, Frankfurt a. M. 1989.

Manthe, Barbara: Richter in der nationalsozialistischen Kriegsgesellschaft. Beruflicher und privater Alltag von Richtern des Oberlandesgerichtsbezirks Köln, 1939–1945, Tübingen 2013.

Mazur, Grzegorz: Der Widerstand im Generalgouvernement 1939–1945. In: Mlynarczyk, Jacek Andrzej (Hg.): Polen unter deutscher und sowjetischer Besatzung 1939–1945, Osnabrück 2009.

Merkel, Ina: Kapitulation im Kino. Zur Kultur der Besatzung im Jahr 1945, Berlin 2016.

Michelmann, Jeannette: Aktivisten der ersten Stunde. Die Antifa in der Sowjetischen Besatzungszone, Köln 2002.

Müller, Rolf-Dieter/Schönherr, Nicole/Widera, Thomas (Hg.): Die Zerstörung Dresdens 13. bis 15. Februar 1945. Gutachten und Ergebnisse der Dresdner Historikerkommission zur Ermittlung der Opferzahlen, Göttingen 2010.

Musial, Bogdan (Hg.): »Aktion Reinhardt«. Der Völkermord an den Juden im Generalgouvernement 1941–1944, Osnabrück 2004.

Naimark, Norman M.: Die Russen in Deutschland. Die Sowjetische Besatzungszone 1945 bis 1949, Berlin 1997.

Naumann, Gerd: Plauen – Germany. Center Coordinates 50° 29' N – 12° 08' E. Im Bombenkrieg 1944/45, Plauen 2011.

Neitmann, Klaus/Laufer, Jochen: Demontagen in der Sowjetischen Besatzungszone und in Berlin 1945 bis 1948, Berlin 2014.

Neutzner, Matthias: »Wozu leben wir noch? Um zu warten bis die Russen kommen?« Die Dresdner Bevölkerung vom 13. Februar bis 17. April 1945. In: Dresden – Das Jahr 1945, Dresdner Hefte, 13 (1995) 41, S. 7–18.

–: Vom Alltäglichen zum Exemplarischen. Dresden als Chiffre für den Luftkrieg der Alliierten. In: Reinhard/Neutzner/Hesse: Das rote Leuchten, S. 110–127.

–: Vom Anklagen zum Erinnern. Die Erzählung vom 13. Februar. In: Reinhard/Neutzner/Hesse: Das rote Leuchten, S. 128–163.

Niether, Hendrick: Verfolgung, Vernichtung, Neuanfang. Jüdische Gemeinden in Sachsen 1938 bis 1953. In: Schmeitzner/Vollnhals/Weil (Hg.): Von Stalingrad zur SBZ, S. 539–554.

Nolzen, Armin: Die NSDAP, der Krieg und die deutsche Gesellschaft. In: Echternkamp (Hg.): Die deutsche Kriegsgesellschaft 1939–1945, Band 9/1, S. 99–193.

–: Die sächsische NSDAP nach 1933. Sozialstrukturen und soziale Praktiken. In: Heydemann/Schulte/Weil (Hg.): Sachsen und der Nationalsozialismus, S. 43–58.

Osterloh, Jörg: Ein ganz normales Lager. Das Kriegsgefangenen – Mannschaftslager 304 (IV H) Zeithain bei Riesa/Sa. 1941 bis 1945, Leipzig 1997.

–: »Der Totenwald von Zeithain«. Die sowjetische Besatzungsmacht und die Untersuchung des Massensterbens im Stalag 304 (IV H) Zeithain. In: Schmeitzner/Vollnhals/Weil (Hg.): Von Stalingrad zur SBZ, S. 329–351.

Pampel, Bert/Schmeitzner, Mike (Hg.): Konzentrationslager Sachsenburg (1933–1937), Dresden 2018.

Pätzold, Kurt/Weißbecker, Manfred: Geschichte der NSDAP. 1920–1945, Köln 2009.

Pletzing, Christian/Velke, Marcus: Statt eines Vorwortes: Lernen aus der Geschichte? Zur Relevanz der Displaced Persons Forschung. In: Pletzing/Velke (Hg.): Lager – Repatriierung – Integration. Beiträge zur Displaced Persons-Forschung, München 2016, S. 7–15.

Pohl, Dieter: Von der »Judenpolitik« zum Judenmord. Der Distrikt Lublin des Generalgouvernements 1939–1944, Frankfurt a. M. 1993.

Posta, Stephan: Tschechische »Fremdarbeiter« in der nationalsozialistischen Kriegswirtschaft, Dresden 2002.

Pritchard, Gareth: Niemandsland. Das unbesetzte Territorium im Westerzgebirge April bis Juli 1945. In: Schmeitzner/Vollnhals/Weil (Hg.): Von Stalingrad zur SBZ. Sachsen, S. 205–222.

Radebold, Hartmut/Heuft, Gereon/Fooken, Insa (Hg.): Kindheiten im Zweiten Weltkrieg. Kriegserfahrungen und deren Folgen aus psychohistorischer Sicht, Weinheim 2006.

– (Hg.): Kindheiten im Zweiten Weltkrieg und ihre Folgen, 3. Auflage, Gießen 2012.

Reddemann, Luise: Kriegskinder und Kriegsenkel in der Psychotherapie. Folgen der NS-Zeit und des Zweiten Weltkriegs erkennen und bearbeiten – eine Annäherung, 5., erweiterte Auflage, Stuttgart 2015.

Reinhard, Oliver: Von der »Friedensoase« zur Trümmerwüste: Dresden im Bombenkrieg. In: –/Neutzner/Hesse (Hg.): Das rote Leuchten, S. 58–109.

–/Neutzner, Matthias/Hesse, Wolfgang: Das rote Leuchten. Dresden und der Bombenkrieg, Dresden 2005.

Röger, Maren: Kriegsbeziehungen. Intimität, Gewalt und Prostitution im besetzten Polen 1939 bis 1945, Frankfurt a. M. 2015.

Roth, Markus: »Ihr wisst, wollt es aber nicht wissen«. Verfolgung, Terror und Widerstand im Dritten Reich, München 2015.

Rother, Karl-Heinz/Rother, Jelena: Die Erla-Werke GmbH und das Massaker von Abtnaundorf, Leipzig 2013.

Ruck, Michael, Korpsgeist und Staatsbewusstsein: Beamte im deutschen Südwesten 1928–1972, München 1996.

Sächsischen Staatsministerium des Innern (Hg.): Fremd- und Zwangsarbeit in Sachsen 1939–1945. Begleitband einer Gemeinschaftsausstellung der Sächsischen Staatsarchive, Halle 2002.

Satjukow, Silke: Besatzer. »Die Russen« in Deutschland 1945–1994, Göttingen 2008.

Schaarschmidt, Thomas: Kulturpolitik im Lande eines Kunstbanausen? Die sächsische Gauleitung und das »Heimatwerk Sachsen«. In: Vollnhals (Hg.): Sachsen in der NS-Zeit, S. 104–117.

–: Regionalkultur und Diktatur. Sächsische Heimatbewegung und Heimat-Propaganda im Dritten Reich und in der SBZ/DDR, Köln 2004.

Schanetzky, Tim: »Kanonen statt Butter«. Wirtschaft und Konsum im Dritten Reich, München 2015.

Schmeitzner, Mike: Der Fall Mutschmann, Sachsens Gauleiter vor Stalins Tribunal, Beucha 2011.

–: »Lieber Blut schwitzen…«. Martin Mutschmann und die sächsische »Gauregierung« 1943 bis 1945. In: Schmeitzner/Vollnhals/Weil (Hg.): Von Stalingrad zur SBZ, S. 27–45.

–/Vollnhals, Clemens/Weil, Francesca (Hg.): Von Stalingrad zur SBZ. Sachsen 1943 bis 1945, Göttingen 2016.

–/Wagner, Andreas: Von Macht und Ohnmacht. Sächsische Ministerpräsidenten im Zeitalter der Extreme 1919–1952, Beucha 2006.

–/Weil, Francesca: Sachsen 1933–1945. Der historische Reiseführer, Berlin 2014.

Schmidt, Nadin: Menschliche Reparationen. Der Wissenschaftstransfer nach 1945 an den Universitäten Leipzig und Dresden. In: Schmeitzner/Vollnhals/Weil (Hg.): Von Stalingrad zur SBZ, S. 353–365.

Schmiechen-Ackermann, Detlef (Hg.): »Volksgemeinschaft«. Mythos der NS-Propaganda, wirkungsmächtige soziale Verheißung oder soziale Realität im »Dritten Reich«?, Paderborn 2012.

–: »Volksgemeinschaft«. Mythos der NS-Propaganda, wirkungsmächtige soziale Verheißung oder soziale Realität im »Dritten Reich«? Einführung. In: – (Hg.): »Volksgemeinschaft«, S. 13–53.

Schneider, Michael: In der Kriegsgesellschaft. Arbeiter und Arbeiterbewegung 1939 bis 1945, Bonn 2014.

Schneider, Michael C.: Sächsische Unternehmen in der Aufrüstungs- und Kriegswirtschaft. In: Schmeitzner/Vollnhals/Weil (Hg.): Von Stalingrad zur SBZ, S. 83–98.

Schrammek, Notker: Alltag und Selbstbild von Flüchtlingen und Vertriebenen in Sachsen 1945–1952, Frankfurt a. M. 2004.

Schulz, Maximilian: KZ-Alltag in Leipzig. Das Außenlager Leipzig Thekla 1943–1945. In: Brunner/Kenkmann (Hg.): Leipzig im Nationalsozialismus, S. 69–89.

Schumann, Silke: Die soziale Lage der Bevölkerung und die NS-Sozialpolitik in Sachsen. In: Vollnhals (Hg.): Sachsen in der NS-Zeit, S. 57–71.

–: Soldaten und Arbeiter für Hitlers Krieg. Einberufungs- und Arbeitseinsatzpolitik in Sachsen 1939 bis 1945. In: Schmeitzner/Vollnhals/Weil (Hg.): Von Stalingrad zur SBZ, S. 61–82.

Seegers, Lu: Einführung. In: –/Reulecke, Jürgen (Hg.): Die »Generation der Kriegskinder«. Historische Hintergründe und Deutungen, Gießen 2009, S. 11–30.

Seidel, Theodor: Kriegsverbrechen in Ostsachsen. Die vergessenen Toten von April/Mai 1945, Berlin 2001.

Stargardt, Nicholas: Der deutsche Krieg 1939–1945, Frankfurt a. M. 2015.

–: »Maikäfer flieg!« Hitlers Krieg und die Kinder, München 2006.

Steinberg, Swen: Unternehmenskultur im Industriedorf. Die Papierfabriken Kübler & Niethammer in Sachsen (1856–1956) Leipzig 2015.

Steinecke, Gerhard: Unser Meißen – 1929–2004, Meißen 2004.

Steuwer, Janosch: »Ein Drittes Reich, wie ich es auffasse«. Politik, Gesellschaft und privates Leben in Tagebüchern 1933–1939, Göttingen 2017.

Strobel, Gerwin: Das Spiel in der Unfreiheit: Gedanken zum Theater im NS-Staat. In: Dalinger/Zangl (Hg.): Theater unter NS-Herrschaft, S. 33–59.

Suhling, Ursula: 999er-Strafsoldaten – deportiert vom Hannoverschen Bahnhof. Hamburger Antifaschisten in Wehrmachtsuniform, Hamburg 2014.

Süß, Dietmar: Tod aus der Luft. Kriegsgesellschaft und Luftkrieg in Deutschland und England, München 2011.

–: »Ein Volk, ein Reich, ein Führer«. Die deutsche Gesellschaft im Dritten Reich, München 2017.

Thamer, Hans-Ulrich: Die Widersprüche der »Volksgemeinschaft« in den späten Kriegsjahren. In: Schmiechen-Ackermann (Hg.): »Volksgemeinschaft«, S. 289–300.

Thüsing, Andreas: Landesverwaltung und Landesregierung in Sachsen 1945–1952, Frankfurt a. M. 2000.
Ueberschär, Gerd: Die Deutsche Reichspost 1933–1945. Eine politische Verwaltungsgeschichte. Band II 1939–1945, Berlin 2000.
–/Müller, Rolf-Dieter: 1945. Das Ende des Krieges, Darmstadt 2005.
Uhlig, Lothar/Klapper, Lothar: 125 Jahre Landkreis Annaberg 1874–1999. Die Verwaltung im Wandel der Zeit, Annaberg 1999.
Vollnhals, Clemens (Hg.): Sachsen in der NS-Zeit, Leipzig 2002.
–: Ernüchterung, Pragmatismus, Indifferenz. Die deutsche Gesellschaft nach der Katastrophe. In: Kötzing, Andreas/Weil, Francesca/Schmeitzner, Mike/Schulte, Jan Erik (Hg.): Vergleich als Herausforderung, Göttingen 2015.
Wagner, Andreas: Martin Mutschmann – Der braune Gaufürst (1935–1945). In: Schmeitzner/Wagner, (Hg.): Von Macht und Ohnmacht, S. 279–308.
Wildt, Michael: Von Apparaten zu Akteuren. Zur Entwicklung der NS-Täterforschung. In: Benz, Angelika/Vulesica, Marija (Hg.): Bewachung und Ausführung. Alltag der Täter in nationalsozialistischen Lagern, Berlin 2011, S. 11–22.
Weil, Francesca: Entmachtung im Amt. Bürgermeister und Landräte im Kreis Annaberg 1930–1961, Köln 2004.
–: Die »Zwickauer Konferenz«. Informelle Zusammenkünfte westsächsischer Amtshauptleute während der Jahre 1919 bis 1945 im Kontext ihrer Dienstberatungen. In: Heydemann/Schulte/Weil (Hg.): Sachsen und der Nationalsozialismus, S. 91–109.
–: Unangepasst in zwei Diktaturen? In: Totalitarismus und Demokratie, 11 (2014) 2, S. 221–233.
–: »Ja, liebes Kind, das Leben ist nicht immer zuckersüß.« Zum Alltag der sächsischen Kriegsgesellschaft im Jahr 1943. In: Schmeitzner/Vollnhals/Weil (Hg.): Von Stalingrad zur SBZ; S. 99–115.
Widera, Thomas: Dresden 1945–1948. Politik und Gesellschaft unter sowjetischer Besatzungsherrschaft, Göttingen 2004.
–: Soziale Ressourcen? Wohnungsnot und Schwarzmarkt in Dresden 1942 bis 1948. In: Schmeitzner/Vollnhals/Weil (Hg.): Von Stalingrad zur SBZ, S. 385–405.
Winter, Martin Clemens: Die Todesmärsche in Sachsen. Verbrechen, Ahndung und Gedenken 1945–1949. In: Schmeitzner/Vollnhals/Weil (Hg.): Von Stalingrad zur SBZ, S. 157–173.
–: Gewalt und Erinnerung im ländlichen Raum. Die deutsche Bevölkerung und die Todesmärsche, Berlin 2018.
Zeidler, Manfred: Endkampf um Sachsen. In: Schmeitzner/Vollnhals/Weil (Hg.): Von Stalingrad zur SBZ, S. 175–186.
Zentralwohlfahrtstelle der Juden in Deutschland (Hg.): Shoah – Flucht – Migration. Multiple Traumatisierungen und ihre Auswirkungen, Berlin 2018.
Ziefer, Anka: Mit dem Zeichenstift im Zuschauerraum. Theaterpastelle von Hanna Hausmann-Kohlmann aus der Sammlung des Kunstfonds. In: Dresdener Kunstblätter. Vierteljahresschrift der Staatlichen Kunstsammlungen Dresden, 51 (2007) 1, S. 52–61.
Zinnecker, Jürgen: Einleitung. In: Ewers, Hans-Heino/Mikota, Jana/Reulecke, Jürgen/Zinnecker, Jürgen (Hg.): Erinnerungen an Kriegskindheiten. Erfahrungsräume, Erinnerungskultur und Geschichtspolitik unter sozial- und kulturwissenschaftlicher Perspektive, Weinheim 2006, S. 11–17.
Zuschlag, Christoph: Die Dresdner Ausstellung »Entartete Kunst« 1933–1937. In: Dresdner Hefte, 22 (2004) 77, S. 17–25.

